공포의 식탁

식품 사기의 역사

공포의 식탁

식품 사기의 역사

비 윌슨 지음
김수진 옮김

일조각

데이비드와 톰, 그리고 너태샤에게

상인들의 광고와 거짓된 신용,
부정불량식품, 그리고 위조된 싸구려 식품들의 부정직함을
우리는 인지하고 있는가?
우리가 두려워해야 하는 것은
사기꾼이나 거짓말쟁이들이 아니라,
사기와 거짓말에 우리가 점점 무덤덤해지는 현실이다.

— 앤서니 트롤럽Anthony Trollope, 『뉴질랜드인New Zealander』(1856)

차례

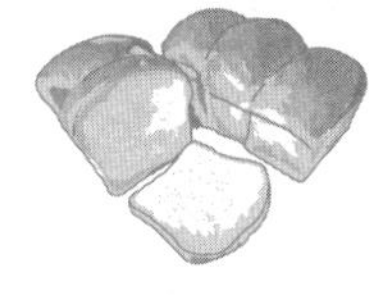

일러두기

1. 인명 · 지명 등의 고유명사는 국립국어원의 외래어 표기법에 따라 표기했다.
2. 본문 안 ( )는 원서의 주를, [ ]는 옮긴이의 주를 나타낸다.
3. 본문에 언급된 책과 잡지의 제목은 우리말 번역을 원칙으로 하되, 국내에서 일반적으로 해당 국가의 발음으로 통용되는 것들은 그대로 썼다(예: 『랜싯』).
4. 원서의 adulterated food, food adulteration, adulteration은 '부정불량식품'으로, bad food는 '불량식품'으로 옮겼다.

들어가는 말

사기를 당하고 좋아할 사람이 누가 있을까. 먹을 것을 살 때라면 더 말할 것도 없다. 사람마다 정도의 차이는 있겠지만, 뒤늦게 속았다는 것을 알게 되면 누구나 얼굴이 화끈거리고 화가 치밀어 오를 것이다. 역사적으로 식품에 관한 속임수는 언제 어디서나 존재했다. 우리도 우유 한 통, 딸기 한 바구니를 사면서 괜히 값을 더 치르기도 하고, 무가공이라지만 사실은 첨가물 범벅인 빵을 사거나 식당에서 캔 수프를 홈메이드 수프로 알고 주문하는가 하면, 팬 위에서 물처럼 녹아버리는 베이컨을 먹지 않았던가. 터무니없이 비싼 데다 겉만 번지르르한 먹을거리를 씁쓸히 바라보노라면, 정직이 통하고 판매자의 성실함을 한 치의 의심 없이 믿을 수 있어서 지금처럼 복잡하게 생각하지 않아도 되었던 시절이 있기는 했나 고개가 갸웃거려진다. 이 책 역시 같은 의문에서 출발했다. 역사적 자료를 더듬어본 결과, 나는 이렇게 답할 수밖에 없을 것 같다. 그런 시절이 행여 존재했다 하더라도 아주 잠깐 스쳐 지나간 목가적인 풍경이었을 뿐이라고. 식품 사기의 역사는 그야말로 유구하다. 특히 인류의 근대사와 식품 사기는 맥을 같이해왔다. 과학, 경제, 정치적 요소들이 복잡하게 얽힌 가운데 출현한 근대사회는 긍정적이든 부정적이든 우리의 현재 모습을 일구어왔다. 식품 사기는 바로 이 복잡한 근대사의 한 자락이다.

음식은 치유의 힘만큼 살상의 힘도 갖고 있다. "모든 음식은 독이다. 독이 없는 음식은 없다. 다만 그 양이 적어 중독을 피할 수 있을 뿐이다." 16세기 연금술사 파라셀수스Philippus Aureolus Paracelsus의 말이다. 아마도 그럴 것이다. 어떤 식품은 상대적으로 독성이 많다. 예를 들어, 당근 주스를 너무 많이 마시면 몸에 해로울 수 있다. 1974년, 건강에 좋은 음식이라면 유난히 챙겼던 바실 브라운Basil Brown이라는 사람은 당근 주스 10갤런[약 38리터. 1갤런은 영국에서 4.55리터, 미국에서 3.79리터에 해당한다]을 마시고 목숨을 잃었다고 한다. 일일 권장량의 1만 배에 달하는 비타민 A를 한꺼번에 섭취한 것이 문제였다.[1] 그러나 당근처럼 자연적으로 포함된 독보다 실제로 더 위험한 것은 어떤 이유로든 식품에 일정량씩 첨가된 독성 물질이다. 이러한 예는 얼마든지 찾아볼 수 있다. 아이들이 먹는 사탕은 구리와 수은으로 착색되었고, 육류에는 신선하게 보이려고 화학물질이 주입되었으며, 와인에는 달착지근한 맛을 위해 납이 첨가되었다. 그러나 불순물이 첨가되었다고 해서 모두 사기로 볼 수는 없다. 전적으로 우연히 일어나는 경우도 있기 때문이다. 그렇다 하더라도 어떤 이유로든 불순물 첨가(식품에 다른 물질을 넣어 특성을 조작하는 것) 자체는 인위적인 행위를 전제하기 때문에, 자연적으로 일어난 오염보다 어쨌든 나쁘다. 자연적 오염과 달리 모든 악의적인 사기의 뒤편에는 사람들(주로 조직을 이루고 있는)이 존재한다. 당신의 건강이 손

쉬운 돈벌이의 수단으로 보이는 순간 언제든 당신을 위협할 태세를 갖추고 있는 사람들이다.

부정불량식품이라는 개념은 참으로 애매해서 그 의미를 명확히 정의하기 어려울 때가 많다. 식품의 본질을 훼손한다는 것은 무엇을 말하는 것일까? 최근에 어떤 사람이 나에게 이렇게 물었다. "요리책에 나오는 것보다 케이크 반죽에 바닐라를 좀 더 넣었는데, 그럼 제가 케이크의 질을 떨어뜨린 것일까요?" 나는 이렇게 대답했다. "아뇨, 요리를 하신 거예요."

우리는 식품의 질을 훼손한다는 불순물의 개념이 시대에 따라 매우 급격한 변화를 겪어왔다는 사실을 기억할 필요가 있다. 1850년대에 소금은 버터에 포함된 불순물 목록에 올라 있었다(산패된 버터를 위장하는 데 소금이 쓰인 탓이기도 했다). 그러나 지금은 버터에 소금이 악의적으로 첨가되었을 것이라고 의심하는 사람은 아무도 없다. 오히려 짭짤한 맛을 즐기는 사람들의 구미에 맞추기 위해 소금을 가미한 버터가 일반적으로 팔리고 있다. 홉hop[홉의 둥근 꽃을 말린 것]의 경우도 마찬가지이다. 오늘날 홉은 맥주의 필수적인 재료로 알려져 있지만, 처음 소개되었을 때 사람들은 진짜 영국 사나이의 에일ale맥주를 사칭하는 눈속임 재료라고 생각해 달가워하지 않았다. 1세기의 시간이 흐른 뒤에야 사람들은 홉을 불순물이 아닌 순수한 재료로 인식하게 되었다. 그 반대의 경우도 흔히 볼 수 있다. 사카린, 식용색소, 트랜스 지방(최근까지 비스킷, 케이크, 시리얼에 일상적으로 사용된 수소화 지방)은 처음에는 무해하다고 알려졌지만, 지금은 불순물로 재정의되었다.

부정불량식품은 이렇게 시대에 따라 다르게 정의되기도 했는데, 그 개념은 두 가지 원칙으로 설명된다. 첫 번째는 원래 재료의 질을 떨어뜨리는 것이고, 두 번째는 그 사실을 속이는 것이다. 오랜 관습법은 사람 몸에 좋지 않은 음식을 파는 행위 자체를 위법으로 규정했다. 판매자는 자신이 팔고 있는 것이 무엇인지 이미 알고 있다고 가정했던 것이다. 관습법은 또한 '원래 모양새가 아닌 다른 어떤' 형태로 음식을 파는 것도 금지했다. 그 이유는 형태를 다르게 함으로써 원재료의 중량이 줄거나 전체 중량이 부풀려질 수 있고, 농도가 묽어질 수도 있을 뿐 아니라 싸구려 재료가 값비싼 식품으로 둔갑할 수도 있기 때문이었다.[2] 결과적으로 시대와 장소에 따라 다양한 형태로 존재해온 부정불량식품 관련법 역시 두 가지 핵심적인 원칙을 포함하고 있다. 본질을 훼손하면 안 되고, 남을 속여서도 안 된다.

부정불량식품은 구매자와 판매자 사이의 관계뿐 아니라 사회 전반에 영향을 미친다. 식품 자체의 안전뿐 아니라 사회의 다른 중요한 영역들까지 침해할 수 있기 때문에 법과 정부는 부정불량식품이라는 골칫덩이를 오랫동안 주시해왔다. 또한 이것은 공중보건의 문제일 뿐 아니라 경제적인 문제이기도 했다. 식품 사기는 일차적으로 식품 소비자의 피해를 유발하지만, 원재료를 속이는 과정에서 실제 식음료 가격에 부과되어야 할 세금을 회피함으로써 국고를 축내는 결과를 가져온다. 이러한 이유로 정부는 식품 사기를 경제 질서와 정부의 권위를 위협하는 행위로 간주했다. 더 나아가 부정불량식품은 근대 정치의 존립에 대한 위협이기도 했다. 정부가 식품 사기를 단속하여 처벌하는 데 힘을 쏟지 않는다면 사회가 무정부 상태와 다를 바가 무엇이겠는가. 사기가 난무하는 사회는 구성원들 사이의 근본적인 신뢰가 깨진 곳이다. 따라서 식품 사기를 방지하는 것은 정치권의 필수적인 임무 중 하나로 여겨졌다.

그런데 어찌 된 일인지 지난 2백 년 동안 많은 정부가 정작 한 일은 식품 사기꾼들이 파렴치한 범죄를 저지르고도 유유히 빠져나가도록 방치하는 것이었다. 이 책은 타락과 탐욕에 관한 이야기이다. 돈이 되는 것이라면 다른 사람의 건강 따위는 눈감아버리는 사악한 무관심에 관한 이야기이다. 또한 정치적 실패에 관한 이야기이기도 하다. 이 책에서 우리는 식음료 시장의 부정직함이 사람들을 위험한 지경으로 내몰았어도 후기산업사회의 정부들이 시장에 개입하는 것을 왜 그토록 꺼렸는지 살펴볼 것이다(과거의 정부들은 오히려 이 문제에 적극적으로 개입했다). 이 이야기에 등장하는 영웅은 정치인들보다는 부엌의 탐정 역할을 했던 과학자들이다. 용감무쌍하게 자신들이 사용할 수 있는 모든 도구를 동원한 이들은 식품이 변형되고 착색되거나 다른 것으로 둔갑하는가 하면 농도가 묽어지고 질이 저하되거나 엉뚱한 이름이 붙여지는 등 온갖 왜곡이 일어나는 겹겹의 과정을 폭로했다.

이야기를 시작하기 전에 앞으로 펼쳐질 내용에 대해 두 가지 사항을 지적해야겠다. 먼저, 부정불량식품 관련 법안은 대개 약물도 함께 다루고 있지만, 여기에서는 식음료 분야만 살펴볼 것이다. 불법복제 약물 거래는 개발도상국들에서 성행하고 있다. 그와 관련한 오싹한 사례들도 자주 세간의 입에 오르내린다. 또한 우리는 우리 사회에 존재하는 불법 약물 관련 암시장의 위험성에 대해서도 잘 알고 있다. 부정불량식품과 마찬가지로 부정불량약물 역시 역사가 길다. 위조 약물이 제조·유통되는 과정 역시 위조 식품의 경우와 매우 비슷하다. 이를테면 제약 과정에서 불법 재료를 혼합하는 방식은 과거 알코올 음료에 불순물을 첨가하던 관행과 많이 닮아 있다. 이러한 약물의 역사가 다른 책에서 온전히 다뤄지기를 기대한다(언스트 스타이브Ernst Stieb는 1996년에 출간한 『부정불량약물Drug Adulteration』을 통해 이미 충실하게 그 내막을 전하고 있다). 다른 하나는, 앞으로 펼쳐질 이야기에서 미국의 가짜식품 사례보다 영국의 사례가 더 많이 소개되는 것처럼 보일지도 모른다는 점이다. 이것은 단지 내가 영국인이라서 영국에서 발생한 사례에 더 친숙하기 때문만은 아니다. 여기에는 역사적인 이유가 있다. 사회 전반에 미치는 영향력으로 볼 때 부정불량식품은 산업화 도시의 환경과 국가의 지지부진한 정책적 개입이 빚어낸 질병으로 이해할 수 있다. 영국은 이 두 가지 조건을 처음으로 모두 갖춘 곳이었다. 이러한 사실로 미루어보면, 영국인들이 지난 2세기에 걸쳐 유럽의 다른 나라 사람들보다 더 부정불량식품을 감내해야 했던 이유를 어느 정도 이해할 수 있을 것이다. 그리고 미국은 그들이 처한 현실을 반영하듯 곧 영국의 전철을 밟았고, 그 행보는 오늘날까지 이어지고 있다.

1820년, 영국에서 활동한 독일 출신 과학자인 아쿰은 당시의 식품 사기가 어떻게 악화일로를 걷게 되었는지 서슴지 않고 지적했다. 그는 명확한 관점과 패기를 갖춘 영웅이었다. 이제 그로부터 모든 이야기를 시작하고자 한다.

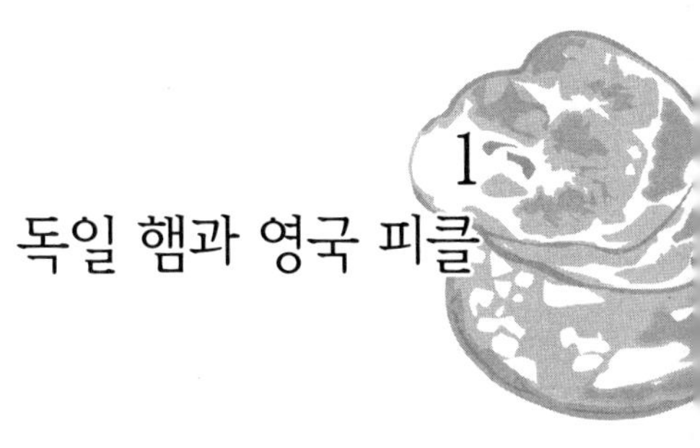

1 독일 햄과 영국 피클

벤담 때문에 어리둥절해하고,
보나파르트 때문에 놀라며, 아큼 때문에 경악하다.
— 제임스 스미스James Smith, 『우유와 꿀』(1840)

부정불량식품의 역사는 1820년을 전후하여 아큼 이전과 이후의 시대로 나뉜다. 근대 서구사회에서 식품에 유독성 물질을 섞거나 첨가물을 과다하게 넣는 행위에 맞서 어떤 형태로든 적극적인 싸움이 시작된 시기는 1820년 이후이다. 이러한 분기점을 마련한 것은 영국과 미국에서 동시에 출간된 『부정불량식품과 요리의 독성에 관한 보고서A Treatise on Adulterations of Food, and Culinary Poisons』라는 한 권의 작은 책이었다. 이 책을 쓴 인물은 영국으로 건너와 타국살이를 하던 독일인 화학자 프레데릭 아큼Frederick Accum(1769~1838)이다. 물론 이 작은 책 한 권이 세상의 모든 부조리를 바꿀 수는 없었다. 이 책이 출판된 후에도 사기꾼들은 이렇다 할 처벌도 받지 않은 채 활개를 쳤다. 아큼의 신랄한 폭로는 영국 사회를 들썩이게 했지만,

식품법을 바꿀 수 있을 만큼 영향력을 행사하지는 못했다. 더군다나 이 책의 성공으로 엄청난 명성을 얻은 아쿰은 얼마 지나지 않아 치명적인 불명예에 시달려야 했다. 그러나 아쿰의 책 덕분에 사람들은 근대 산업도시에서 소비되는 식품의 실상이 대부분 자신들의 기대와는 다르며, 그로 인해 죽음에 이를 수도 있다는 현실을 비로소 직시할 수 있었다.

독일 베스트팔렌에서 유년기를 보내고 런던 시민으로서 한 시절을 풍미한 아쿰(그의 본명은 프리드리히 아쿰Friedrich Accum이다)은 타고난 식도락가였다. 그는 몸에 좋은 빵(흰 빵이 아니라 통밀빵)과 훈제 햄, 향이 그윽한 블랙커피, 그리고 복숭아, 체리, 파인애플, 모과, 자두, 혹은 잘 익은 주홍빛 살구를 뭉근히 끓여 제대로 만든 과일 잼과 설탕 절임을 무척 좋아했다.[1] 음식을 대하는 아쿰의 태도는, 송로버섯truffle으로 맛을 낸 자고새 요리를 보고서도 탄성을 지를 줄 모르는 사람들에게 코웃음 치는 프랑스 식도락가의 경우와는 달랐다. 독일인으로서 아쿰은 먹을거리의 가치를 남다르게 평가하며 으스대는 식도락가가 아니었다. 아쿰이 가장 즐겼던 것은 맥아향 가득한 맥주 한 잔, 하얀 겨울 양배추에 캐러웨이caraway[회향풀의 일종] 씨를 넣고 절인 자우어크라우트sauerkraut[독일식 김치] 한 접시, 피멘토pimento[스페인산 고추의 일종]로 양념한 아삭한 오이 피클, 가볍고 바삭거리는 파이 껍질이었다. 소탈한 음식을 사랑했던 아쿰은 고급 스테이크를 요리하든 감자를 삶든 요리하는 사람이 기울여야 하는 섬세함과 정확성에는 차이가 없어야 한다고 믿었다. 속물들이나 이와 반대되는 주장을 할 것이다. 아쿰에게 요리는 단순히 미각의 문제가 아니라 과학의 문제였다. 그가 요리사를 화학자에, 주방을 화학 실험실에 비유한 것도 그 때문이었다. 그의 인생에서 절정기였던 1820년에 화학은 역사상 가장 화려한 꽃을 피우고 있었고, 그 덕분에 화학자 역시 유명인사가 될 수 있었다. 이러한 시기에 런던에서 가장 유명세를 떨친 독보적인 화학자 아쿰에게 식품 문제는 가장 적절한 주제였을 것이다.

식도락가이자 화학자로서 아쿰은 '재료 혼합의 정밀성'에 대한 신념이 남달랐다. 그래서 이윤을 더 남기겠다며 이 정밀성을 무시한 채 식품의 본질을 거리낌 없이 훼손하는 '존경받는' 범죄자들의 비도덕성을 몹시 증오했다. 다행히 아쿰은 이 분노를 개인적인 감정으로 묻어두지 않았다. 그는 글을 통해, 얼마나 많은 식품들의 본질이 어떤 과정을 거쳐 비할 데 없이 부정직하고 유해한 방식으로 조작되는지 폭로했다. 그는 이렇게 기록했다. "부정하고 불량한 방법으로 만들어지지 않은 식품을 단 하나라도 거론하기란 여간 어려운 일이 아니다. 심지어 어떤 식품은 진짜가 유통된 적이 한 번도 없다."[2] 이러한 현실을 처음으로 진지하게 폭로한 아쿰의 보고서는 한 달 사이에 1,000부가 팔렸고(당시로서는 상당한 수치였다), 이후에도 수천여 부가 계속 팔려나갔다.

이 보고서에 대한 당시 평단의 반응을 보면, 식품 위조 실태를 폭로한 그의 글이 얼마나 즉각적인 사회적 파장을 불러일으켰는지 짐작할 수 있다. 『블랙우즈 에든버러 매거진Blackwood's Edinburgh Magazine』에 실린 한 평론은 이렇게 전했다. "아쿰의 책을 읽은 후로 우리의 식욕은 눈에 띄게 줄었다. 어제 우리는 커스터드를 먹다가 창백하게 질려버렸다."[3] 『리터러리 가제트Literary Gazette』에 실린 또 다른 평론은 다음과 같이 탄식했다.

> 우리가 이런 식으로 완전히 속고 배반당하다 결국 마비되고 미치게 되는 일이 얼마나 많은지 아쿰은 너무나 끔찍할 정도로 통쾌하게 폭로했다. 우리의 입맛을 영원히 잃게 할지도 모를 위험을 감수하고 우리로 하여금 이러한 현실에 눈을 뜨게 한 아쿰의 위대한 노고에 화가 날 지경이다.[4]

이 평론은 이어 다음과 같이 푸념했다.

> 우리가 먹는 피클은 구리로 초록빛을 낸다. 식초의 톡 쏘는 맛은 유황산으로 내고, 크림은 상한 우유에 쌀가루나 칡가루를 넣어 만들며, 사탕은 설탕과 전분, 점토의 혼합물을 구리와 납으로 착색한 것이다. 케첩은 증류 식초의 찌꺼기와 호두의 초록색 겉껍질을 달인 즙을 혼합한 것에 카옌cayenne[붉은 고추], 피멘토, 양파, 식염 등의 갖은 양념으로 간을 한다. 버섯은 시장에서 미처 팔리지 않아 부패 직전의 상태에 있을 때 조작된다. 우리가 머스터드라 믿는 것은 머스터드, 밀가루, 카옌, 천일염, 무씨, 강황, 완두콩 가루의 혼합물이다. 그리고 청량감을 위해 마시는 구연산, 레모네이드, 펀치punch[알코올을 약간 포함한 과일음료]는 대개 싸구려 타타르산이 임시변통으로 모양새를 바꾼 것일 뿐이다.[5]

이 글은 아쿰이 그의 책에서 식품의 본질을 훼손하는 악의적인 상거래와 속임수를 몰아내기 위해 이 사회의 모든 계급이 협력해야 한다며 폭로한 내용을 그대로 요약해놓은 듯하다.[6] 아쿰에 따르면, 아이들이 즐겨 먹는 커스터드는 월계수 잎에 찌들어 있고, 차를 만드는 재료는 사실 야생 자두sloe 잎이며, 로젠지lozenge사탕은 담배 파이프 제조용 점토로 만든 것이었다. 뿐만 아니라 후추는 마룻바닥의 먼지를 섞어 만들며, 피클의 초록색은 구리로 내며, 사탕과자는 납으로 붉게 착색되었다. 한 독자는 이렇게 외쳤다. "세상에 이럴 수가! 이 악행은 끝이 없는 것인가? 우리 식탁에 오르는 음식 중 순수하거나 해롭지 않은 것은 없단 말인가?" 사실, 독자들이 충격과 공포에 휩싸였던 이유는 아쿰이 폭로한 부정불량식품의 사례가 무궁무진했기 때문이다. 이렇게 대중적인 논의를 광범위하게 일으킨 화학책도 일찍이 없었을 것이다.

아쿰이 바란 것은 그처럼 충격적인 반응이었다. 그의 책 표지 삽화에 등장하는 솥에는 다음과 같은 문장이 큼직하게 새겨져 있다. "솥에 죽음의 독이 있나이다." 내용을 살피기 전에 그림만 봐도 어떤 내용을 담고 있는지 충분히 짐작할 수 있다. 솥 위에는 수의로 덮인 섬뜩한 해골이 놓여 있고, 무시무시한 뱀 두 마리가 스멀거리며 솥을 에워싸고 있다. 아쿰은 본문에서 성경의 한 구절을 인용하며(열왕기하 4장 40절) 표지 삽화의 문장을 다시 한 번 반복했다. "우리는 예언자의 자손인 양 외치게 될지도 모른다. '솥에 죽음의 독이 있나이다.'" '죽음의 독'이라는 표현은 19세기 식품 안전 운동가들도 그대로 썼음 직하지만, 그들은 아쿰처럼 도덕적 분노에 떨며 통렬하게 반응하지는 않았다. 아쿰으로서는 유감과 혐오감을 표하지 않고 부정불량식품을 논한다는 것은 불가능했다. 사기꾼들의 '사악한 행위'는 사치스러운 영역뿐 아니라 기본적인 생필품에까지(제빵사들이 빵을 더 하얗게 보이게 하려고 반죽에 명반alum을 섞은 것처럼) 손을 뻗고 있었다. 부정불량식품의 이면에 숨겨진 동기는 만족할 줄 모르고 더 큰 이윤을 얻고자 하는 욕심이었다. 이 압도적인 탐욕 속에서 허우적대는 사람들에게 내 이웃의 목숨이 희생될지도 모른다는 가능성은 부수적인 문제일 뿐이었다.[7] 아쿰은 행여 독자들이 흘려들을까 노심초사하며 다시 한 번 이렇게 통탄했다. "우리가 일상에서 죽음과 함께하고 있다고 보는 편이 정확할 것이다."[8]

아쿰의 보고서가 그토록 세상을 놀라게 한 이유는 무엇이었을까? 1820년 이전이라고 해서 사람들이 부정불량식품 문제를 몰랐던 것은 아니다. 아쿰이 서문에서 밝히고 있듯이 '모든 사람'이 빵, 맥주, 와인을 비롯한 다양한 식품들이 일상적으로 부적절하게 만들어진다는 것을 이미 알고 있었다.[9] 다음 장에서 자세히 이야기하겠지만, 물을 타거나 불순물을 섞은 와인에 대해 불만을 토로하기는 고대 로마인들도 마찬가지였다. 또한 18세기에도 오염된 식품을 두고 떠도는 소문과 풍자가 셀 수도 없이 많았다. 소설가 토비아스 스몰렛Tobias Smollett은 『험프리 클링커Humphrey Clinker』라는 작품에서, 닭들이 자유롭게 노닐고 광야에 온갖 동물이 뛰놀며, 뜰에서 야채와 허브, 샐러드용 채소를 곧바로 뜯을 수 있었던 시골의 목가적인 단순성과 대조를 이루는 런던의 불결하고 변조된 부정불량식품의 현실을 탁월하게 그렸다. 스몰렛의 묘사에 따르면, 런던에서 딸기는 침으로 씻기고, 야채는 초록빛을 낼 수 있다는 이유로 놋쇠로 조리되었다. 우유는 용기의 뚜껑이 열린 채 배달 수레에 실려 거리를 누비다 영아들이 게워낸 것, 행인들의 침과 콧물, 담배 찌꺼기, 마차 바퀴에서 튀는 오물, 짓궂은 사내아이들이 장난삼아 던지는 먼지와 쓰레기로 오염되었으며, 심지어 상처 입은 달팽이 때문에 거품투성이가 되기도 했다. 런던의 빵은 "백악chalk과 명반, 뼛가루를 섞어 만든 유해한 반죽으로 빚어진다. 그 결과, 맛은 무미건조해지고 빵 자체는 유독해진다." 와인은 "사이다cider[사과즙을 발효시켜 만든 독한 술로 음료나 식초의 원료로 쓰인다]와 옥수수 주정, 야생 자두즙처럼 전혀 상관없을 것 같은 재료를 혼합하여 만든다. 당연히 불결하고 맛도 없을 뿐 아니라, 제조 과정에서 빚어질 수 있는 위해성 또한 위험천만하다."[10]

스몰렛이 묘사한 런던의 풍경은 이렇게 끔찍했지만, 독자들은 자신들이 처한 현실이 그렇게까지 비참하리라고는 생각하지 않았다. 그의 묘사가 과장되고 희화적으로 보였기 때문이었다. 아쿰의 글을 처음 접한 독자들이 그처럼 전율했던 이유는, 그저 희화적인 왜곡일 뿐이라고 여겼던 그 많은 사례들이 현실에서 실제로 일어나고 있음을 비로소 깨달았기 때문이었다. 『리터러리 가제트』의 한 편집자는 다음과 같이 평했다.

> 사람들은 『험프리 클링커』에 등장하는 기괴한 속임수들을 보며 폭소했다. 그 농담이 너무 지나쳤기 때문에 그들은 매일 먹고 마시는 일상이 책에서 묘사된 것처럼 온통 속임수투성이라는 사실을 알아차리지 못했다. 반드시 해로운 것은 아닐지라도, 도시에서 소비되는 모든 식품은 물론 시골에서 소비되는 많은 식품마저 판매자들의 비열한 술수와 무자비한 변조로 인해 질이 낮아지고 영양 성분이 떨어지며 결국 인간성을 추악하게 만든다는 것을 말이다.[11]

이처럼 아큠의 천재성은 속임수를 감내하며 농담으로 웃어넘기기에는 상황이 매우 심각하다는 점을 효과적으로 부각시켰다. 아큠이 이 문제에 새로운 각도로 접근할 수 있었던 것은 당시 전례 없이 번성했던 과학과 상업이 부적합한 식품을 양산할 가능성을 배가하였을 뿐 아니라 사회 비평가로서 그의 재능이 탁월했기 때문이다. 또한 아큠이 새롭게 속출하는 온갖 사기 수법을 완벽하게 전할 수 있었던 이유는 그가 근대 영국의 과학과 산업의 발전을 긍정적으로 바라보면서도 이러한 발전이 식품의 본질을 훼손하는 데 악용될 수 있다는 사실을 간파했기 때문이다. 이 책을 관통하는 것 역시 사기의 과학과 폭로의 과학이 벌여온 고투의 역사이다. 아큠의 보고서는 바로 이 싸움의 시작이었다.

프레더릭 아쿰의 영광스러운 여정

아쿰이 살았던 당시 런던은 국외자들이라도 허세와 재능만 충분히 갖추면 눈 깜짝할 사이에 성공을 거둘 수 있는 도시였다. 런던의 상업 발달과 함께 상대적으로 관대한 사회적 분위기가 맞물려 가능한 일이었다. 이러한 분위기 속에서 많은 독일인이 입지전적 인물로 성장했다. 아쿰 역시 그중 한 사람이었다. 1762년 런던 이스트엔드에 독일인을 위한 학교를 함께 운영하는 독일 루터교회가 자리 잡을 수 있었던 것도 독일인들의 이러한 성장 덕분이었다. 아쿰이 런던에서 교류한 친구들 중에는 독일 출판업자이자 석판인쇄로 유명한 발명가 루돌프 아커만Rudolph Ackermann(1764~1834)도 있었다. 그러나 아쿰은 결코 혈연이나 지연을 좇지 않고 다양한 분야의 영국인들과 적극적으로 교류했다. 앞으로 보게 될 테지만 그의 인맥은 법조인, 과학자, 정치가, 귀족, 문학가 들을 망라했다.

아쿰이 불량식품 고발을 통해 처음으로 대중적 인지도를 얻은 것은 아니다. 넘치는 활력과 카리스마 그리고 자신감으로 무장한 이 사나이는 자신이 화학의 모든 분야를 섭렵하여 부를 얻을 수 있을 것이라고 확신했다. 그리고 화학을 통해 성공하기 이전에 그는 가스등에 관한 대중의 편견을 극복함으로써 이미 역사에 확고한 입지를 다지고 있었다. 그는 1815년 무렵 웨스트민스터 거리를 밝히는 등이 랜턴에서 가스등으로 교체되는 데 지대한 영향력을 미쳤다. 그러나 이것이 그의 이력의 전부가 아니었다. 아쿰은 화학 강연자이자 교사로, 화학장비업자로, 왕립 약제사로, 앙투안 로랑 라부아지에Antoine-Laurent Lavoisier[근대 화학의 창시자로 불리는 프랑스 화학자]의 새로운 이론을 대중화한 인물로, 그리고 분석광물학과 결정학에서부터 바닐라에 이르기까지 모든 영역을 망라한 작가로도 명성을 날렸다. 그래서 1925년 C. A. 브라운C. A. Browne은 "화학 역사상 아쿰만큼 다양한 이력을 지닌 이는 없다"라고 평가하기도 했다.[12] 역사학자들은 이제 단 하나의 '산업혁명'이라는 개념을 믿지 않는다. 그러나 만약 우리가 이 개념을 차용할 수 있다면, 아쿰이야말로 부정불량식품과의 투쟁의 역사에서 단 하나의 산업혁명과 같았다고 할 수 있다. 그는 학문적 소양과 상업적 이해, 계몽적 이상과 사업가적 기질, 그리고 당시 영국인이라면 누구나 좇았던 부와 권력에 대한 욕망을 모두 갖춘 준수하고 활동적인 인물이었다.

가스등을 상용화했던 과정을 살펴보면, 아쿰은 대중의 눈길을 사로잡는 데 탁월한 재주꾼이었던 듯하다. 가스등은 1786년 파리에서 발명가 필리페 르봉Philippe Lebon이 처음으로 공개했다. 하지만 그의 '열램프'는 실용화되지 못했다. 대부분 고래 기름, 수지 또는 밀랍을 이용해 거리와 가정의 불을 밝혔던 런던에서도 결과는 다르지 않았을 것이다. 이후 1803년부터 1804년 겨울 무렵까지 영국에 체류했던 F. A. 빈저F. A. Winsor라는 한 독일인(그 또한 아쿰처럼 프리드리히라는 독일 이름을 영국식인 프레더릭으로 바꾸었다)이 스트랜드 가의 라이시엄 극장에서 가스등 점화 시연을 성공적으로 이끌면서 이 새로운 조명 도구의 이점을 일반 시민들에게 증명했다.[13] 한 목격자는 극장 아래 저장소로부터 천장과 칸막이 좌석 그리고 무대 주변에 설치된 가스관을 따라 공급되는 가연성 기체를 연소해 어느 때보다도 눈부시게 밝아진 극장의 장관을 묘사했다. 곧이어 빈저는 가스등에 관한 특허를 취득했고, 런던의 건물과 거리의 조명을 자신의 기술로 바꾸기 위해 회사를 설립하려 했다.

그러나 가스를 연소해 불을 밝히려는 시도는 폭넓은 반대에 직면했다.

일반인들은 가스가 연소할 때 악취가 나는 것 같다거나, 새어 나오는 가스에 중독될지 모른다며 두려워했다. 선원들은 가스등 때문에 고래 기름의 수요가 줄면 일자리를 잃게 되지 않을까 염려했다. 이 같은 대중의 우려보다 더 큰 걸림돌은 아마도 당시 저명한 과학자들조차 가스 조명의 안전성에 의구심을 보인 경우가 많았다는 사실일 것이다. 훗날 광부들이 착용할 수 있는 안전등을 발명한 전기화학의 천재 험프리 데이비 경Sir Humphry Davy(1778~1829)도 그중 한 사람이었다. 그러나 빈저는 정통 교육 과정을 거친 과학자가 아니라는 약점에도 아랑곳하지 않고 자기 포장을 잘하는 익살꾼이었다. 1807년 그는 신애국주의 대영제국 전국 조명 및 난방회사라는 우스꽝스러운 이름을 내걸고, 이 회사의 연 매출이 2억 2,900만 파운드(소매물가지수를 적용하여 오늘날 가치로 환산하면 최소한 150억 파운드[약 26조 원]는 될 것이다)에 이를 것이라며 허세를 부렸다. 투자자들은 이 허풍에 솔깃했을지 모르지만, 허풍만으로 구체적인 사업을 실현할 수는 없는 일이었다.[14]

아쿰이 등장한 것은 바로 이 시점이었다. 명실공히 과학자이자 좋은 문벌까지 갖추었던 그는 가스등 사업으로 안정적인 수익을 낼 수 있는 방법을 누구보다 잘 알고 있었다. 이 사업이 높은 수익을 창출할 것이라는 점을 간파했던 점은 빈저와 같았지만, 아쿰은 훨씬 효과적으로 접근했다. 아쿰은 우선 수개월에 걸쳐 화덕에서 수지 불꽃과 가스 불꽃을 비교 실험하고 끈적끈적한 콜타르를 당밀과 같은 농도로 증류해보며, 가스의 화학적 원리에 대해 이전의 과학자들이 주장했던 가설들을 하나하나 점검했다. 그 후 아쿰은 의회에서 빈저의 가스등이 어떤 효율성을 갖고 있는지 전문가의 입장에서 증언했다. 1809년, 하원에 출석한 아쿰은 수많은 실험 결과를 토대로, 가스는 연소할 때 냄새가 나지 않으며, 제대로 다루기만 하면 가스관을 통한 가스 연소는 안전하다고 밝혔다. 그는 가스등이 수지등에 비해 안전성이 결코 떨어지지 않을 뿐 아니라 오히려 월등한 조명 수단이라고 주장했다. 촛농이 떨어지는 초는 밀폐된 공간에서 화재를 일으킬 수도 있지만, 유리 반구 안에서 발열하는 가스등은 더 깨끗하고 안전하기 때문이었다.[15] 한마디로 가스등은 근대사회에 적합한 조명 수단이었다. 1810년, 마침내 의회는 빈저의 회사법인 설립을 허가하는 법안을 통과시켰다. 이제 '실용적 화학자'로서 프레더릭 아쿰의 이름이 첫 이사진 명단에 올랐다. 이후 1813년에는 웨스트민스터 다리가 가스등으로 밝혀졌고, 1815년에는 약 30마일[약 48킬로미터]에 이르는 가스관이 런던에 설치되었다.

석탄가스 전문가로서 아쿰은 이제 영국 전역에서 필요로 하는 사람이 되었다. 1815년에는 절친한 벗인 아커만의 도움으로 『가스등에 대한 실용적 논문Practical Treatise on Gas-Light』을 출간했다. 아름다운 가스 샹들리에와 램프의 삽화들이 실린 이 논문은 역사상 최초로 가스등을 본격적으로 다룬 것으로 유명하다. 이 글은 또한 산업적 진보에 대한 아쿰의 열정적 믿음을 상징했다. 아쿰은 증기기관차든, 새로운 방적기든, 탈곡기든, 또는 가스등이든, 모든 기계의 진보에 뒤따를 수밖에 없는 '흔한 불평'을 무시할 것을 독자들에게 당부했다. 그는 이렇게 적었다. "이 나라가 세계 어느 나라보다도 부와 독립성을 누리는 것은 물론 탁월한 요충지 역할을 할 수 있는 이유는 제조공장에서 기계를 도입함으로써 인력을 감축한 결과라는 사실을 결코 잊어서는 안 된다."[16] 당시 그는 독일 태생으로서의 옹색한 생활에서 벗어나 영국에서 부와 명성을 얻은 자신의 개인적 이력에 비추어 진보와 대영제국에 대한 신념을 갖게 된 듯하다.

아쿰이 베스트팔렌에서 보낸 유년기는 결코 유복하지 않았다. 그랬던 그가 근대 과학이 확립되는 역사적 시기에 런던에서 화려한 명성과 부를 한 손에 거머쥔 과학자가 되었다. 한마디로 극적인 사회적 신분상승의 전형적인 사례였다.

아쿰은 1796년 3월 29일에 독일 뷔케부르크에서 일곱 남매 중 여섯째로 태어났다. 1796년은 나폴레옹 보나파르트Napoleon Bonaparte와 아서 웰링턴Arthur W. Wellington, 그리고 위대한 과학자 조르주 퀴비에Georges Cuvier가 태어난 해이며, 제임스 와트James Watt가 증기 엔진으로, 리처드 아크라이트Richard Arkwright가 방적기로 특허를 받은 해이기도 하다.[17] 그러나 아쿰의 출생 배경을 보면 그가 장차 이들의 업적에 견줄 만한 위대한 행보를 내딛게 되리라 예견되는 암시는 찾아보기 힘들다. 아쿰의 여섯 남매 중 장성한 인물은 누이 빌헬미나Wilhelmina와 형 필립Phillip 두 명뿐이었다. 나머지 네 명은 어려서 세상을 떠났는데, 그중 둘의 사망 원인은 천연두였다. 비누 제조업자였던 아쿰의 아버지는 개종한 유대인이었다. 어릴 때 그의 이름은 헤르츠 마르쿠스Herz Marcus였지만, 28세가 되던 해에 크리스티안 아쿰Christian Accum으로 개명했다. 이름을 바꾼 직후 독실한 위그노인 아쿰의 어머니 유디스 수잔네 마르테 베르트 라 모테Judith Suzanne Marthe Bert la Motte와 결혼한 것으로 보아 아마 사랑을 좇아 개명한 것으로 보인다. 아쿰이 세 살 때 그의 아버지가 세상을 떠났고, 그의 어머니 유디스가 그를 키웠다. 아쿰의 어린 시절에 대해서는 그가 그 지역의 김나지움gymnasium[독일의 중등 교육기관]에 다녔다는 것 외에는 알려진 것이 없다. 그곳에서 아쿰은 호메로스와 헤로도토스, 키케로, 타키투스 등에 관해 배웠지만 과학 수업을 따로 받지는 못했다. 화학에 대한 그의 애정은 아마도 가족의 영향 때문인 듯하다. 아쿰의 생애와 업적을 연구한 학자들이 대개 동의하듯이, 처음에는 아버지가, 그리고 나중에는 형 필립이 비누를 제조하는 과정을 보며 자란 성장 배경은 그에게 큰 영향을 미친 것으로 보인다.[18] 비누화(가수분해) 과정은 어린 아쿰이 화학을 바로 눈앞에서 볼 수 있는 더없이 좋은 기회였다. 이 경험을 통해 분명 아쿰은 알칼리와 산의 존재를 알게 되었을 것이고, 잿물 속에서 천연 라드lard[돼지기름]가 비누로 탈바꿈하는 마법을 보았을 것이다. 그러나 그는 형처럼 가업을 잇지는 않았다. 그가 화학에 관한 열정을 키워간 배경을 두고 학자들이 언급하지 않는 점이 하나 있다. 바로 어머니의 요리이다.

아쿰은 훗날 이렇게 회상했다. "극심한 노역을 이겨내는 건강한 베스트팔렌 주민들은 거친 갈색 호밀빵으로도 너끈히 살아간다."[19] 그가 말한 빵은 아마도 품퍼니켈pumpernickel이었을 것이다. 독일 밖에서도 잘 알려진 베스트팔렌 특산물인 이 빵은 이 지역 곡물의 특성에서 비롯된 듯한 조밀한 질감으로 유명했다.[20] 아쿰은 이보다는 약간 더 부드러운 통밀로 만든 산성반죽sour dough빵을 좋아했지만, 다른 한편으로는 분명히 베스트팔렌 사람의 취향을 간직하고 있었다. 베스트팔렌을 떠나 런던에 정착하고 나서 오랜 시간이 흐른 뒤에도 그가 늘 칭찬했던 베스트팔렌 음식 중 하나는 바로 햄이었다. 베스트팔렌 햄은 노간주나무의 향이 배도록 훈연한 것으로, 그 명성은 바욘Bayonne 햄과 파르마Parma 햄을 능가했다. 19세기 독일의 음식 작가인 카를 루모르Carl Rumohr 역시 베스트팔렌 햄을 두고 독특하고 견줄 바 없으며 타의 추종을 불허하는 음식 중 하나라고 평한 바 있다.[21] 당대의 한 영국 요리책은 이렇게 기술하고 있다. "부정할 수 없는 것은 멧돼지로 만든 베스트팔렌 햄의 풍미와 향은 최상급 품질의 기름진 돼지고기를 쓰더라도 완벽하게 흉내 낼 수 없다는 것이다."[22] 베스트팔렌 햄을 멧돼지가 아닌 돼지로 만드는 경우도 더러 있었다. 아쿰은 이렇게 묘사했다. "1년에 적어도 한 마리의 돼지를 잡는 (베스트팔렌의) 가족들은 다락방의 굴뚝과 연결된 찬 방에 햄과 베이컨을 매달아 건조시켰는데, 이 비좁은 공간에 연기를 가둘 수 있기 때문이었다. 이 방식은 불을 직접 사용하지 않았다. 대신 불꽃의 열기가 아닌 나무에서 피어나는 연기로 서서히 건조시키는 원리였다." 이것은 햄을 만드는 과정을 일반적으로 기술한 것이었지만, 분명 자전적인 서술이기도 하다. 아쿰 가족은 비누 제조에 필요한 라드를 얻기 위해 멧돼지를 잡아야 했을지 모른다. 맛 좋은 햄은 분명 이러한 작업의 부산물이었을 것이다.

어린 아쿰을 훌륭하게 키운 어머니는 그가 런던에 발을 들이는 데도 중요한 영향력을 미쳤다. 유디스 아쿰은 하노버Hanover 왕가와의 연줄 덕에 영국의 조지 3세의 약제사로 일하고 있던 브레인드Brande 일가와 친분이 있었다. 학교를 졸업한 후 아쿰은 하노버에서 브레인드 일가가 운영하는 약종상에서 도제 생활을 시작했다. 당시에 관해 한 과학사가는 이렇게 기록했다. "약제사의 가게는 실질적으로 화학에 대한 실용적 지식을 얻을 수 있는 유일한 장소였다."[23] 일을 곧잘 했던 아쿰은 24세가 되던 1793년에 알링턴 가에 위치한 런던 지점으로 자리를 옮겼다. 피카딜리 광장 앞에 자리한 이곳은 세인트 제임스 궁 어귀에 인접해 있었다. 이곳에서 그는 놀라운 열정으로 무장한 채 영국의 과학이 왕성하게 꽃피던 시대의 한 가운데에 뛰어들었다. 당시 아쿰은 윈드밀 가의 해부학교에서 수학했다. 그가 이곳에서 만난 의사 앤서니 칼라일Anthony Carlisle은 그를 아꼈고 다른 과학자들에게 곧잘 소개하곤 했다. 『자연철학, 화학 및 인문학 저널Journal of Natural Philosophy, Chemistry and the Arts』의 창립자인 윌리엄 니컬슨William Nicholson

도 그가 당시에 처음 만난 인물이다. 아쿰은 후에 약품의 부정불량 사례와 바닐라의 과학적 특질을 다룬 초기 논문들을 이 학술지에 싣게 된다. 이렇게 아쿰은 영국의 과학계에서 조금씩 이름을 알리기 시작했고, 런던에 온 지 7년 만에 올드 콤프턴 가의 소호에서 화학기구 제조업자로 자신의 사업을 시작하게 되었다. 그는 이로부터 20여 년 후 부정불량식품에 관한 책을 출간하기까지 영국에서 사는 동안 이곳에 거주했다.

공인으로서 아쿰의 삶은 좁은 실험실에서 주로 시간을 보내는 오늘날의 학구적인 화학자의 모습과는 사뭇 달랐다. 그는 사회적 활동을 하며 대중 앞에서 시연을 했고, 광고를 통해 자신의 존재를 과시하기도 했다. 그는 대중 앞에서 분젠 버너[1855년 독일의 로베르트 분젠Robert Wilhelm von Bunsen이 실용화한 가스 버너]와 같이 호기심을 자극하는 소재를 이용해 실험을 하며 화학의 즐거움을 공유했다. 대중적 감수성과 화학자로서의 순수한 목적의식을 결합하려 했던 아쿰은 자신의 목적이 화학과 이성적 즐거움을 접목하는 것이라고 쓰기도 했다.[24] 그는 인간적으로도 상당히 매력적인 인물이었던 것으로 전한다. 뒤에서 다루겠지만, 영국에서 그가 일군 이력을 한순간에 망쳐버린 사건이 일어난 후 친구들이 제기한 애정 어린 변론들만 봐도 충분히 짐작할 수 있다. 그가 화학 교수로 몸담았던 서리 연구소Surrey Institution에서 대중을 상대로 화학 시연을 하는 모습을 담은 몇 장의 삽화에서도 아쿰은 또 다른 매력을 보여준다. 한 삽화에서, 넋을 빼앗긴 청중은 1, 2층 관람석에서 그를 바라보고 있고, 발코니에 자리한 사교계 여성들은 그의 모습을 잘 보기 위해 몸을 앞으로 잔뜩 숙이고 있다. 바이런풍의 어두운 머리 색깔과 짙은 눈썹, 두툼한 입술과 낭만주의 시대 깃을 갖춘 섭정시대풍 차림새가 아니었다면 그는 요리 쇼를 벌이는 현대의 유명 요리사처럼 보였을 것이다. 이 삽화에서 아쿰은 약간 과장된 몸짓으로 두 팔을 높이 들어 올려 두 물질을 섞어 보이고 있다.

대중적 관심이 정점에 이르자, 화학은 이제 일상생활의 모든 면과 관련 있는 것처럼 보이기 시작했다. 1820년에 한 언론인이 평한 바와 같이 화학은 "자연의 산물을 탐구하고자 하는 열정이 우리 시대의 특징이라 할 때, 이 열정을 추구하고자 하는 욕구와 밀접한 것"이었고, 그로 인해 "우리 시대의 화학은 과학의 중심이 되었다."[25] 아쿰은 스스로를 런던이 사랑하는 화학자라고 생각했다.[26] 섭정시대 영국이 추구했던 것은 산업과 위생이었다. 화학은 이 두 열망을 동시에 좌우하고 있었다. 즉, 화학적 진보는 한편으로 산업혁명을 가속화하는 역할을 했지만, 다른 한편으로는 그처럼 급속한 산업화의 부산물인 악취와 부패한 공업용수, 흘러넘치는 하수구 등 공장이 남긴 난잡한 흔적들을 처리하는 역할도 했다. 아쿰의 행보에서 우리가 엿볼 수 있는 것은 바로 화학이 더 나은 삶을 보장해줄 수 있으리라는 그의 확고한 믿음이다.

아쿰이 펼친 다양한 활동은 대부분 대중 계몽과 상업적 이해가 결합되어 있었다. 그는 과학적 진리를 신봉했을 뿐 아니라, 과학을 도구 삼아 돈을 버는 것도 개의치 않았다. 그는 예의바르고 친절한 사람이었지만 한편으로는 오만하고 무모하기도 했다.[27] 1800년 이후 그는 사립교육 과정의 학생들을 모집해 1년 수업료로 160기니를 받았는데, 이는 당시로서는 상당한 금액이었다(오늘날 가치로 약 11,000파운드[약 1,868만 원]에 맞먹는다).[28] 초창기 그의 학생들 중에는 나중에 미국에서 명성을 얻은 과학자가 된 이들도 많다. 예일대학의 벤저민 실리먼Benjamin Silliman, 하버드대학의 윌리엄 펙William Peck, 다트머스대학의 제임스 프리먼 데이나James Freeman Dana 등이 그의 제자이다. 아쿰은 화학상자chemistry chest를 처음으로 제작한 과학자들 중 한 명이기도 하다. 이 제품은 애초에 '고매한 신사들'을 겨냥해 만든 것이었지만, 나중에는 아이들을 위한 교육용 화학 도구의 효시가 되었다. 『화학의 즐거움Chemical Amusement』(1817)에서 그는 집에서 안전하게 할 수 있는 '즐거운' 화학실험 방법을 설명했다. 이 책은 굉장한 내용을 담고 있었다. 작은 그릇에 동전 녹이기, 불이 솟는 분수, 에메랄드그린 불꽃 만들기, 캄캄한 곳에서 몸을 빛나게 하기, 아마포에 문양을 새길 수 있는 지워지지 않는 잉크 만들기와 같은 것들은, 너무나 해보고 싶었지만 학교에서는 허락되지 않았던 미치광이 과학자의 실험 같은 것이 아니었던가. 책의 뒷면에는 이러한 실험들에 필요한 장비와 도구 들을 편리하게 구매할 수 있는 아쿰의 가게에 대한 안내 목록이 있었다. 이 목록에는 다양한 화학상자들뿐 아니라 시험관, 액체 비중계, 프리즘, 이동 가능한 전천후 용광로 등이 6파운드 16펜스에서 8파운드 8펜스의 가격대로 소개되어 있었다. 아쿰은 계속해서 새로운 화학 기구와 재료 들을 들고 나와 일반인들에게 팔았고, 최신식 화학 장비 제조자로서 그의 이름은 여러 해 동안 사람들의 입에 오르내리게 되었다. 그가 제작한 가스탱크와 기체 수집기는 수요가 50년 동안 이어졌다.[29] 과학과 상업이 도대체 무슨 상관이 있느냐고 따지는 이가 있다면, 아쿰은 전혀 망설이지 않고 이렇게 답했을 것이다. '이전에는 결코 구매할 수 없었던, 과학을 이용한 물품'을 제조, 판매하는 자신은 '대중의 은인'이라고.[30]

그의 자평에도 불구하고, 순전히 이기심 때문에 돈벌이를 좇기도 했던 아쿰은 박애주의자라는 명칭으로 치장하기 어려운 상황을 연출하기도 했다. 어느 날 그의 한 친구는 실험실에서 아쿰이 윌리엄 피트(소小피트)William Pitt the Younger 수상과 '매우 고무된' 분위기에서 거래하는 모습을 보게 되었다.

피트 수상은 인도 퐁디셰리로 가져갈 엄청난 양의 화학 장비를 주문하려던 참이었다. 아큠은 배어나오는 웃음을 참지 못하고 있었다. 어수룩한 수상을 상대로 한 이 거래가 몇 년 묵은 구식 장비나 잡동사니 들을 모두 정리하는 기회가 될 수 있을 뿐 아니라 이 자질구레한 물건들을 한껏 부풀린 가격으로 영국 정부에 팔아넘길 수 있을 것이라고 기대했기 때문이다.[31] 재미있는 것은 평소 상인들의 이중성에 대해 그토록 분노했던 아큠이 정작 자신의 이 같은 유치한 장난은 도덕적인 잘못으로 여기지 않았다는 점이다. 오히려 그는 지위와 권력이 있는 사람을 조롱하는 것은 별 문제가 아니라고 봤다. 아큠이 불쾌하게 여겼던 것은 가족을 부양하는 것이 오직 한 가지 바람인 가난한 노동자들을 속이려는 시도였다.

부정불량식품에 맞선 화학

재미와 정열 그리고 상업적 이해를 동시에 추구했던 아큠의 세계는 왕립 아카데미를 비롯한 영국 과학계의 주류 세력들의 세계와는 거리가 멀었다. 그러나 아큠은 주류 과학계에도 자신의 존재감을 활발히 알리고 있었다. 데이비 경만큼 진지한 과학자는 결코 되지 못했지만, 그는 린네학회Linnaean Society와 영국은 물론 아일랜드 왕립 아카데미의 회원으로 활동했다. 또한 1803년에 출간한 『이론적, 실용적 화학의 체계System of Theoretical and Practical Chemistry』에서는 영국 독자들에게 라부아지에의 새로운 개념들을 소개했다. 화학 역사상 가장 흥미진진한 시대에 태어난 것은 아큠에게 행운이었다. 한 과학사가는 이렇게 기술했다. "1770년을 기점으로 이후 20여 년의 기간 동안 화학은 어느 시대보다도 급진적이고 근본적인 변화를 경험했다."[32] 이 기간 동안 화학계에는 개구리 다리에서 근육 반응을 발견한 루이지 갈바니Luigi Galvani를 비롯해 카를 셸레Carl W. Sheele, 헨리 캐번디시Henry Cavendish, 조지프 프리스틀리Joseph Priestley 같은 탁월한 인물들이 많이 출현했다. 그러나 비할 데 없이 위대한 사람은 따로 있었다. 바로 프랑스 혁명 때 단두대의 이슬로 사라진, 아쿰의 영웅 라부아지에이다.

아쿰이 태어난 해인 1769년 당시의 화학은 여러모로 연금술 수준에 머물러 있었다. 화학자들이 물질을 지칭하는 이름들은 기묘하고 혼란스러웠다. 이를테면 '비소 버터butter of arsenic'라거나 '유황 간liver of sulphur'이라고 이름 붙이는 식이었다. 당시 연소 이론은 플로지스톤phlogiston이라는 완전히 상상에서 비롯된 물질을 중심으로 설명되었다. 사람들은 무색, 무취, 무중력 상태인 플로지스톤이 모든 가연성 물질에 존재한다고 믿었다. 이 이론에 따르면, 이 성분을 포함하는 물질들은 '플로지스톤화'된 것이며, 이 물질이 연소되면 '탈脫플로지스톤화'된다. 이 이론은 당시 다양한 분야의 지식인들의 지지를 얻었지만, 라부아지에가 산소의 존재를 제시하며 새로운 연소 이론을 확립하면서 그 근간이 흔들리게 되었다. 더욱이 라부아지에는 오래 된 연금술적 명칭들을 걷어내고 화학을 하나의 근대 과학으로 통합했다. 또한 그는 수은을 이용해 주정에 열을 가하여 최초로 알코올의 성분을 분석하려 했다는 점에서 아쿰의 선구자였다. 라부아지에는 또한 올리브유를 수소와 탄소로 분해하기도 했다. 과일에 대한 관심 역시 남달랐던 그는 유기산의 성질에 관하여 1786년에 작성한 한 논문에서 석류와 매자나무 열매, 체리와 커런트currant[케이크 등에 넣는 알이 잔 건포도], 복숭아, 살구, 배에서 생성되는 산을 분석했다.

부정불량식품 문제를 거론한 아쿰의 책은 이처럼 새롭게 움트기 시작한 근대 화학의 중요성을 부각시키는 데 큰 역할을 했다. 아쿰이 분명히 인식했던 것은 바로 근대 화학이 수많은 부정불량식품을 탄생시키는 근원인 동시에 그러한 현실에 맞서 싸울 수 있는 유일한 수단이라는 사실이었다. 그는 '삶의 유용한 목적'을 위해 쓰여야 할 화학이 '이처럼 사악한 상술의 보조물로 왜곡'되었다는 점은 실로 개탄할 만한 일이라고 여겼다.[33] 명반 결정화 작업을 한 '제조업체 화학자들'은 자신들이 만든 명반이 제빵업자들의 빵 위조에 쓰이리라는 것을 너무나 잘 알고 있었다. 그러나 참으로 다행스럽게도 화학은 그러한 악용을 적발하는 수단으로 전환될 수도 있었다.[34] 훗날 한 화학자가 기술했듯이 분석화학은 부정불량식품의 강력한 적이 될 수 있는 힘을 갖추고 있었다.[35] 1820년 이전 사람들은 식품의 순수성을 눈과 코, 혀의 감각으로 충분히 확인할 수 있었다. 우유가 멀겋고 푸르스름해 보인다면 물을 탄 것인지 의심할 수 있을 것이다. 커피 맛이 너무 쓰다면 치커리chicory[국화과의 여러해살이 풀로 뿌리가 커피의 혼합물로 쓰인다]가 섞였을 것이라고 추측할 수 있다. 헐값에 팔리는 레모네이드에서 매우 강한 신맛이 난다면, 천재적인 감각의 소유자가 아니더라도 레몬 대신 타타르산이 들어갔으리라고 쉽게 짐작할 수 있을 것이다. 오늘날에도 식품의 질을 판단할 때 이처럼 일반적인 감각을 이용해 맛을 보는 방법이 가장 많이 이용된다. 관능적organoleptic 접근이라고 불리는 이 방법의 판단 기준은 온전히 자연적이고 단순한 재료로 요리된 식품에는 매우 효과적으로 적용된다. 품질이 낮은 달걀과 건강하게 잘 기른 암탉이 방금 낳은 신선한 달걀을 비교하여 더 좋은 달걀을 감별하는 것은 그리 어렵지 않다. 노른자위의 주홍빛이 더 선명하고 풍미가 좋은 달걀이 흰자위가 물처럼 흘러내리는 달걀보다 낫다는 것은 오감만을 이용해도 얼마든지 판단할 수 있다. 그러나 관능적 접근에는 분명한 한계가 있다. 무엇보다 이 방법의 문제점은 특정 재료의 원래 맛이나 향, 모양에 대한 검사자의 지식에 전적으로 의존한다는 데 있다. 더군다나 교묘한 방법으로 변조된 식품에 대해서는 효과가 더욱 떨어지게 된다.

아쿰의 언급에 따르면, 1820년에 이르러 식품의 부정불량은 그 '정교함이 완벽한 수준'에 달하여 다양한 종류의 위조 품목들이 어디서나 발견되었으며, 매우 숙련된 전문가도 식별이 쉽지 않을 정도로 노련했다. 수법은 갈수록 교묘해졌고, 근대의 식품 사기꾼들은 싸구려 재료를 치장해 새것처럼 보이도록 하기 위해 화학적 방법까지 동원했다. 카옌 페퍼cayenne pepper가 너무 오래 묵어 문제라면 (오늘날 사기꾼들이 썩은 고춧가루에 붉은 아조azo 염료를 넣어 눈속임하듯이) 광명단red lead[보일드유와 조합하여 녹막이 도료를 만드는 주홍색 안료]으로 색을 입혔다. 반대로 숙성 기간이 짧아 아직 정제되지 않은 브랜디를 오래 숙성된 코냑으로 탈바꿈시킬 수도 있었다. 아쿰의 폭로에 따르면, 식품 사기꾼들은 건포도씨 용액을 이용해 브랜디에 '숙성된 맛'을 가미했다. 이처럼 새로운 형태의 부정불량식품은 사람들이 오랫동안 의존해온 관능 검사를 헛수고로 만들었다. 크림의 예를 들어보자. 크림의 신선도는 냄새를 맡아보면 대개 알 수 있다. 맛을 가늠하고 싶으면 농도를 살펴보면 될 것이다. 진한 크림일수록 유지방이 풍부하고 인기도 많다. 그러나 만일 아쿰의 시대에 사기꾼들이 흔히 쓴 수법처럼 크림의 농도가 유지방이 아닌 쌀가루나 칡가루로 조정된 것이라면 어떠할까? 보는 것만으로 맛을 짐작할 수 있을까? 이렇게 사기꾼들의 수법이 교묘해질수록 탐지하는 방법 역시 영리해져야 했다. 화학은 화학과 싸우기 위해 필요하게 된 것이다. 예를 들어 점도증진제thickeners가 첨가되어 크림이 변조되었는지 알아보려면 어떤 화학적 방법이 필요할까? 아쿰이 제시한 간단한 검사 방법은 이렇다. 만약 당신의 '크림'이 칡가루로 점성도를 높인 것은 아닌지 의심스럽다면, 주정을 섞은 요오드 용액 몇 방울만 떨어뜨려보라. 진짜 크림이라면 이 시약에 반응해 노란색으로 변할 것이고, 가짜 크림이라면 어두운 파란색으로 변할 것이다.[36]

아쿰의 주장이 당시 그토록 충격적으로 받아들여졌던 이유는 무엇보다도 그가 과학적 방법을 엄격하게 적용하여 식품을 분석한 결과를 증거로 제시했기 때문이었다. 거부할 수 없는 증거 앞에서는 그를 유언비어 유포자 정도로 치부할 수 없었다. 대중적 관심이 높아지자 아쿰은 소호를 중심으로 부정불량식품 사례 상담가라는 또 다른 직함을 내걸고 활동하기 시작했다. 부정불량식품을 구매했다고 생각하는 사람들은 구매한 식품 표본을 아쿰에게 가져왔다. 그러면 아쿰은 마치 머스터드 통을 조사하는 셜록 홈스라도 된 것처럼 피펫을 꺼내 들고 범죄의 증거를 능숙하게 찾기 시작했다. 아쿰은 자신의 책 한 대목에서, 자신이 영국 맥주와 흑맥주porter의 특징을 28년간 분석한 경험이 있다고 주장했다(사실이라면 담뱃재를 보고 140가지의 담배를 구별할 수 있다는 셜록 홈스의 능력에 견줄 만하지 않은가). 1819년에 발간된 『철학잡지Philosophical Magazine』에는 아쿰이 한 가난한 여인이 가져온 푸른빛 도는 이상한 차의 비밀을 풀어낸 일화가 담겨 있다.[37] 이 여인은 녹차에 녹각정hartshorn 주정이나 암모니아 1찻숟가락을 타 마시는 습관이 있었다. 녹각정이나 암모니아는 맛에 그다지 큰 영향을 미치는 첨가물이 아니다. 아마 그녀는 건강 때문에 이 첨가물을 넣었던 것 같다(당시 사람들은 혈

액순환이나 두통 완화를 위해 암모니아를 복용하기도 했다). 어느 날, 이 여인은 여느 때처럼 한 식료품점에서 구입한 녹차 1온스ounce[28.35그램]에 녹각정을 넣고 차 한 주전자를 끓였다. 그러고는 찻잎에서 배어 나온 듯한 생생한 파란빛을 보고 깜짝 놀랐다. 그녀는 곧장 차를 들고 상인을 찾아갔지만, 그는 그저 모르는 일이라고 둘러댈 뿐이었다. 혼란스러워진 그녀는 찻잎을 몇 개 챙겨 아큼을 찾았다. 아큼은 곧바로 찻잎이 녹색으로 보이는 이유는 유독성 구리 때문이라고 알려주었다. 구리가 암모니아와 섞이면 밝은 청색을 띠기 때문이다. 아큼은 찻잎 두 조각을 질산칼륨과 섞어 벌겋게 달아오른 도가니에 던져 넣어 이를 증명해 보였다. 찻잎이 곧 타고 난 후 도가니에 남은 것은 초석saltpeter의 알칼리와 결합한 구리뿐이었다. 분명히 '차'라고 불리는 이것은 사실 야생 자두나무 잎 같은 다른 종류의 잎에 구리로 초록색을 입혀 진짜 중국 찻잎처럼 보이도록 만든 것이었다. 이렇게 하여 그 상인의 거짓말은 들통이 났고, 가난한 여인은 자신의 의혹이 괜한 걱정이 아니었음을 확인할 수 있었다.

아큼의 『부정불량식품과 요리의 독성에 관한 보고서』에는 사람들이 믿고 구매한 식품의 진위 여부를 확인하는 데 활용할 수 있는 여러 간단한 화학 검사 방법이 소개되었다. 그중 하나는 싸구려 양귀비유로 희석한 올리브유를 확인하는 방법이다. 아큼의 설명에 따르면 올리브유를 얼려보기만 해도 진짜인지 확인할 수 있다.[38] 올리브유는 얼지만, 양귀비유는 액체 상태로 남기 때문이다. 마찬가지로 레모네이드에 타타르산이 섞였는지 알고 싶다면 염화칼륨 농축액을 첨가해보면 된다.[39] 이때 만약 침전물이 생긴다면 사기가 분명하다. 물론 현실적으로 상큼한 레모네이드 한 잔을 마시겠다고 일부러 염화칼륨을 구하고 매번 시약을 챙겨 실험하는 사람은 거의 없을 것이다. 그러나 이러한 검사 방법이 존재한다는 것만으로도 소비자들은 이전과 비교할 수 없을 정도로 큰 잠재적인 힘을 얻게 되었다. 선술집에서 맥주를 마시다 무엇인가 섞인 것 아닌지 미심쩍어하더라도, 주인이 절대 그럴 리가 없다며 묵살하면 그만이었다. 하지만, 이제 아쿰의 화학 검사를 통해 사람들은 부정불량한 맥주가 '상상의 산물'이 아니라 엄연히 존재한다는 것을 과학적으로 확인할 수 있게 되었다. 맥주의 첨가물에는 단맛을 살리기 위한 당밀과 꿀, 풍미를 위한 오렌지 껍질처럼 상대적으로 해롭지 않은 것부터, 쓴맛을 내기 위한 콰시아quassia[소태나뭇과인 콰시아나무의 줄기와 껍질에서 추출한 액체로 만든 향신료]와 쑥, 톡 쏘는 맛을 내기 위한 캡시컴capsicum[고추], 녹반green vitriol[황산제일철을 산화시켜 만든 가루로 약재나 염료로 사용되었다]처럼 좀 더 위험한 것도 있었다. 이 중 녹반은 맥주의 거품을 풍부하게 하기 위해 첨가되었다. 당시에는 콜리플라워cauliflower 모양으로 거품이 풍성한 맥주가 인기였다. 베스트팔렌 출신으로서[베스트팔렌 공업 지역 중 도르트문트가 맥주 양조업으로 유명했다] 아쿰은 후에 맥주를 자세히 다룬 글을 쓰기도 했다. 이 글에서 그는 인생에서 빼놓을 수 없는 즐거움인 맥주를 가장 제대로 만드는 방법을 설명하고 있다. 진짜 에일맥주 애호가들 사이에서 이 글은 지금도 인기가 높다.

아쿰의 글이 세간의 이목을 끈 이유를 자세히 이해하기 위해서는 시대적 맥락을 살펴봐야 한다. 당시 영국에서 역사상 최초로 부정불량식품이 산업적 규모로 확대되었다는 점을 생각한다면 그가 책을 발간한 시점이 얼마나 시의적절했는지 짐작할 수 있다. 아쿰 역시 1773년의 한 익명 자료를 인용하며 이렇게 말했다. "우리의 조상들은 결코 과도하게 세련되지는 않았으며, 다른 사람을 그렇게 희생시키지도 않았다. 또한 추측하건대 오늘날과 달리 사람들을 단속하기 위해 그렇게 많은 법을 만들 필요도 없었을 것이다."[40] 아쿰이 기술한 많은 속임수는 상대적으로 새로운 수법이었다. 산업화되고 비인격화된 도시를 유유히 누빈 사기꾼들은 아쿰이 폭로한 범죄를 저지르고도 아무런 처벌도 받지 않았다. 1820년 당시 영국의 도시들은 산업화의 길을 세계에서 가장 빠르게 걷고 있었고, 영국 정부는 자유방임주의laissez-faire를 표방하고 나섰다. 이러한 여건 속에서 불량식품에 대한 영국 정부의 정책은 파리를 포함한 다른 산업 도시들이 펼친 정책만큼 성공을 거두지 못했다. 결과적으로 부정불량식품은 영국의 산업화된 도시에서 모든 이들의 삶에 영향을 미쳤다. 아쿰의 글을 논평한 한 평론가가 이러한 식품 사기가 미친 범위를 언급하며 어처구니없을 지경이라고 개탄했던 것도 바로 이 때문이었다.

> 우리 모두는 이 엄청난 사기의 미로에 빠져들어 도통 빠져나올 수 없게 되었다. 이 미로 속에서는 독을 판 사람들조차 인과응보의 정의에 따라 다음에는 자신들이 판 독을 삼킬 수밖에 없다. 약제사는 양조자에게 유해한 재료를 팔고서 흡족해하며 미소 짓지만, 이내 매일 즐겨 마시는 브라운 스타우트와 함께 자신이 판 약을 삼킨다. 이제 양조자는 제빵사, 와인 상인, 식료품점 상인의 손에 차례로 중독된다.[41]

그러나 사람들은 모두 별일 아니라는 듯이 태연하게 이 악순환을 반복했다. 아쿰은 영국의 주민으로서 산업화의 눈부신 성과를 분명 자랑스러워했지만, 부정불량식품 문제에 있어서만큼은 독일인으로서 절망했다. 그가 실망한 대상은 바로 영국 사회 전반에 걸쳐 믿을 수 없을 정도로 벌어지는 식품 위조를 제대로 추적하지 못하는 영국 정부였다.[42]

영국의 산업화와 채워지지 않는 탐욕

아쿰이 묘사한 1820년의 영국은 한마디로 흥미롭지만 끔찍한 곳이었다. 값만 치르면 무엇이든 구할 수 있는 곳이 영국이었다. 제과사는 가짜 거북 수프mock turtle soup[송아지 머리 고기나 내장육으로 맛을 낸 수프]를 만들기 위해서라면 바르르 떠는 태내의 송아지도 구할 수 있었다[전채요리 또는 후식으로 제공되는 거북 수프는 제과사가 담당하는 요리 중 하나이다].[43] 주요 식품들의 가격 경쟁이 과열된 영국에서 싸구려 재료를 사용하는 사기 행각은 피할 수 없는 일이기도 했다. 영국은 또한 지나치게 계급을 의식하는 사회였다. 모든 사람이 부의 상징이었던 흰 빵을 찾았고, 역시 한때 부의 상징이었던 색색의 사탕을 아이들에게 먹이고 싶어 했다. 하지만 자신들이 먹는 빵이 어떻게 그처럼 싼 가격에 하얗게 만들어질 수 있는지, 그리고 아이들의 사탕은 어쩌면 그렇게 자연에서 찾기 힘든 화려한 색을 띨 수 있는지 누구도 의심하지 않는 곳이 바로 영국이었다. 이렇게 영국에서 부정불량식품은 업자의 속임수와 소비자의 무관심이 한데 어우러져 위험천만한 길을 걷고 있었다. 아쿰은 이러한 문제의 심각성을 깨닫지 못한 사람들이 어떻게 이미 형편없어진 식품의 질을 아무렇지도 않게 더 떨어뜨리는지를 자신의 책에 묘사했다. 랭커셔 낙농장의 농부는 우유를 납 냄비에 끓이는가 하면, 영국 북부의 여관 주인은 아무 생각 없이 공이와 사발 대신에 납으로 만든 공을 손에 쥐고서 박하 샐러드에 넣을 박하를 갈았다. 그러면 납 가루는 이 무거운 기구가 회전할 때마다 떨어져나가 박하에 섞였다.[44]

납의 위험성에 대한 무지는 역사가 유구하다. 다음 장에서 살펴보겠지만, 납은 고대부터 요리에 이용되었다. 차이점이라면 고대에는 납이 유해하다는 것을 아무도 몰랐지만, 1820년까지 1백여 년의 시간 동안 납의 독성이 과학자들 사이에 일반적으로 알려졌다는 정도였다. 영국 사회의 엘리트 계층은 과학과 산업 분야의 발달에 힘입어 개명하고 있었지만, 부엌에서는 무지에서 비롯된 관행들이 오히려 악화되고 있었다. 아쿰이 우려했던 것은 바로 이 같은 모순적인 상황이었다. 이처럼 부엌의 상황이 오히려 퇴보한 이유 중 하나는 토지 소유가 개인에게 집중되면서 소작농들이 설 자리를 잃게 되었고, 이 과정에서 예로부터 이어져 내려오던 농민들의 요리법의 맥이 상당히 끊겼기 때문이었다. 토지의 집중적인 개인 소유화를 의미하는 인클로저enclosure는 16세기부터 시작되었고 아쿰의 시대에 가속화했다. 1750년에서 1850년에 이르는 시기에 발효된 사유지화 법령Enclosure Acts은 4천여 건 이상에 이르렀다.[45] 이 법령으로 인해 삼림지가 광대한 국가 소유지로 편입되면서 수만 명의 농민이, 산나물과 나무 열매를 채집하고 야채를 재배하거나 닭을 기르며 살았던 과거의 삶의 방식을 지속할 수 없게 되었다.[46]

나폴레옹 전쟁Napoleonic War[프랑스 혁명 이후 나폴레옹이 유럽의 여러 나라를 상대로 벌인 분쟁들을 가리킨다]이 종식된 후 농촌의 상황은 더욱 악화되었다. 농작물 가격 폭락으로 많은 농장 노동자들이 일자리를 잃거나 비참하리만큼 낮은 임금으로 생계를 꾸려야 했다. 상황이 이렇게 달라지자 농민이라면 당연히 누구나 안다고 여겨졌던 수프 요리법이 아예 자취를 감추기 시작했다. 1855년, 요리 작가 엘리자 액튼Eliza Acton은 지난 반세기를 돌아보며, 영국 사람들은 큰돈을 들이지 않고도 보기 좋고 몸에 좋으며 맛도 좋은 수프를 만드는 법을 잊었다고 개탄했다.[47] 그보다 먼저 1817년에 출간된 『요리의 비결The Cook's Oracle』에서 W. 키치너W. Kitchiner는 영국 사람들이 수프를 만들 때 양념을 너무 많이 넣는다며 불평했다. 사람들이 잊은 것은 바로 근채류를 이용해 간단히 수프를 만드는 기술이었다. 기본적인 수프조차 만들지 못하는데, 사기꾼들의 간악한 술수를 어떻게 알아채고 피할 수 있겠는가.

아쿰이 모든 영국 식품을 형편없게 본 것은 아니었다. 아쿰은 신선한 육류를 즐기는 영국인들의 식습관을 특히 선망했다. 그의 평에 따르면 영국 군인들이 용맹과 강인함에서 다른 나라의 군인들보다 월등히 우월했던 원인은 이러한 식습관 때문이었다. 다른 비평에서 그가 보인 예리함에 비한다면 예외적이고 다소 애교스러운 논평이다.[48] 아쿰은 또한 영국의 제철 과일을 무척 좋아했다. 여러 가지 조리법을 소개한 『부엌의 화학Culinary Chemistry』을 들여다보면, 그는 제철에 나는 식재료 채취를 즐겼던 듯하다. 그의 기록에 따르면, 7월에는 나스터튬nasturtium[허브의 일종] 꼬투리를, 8월에는 적채red cabbage를, 그리고 9월에는 버섯을 따는 것이 좋다. 아쿰이 영국 '국내산 과일'의 수확 정보를 담은 달력을 무척 아낀 것은 당연한 일이었다. 이렇게 과일을 좋아했던 아쿰은 구스베리gooseberry, 그린게이지 자두greengage, 댐슨자두damson, 복숭아, 천도복숭아, 불리스bullace 자두 절임은 물론 살구 페이스트와 같이 입맛을 돋우는 다양한 조리법을 따로 소개하기도 했다.[49] 과일 잼과 젤리 만들기에 열심이었던(그는 언제나 꼼꼼하게 살균한 병을 사용했다) 아쿰은 지역에서 난 제철 과일로 와인을 만드는 것을 상스럽게 보는 편견을 깨는 데에도 관심이 많았다.[50] 그가 보기에 영국의 블랙커런트blackcurrant[잼과 젤리로 사용되는 블랙베리]는 최고로 달콤한 케이프cape 와인 맛을 내는 데 이상적인 재료였다. 야생 자두와 댐슨자두 주스를 엘더베리elderberry[검보라색 딱총나무 열매] 주스와 섞으면 포트port 와인과 비슷한 맛을 낼 수 있었다. 그는 이렇게 설명을 덧붙였다. "영국에서 자란 포도에 설탕을 첨가하면 발포성이 우수한 와인을 만들 수 있다. 덜 익은 포도와 설탕으로 와인을 만들어보니 그레이브Grave와 모젤Mosselle이라 불리는 것과 매우 비슷했다. 최고의 감식가들도 외국 와인과의 차이를 식별하지 못했다."[51] 이만하면 독일인에 기대할 수 있는 최고의 찬사였다.

결국 영국의 식품 문제는 원재료에 있는 것이 아니었다. 아무리 훌륭한 재료들이라도 조리 과정에서 형편없이 다루어진다는 것이 문제였다. 아쿰은 저녁식사는 허둥지둥 끝내면서도 시간이 별 것 아니라고 생각하는 것처럼 술에는 몇 시간이고 허비하는 영국인들의 습관을 비난했다.[52] 그는 훌륭한 식탁을 '삶의 웅대한 목표'로 삼는 프랑스의 경우와 비교하며 영국의 현실을 못마땅하게 봤다. 게다가 아쿰 같은 커피 중독자가 커피 제조의 기본을 전혀 모르는 사람들과 함께 산다는 것은 분명 고역스러운 일이었다. 아쿰에게 커피는 단순한 기호식품이 아니었다. 그에게 커피 제조는 곧 '건강의 희열과 편안함 그리고 지극히 즐거운 행복을 전파'하는 과정이었다.[53] 그러나 영국식 커피는 그저 비참함만을 안겨줄 뿐이었다. 영국에서 커피라고 불리는 것은 대부분 쓴맛이 좀 더 나는 '시커먼 물'과 별반 다르지 않다고 그는 푸념했다. 태운 완두콩과 콩으로 만든 엉터리 커피가 도처의 식료품점에서 버젓이 팔리는 현실은 그리 놀랄 일도 아니었다.[54]

심지어 진짜 커피라 하더라도 맛은 끔찍하기 일쑤였다. 일반적으로 권장되는 커피 제조 방법에 따르면 5분 동안 커피를 끓인 후 아이징글라스isinglass(철갑상어의 부레로 만든 소거제)를 넣어 5분간 더 끓이는데, 이때 끓이는 시간이 10분을 넘으면 커피가 그을려 검은색을 띠고 쓴맛이 난다.[55] 아쿰은 진한 계피색을 띨 정도로만 볶아 최소한의 시간 동안 끓인 신선하고 진한 커피를 특히 좋아했다. "친애하는 친구여! 상인의 분쇄기로 간 것은 어떤 것이라도 절대로 사지 말게" 라고 그에게 충고했던 한 상인의 말을 따라, 아쿰은 커피 열매를 사서 직접 볶아 분쇄기에 갈았다고 한다.[56] 그는 커피를 끓일 때 퍼컬레이터percolator[끓는 물이 가운데 있는 관으로 올라가서 커피가 여과되는 방식의 기구]를 이용한 추출 기법을 이용했다. 이 추출기를 발명한 사람은 럼퍼드 백작Count Rumford이라 불리던 미국의 과학자 벤저민 톰슨Benjamin Thompson(1753~1814)이었다. 럼퍼드는 커피가 추출 과정에서 쓴맛을 낼 수는 있어도 향기가 진해질 수는 없다고 말했는데, 아쿰은 이 말에 전적으로 동의했다. 이것은 영국인들이 모르는 사실이었다.[57] 아쿰은 자신이 인용한 존슨이라는 의사의 다음과 같은 말에도 공감했다. "자신의 뱃속을 괘념치 않는 사람이라면 다른 일에도 신경 쓰지 않을 것이다."[58] 아쿰은 거의 모든 영국식 소스에 들어가는 녹인 버터를 두고 이렇게 읊기도 했다. "녹인 버터를 곁들인 굴, 녹인 버터를 곁들인 파슬리, 녹인 버터를 곁들인 멸치, 녹인 버터를 곁들인 달걀, 녹인 버터를 곁들인 새우, 녹인 버터를 곁들인 바닷가재, 녹인 버터를 곁들인 케이퍼caper[서양풍조목 꽃봉오리의 초절임]." 아무래도 아쿰은 버터에 단단히 물렸던 것 같다. 짐작하건대, 아쿰이 출세 가도를 달리는 동안 위대한 영국식 식탁에서 버터에 파묻혀 허우적대는 고기 요리를 얼마나 많이 먹어야 했겠는가. 그가 또한 못 견뎌했던 것은 음식을 둘러싼 영국인들의 터무니없는 속물근성이었다. 햄은 샴페인에 넣고 끓여야 제 맛이라고 주장한 블레이니 경Lord Blainey의 말처럼 말이다.[59]

부자들이 햄을 샴페인에 끓이는 동안, 훌륭한 섭식의 기본은 당연히 무시되었다. 사람들은 음식을 판단할 때 외양은 그토록 따지면서 맛이 어떤지 혹은 몸에 좋은 것인지는 충분히 생각하지 않았다. 빵이 대표적으로 그러했다. 아쿰에 따르면 런던에서 빵은 전적으로 얼마나 하얗게 보이느냐에 따라 평가되었다.[60] 소비자들에게 좋은 빵이란 곧 흰 빵이었다. 당시에는 흰 빵을 만들려면 값비싼 최고급 밀가루를 써야 했다. 문제는 너도 나도 흰 빵을 사고자 했던 사람들의 주머니 사정이 그리 넉넉하지 않았다는 사실이다. 이 수요를 감당하기 위해 제빵사들은 저급 밀가루에 표백제인 명반을 첨가해 질을 '개량'함으로써 더 희고 가벼운 다공질의 저렴한 빵을 만들어야 했다. 명반을 쓰지 않으면 빵은 더 촉촉해지지만 낡은 빨랫감처럼 누르스름한 회색을 띠게 되어 사람들이 쳐다보지도 않을 것이 분명했다. 아쿰은 당시 런던에서 명반이 제빵 과정에 거의 보편적으로 사용되었다고 믿었다. 그러나 아쿰은 다른 식품 사기꾼들과 달리 제빵사들을 직접 비난하지는 않았다(명반이 구리나 납에 비해 상대적으로 해롭지 않다고 여겼던 탓도 있다). "나는 제빵사들이 빵을 팔아 얻는 수익이 얼마 되지 않는다는 사실을 믿을 만한 제빵사를 통해 확인했다. 런던의 수많은 제빵사들이 시중에 유통되고 있는 저질 밀가루에 명반을 첨가해 빵을 굽는 이유는 바로 이 때문이다."[61] 더군다나 제빵사들이 명반을 넣었다고 해서 처벌을 받는 일은 없었다. 런던 시민들 역시 장사의 생리란 원래 그런 것 아니냐며 제빵사들에게 별다른 덕목을 기대하는 것 같지 않았다.

아쿰이 정말로 염려했던 것은 바로 이 문제다. 영국인들이 전반적인 식품 안전 문제를 바라보는 태도는 지나치게 안이했다. 야채에 선명한 초록색을 더하겠다며 일상적으로 구리를 사용하는 관행이 바로 이러한 태도를 단적으로 드러냈다. 아쿰은 이렇게 탄식했다. "이 나라에서 일반적으로 통용되는 조리법을 소개한다는 요리책이, 색깔을 돋보이게 하는 비법이라며 '야채를 반 페니짜리 동전이나 구리의 녹청verdigris(독성물질인 초산구리)과 함께 끓여라' 라고 일러준다는 사실이 믿어지는가!"[62] 아큼은 『부정불량식품과 요리의 독성에 관한 보고서』에서 『현대 요리Modern Cookery』에 등장하는 유해한 조리법을 예로 들며 어떻게든 녹색을 만들고 싶어 녹청, 식초, 명반, 천일염의 혼합물인 이른바 '그리닝greening'을 사용하는 세태를 꼬집었다. 또한 구리 냄비에 식초를 끓이라고 권한 『숙녀 총서The Ladies Library』라는 또 다른 책의 오이피클 조리법도 예시했다.[63] 아큼이 세 번째로 예시한 것은 라팔드Raffald 부인이 저술한 『영국 주부The English Housekeeper』라는 유명한 책이었다. 여기에는 피클을 반 페니짜리 동전과 끓이라거나, 구리 또는 놋쇠 냄비에 24시간 동안 담아두라는 내용이 등장한다.

식품 제조업자들은 구리를 사용해 피클의 초록색을 더욱 선명하게 하는 가정 요리의 해로운 관행을 답습했다. 아큼은 거킨gherkin[피클용 작은 오이]이든 샘파이어samphire[미나리과 식물]든, 강낭콩 또는 초록색 캡시컴이든 온갖 채소로 만든 피클이 생생한 초록색이어야 한다고 생각하는 강박증은 위험하다고 경고했다. 초록색 피클을 이렇게 맹목적으로 선호하면 치명적 결과를 초래할 수 있기 때문이었다. 그는 퍼시벌 Percival이라는 의사의 이야기를 인용하여, 머리를 매만지는 동안 기분 전환을 위해 구리가 스며든 샘파이어 피클을 먹은 한 젊은 여성의 사례를 언급했다.[64] 그녀는 피클을 먹은 후 곧 복통을 겪었고, 5일 후에는 구토를 하기 시작했다. 이 증상은 이틀 동안 지속되었고, 이후 복부가 심하게 부풀었다. 피클을 먹은 지 9일 후, 죽음이 비로소 그녀를 고통으로부터 놓아주었다. 구리는 작은 초록빛 라임, 시트론, 홉의 잎, 자두, 안젤리카angelica[달콤한 맛이 나는 미나리과 식물] 뿌리와 같은 달콤한 재료에도 사용되었다. 이는 당시 영국 사회에 만연한 싱싱함에 대한 잘못된 개념을 단적으로 보여준다.[65] 아큼은 이렇게 덧붙였다.

> 구리로 만든 조리 기구들은 매우 위험하기 때문에 사용하지 않아야 한다. 이러한 도구들은 (이미 알려진 것과 같은) 치명적인 사고들을 무수히 초래했을 뿐 아니라 수많은 이들의 건강을 시나브로 해쳐왔다. 구리로 된 도구들은 매우 청결하고 깨끗하게 관리해야 한다. 그렇지 않으면 스튜처럼 장시간 열을 가하며 저어야 하는 요리를 할 때 마찰이나 긁힘으로 인해 일부가 마모되어 음식에 항상 스며들기 때문에 결국 해롭게 된다.[66]

구리로 식재료에 선명한 녹색을 입히려 한 사례는 안타깝게도 부엌에서 일어나는 어리석은 관행의 전부가 아니었다. 악의적인 의도는 아니지만 무지에서 비롯된 잘못된 관행도 진짜 사기꾼들의 악행만큼이나 해로웠다. 아쿰에 따르면, 오랫동안 영국에서는 커스터드의 향미를 내는 데 체리 로럴 cherry laurel[포르투갈·스페인산의 장미과 나무]의 잎을 사용했다.[67] 체리 로럴 잎을 우유에 담그면 고가의 쌉싸래한 아몬드와 별 차이가 없는 견과류의 향미를 낼 수 있었다. 이 효과 때문에 체리 로럴은 커스터드, 푸딩, 크림, 블랑망제 blancmange[우유와 아몬드, 설탕, 생크림으로 만든 과자], 그리고 식탁의 다른 진미에 '핵심적인 향미'를 가미하기 위해 쓰였다. 그런데 체리 로럴에는 한 가지 결점이 있었다. 바로 이 재료가 자연적으로 갖고 있는 독성이었다. 이 잎의 유독성은 1728년 당시 평소처럼 체리 로럴 잎을 우려낸 차를 마신 후 돌연사한 두 더블린 여인의 사례를 통해 증명되었다.[68]

그럼에도 불구하고 당시 사람들은 재료에 유독성이 있더라도 양을 적게 쓰면 괜찮을 것이라고 믿으며 계속 사용했다. 문제는 아쿰이 다른 논의에서 주장했듯이, 재료는 체질에 따라 다양하게 영향을 미치는데, 어떤 체질에는 적은 양으로도 심각한 부작용을 초래할 수 있다는 점이었다.[69] 일례로 아쿰은 보고서가 출간되기 1년 전인 1819년에 발생한 한 사례를 인용했다.

당시 리치먼드의 한 기숙학교에서 일부 아이들이 체리 로럴로 향미를 낸 커스터드를 먹은 후 심각한 증상을 호소했다. 여섯 살 난 여자아이와 다섯 살 난 남자아이는 깊은 혼수상태에 빠졌고, 다른 두 여자아이는 극심한 위통을 겪었다. 아이들이 모두 회복되는 데는 사흘이 걸렸다. 아이들은 단지 커스터드를 먹었을 뿐인데 그 같은 고통을 겪었던 것이다! 무지가 초래한 이 위험한 결과를 보면 아쿰이 느낀 분노가 얼마나 컸을지 충분히 공감할 수 있을 것이다. "지각 있고 신중한 사람이라면 푸딩과 크림에 그토록 위험한 재료를 섞는 무지한 요리사를 어떻게 신뢰하겠는가? 미치광이가 아니고서야 누가 음식의 간을 독으로 맞추려 하겠는가?"[70]

아쿰의 답은 명쾌했다. 미치광이가 아니라면 누구인가? 바로 악독한 범죄자이다. 보고서에 제시한 증거를 토대로 그가 지목한 범죄자들 중 상당수는 바로 '원칙이라고는 없는 우리 시대의 식품 제조자들'이었다. 그들은 위험한 첨가물의 정체를 그럴싸한 외양으로 숨겼다. 요리하는 사람들 역시 구리 냄비나 체리 로럴의 위험성을 과소평가하여 자기도 모르게 사람들을 중독시키기는 마찬가지였다. 아쿰은 이들의 '변명의 여지 없는 무지'를 보며 몸서리치게 분노했다. 아쿰은 특히 노골적인 탐욕 때문에 교묘하게 의도적으로 유독 물질을 첨가하는 행위는 살인에 견줄 만한 범죄라고 주장했다. "만족할 줄 모르고 끊임없이 금전적 이득을 갈망하는 것이 이 시대의 특성인 듯하다. 사람들은 온갖 능력을 발휘해 이 욕망을 좇는 방법을 찾으려 하고, 그 덕에 새로운 발명 또한 막강한 추진력을 얻게 된다. 배금주의가 지배하는 사회에서는 설사 이웃의 생명이 위협받을 가능성이 감지되더라도 그저 부차적인 문제로 치부될 뿐이다."[71]

이 사기꾼들은 이윤을 위해서라면 어린아이들의 건강이라도 위험에 빠뜨릴 것이다. 아쿰이 책에서 '독이 든 과자'를 예시한 장은 오싹하기까지 하다. 이 장에서 그는 어린아이들을 유혹하기 위해 노점 가판대에 진열된 저질 사탕과자를 가장 흉악한 사례로 꼽았다.[72] 아쿰은 어머니들이 아이들에게 낯선 사람들의 위험을 경고할 때나 씀 직한 무시무시한 표현으로 이 사탕의 유해성을 묘사했다. 어린아이들은 화려한 빛깔에 이끌려 사탕을 사지 않고는 배기지 못했다. 그 빛을 위해 첨가된 색소들이 아이들의 작은 배에 좋을 리 있었겠는가.

> 슈가 피즈sugar pease라는 하얀 사탕은 주로 설탕, 전분, 콘월 지역 점토(담배 파이프 제조용 점토의 일종으로 매우 희다)의 혼합물로 만들어졌고, 빨간 슈가 드롭은 주로 질이 좋지 않은 버밀리언vermilion[주홍빛 안료]으로 착색된다. 이 염료에는 일반적으로 광명단이 첨가되었다. 다른 종류의 사탕 과자들은 구리 조합제로 착색되어 유독해지기도 했다.[73]

아쿰이 책을 발표한 후 『타임스The Times』에는 한 아버지가 보낸 편지가 도착했다. 이 편지에서 그는 특별한 군것질거리로 '순무, 파스닙parsnip[배추 뿌리처럼 생긴 채소로 설탕당근이라고도 한다], 당근 그리고 콩' 모양을 한 색색의 사탕을 사 먹고 나서 가족 모두 극심한 복통과 메스꺼움, 구토를 겪었다고 말했다. 이 얼마나 특별한 군것질인가![74]

그러나 독이 든 과자를 판 상인들은 자신들은 부작용에 대해 아무것도 몰랐다고 하면 그만이었다. 납이나 구리가 나쁘다는 것을 인정하는 이들도 있었지만, 이내 그러한 유해 첨가물이 자신들이 파는 상품에 들어 있는지 몰랐다고 주장했다. 그런데 이들이 항상 거짓말을 한 것은 아니었다. 아쿰이 묘사하는 세계에서 식품은 제조되는 과정에서 너무나 많은 손을 거치게 된다. 이렇게 탄생한 식음료의 품질에 대해 어느 한 사람이 전적으로 책임질 수는 없는 일이었다. 부정불량식품은 비인격적인 식품 사슬food chain[원재료에서 수확, 가공을 거쳐 최종 식품이 소비자에 판매되고 섭취되는 모든 과정을 의미한다]이 길어질수록 창궐하게 된다. 시골에서는 식품의 질을 눈가림하는 상인은 큰 위험부담을 안아야 한다. 당신이 한 마을에서 우유를 공급한다고 생각해보자. 당신과 우유 소비자들 사이의 식품 사슬은 매우 짧다. 더군다나 당신은 동네 사람들과 서로 이름까지 아는 이웃 사이이다. 그러므로 어느 날 당신이 우유에 물을 타기 시작한다면 그 소문은 금세 퍼질 것이고, 결국 당신은 마을에서 쫓겨나고 말 것이다. 그러나 만약 1820년에 런던처럼 큰 도시에서 유동적인 소비자들에게 우유를 파는 경우라면, 훨씬 손쉽게 눈속임의 흔적을 감출 수 있다. 차, 사탕, 양념류처럼 잘 변질되지 않는 식품들이라면 더욱 쉽다. 생산자와 소비자 사이에 놓인 기나긴 사슬의 어느 지점에서 누가 부정한 행위를 했는지 정확히 분간하기란 쉬운 일이 아니다.

식품 사슬이 너무 길어지면 아무도 의도하지 않았는데 식품이 유독해지기도 했다. 아쿰은 오랫동안 조사한 결과에 근거해 다음과 같은 사실에 주목했다. "신용이 좋다고 평가되는 상인들 중 상당수가 분명히 유독한 식품을 판매한 것으로 드러났지만, 그들은 이 식품이 무해하다고 생각했다. 식품에 포함된 성분이 위조되었고 치명적인 성분까지 들어갔다는 사실을 알았다면, 그들이 주장하는 대로 식품을 팔지 않았을 것이라고 판단할 만한 정황은 충분하다."[75]

이와 관련해 아쿰이 인용한 사례 중 가장 섬뜩한 것은 식품 사슬을 거치는 동안 광명단으로 착색된 더블 글로스터 치즈Double Gloucester cheese에 관한 이야기이다. 더블 글로스터라는 이름은 두 가지 제조 공정으로 얻은 우유를 사용하기 때문에 붙여진 것이다. 이 치즈는 보통 아나토annatto로 착색되었다(때로는 착색되지 않기도 했다). 아나토〔지금은 국제번호체계INS, International Numbering System에 따라 E160(b)로 알려져 있다〕는 열대성 아나토 나무의 주황색 펄프에서 추출한 식물성 색소다. 간혹 알레르기 반응을 일으키는 사람도 있지만 일반적으로는 분명 무해하다. 반면에 붉은 납은 치명적이다. 아쿰은 케임브리지의 한 신사인 J. W. 라이트J. W. Wright로부터 들은 이야기를 다음과 같이 전했다. 라이트는 웨스트 컨트리의 한 도시에 있는 여관에 머무르고 있었다. 어느 날 밤, 그는 복부와 위에 긴장감을 동반한 형언할 수 없는 극심한 통증을 느껴 꼼짝할 수가 없었다. 음식을 보면 불안함과 역한 혐오감이 들 정도로 극심한 고통이었다. 24시간 후 그는 완전히 회복된 듯했다. 하지만 4일 후 또다시 극심한 고통과 긴장감, 불안, 회복이 똑같은 과정을 거쳐 반복되었다. 그 신사는 곧 여관의 여주인에게 집에서 먹던 대로 구운 글로스터 치즈 한 접시를 부탁했던 적이 두 번 있었음을 기억해내고, 혹시 치즈 때문에 복통이 생긴 것 아닐까 생각했다. 여관 주인은 이 신사가 자신이 준 치즈 때문에 아팠을지도 모른다는 이야기를 듣고 치욕스러워했다. 그도 그럴 것이 그녀는 오랫동안 거래해온 믿을 만한 런던의 한 상인에게 그 치즈를 구매했기 때문이었다. 그러나 그 신사가 구운 치즈를 세 번째로 먹은 직후 극심한 배앓이를 다시 겪게 되자 이제 의심할 여지가 없었다. 치즈가 문제였던 것이다. 이렇게 결론이 모이자 한 하녀 역시 새끼 고양이가 그 치즈를 한 조각 먹고 심하게 아팠던 적이 있다며 거들었다.[76]

이렇게 되자 여관 주인은 자존심을 굽히고 문제의 치즈를 한 화학자에게 가져가 검사를 의뢰했다. 검사 결과, 그 치즈는 광명단에 오염된 것으로 밝혀졌다. 이번에는 치즈를 공급한 런던의 상인이 치즈를 만든 농부에게 어떻게 된 일인지 물었다. 그러자 농부는 자신은 단 한 번의 불미스러운 일 없이 여러 해 동안 거래해온 한 행상으로부터 아나토를 구매했는데, 이번에는 다른 행상의 아나토를 받았다고 말했다. 확인 결과 농부가 새로이 거래했다는 이 행상이 아나토에 버밀리언(무독성 색소)을 첨가해 더 짙은 색을 낸 사실이 밝혀졌다. 이 버밀리언은 한 약제사가 광명단과 혼합하여 만든 것이었다. 그러나 이 약제사는 자신은 그 버밀리언이 가정용 페인트의 염료로 쓰일 것이라고 생각했지 치즈에 들어갈 것이라고는 상상도 못했다고 주장했다. 아쿰은 이 사건을 이렇게 결론지었다. "순환적이고 다양해진 상업 활동을 통해 연속적으로 수많은 손을 거치게 되고, 그 결과 범죄의 책임을 물을 지점을 찾기가 어렵게 되면서, 치명적인 독은 마치 필수품이라도 되는 것처럼 우리의 일상생활 곳곳에 살며시 스며들고 있다."[77]

그러나 생산자와 소비자 사이에 놓인 기나긴 사슬보다 더 분명히 식품의 부정불량을 유발하는 사회적 요인은 따로 있었다. 바로 노동 분업 체계를 통한 눈속임이었다. 아쿰은 영국의 산업 발달에 경외감을 표했던 것만큼이나 부정불량식품 제조자들이 '정상적 거래의 질서와 방법'을 흉내 내는 현실에 분노했다. 사악한 우두머리들은 뒷짐 지고 물러선 채, 자신들의 손을 거쳐 처리되는 물질이 무엇인지 잘 모르는 노동자들을 이용하고 있었다.[78] "이 나라의 제조업자들이 자신들에게 지금과 같은 부를 안겨준 분업을 기만적 행위를 은폐하고 촉진하려는 목적으로도 이용했다는 현실은 참으로 뼈아프다. 특히 상업 발달의 영향이 속속들이 미치고 있는 영국의 수도와 큰 도시들에서 부정불량 상품의 거래는 셀 수 없이 많은 순환 구조를 거치고 있다. 이 과정에서 눈속임의 근원을 찾아내기 위해 철저한 노력을 기울여도 허사가 되고 만다."[79]

사기꾼들은 발각을 피하기 위해 할 수 있는 일이라면 무엇이든 가리지 않았다.

> 조사관의 감시를 피하기 위해, 세관 감시관의 눈길을 따돌리기 위해, 그리고 은밀한 재료의 정체를 은폐하기 위해, 매우 영악하게 분화된 모든 과정이 각 과정의 책임자들 아래서 또다시 분화된다. 이렇게 분화된 각 과정의 제조는 별도로 마련된 설비에서 이루어진다. 식품으로 제조되는 재료들을 배합하는 과정에서 구성과 조제는 마치 완전히 다른 영역의 일인 것처럼 또 다른 일꾼들에게 위탁된다. 이렇게 위장된 식품은, 소비자들이 실제로 여기에 무엇이 들어갔는지 도저히 알아차릴 수 없는 상태로 전달된다.[80]

주류 산업을 예로 들어보자. 비양심적인 양조자들은 흑맥주와 에일맥주의 알코올 도수를 높이기 위해 코큘러스 인디커스cocculus indicus[인도산 열매라는 뜻의 독성 식물](주로 열매를 끓여 우려낸 형태로 첨가되었다)를 자주 첨가했다. 그러나 시장에서 이 첨가물은 검은 추출물이라는 이름으로 통했다. 첨가물의 정체를 숨기기 위해서였다. '검은 추출물'이라는 별명은 이 재료를 원래 사용한 이들이 무두장이나 염색업자들이라는 사실을 암시한다.

부정불량식품 사례 중에는 조잡하기 이를 데 없는 것들도 있었다. 예를 들면 'P. D.' 또는 후추 먼지pepper dust가 그러하다. 이 '사악한 쓰레기'는 후추 창고 바닥에서 쓸어 담은 먼지를 빻은 후추와 섞은 것이었다. 더 나쁜 경우는 'D. P. D.'라는 것으로, 후추 먼지용 먼지dust for pepper dust의 약자였다. 그야말로 가장 더럽고 역겨운 바닥 쓰레기에 지나지 않는 것이었다. 이 속임수에는 기교랄 것도 없었다. 반면에 기괴할 정도로 진정 복잡한 노동이 필요한 사례도 있었다. 많은 소비자들은 원래 열매의 모양을 갖춘 향신료를 사면 변조 사기를 피할 수 있을 것이라 생각했지만 그것은 오산이었다. 이처럼 순진한 생각으로 구입하는 검은 페퍼콘peppercorn[말린 후추 열매]조차 '인위적인 페퍼콘'과 섞여 양이 부풀려졌다. 이 가짜 페퍼콘을 만드느라 들인 공은 장인의 손길에 견줄 수 있을 정도였다. 가짜 페퍼콘 제조자들은 먼저 검은 유박oil cake(린시드 오일linseed oil을 추출하고 남은 찌꺼기)에 일반 진흙과 카옌 페퍼를 혼합했다(이 가짜 '열매'에 카옌 페퍼의 톡 쏘는 맛까지 가미되었으니 소비자들이 진짜 속아 넘어갔을 것이다). 그다음 이 반죽으로 작은 환약 모양을 만들고 큰 통에서 굴렸다. 이렇게 작은 가짜 '후추' 알갱이들을 만드는 작업은 정말 번거로운 일이었을 것이다. 사실 들통 나지 않을 정도로 혼합하려면 가짜 후추를 너무 많이 넣을 수도 없었다. 당시 혼합된 양은 16퍼센트 정도였다고 한다. 그래도 사기꾼들에게는 남는 장사였다. 인건비는 낮았고 향신료는 고가에 거래되었으며(후추 1파운드당 세금은 2실링 6펜스였는데, 이는 1823년에 삭감되었다), 이렇게 독특한 공정을 지속하는 데 필요한 일꾼도 부족할 일은 없었으니 말이다.[81]

변조 기술의 정교함은 가짜 찻잎 제조에서 정점에 이르렀다. 아쿰은 차와 닮은 구석이 전혀 없는 물푸레나무 잎, 딱총나무 잎 또는 더 흔한 야생 자두나무 잎이 끓이고 볶고 잎을 구부려 말리고 색을 입히는 공정을 거쳐 최고의 중국 녹차로 둔갑한 사례들을 자세히 묘사했다. 1818년에 영국 법무장관은 차와 관련한 수많은 사기 사건들을 기소했는데, 그중에는 프록터와 마란스라는 두 사기꾼으로부터 모조 차를 구매한 파머라는 상인의 사건도 포함되었다. 이 사기꾼들은 또 다른 인물인 토머스 존스를 끌어들여 야생 자두나무 잎과 산사나무 잎을 모으게 했다. 존스는 적어도 처음에는 그 잎들이 어디에 쓰일지 몰랐을 것이다. 그러나 그도 결국 야생 자두나무 잎을 따는 것처럼 손이 많이 가는 예비 작업을 할 또 다른 사람을 물색해 하청 계약을 맺었고, 그렇게 모은 잎들을 프록터와 마린스에게 1파운드당 2펜스에 팔며 이 사기 행각에 가담했다.[82]

이제부터 진짜 범죄가 시작되었다. '홍차를 닮은 제품'으로 탈바꿈시키려면 우선 잎을 쪄야 했다. 그리고 잎의 가시와 줄기를 분리한 다음 철판에 볶아 완전히 건조시키고 손으로 문질러 진짜 차처럼 잎 끝이 굽어보이게 만들었다. 그다음에는 서인도제도산 염료인 로그우드logwood(헤마톡실론 캄페치아눔Hematoxylon campechianum)로 착색했다. 이 염료는 위염을 유발할 수 있다고 알려져 있다. 녹청을 넣어 끓이고 말리는 과정에서 잎은 '더치 핑크Dutch pink' 염료와 더 많은 녹청을 섞은 독성 혼합물로 착색되었다. 이제 '차'는 훨씬 유독해졌다. 검사는 배심원들에게 이 사건의 심각성을 더욱 생생하게 전하기 위해, 우리는 기분 전환용으로 영양가 있는 음료를 마시고 있다고 생각하지만 실상 마시고 있는 것은 가장 사악한 방식으로 소비자를 기만하고자 도시 주변 산울타리에서 딴 잎으로 만든 가짜 음료이기 십상이라고 말했다. 더 들을 것도 없이 배심원들은 피고에게 유죄를 선고했다.

이 사건은 1818년에 기소된 다른 차 사건들과 함께 차의 부정불량 사례가 얼마나 광범위한지 증명한 사례였다. 아쿰은 자신의 책에 야생 자두나무 잎과 찻잎의 삽화를 싣고 양쪽의 모양이 얼마나 다른지 보여주었다. 그의 묘사에 따르면, 찻잎은 연하고 폭이 좁은 반면 야생 자두나무 잎은 둥근데다 톱니 모양의 가장자리가 명확하지 않아 뾰족한 부분이 뭉툭했다.[83] 하지만 일단 볶는 과정을 통해 잎 끝을 둥글게 말고 녹청으로 착색하고 나면, 찻잎을 집으로 가져가 물에 적셔 하얀 종이에 문질러보지 않는 이상 모양만으로는 둘을 구별하기가 어려웠다. 행여나 그렇게라도 해서 차가 가짜임을 확인했다 하더라도 이미 사기를 당한 후였다. 높은 가격 또한 차가 진짜 인지 보장해줄 수는 없었다. 아쿰이 런던의 상인들에게 직접 구매한 가짜 차 표본은 가장 비싼 것부터 가장 저렴한 것까지 가리지 않고 28가지나 되었다. 이렇듯 차 사기는 영국 사회 전체에 만연해 있었다.

산업사회 이전에는 차가 대개 여성적이고 귀족적인 음료로 여겨졌지만, 당시에는 차를 마시는 습관이 노동계급인 서민층으로 퍼졌다. 당도를 심하게 높인 차는 영국의 산업적 진보를 촉진하는 노동력을 유지시키는 역할까지 했던 셈이다. 야생 자두나무 잎과 녹청이 노동자들을 중독시킨다는 것은 분명 심각한 사안이었다. 그렇지만 이 문제의 대응 방안에 대해서는 의견이 심하게 갈렸다. 왜냐하면 이 문제는 당시 사회 곳곳에서 분란의 불씨를 안고 있던 정치적 문제, 정부와 상업, 법과 자유 사이에 얽힌 복잡한 이해관계를 반영했기 때문이었다. 자유무역의 신성한 자유를 법이 얼마나 간섭할 수 있었겠는가?

정부의 방관과 자유방임

당시 영국의 신문 기사를 읽다 보면, 부정불량식품의 출현에 유감을 표하면서도 영국의 성공적인 상업 발전을 위해 필요한 자유무역의 자연적 결과로 치부해버리는 논조가 엿보인다. 이 시각에 따르면, 새로운 규제 조치를 도입하면 시장을 경직시키는 바람직하지 않은 결과를 가져올 것이기에 아무것도 하지 않는 편이 나았다. 중농주의자들이 말했듯이 시장에서 일어나는 모든 일에 대해서는 방임하고laissez faire, 길을 열 것이며laissez aller, 막지 말아야 할 것이었다laissez passer. 그렇게 정부는 시장의 문제에서 한발 물러나 있었다. 아쿰에 따르면 언론은 부정불량식품을 '상업의 생리'가 지닌 또 다른 얼굴 정도로 봤고, 이 문제는 "이전에 비해 그다지 혐오스러워 보이지 않을 뿐 아니라 정당한 부의 축적 수단으로 이해되기"에 이르렀다.[84] 그는 부정불량식품에 무른 태도를 보이는 중농주의자들의 입장을 다음과 같이 요약했다.

> 일각의 주장에 따르면, 대영제국처럼 재정 규모가 광대한 국가는 거두어야 할 세금이 막대하므로, 법은 세금을 원활히 거둘 수 있도록 상업 활동에 대한 제재를 완화해야 한다. 자본가들에게는 정부의 지원과 격려가 필요하다. 여러 양조장 또는 증류주 제조소가 세입 증대에 중요한 공헌을 하고 있다는 점을 감안하면, 사기의 가능성을 빌미로 이 사업 자체가 주춤해질 정도로 식품의 품질을 따지는 엄격한 감독을 도입하는 것은 무익한 일이다.[85]

이러한 논리와 함께, 상품 구매에 따르는 문제의 책임을 소비자에게 전가하는 구매자 책임주의caveat emptor 또한 고개를 들었다. 위조식품 구매를 통해 빚어질 수 있는 위험은 일차적으로 구매자가 부담해야 한다는 주장인데, 이 부분은 3장에서 다시 짚어볼 것이다. 훨씬 간섭주의적인 베스트팔렌의 체제에 익숙했던 아쿰이 보기에 이러한 주장은 위헌적이고 부당했다. 그는 국가가 진정으로 관심을 둬야 하는 것은 크든 작든 부정불량식품에 관여한 자들을 엄하게 다루는 일이라고 지적했다. 또한 이 범죄들을 들춰내면 세입 손실로 이어질 것이라는 주장에 대해 아쿰은 사기에 의존하는 세금이야말로 가장 위태로운 것이라고 반박했다. 이 같은 실태에 반대하며 아큼이 가장 강력하게 제시한 근거는 바로 도덕성이었다. 야생 자두나무 잎을 독으로 착색하여 차로 둔갑시키는 것은 사악한 짓이다. 법은 그러한 행위를 못 본 척 눈감아줄 것이 아니라 근절해야 한다. 아큼의 분개는 다음과 같이 가장 극적인 비유로 이어졌다.

> 대중의 복지를 위협하는 그토록 적대적인 행위에 대해 형법이 더 효과적으로 집행되지 못한다는 것은 정말로 놀라운 일이다. 길거리에서 한 시민으로부터 몇 실링을 훔친 자는 사형을 선고받는다. 하지만 사회 전체를 서서히 중독시키는 자는 어떤 처벌도 받지 않는다.[86]

사실 정확한 비유는 아니다. 노상강도를 처벌한다는 명목으로 영국 시민을 사형에 처한 일은 1783년이 마지막이었으니 말이다. 그러나 아큼의 주장이 담은 메시지는 분명했다. 너무 많은 사기꾼들이 처벌을 받지 않은 채 소비자들을 기만하고 있었다. 이제 법의 개입이 필요한 때였다. 정부 수입이 중요한 논쟁거리인 사회였던 만큼, 사기꾼이 맥주나 차와 같은 과세 대상 품목을 변조했다는 이유로 기소될 수는 있었다. 그러나 부정불량식품을 제재할 수 있는 특별법은 존재하지 않았고, 기존 법을 적용하는 방식에도 일관성이 거의 없었다. 영국 정부는 '법의 감시가 아직 미치지 않는 폐해'까지 처벌할 수 있도록 법적 근거를 상당히 강화해야 했다. 아큼은 그렇게 법을 강화하면 오히려 실질적으로 더 많은 세입이 안정적으로 확보될 것이라고 주장했다.[87]

그러나 모든 이들이 그와 의견을 같이한 것은 아니었다. 어떤 사람들은 부정불량식품이 만들어지는 주요 원인이 무엇보다 정부의 탐욕스러운 세입 정책이라고 생각했다. 만약 정부가 수입품에 세금을 그렇게 높게 매기지 않았다면 토종 식물로 싸구려 모조품을 만들려는 동기도 생기지 않았을 것이었다. 대체로 자유방임주의적 관점을 견지했던 『타임스』는 1818년의 가짜 차 사건에 대해 아쿰과 정확히 반대의 반응을 보였다. 그러한 사건을 근절하기 위해 필요한 것은 정부의 더 많은 개입이 아니라 오히려 그 반대이다. 차 위조자들을 혐오하기는 이 신문도 마찬가지였다. 더불어 『타임스』는 위조의 원인을 분석한 글에서, 흑맥주에 사용된 위해 약물을 두려워한 이들이 흑맥주 대신 차가 선사하는 '순한 기분전환'으로 눈길을 돌린 탓이라고 지적했다. 그렇다면, 술을 절제하려 한 사람들이 취기를 피하려다 오히려 중독되었다는 뜻이다. 이 얼마나 불공정한 일인가. 그러나 『타임스』는 도시 지역의 차 상인 열 명 중 아홉 명이 배합의 정도는 다르더라도 어쨌든 부정불량한 품목을 판매했다는 사실에 대해서는 아쿰만큼 경악하지 않았다. 1818년 3월자에 실린 한 익명 사설은 불순물 섞인 차가 등장한 현상에 대해 다음과 논평했다.

> 피할 수 없는 일이다. 영국에서 진짜 중국차에 붙는 세금은 원가의 거의 1백 퍼센트에 이른다. 결과적으로 영국인들은 세계에서 가장 차 소비량이 많은데도 불구하고 해외로 상선 한 척 보내지 않는 다른 나라 사람들보다 가장 비싼 값에 중국차를 사야 한다. 이런 현실에서 위조 차의 등장은 불가피하다. 우리는 재정 관료에게 매달려 국민의 건강과 일상의 즐거움을 고려해 줄 것을 간청하며 특정 소비 품목의 세금 절감을 기대할 만큼 어리석지 않다. 대신 우리는 입법자들의 상식과 간단한 산수 능력에 호소하고자 한다. 그토록 높은 관세를 차에 부과함으로써 이 대중적인 품목의 수요를 억누르고 결과적으로 차 판매로 거둘 수 있는 세입을 오히려 줄이는 것이 과연 입법자들이 바라는 것인지 말이다. 차에 부과된 터무니없는 세금은 시장에 가

짜 상품을 더욱 유입시켜 제조자에게만 좋은 일을 할 뿐이다. 피트 수상은 이러한 사실을 누구보다 잘 알고 있었다.[88]

여기서 마지막 문장은 피트가 수상이었을 때(1783~1801), 밀수품을 막기 위해 차의 세금을 119퍼센트에서 25퍼센트로 대폭 낮춘 사실을 언급한 것이다. 이 정책은 재무부의 손을 거치는 차의 양을 큰 폭으로 증가시켰다는 점에서 매우 성공적이었다. 그러나 이것은 시대적 상황이 다른 시절의 이야기였다. 프랑스와의 전쟁이 종결된 후 1815년에 영국 농부들의 생계를 보호하기 위해 도입된 곡물법Corn Laws은 다른 식품의 가격과 더불어 밀가루 가격의 폭락을 막았고, 이로 인해 빵의 가격은 인위적으로 상승했다. 한편 차, 와인, 주정, 담배와 같은 사치품들에 대한 세금은 1820년에 일시적으로 급격히 오름으로써 시장에 위조품이 창궐하는 데 분명 견인차 역할을 했다.

아쿰은 '지난 프랑스와의 전쟁'이 식음료, 특히 맥주에 미친 영향을 자주 언급했다. 나폴레옹 전쟁을 치르는 동안 여러 무역 경로가 차단되면서 모든 원재료 가격이 상승했다. 아쿰이 주목한 것은 런던 흑맥주였다. 당시 런던 흑맥주의 알코올 도수는 분명히 더 약해졌다. 다만 '마취 성분 물질들'이 첨가되어 취기를 더 느끼게 했을 뿐이었다.[89] 그는 당시 양조업자들이 입던 큰 주머니가 많이 달린 특수한 윗옷을 묘사하며, 이 복장은 변조에 사용할 향신료, 색소, 약물과 같은 다양한 재료를 몰래 숨기기 위한 것이라고 설명했다.[90] 또한 아쿰은 전쟁 동안 영국에서 코쿨러스 인디커스라는 약물의 수입이 크게 늘어난 사실을 지적했다. 발작성 독인 이 물질의 주요 성분은 피크로톡신picrotoxin이다. 이 물질은 쓴맛이 나는 강력한 마취제로, 지금은 이를 없애거나 물고기를 마비시키는 데 이용된다. 당시 부정한 양조업자들은 맥주에 이 약물을 첨가하여 맥아와 홉의 부족함을 덮고 취기가 더 강해지도록 만들었다. 윌리엄 T. 브레인드 William T. Brande 역시 1819년에 출간한 『화학편람Manual of Chemistry』에서 그 위험성을 지적했다. 양조업자들도 그 위험을 익히 알고 있었던 듯하지만 계속 사용했다. 새뮤얼 차일드 Samuel Child 또한 『누구나 양조업자Every Man His Own Brewer』(1790)에서 코쿨러스 인디커스가 마비를 일으킬 정도로 독성이 있고 불법적이며 두통을 유발할 정도로 강력한 성분이라는 점은 인정하면서도 흑맥주 만드는 비법에 계속 포함시켜 소개했다.[91]

변조된 맥주는 술꾼들에게만 해로운 것이 아니었다. 도시 지역에서 마실 물이 부족한 사태가 거듭되자 맥주는 성인 남녀는 물론이고 어린아이들도 소비하는 기본적인 가정 음료로 자리 잡았다. 따라서 맥주 변조는 전 국민의 건강에 영향을 미치는 중대한 문제였다. 아쿰의 책에도, 다양한 방법으로 맥주를 변조하거나, 더 약한 '순한 맥주'와 독한 맥주를 섞어 기소당한 양조업자들과 선술집 주인들의 사례가 많이 실려 있다. 1813년과 1819년 사이에 30명 이상의 양조업자가 불법적인 성분들을 사용했다는 죄목으로 상당한 액수의 벌금형을 받았다. 그들 가운데 존 코웰John Cowell은 스페인 감초Spanish liquorice를 첨가하고 순한 맥주를 독한 맥주와 섞은 혐의로 50파운드의 벌금을 물었다. 존 그레이John Gray는 생강과 녹각정 가루hartshorn shavings, 당밀을 이용한 혐의로 300파운드의 벌금을, 앨러트슨Allatson과 에이브러햄Abraham은 코쿨러스 인디커스, 멀툼multum[콰시아나무의 추출액], '흑맥주 향미'를 이용한 혐의로 630파운드의 벌금형을 받았다.[92]

이 기소 사례들을 보면 아쿰의 비난과 달리 최소한 맥주만큼은 영국 정부가 소비자를 보호하기 위해 적극적으로 개입했던 것으로 보인다. 당시 영국 의회법의 맥주 보호는 1516년에 공표되었던 바이에른의 유명한 독일 맥주순수령Reinheitsgebot[독일의 빌헬름 4세가 맥주의 품질 향상을 위해 공표한 맥주 순수령]에 비견되었다. 의회 결의안은 맥주에 맥아, 홉, 물 이외에(이스트는 나중에야 첨가되었다) 그 어떤 다른 물질도 첨가하는 것을 금지했다.[93] 약제사들과 상인들은 변조에 쓰일 수 있는 품목을 양조업자들에게 판매할 수 없었다. 당밀(맥주에 색을 더하고 당도를 높이기 위해 사용된 짙은 색의 당밀)처럼 무해한 것도 마찬가지였다. 맥주에 색을 더하기 위해 설탕을 첨가하거나 투명도를 높이기 위해 아이징글라스를 사용하는 것 역시 법으로 금지되었다.[94] 이후에도 이처럼 기준이 엄격했던 적은 결코 없었다.

실제로 현재 영국의 맥주 양조 기준은 이 시절의 결의안에 나타나는 엄격함에 한참 못 미친다. 오늘날 영국의 선술집에서 팔리는 모든 맥주는 코쿨러스 인디커스만큼 유해한 물질을 함유하고 있지는 않지만, 아쿰에게는 부정불량한 맥주로 보일 것이다. 현재 영국의 관련법에 따르면 영국 맥주에는 색을 조절하기 위한 캐러멜, 향을 조절하기 위한 염화칼륨postassium chloride, 산도 조절을 위한 인산phosphoric acid 등 많은 첨가물과 가공 보조제를 사용할 수 있다. 양조업자들은 황산칼슘calcium sulphite이나 안식향산나트륨sodium benzoate 같은 17가지의 다른 보존료도 첨가할 수 있다.[95] 아쿰이 보기에 이러한 물질들을 첨가하는 것은 대부분 불필요한 속임수이며 오늘날의 법 또한 그런 속임수에 동조하는 행위에 불과할 것이다. 어쨌든 당시 영국 정부가 맥주 제조 과정에 개입한 사례는 식음료를 둘러싼 1820년대의 자유방임이 얼마나 일관적이지 않았는지 보여준다. 정부는 일반적으로 부정불량식품 사례들에 대해서는 중독 문제가 불거져도 개입하지 않았으나, 맥주 문제만큼은 전통적으로 그래왔듯이 매우 엄격하게 반응했다.

아쿰이 보고서를 발표한 시기는 역사상 전례 없이 비인격화된 근대적 식품 상거래가 전통적인 식품 유통 방식을 대체하기 시작한 때와 맞물려 있었다. 한 역사학자가 말했듯이 도시화로 인해 수백만 명이 과거에는 평범했던 경험을 잃게 되었다. 꿀맛이 대표적인 예이다. 아쿰의 시대에 접어든지 얼마 지나지 않아, 영국의 한 거리 청소부가 자신은 한 번도 꿀을 맛본 적이 없지만 버터와 설탕을 섞은 것 같은 맛이라고 들은 적이 있다고 말하는 지경이 되었다.[96] 식품이 본래 가지고 있었던 가장 기본적인 속성이 이제 지속적으로 공격받는 시대가 열린 것이다. 아쿰은 이러한 변화를 정확히 인식했다. 식품의 본질적 속성이 끊임없이 훼손되고 있다는 점에서 아쿰이 직시한 현실은 오늘날 우리가 살고 있는 세계이기도 하다. 하지만, 적어도 한 가지 점에서 아쿰은 현재의 우리와 분명히 달랐다. 산업화 이전의 세계에 익숙했던 그는 변조되지 않은 식품이 실제로는 어떠해야 하는지 잘 알고 있었다. 그래서 풍부하고 감칠맛 나는, '정직한 양조업자가 빚은 진짜 옛날 맥주'가 무엇인지도 알고 있었다.[97] 또한, 너무나 많은 사람이 영양가 높은 진짜 맥주 대신 착색되거나 약물이 첨가되고 김빠진 가짜 맥주를 소비하는 것이 치욕적인 일임을 잘 알고 있었다.

아쿰의 불명예

아쿰의 보고서가 일으킨 반향만을 본다면 영국의 식품법에도 그만 한 변화가 일지 않았을까 짐작하기 쉽다. 하지만 현실은 그렇지 않았다. '죽음의 독' 운동가들은 1860년에 첫 번째 반反부정불량식품 관련법이 통과될 때까지 40여 년을 더 기다려야 했다. 여기에는 여러 가지 이유가 있었다.

1820년에 영국 언론과 정부에 만연했던 분위기는 여전히 과도한 자유방임주의였다. 정부 비개입의 원칙이 지배적이었고, 이것이 변화하기까지 수십 년의 시간이 걸렸다. 19세기 중엽을 지나 사회주의자, 차티스트 Chartist[노동자들의 보통선거권을 요구하며 활동한 정치운동가], 급진주의자 들이 여러 해 동안 압력을 행사한 후에야 이 원칙은 힘을 잃었다.[98] 아쿰은 그의 시대에 상업적 안목을 갖추었으면서도 국가의 개입을 촉구했던 예외적인 존재였다.

또 다른 문제는 과학의 수준이었다. 아쿰의 화학 검사는 1820년의 기준에 따르면 진보적이기는 했지만 여전히 제한적이었다. 그의 검사법은 곧이어 등장한 더 폭넓은 프랑스의 화학 검사법에 의해, 그리고 더 나중에는 현미경을 이용한 1850년대의 식품 분석법에 의해 밀려났다. 그러나 세 번째 이유는 바로 아쿰 자신이었다. 두말할 것도 없이 1820년은 그에게 가장 위대한 승리의 시기였다. 당시 아쿰은 언론의 주목을 한 몸에 받았는데, 특히 『유러피언 매거진European Magazine』은 영국에서 가장 인기 있는 상담 화학자라며 그를 극찬했다. 그러나 그해는 또한 그가 모든 것을 잃고 불명예 속에서 영국을 떠나야 했던 때이기도 했다. 그 때문에 아쿰은 그가 보고서에서 제기했던 법적 문제들을 주장할 기회를 잃어버렸다. 아쿰은 자신의 사기 때문에 결국 사기꾼들을 벌하고자 했던 자신의 바람을 이루지 못한 것이다.

1820년 11월 5일, 가이 포크스 데이Guy Fawkes Day[1605년 11월 5일, 의사당을 폭파하고 제임스 1세와 그 일가족을 시해하려 했던 가이 포크스를 체포한 일을 기념하는 날]에 왕립연구소Royal Institution의 보조 사서인 스터트Sturt라는 인물이 열람실의 책 예닐곱 권의 낱장과 도판 여러 군데가 찢겨나가 있는 것을 발견했다.[99] 그 책들은 아쿰이 자주 찾던 것들이어서 의혹의 시선은 곧 그에게 모였다. 왕립연구소는 아쿰이 런던에서 경력을 쌓는 데 중요한 역할을 한 곳이었다. 이 연구소와의 인연을 매우 귀중하게 여겼던 그는 자신의 첫 번째 화학 저서를 이 연구소의 인사들에게 헌정했다. 덕분에 그는 연구소와의 직접적인 인연이 끝난 후에도 이 도서관의 방대한 소장 도서들을 열람할 수 있었다. 아쿰 같은 지식 수집가에게 이곳은 헤아릴 수 없이 값진 지식의 원천임이 틀림없었지만, 나중에 일어난 사건으로 미루어보건대 그가 자신의 수집벽을 절제하지 못한 곳이기도 했다.

11월 5일, 아쿰이 열람실을 떠난 후 스터트는 아쿰이 본 책들의 상태를 확인했다. 분명히 그 사이 몇 장이 더 찢겨나가 있었다. 그러자 연구소 서기관은 더 정확한 증거를 얻기 위해 스터트에게 열람실 벽에 맞닿아 있는 벽장에 구멍을 낼 것을 지시했다. 이제 그 구멍을 통해 도서관 안에서 어떤 일이 벌어지고 있는지 엿볼 수 있게 되었다. 12월 20일, 아쿰은 결국 함정에 빠지고 말았다. 벽장 뒤에 숨은 스터트는 아쿰이 『니컬슨 저널Nicholson's Journal』 한 권에서 예닐곱 쪽을 찢어내고는 '황급하고 경황없는 모습'으로 연구소를 빠져나가는 것을 지켜보았다. 곧바로 수색영장이 발부되었다. 관계자들이 올드 콤프턴 가에 있는 아쿰의 자택을 샅샅이 뒤진 결과, 아쿰이 예상보다 30여 쪽 이상을 더 찢어 간 사실이 확인되었다. 아쿰은 자신의 책에서 찢어낸 것이라고 변명했지만, 곧 절도 혐의로 체포되었다. 하지만 치안판사는 아쿰의 편이었던 것 같다. 판사는 책에서 일단 분리된 낱장은 가치 없는 폐지일 뿐이라며 이 사건을 기각했다. 그러나 왕립연구소의 고위 인사들은 이 재판 결과에 불편한 심기를 드러냈고, 곧 아쿰을 '10펜스에 해당하는 200여 쪽을 가져간 흉악한 절도' 혐의로 고소했다.[100]

불과 한 달 전만 해도 런던의 유명인사였던 아쿰을 누가 사회적 문제아라고 생각했겠는가. 더군다나 추방자 신세가 되리라고는 아무도 생각하지 못했을 것이다. 언론은 순식간에 신세가 변한 아쿰을 조롱하기 시작했다. 그리고 「죽음의 독」이라는 제목의 저열한 시 한 편이 등장했다.

> 그의 죄는 무엇인가? 기껏해야 속임수일 뿐,
> 논쟁의 가치도 없는 것.
> 『모닝 포스트』가
> 부정축재Accum-ulating[축적한다는 뜻을 지닌 accumulate라는 단어를 아쿰 Accum의 이름과 연관 지어 풍자한 것이다] 정도로 부를 수는 있으려나.[101]

이 사건 이후 아쿰과 일해왔던 롱맨Longman, 허스트Hurst, 리스Rees, 옴 & 브라운Orme & Browne 같은 출판사들은 놀라우리만큼 풍성한 그의 집필 활동과 상당한 수익성에도 불구하고 돌연 그에게 등을 돌렸다. 그러나 아쿰을 지지하며 곁을 지킨 친구들도 있었다. 건축가인 존 팝워스John Papworth와 출판업자인 아커만은 법정에 동행했을 뿐 아니라 보석금으로 각각 100파운드를 지불해주었다.

아쿰의 친구 칼라일은 『타임스』에 쓴 글을 통해, 왕립연구소의 소장인

얼 스펜서Earl Spencer에게 이번 조처를 재고하고 '진정한 과학자에 대한 박해'를 중지해달라고 간청했다. 칼라일은 아쿰이 '방정치 못한 품행'에 대해 책임이 있음을 부인하지 않았지만, 아쿰이 과학자 윌리엄 니컬슨으로부터 책을 훔치는 습관을 배웠다고 주장했다. 니컬슨은 '시간과 번거로움을 덜기 위해' 책을 찢어내는 일이 많았다. 칼라일에 따르면, 아쿰과 니컬슨은 책을 도가니, 심지어 냄비나 팬보다 나을 것이 없다고 봤다. 게다가 아쿰은 '세련된 교육'을 제대로 받지 못해서(행간을 읽자면 그가 영국인이 아니기 때문에, 더 정확하게는 유대인의 혈통을 지녔기 때문에 빚어진 일임을 의미한다) 자신의 행위가 얼마나 '도덕적으로 간악'한지 충분히 인식하지 못했다는 것이다. 칼라일은 자신을 제대로 변호하지도 못하고 판사에게 그저 선처를 호소하기에 바빴던 아쿰의 처지를 안타까워하며, 그가 남다르게 독창적인 인물일 뿐 아니라 타고난 우직함과 활발한 지성 그리고 솔직함을 갖춘 과학자라고 추어올렸다.[102]

그러나 이러한 노력은 좋은 결과로 이어지지 못했다. 아쿰은 1821년 4월 5일에 기소되었다. 『타임스』는 거만한 논조로, 아쿰이 보석으로 풀려나도록 허락한 왕립연구소의 처사가 얼마나 너그러운지 논평했다.[103] 그러나 아쿰은 청문회에 나타나지 않은 채 고향인 독일로 떠나고 말았다. 수치심은 물론이거니와 그동안 일군 명성을 한순간에 잃게 된 현실을 더 이상 견딜 수 없었기 때문이다. 그 후 아쿰은 다시는 영국으로 돌아가지 않았다. 52세의 나이에 인생의 향방을 송두리째 수정해야 했던 그는 베를린 왕립연구소의 기술화학·광물학 교수가 되었고, 1838년 69세의 나이로 베를린에서 눈을 감았다. 당시 그는 독일에서 부정불량식품이 아닌 건축자재의 특성에 관한 연구를 막 마친 상태였다. 아쿰은 마지막 순간까지 영국 사회에서 추방되었다는 굴욕감을 극복하지 못했던 것 같다. 1820년 이후 그의 영문 저서들은 익명 혹은 '무카Mucca'라는 가명으로 출간되었다. 이 가명은 그의 이름을 거꾸로 쓴 것이었지만, 그 발음은 이제 아쿰이라는 이름이 하잘것없다고[무카의 발음이 하잘것없음을 의미하는 단어인 '머크muck'와 비슷함을 가리킨다] 말하는 것처럼 들리기도 했다. 대중적 유명 인사라는 신분에서 비방의 대상으로 그토록 눈 깜짝할 사이에 추락한 사람도 드물었다. 1822년, 아쿰을 둘러싼 언론의 풍자가 범람하던 와중에 시인 존 해밀턴 레이놀즈John Hamilton Reynolds(1794~1852)는 이렇게 울부짖었다. "아쿰이여! 아, 아쿰은 어찌된 것인가?" 그는 이제 평범한 사람에 지나지 않았다.[104]

영국의 상황은 아쿰이 떠난 이후 더욱 비참해졌다. 아쿰 같은 이가 부정불량식품의 실태를 계속 폭로할 기회를 잃었으니 당연한 결과였다. 그의 보고서에서 가장 논쟁적인 부분 중 하나는 그가 대담하게도 식품 사기와 관련된 자들의 실명을 거론하며 창피를 주었다는 점이다. 이 과정에서 그는 의회조사위원회의 회의록을 빌려 '존경받는' 악한들의 행태를 폭로했다. 그렇지 않았다면 그들은 계속해서 자신들의 행위를 은폐했을 것이다. 아쿰은 자신의 책 제2판에서, 이러한 폭로를 계속하겠다고 약속했다. 그러나 도서 파손 사건으로 인해 그의 계획은 무산되고 말았다. 어떤 이들은 아쿰의 불명예가 음모의 결과라고 주장했다. 그는 정말 그의 저서 출판을 달가워하지 않은 막강한 이해세력의 덫에 걸린 것일까? 아쿰의 '비밀스러운 적들'에 관한 글을 쓴 과학사가 C. A. 브라운은"모든 시대에 개혁가의 업적은 늘 증오와 능욕의 대상이었다"라고 주장했다.[105] 1820년 4월에 등장한 『부정불량식품과 요리의 독성에 관한 보고서』 제2판에서 아쿰 역시 자신을 둘러싼 은밀한 싸움을 암시했다. 사기꾼들을 직접 거명하여 불명예를 안긴 그는 제조자들을 비롯한 여러 관계자들로부터 협박성 항의를 받았던 듯하다. 아쿰은 이들에 대한 답을 대신하여 다음과 같이 썼다.

> 이 책의 내용에 관하여 저주를 실어 익명으로 나에게 의견을 보내온 사람들에게 나는 별로 할 말이 없다. 그러나 그들은 분명히 알고 있을 것이다. 그들이 아무리 위협한다 해도, 부정직한 인간들의 사기 행각이 어디서 발생하더라도, 이에 맞서도록 일반인들의 경각심을 일깨우고자 하는 나의 노력을 결코 막을 수 없으리라는 것을. 그리고 은밀한 곳에 도사리고 있는 그들의 공격마저 이렇게 만천하에 밝혀지고 있다는 것을. 나는 앞으로도 지속적인 출판 활동을 통해, 인간의 먹을거리를 위해한 혐의로 공공의 정의에 따라 피고석에서 유죄 선고를 받아 마땅한 악한들과 부정직한 상인들에게 응당 뒤따라야 할 오명을 자손대대로 기억하게 할 것이다.[106]

달리 말해, 아쿰이 몰락하지 않았다면 그는 자신의 역량을 부정불량식품에 맞서 싸우는 데 계속 쏟아 부었을 것이었다. 그렇다면 아쿰을 중상모략한 세력이 결국 그러한 작업이 지속되는 것을 저지했던 것일까?

아마도 그렇지는 않았을 것이다. 그를 적대시하는 막강한 세력이 설령 있었다 하더라도, 그들은 상인들이었지 과학자들은 아니었다. 왕립연구소의 일개 보조 사서가 벽장 구멍을 통해 본 것을 거짓으로 꾸며 말할 이유도 없었을 것이다. 어쨌든 도서 파손 사건은 우리가 알고 있는 아쿰의 성격과 전적으로 맥을 같이하는 것으로 보인다. 심지어 그의 친구들도, 그가 충동적이고 조급했으며, 문헌 참고는 자신의 주장을 뒷받침하는 최종적인 수단 정도로만 봤다고 말했다. 한편으로 아쿰은 그저 가벼운 수준의 표절로 보기에는 무리가 있을 정도로 다른 글을 반복해서 무단전재하기도 했다. 아쿰은 원저자들에게 허락을 받지 않은 채 한 문단 정도를 통째로 자신의 글에 실을 때가 많았다. 심지어 자신의 책을 평론한 글의 한 소절을 다른 책을 집필할 때 그대로 사용하기도 했다. 또한 원저에서 인용한 부분을 인용 표시 없이 그대로 반복적으로 쓰기도 했는데, 이 때문에 독자들은 인용문이 아닌 아쿰의 글을 읽는다고 착각할 수 있었다. 『부엌의 화학』에서도 그는 커피에 대한 럼퍼드 백작의 생각을 이런 식으로 차용했다. 그러면서도 같은 페이지에서 럼퍼드 백작의 말을 따로 인용한 것을 보면, 인용 방식이 서툴렀다기보다 꼼꼼하지 못한 면이 있었던 듯하다. 아쿰은 기존의 저작들을 대부분 효과적으로 인용했지만, 아마도 그 과정에서 어느 부분에서 발췌가 끝나고 자신의 생각이 어디서 시작하는지 잊었을지 모른다.

아쿰의 사례에서 짐작할 수 있듯이 당시 과학과 요리 분야에서는 문장 표절의 관행이 만연했다. 18세기에 가장 잘 알려진 영국의 요리 작가인 한나 글라스Hannah Glasse는 다른 책들에서 263개의 조리법을 도용했지만, 그녀의 명성은 요리사가들 사이에서 여전히 높게 평가받는다. 하지만 아쿰은 그렇게 운이 좋지 못했다. 이유야 어찌되었든 자신의 글에 다른 누군가의 생각을 삽입하는 것은 온갖 첨가물을 섞어 부정불량식품을 만드는 것과 다를 바 없는 일이다. 부정불량식품을 경멸했던 아쿰은 그런 의미에서 자신이 바로 부정불량한 문장의 제조자였다. 아마도 이러한 공통점 때문에 그가 사기꾼들의 사고방식을 그토록 잘 이해했는지도 모르겠다.

그렇다 하더라도 이러한 학문적 절도가 얼마나 사전에 계획된 것이었는지, 그리고 혹시 그것이 과도한 작업량에서 비롯된 부작용은 아니었는지는 명확하지 않다. 1820년에 아쿰이 자신을 터무니없이 과하게 몰아붙이고 있었던 것은 사실이다. 같은 해에 아쿰은 개정판의 수를 따지지 않더라도 완전히 주제가 다른 책을 최소한 세 권 이상 집필했다. 그 전해에는 두 권을 더 출간했으며, 두 권을 준비하는 중이었다. 이쯤 되면 참고할 자료를 손으로 옮겨 적는 작업이 너무 수고로운 순간들이 분명히 있었을 것이고, 아마 당장 필요한 참고문헌의 낱장을 찢어내는 편이 더 쉬웠을 것이다. 우리가 그를 마냥 비난만 할 수 있을까? 그가 만일 복사가 가능한 시대에 살았더라면, 그리고 현대의 학자들이 그러하듯이 자신의 연구팀을 꾸릴 수 있었다면 책을 굳이 파손할 필요는 없었을 것이다.

설령 음모가 없었다 하더라도, 아쿰의 불명예로 인해 식품 사기에 맞선 싸움이 제대로 시작되기도 전에 좌초되었다는 사실은 분명하다. 그의 열정이 사라지자 싸움은 갈 길을 잃고 말았다. 더욱 안타까운 것은 그가 겪은 불명예의 자세한 뒷얘기조차 그가 부정불량식품에 대한 싸움을 계속할 의도가 있었음을 암시한다는 점이다. 1820년 12월, 그 파멸의 날에 아쿰이 『니컬슨 저널』에서 훔치다 들킨 것은 앙투안 A. 파르망티에Antoine A. Parmentier의 에세이 「초콜릿의 성분과 사용에 대하여On the Composition and Use of Chocolate」였다.[107] 초콜릿은 아쿰의 원래 보고서에 포함된 품목이 아니었다. 그는 분명히 향후에 초콜릿에 대한 내용을 다루려 했던 것으로 보인다. 프랑스 과학자인 파르망티에는 아쿰이 마음에 쏙 들어했던 인물로, 초콜릿을 약품이자 식품으로 본 사람이었다. 이 에세이에서 그는 초콜릿은 누구나 좋아하는 것이라고 찬양함과 동시에 초콜릿을 위조하는 사기행각에 관해 경고했다.

당시 고체 막대보다는 음료 형태로 소비됐던 초콜릿은 불순한 가루가 첨가되는 등 여러 방식으로 질이 저하되는 예가 많았다. 파르망티에는 어떤 초콜릿의 경우, 입에서 가루반죽 맛이 나거나 밀가루 풀 냄새가 나고, 식었을 때 젤리처럼 굳어버린다면 모두 녹말질의 이물질이 첨가되었기 때문이라고 경고했다. 만약 치즈 냄새가 난다면 동물성 지방이 첨가된 것이다. 알갱이 같은 침전물이 생기는 경우도 있는데, 이 경우는 저질 카카오 열매를 원료로 썼거나 저질 설탕을 섞은 것이다. 쓴맛이 난다면 한참 덜 익은 카카오 열매를 썼다는 의미이며, 케케묵은 냄새가 난다면 카카오가 부패한 것이다.[108] 이러한 폭로가 아쿰에게 얼마나 흥미로웠을지는 쉽게 상상할 수 있다. 너무 흥미로웠던 나머지 미처 옮겨 적기도 전에 찢어낼 수밖에 없었을 것이다. 체포되지 않았다면 그는 아마도 치즈 냄새를 찾고, 쓴맛을 감지하고, 가루 침전물을 탐색하며 런던의 초콜릿을 분석하는 작업에 착수하지 않았을까? 진실은 영원히 모를 일이다.

아쿰을 잃은 것은 식품 사기와의 전쟁에서 큰 손실이었다. 그는 처음으로 부정불량식품에 체계적으로 맞섰을 뿐 아니라 개인의 전문적 역량을 끌어들여 전례 없는 주장을 펼친 운동가였다. 비록 방법론에 있어서 거만하고 야물지 못한 과학자이자 표절자였을지는 모르지만, 그가 성취한 많은 업적은 성공가도의 막을 내리게 한 사건의 허물을 덮고도 남는다. 화학 분야에서의 재기발랄함과 함께 대중의 관심과 참여를 이끌 수 있는 충분한 카리스마를 겸비했던(아쿰과 달리 후대의 과학자들은 투명한 식품 공급의 중요성을 소비자들에게 설득시키는 데 자주 어려움을 겪었다) 그는 대중의 이목을 집중시키는 감각뿐 아니라 도덕적 진지함 역시 누구보다 강하게 갖추고 있었다. 그를 정치적으로 대담무쌍하게 만든 『부정불량식품과 요리의 독성에 관한 보고서』만 보더라도 비도덕성에 대해 그가 드러낸 혐오감은 굉장히 컸다. 이러한 혐오감을 통해 아쿰은 단순한 속임수를 넘어 유독하기까지 한 식품 사기에 초점을 맞춤으로써 자신의 주장에 절박함을 부여했다. 무엇보다도 그에게는 음식에 대한 대단한 열정과 감수성이 있었다. 아쿰의 뒤를 이어 등장한 '순수식품pure food' 전도사들 중 대부분은 순수라는 그다지 실익 없는 개념에 사로잡혀 허우적대기 일쑤였다. 아쿰은 그러한 실수를 범하지 않았다. 그는 결코 독과 더불어 (음식이 주는) 즐거움까지 던져버리지는 않았다. 그는 부정불량식품은 사람들뿐 아니라 향이 순수한 커피, 신선한 통밀빵, 진한 살구 잼, 베스트팔렌 햄, 맥아 향이 살아있는 맥주 같은 좋은 식품을 해치는 공격이라는 사실을 절대 잊지 않았다.

아쿰이 묘사한 눈속임의 세계는 많은 면에서 우리가 살고 있는 현실이기도 하다. 정부는 여전히 맞물려 돌아가는 상업의 수레바퀴 사이에 끼어들려 하지 않고, 과학은 지금도 눈속임 방법을 발명하는 동시에 다른 한편에서 눈속임을 파헤치는 능력도 개발하고 있다. 소비자와 생산자 사이에 존재하는 순환적인 식품 사슬도 여전할 뿐 아니라, 손쉽게 돈을 벌기 위해 다른 사람들의 건강을 담보로 하는 최악의 사기꾼들의 대담한 의도도 똑같이 존재한다. 이것이 바로 이 책을 아쿰으로부터 시작하는 이유이다. 아쿰은 부정불량식품이 사회의 모든 계층에 영향을 미치고 사람들을 거짓과 무지 속으로 몰아넣는 과정을 완전한 그림으로 처음 제시한 인물이다. 다시 말해 아쿰 이전에는, 그리고 런던이 그처럼 끊임없이 산업화의 물결에 요동치기 이전에는 식품 사기가 그렇게까지 심한 적은 없었다.

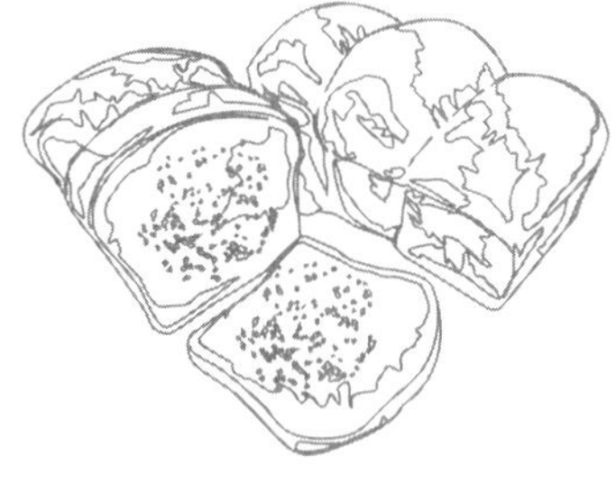

2
와인 한 병, 빵 한 덩어리

너희가 어찌하여 양식 아닌 것을 위하여 은을 달아주며
배부르게 하지 못할 것을 위하여 수고하느냐.
—「이사야」 55장 2절

빵이란 무엇이라고 생각하는가? 평범한 슈퍼마켓 한 군데를 둘러보라. 빵 만드는 데 밀가루만 있으면 되는 것 아닌가 생각했다면 머쓱해질지도 모르겠다. 진열대에는 길쭉하게 부푼 핫도그 롤이나 둥글고 바삭한 햄버거 번이 놓여 있다. 둥글넓적한 피타pitta[가운데를 갈라 다양한 재료를 넣을 수 있는 빵 종류]나 얇은 토르티야 '랩 샌드위치'도 볼 수 있다. 이상하리만큼 촉촉한 빵이 있는가 하면, 유난히 겉이 딱딱한 시골풍 빵도 눈에 띈다. 말린 양파부터 초콜릿에 이르는 다양한 재료로 향을 낸 빵도 볼 수 있을지 모르겠다. 그런데, 우리는 색이나 모양이야 어떻든 고약한 재료를 넣은 것도 '빵'이라고 부른다. 빵 껍질에 부드럽거나 쫄깃한 느낌을 주기 위해 유화제나 밀가루 처리제, 대두분, 표백제, 향료, 경화지방 같은 물질이 첨가되기도 한다. 빵에 첨가되어 있으면서도 성분 표시에서 제외되어 확인할 길 없는 효소들도 있다. 딱히 발효나 반죽 과정을 거친 것 같지도 않은 이른바 촐리우드법 chorleywood method[초고속 배합법]으로 급히 뒤섞기만 한 거친 빵도 있다. 여기에 한술 더 떠서, 포장지를 장식하는 광고 문구는 이 빵에 들어간 녹말질의 혼합물은 사람들이 잘 몰라 생소할 뿐 사실은 더 몸에 좋은 것이라고 말한다. 심지어 '전통적' 방식으로 만든 것이라며 설득하기까지 한다. 우리는 가게 밖으로 풍겨 나오는 인위적인 빵 굽는 냄새에 이끌려 결국 그 빵을 사지 않고는 못 배기겠지만, 그렇게 속아 넘어가는 우리를 말릴 사람은 아무도 없다. 그 밀가루 덩어리에 받아들이기 어려울 정도로 물과 지방이 많이 섞였더라도 아무도 항의하지 않는다. 특히 저질 빵을 만든 자를 추적해 처벌하려는 이들은 아무도 없다. 불량 빵을 만든 자에게 그가 만든 빵을 억지로 먹도록 강요하지도 않고, 먹어서는 안 될 재료로 만든 흰 식빵을 목에 걸어 거리로 쫓아내 창피를 주지도 않는다. 이 가격에 무엇을 기대하는가? 이것이 바로 우리가 익숙해진 현실인 것을.

빵의 품질에 아랑곳하지 않는 우리의 무심함을 우리의 선조들이 본다면 무척 의아해할 것이다. 과거 사람들에게 빵이 갖는 의미는 그만큼 명확하고 확고했다. 이를테면, 빵이란 제분업자와 제빵업자가 없다면 존재할 수 없는 것이었다. 직업적 제빵사건 가정에서 빵을 만드는 사람이건, 제빵사는 특정한 기술의 소유자로 여겨졌다. 오랫동안 전해 내려온 한 시는 이 기술자들이 어떤 일을 하는 이들인지를 분명히 노래하고 있다.

불어라, 바람아, 불어라! 돌아라, 방아야, 돌아라!
제분사는 옥수수를 갈고,

제빵사는 그것을 가져가
열심히 빵을 만들어
이른 아침 우리에게 전해준단다.

갈색 빵이든 흰색 빵이든 빵에 들어가는 재료는 정확히 계량되어야 했다. 정부는 제빵 과정에 개입하여 빵의 품질을 적극적으로 보호했다. 저급한 곡물을 쓰거나, 재료 배합이 잘못되거나, 혹은 완두콩이나 강낭콩 같은 허가되지 않은 재료들을 섞어 빵의 품질이 저하되면 소비자들은 곧 알아채고 불만을 토로했다. 이러한 관심은 18세기에 프랑스 경찰이 정확히 명기한 제빵의 기준에 그대로 반영되어 있다. 당시 경찰은 정확한 중량은 물론 양질의 곡물을 반죽하고 잘 부풀려 적합하게 조리하는 방법까지 제시했다.

당시 사람들은 진짜 빵이 무엇인지 알고 있었다. 그들은 밀가루와 소금, 효모(산성반죽 또는 이스트), 물을 적절히 배합하되, 물이 너무 많이 들어가면 안 된다는 것을 알았다. 그러나 와인의 문제는 달랐다. 어느 시대에나 와인은 보통 다양한 종류의 포도가 들어간 알코올성 음료 정도로 이해되었다. 가끔 포도가 부족할 때는 건포도가 그 자리를 대신하기도 했다. 또한 빅토리아 시대의 일부 '샴페인'처럼 구스베리가 대신 쓰이기도 했다. 꿀이나 납 또는 바닷물이 첨가되기도 했고, 물이나 브랜디가 섞인 경우도 있었다. 심지어 색이 입혀지거나 서양고추냉이horseradish가 섞인 와인도 있었다. 로드 필립스Rod Phillips가 말했듯이 "사람들은 와인을 데우거나 끓이거나 차갑게 만든다. 다른 술을 섞기도 하고 다른 재료를 넣기도 하며 색을 입히기도 한다. 어떤 과정을 거쳤든 죄다 와인이다."[1] 결국 어떤 와인이 부정한 것인지 아닌지 확신하기란 어려운 일이었다. '와인'의 정의가 분명하지 않은 탓이었다. 사람들은 어느 와인이 나쁜 것인지는 가려낼 수 있었지만, 좋은 와인에 대한 정확한 기준은 갖고 있지 못했다.

오늘날은 이러한 상황이 극적으로 바뀌었다. 20세기 초부터 와인의 품질은 과거에 비해 몰라보게 향상되었다. 법적 정의에 따르면 와인은 신선한 포도에서 추출한 주스를 발효시켜 얻은 알코올성 음료이다. 와인 제조 과정에서 보존료로 황을 첨가하거나, 알코올 함량을 조절하기 위해 포도액 must에 설탕을 첨가하는 예들이 있지만, 이러한 과정은 엄격한 기준에 따라 관계 기관의 관리 감독하에 이루어진다. 와인 한 병을 산다고 가정해보자. 우리는 이 와인이 정말 포도를 발효시켜 만든 제품이고, 알코올 도수는 상표에 표기된 만큼일 것이라고 믿고 구매한다(맛은 또 다른 문제이다). 사람들은 오늘날 생산되는 와인이 과거보다 훨씬 순수하고 믿을 만하다고 말한다.[2] 과거에는 와인이란 으레 불순물이 섞인 것으로 인식했지만, 오늘날 그러한 사례는 예외적인 사건일 뿐이다. 빵의 경우는 그 반대이다. 과거에 와인이 그러했듯이 우리는 이제 더 이상 빵에 대한 정확한 정의를 공유하지 못할뿐더러, 우리가 얼마나 이 먹을거리에 기만당하고 있는지 상관하지 않게 되었다.

어떻게 이런 변화가 일어났을까? 어떻게 빵은 (일반적으로) 그렇게 나빠지고, 와인은 (상대적으로) 그렇게 좋아졌을까? 이 질문들에 답하다 보면, 우리는 식음료를 사이에 두고 생산자와 소비자가 벌여온 기나긴 투쟁의 과정과 마주하게 된다.

와인에 첨가된 물질들

와인과 빵의 차이점은 무엇보다 인위적 과정의 여부에 있다. 제빵사가 빵을 구울 때는 자연적인 재료만으로도 가능하지만, 양조자가 와인을 빚을 때는 화학적인 과정까지 필요하다. 근대산업이 대규모로 발전하는 과정에서 빵의 품질은 (잠재적으로) 떨어진 반면, 와인의 경우는 반대로 (잠재적으로) 향상되었다. 좋은 와인은 인간이 환경과 복합적으로 상호작용한 결과 얻은 수확이었다. 하지만 사람들은 오랫동안 유통 과정에서 비롯되는 문제점의 해결책을 잘 알지 못했고, 문제가 발생하면 미봉책을 쓰는 와중에 와인에 유독한 물질을 넣는 실수를 저질렀다.

와인 병을 예찬하고 '와인빛 검은 바다'라며 시적으로 와인을 노래하던 시절이 무색하게, 그리스 로마 시대에는 와인이 쉽게 부패해버려 정작 좋은 와인을 맛보기 힘들었다고 한다. 1세기에 작성된 플리니우스Gaius Plinius Secundus의 『박물지Natural History』에는 다음과 같은 기록이 등장한다. "제조자들은 우리의 입맛에 맞춘다는 명목으로 와인의 맛을 조작한다. 결과적으로 와인은 건강에 좋지 않은 음료가 되고 만다. 몸에 좋지 않은 와인이라니, 이 얼마나 놀라운 일인가!"[3] 당시 와인 제조 기술은 제대로 확립된 상태가 아니었다. 고대 와인 제조자들은 현대 제조자들에 비해 제조 과정에서 원하는 맛을 낼 수 있는 기술이 부족했다. 포도의 감미로운 향을 극대화하기 위해서는 정확한 시기에 포도를 수확해야 할 뿐 아니라, 발효를 비롯한 모든 요소들을 신경 써야 한다. 이러한 요소들이 모두 잘 어우러졌다면 고대 와인의 풍미는 당연히 훌륭했을 테지만, 결과는 좋지 못한 경우가 많았다. 결국 고대의 와인 제조자들은 제조 과정에서 맛을 '조정'해야 했다. 플리니우스에 따르면, 이 같은 이유로 아프리카의 제조자들은 석고를 첨가하여 와인의 거친 맛을 부드럽게 했고, 일부 시골 지역에서는 석회가 쓰이기도 했다. 한편 그리스인들은 반대로 와인 맛이 거친 것보다 순한 것을 꺼렸다.

> 그들은 도공들이 사용하는 흙이나 대리석 가루 또는 소금이나 바닷물을 넣어 부드러운 와인 맛의 생동감을 살렸다. 이에 반해 이탈리아의 일부 지역에서는 송진을 이용했다. 인접 지역에서도 일반적으로 포도액에 송진을 첨가했다. 묵은 와인 찌꺼기나 식초를 첨가하는 지역도 있었다.[4]

와인의 풍미를 개량하기 위한 첨가물 중에는 전혀 해롭지 않은 것도 있었는데, 꿀이 가장 대표적이었다. 꿀을 섞은 비율은 반반 정도로 비교적 많았다. 아마 당시 단맛이 없는 와인의 산도가 미간을 찌푸리게 할 만큼 강했기 때문일 것이다. 갈리아인들은 백리향이나 로즈마리 같은 허브를 즐겨 첨가했던 것으로 보인다. 그리스인들은 장미꽃잎이나 제비꽃 또는 박하를 첨가했다. 플리니우스는 아스파라거스, 루rue[잎에서 독특한 향이 나는 허브의 일종], 소브 애플sorb apple[유럽산 나무 열매의 일종으로 사과보다 작다], 뽕나무 열매, (초콜릿과 비슷한) 시리아산 캐럽carop, 노간주나무 열매, 순무, 해총squill[나릿과 식물로, 뿌리는 거담제로 쓰인다] 뿌리, 결명자, 계피, 사프란saffron 같은 낯선 첨가물들도 소개했다. 이 첨가물들 중 불순물과 와인 제조에 혁신을 가져온 재료를 단정적으로 구별하기란 쉽지 않다. 크리스마스에 먹을 와인을 '데우는' 과정에서 계피, 정향clove, 오렌지 껍질, 설탕을 첨가했다고 해보자(와인의 상태를 눈가림해야 할 때가 종종 있기는 하다). 우리는 이 와인에 불순물이 섞였다고 탓할 수 있을까? 그러나 로마시대의 농경 작가 콜루멜라

Lucius Columella가 종류가 다양한 인위적 향료들을 권하면서도 와인 판매자에게 '구매자들이 겁먹을 수 있으니' 알리지는 말라고 충고했던 것처럼 분명 소비자를 속이기 위해 첨가되기도 했다.[5]

풍미 개량보다 더욱 실용적인 목적을 위한 첨가물도 있었다. 바로 빨리 상하는 문제를 감추기 위한 것이었다. 로마산 와인은 대부분 알코올성 과일 주스였다. 시인 유베날리스Decimus Junius Juvenalis는 콘술consul[집정관, 로마 공화정 시대의 최고 관직]이 길게 머리를 늘어뜨렸던 시절부터 수 세기 동안 병에 담겨 보관된 숙성 와인에 대한 글을 남기기도 했지만, 이것은 예외적인 경우였다.[6] 고대 로마산 와인에 비하면 보졸레 누보Beaujolais Nouveau는 비교적 잘 숙성된 와인이다. 당시 문헌을 살펴보면 고대 와인이 얼마나 빨리 상했는지 짐작할 수 있다. 3세기의 한 기록에서 법학자 울피아누스Domitius Ulpianus는 바로 전해에 만든 와인을 오래된 와인이라고 부를 정도였다.[7] 그래서 당시 사람들은 어떻게든 지중해 기후에 맞서 와인을 좀 더 오래 보존할 수 있는 방법을 찾으려 했다. 문제는 자신들이 찾은 방법이 와인에 어떤 영향을 미칠 수 있는지는 깊이 고려하지 않았다는 사실이다. 바로 이러한 이유 때문에 고대, 특히 그리스에는 송진 와인이 많았다. 이를테면 오늘날의 레치나retsina[송진향이 나는 그리스 와인]와 같은 것이었다. 당시 와인을 저장했던 토기 항아리는 미세한 구멍들이 있어 공기 투과성이 높았기 때문에 와인이 쉽게 산화되었다. 와인 제조자들은 곧 항아리 내부에 송진을 입히면 와인을 더 오래 보존할 수 있다는 사실을 발견했다. 또한 분말이나 끈끈한 액체 상태의 송진을 포도액과 함께 와인에 직접 첨가하면 보존력이 더 좋아진다는 점도 알게 되었다. 그래서 당시 와인 애호가들은 와인의 풍미뿐 아니라 어느 지역의 송진이 쓰였는지도 감식할 수 있었다고 한다. 시리아의 송진은 아테네 꿀과 비슷하다고 말하는 식이었다. 하지만 가장 큰 목적이 맛보다는 보존에 있었던만큼, 송진을 첨가한 와인의 맛이 좋았을 리 없다. 그들이 지금의 저급한 레치나 한 잔을 마시면 커프리놀 Cuprinol[목재 보존료 상표] 맛이 난다고 불평할지도 모르겠다.

바닷물 역시 보존료로 첨가되었는데, 바로 소금의 보존성 때문이다. 바닷물로 담근 와인 역시 맛은 분명 좋지 않았을 것이다. 플리니우스는 이 와인이 위장, 신경, 방광에 특히 좋지 않다며 유해성을 열거하기도 했다.[8] 사실 당시 대중적으로 사용된 보존료 중 납만큼 나쁜 것은 없었지만, 플리니우스는 오히려 납은 무해하다고 여겼고, 이는 다른 사람들도 마찬가지였다. 로마인들에게 납은 훌륭한 와인 풍미 개량제였다. 납 이온의 활동은 유기체의 성장을 억제해 와인이 초가 되는 시점을 늦춤으로써 맛이 쉽게 변질되는 것을 막아주었다. 게다가 납은 맛이 좋은 물질이다. 맛 좋은 납이라니, 우리에게는 조금 낯선 말이다. 납의 유해성을 너무나 잘 알고 있는 우리로서는 맛을 내기 위해 이것을 사용할 엄두를 내지 못할 것이다. 하지만, 영국 빅토리아 시대의 어린아이들을 생각해보자. 아이들이 납을 입힌 연필이나 장난감 병정을 씹으며 놀았던 이유는 프로이트가 말한 구강고착을 재현하기 위해서가 아니었다. 아이들이 즐긴 것은 다름 아닌 납의 달착지근한 맛이었다. 로마인들이 산화된 와인에 납을 첨가했던 이유도 단맛을 가미해 변질된 맛을 보정하기 위해서였다. 로마인들은 특히 포도즙을 졸여 사파sapa 또는 데프루툼defrutum과 같은 형태의 포도시럽을 만들 때 납을 직접 첨가하거나 납 용기를 이용하여 졸임으로써 납의 단맛이 스며들도록 했다.

콜루멜라Columella라는 1세기의 한 지주는 다음과 같이 기록하고 있다. "포도즙을 납 냄비에 부어 4분의 1 또는 3분의 1쯤 줄어들 정도로 졸인다."

하지만 "절반 정도로 줄 때까지 졸이면 더 좋은 사파를 얻을 수 있다." 이 경우 말할 것도 없이 납의 함량은 높아진다.[9] 농경 작가인 카토Cato는 와인 제조 과정을 개선하여 납의 함량을 40분의 1로 대폭 낮춰야 한다고 주장했다.[10] 납이 얼마나 유독한지 알았다면, 카토는 그만 한 양도 절대 권하지 않았을 것이다. 납의 독성은 두통, 피로, 발열, 불임, 식욕 감퇴, 극심한 변비와 복통, 실어증과 청력 및 시력 상실, 마비, 사지 통제능력 상실을 일으킬 수 있으며, 끝내 사망에 이르게 할 수도 있다. 로마인들은 납으로 중독된 와인 때문에 분명 끔직한 후유증을 겪었던 것으로 보인다. 일례로 한 역사가는 로마 부유층 사이에 유독 불임이 많았던 이유를 납중독 가능성에 무게를 두어 설명하기도 했다. 그러나 납의 유해성을 몰랐던 사람들은 납으로 중독된 와인을 끊임없이 소비했다.

납을 은밀한 독이라 부르는 이유는 그 효과가 축적되어 나타나기 때문이다. 인체에 흡수된 납은 대부분 뼈 조직에 남아 여러 해에 걸쳐 쌓이게 된다. 식중독이 사람들에게 특정 음식을 통해 즉각 영향을 미치는 반면, 납중독은 점차 다양한 증상을 가져온다. 그런데도 납은 로마시대 이후 근대에 이르기까지 보존료로 와인에 첨가되었다. 울피아누스의 기록에서 엿볼 수 있는 것처럼 당시 와인은 품질이 매우 불안정해 쉽게 맛이 변질되고 1년도 지나지 않아 상했던 것으로 보인다. 먼 곳까지 운송되는 유통 과정에서 험하게 다루어지거나 급격한 온도 변화에 노출된 적이 없는 경우라 해도 마찬가지였을 것이다.[11] 와인으로 인한 납중독은 지역에 따라 일시적으로 유행하기도 했다. 특히 서늘해진 여름 이후 포도의 산도가 높아져 와인에 납을 첨가하는 비율이 증가한 경우에 많이 발생했다. 프랑스에서 위험한 수위로 납중독이 유행한 적이 있었기 때문에 와인의 납중독으로 인한 증상은 푸아투 산통colic of Poitou 또는 납급통증colica Pictonum이라고 불렸다. 하지만 사람들은 극심한 복통, 무기력증, 메스꺼움 같은 증상들을 납과 연관하여 생각하지 않았다. 의사들 역시 와인이 시큼해지는 것을 방지하기 위해 첨가한 납보다 시어버린 와인 자체를 문제 삼곤 했다.

와인에 첨가된 납의 위험성은 독일 바덴뷔르템베르크 울름 시의 의사인 에베르하르트 고켈Eberhard Gockel의 발견 덕분에 17세기 말에 이르러서야 세간의 주목을 받기 시작했다. 당시 납은 사파 형태는 아니더라도 여전히 와인에 흔히 첨가되고 있었다. 납 첨가물은 보통 납을 정련하는 과정에서 거품을 일으키는 일산화납litharge이나 연백ceruse(납 탄산염) 또는 블라이바이스bleiweiss(납 산화물)의 형태였다. 어떻게 와인 제조자들은 이처럼 치명적인 첨가물들을 별다른 제재 없이 사용할 수 있었을까? 와인에 불순물을 섞어 제조하는 관행을 방지하기 위한 법은 많이 있었다. 1487년에 울름 시에서 통과된 법에 따르면, 여관 주인들은 모두 숙박객들에게 순수한 와인만을 제공하고 자신을 비롯하여 아내나 하인들 중 어느 누구도 블라이바이스와 같은 첨가물을 전혀 사용하지 않겠노라고 맹세해야 했다. 10년 후에 황제는 칙령을 공포하여 백연을 포함한 다양한 와인 첨가물의 사용을 금지했다. 그러나 이러한 법들은 효력을 제대로 발휘하지 못했다. 와인에 불순물을 섞더라도 처벌이 놀라울 만큼 관대했기 때문이다.[12] 15세기 독일의 경우 와인에 불법적인 이물질을 첨가했을 때 가해지는 처벌은 벌금형과 공개적으로 창피 주기, 그리고 불순한 와인을 강에 버리기 정도에 그쳤다. 인체에 미치는 납의 치명적 효과를 잘 알지 못했으니 처벌 수위가 높지 않았던 것은 당연한 일이다. 그러나 납의 위험성이 알려진 후에는 상황이 달라졌다. 독일의 일부 도시에서 와인에 일산화납을 사용하는 것을 특별히 금지하는 법이 발효되었고, 이를 어기는 자들은 징역형에서 사형에 이르는 엄중한 처벌을 받았다.

고켈은 와인의 맛을 납으로 '바로잡는' 관행이 끼칠 수 있는 치명적인 해악을 우연히 발견했다. 크리스마스 연휴는 당시 수도승들이 자유로움을 만끽할 수 있는 기간이었다. 1694년의 크리스마스 연휴 중, 울름의 튜튼 기사단에 소속된 고위 성직자와 일부 수도승 들이 복통을 호소하는 사건이 벌어지자, 고켈이 그 원인을 찾는 책임을 맡게 되었다. 그는 먼저 우물과 주방을 지목하여 검사를 실시했지만 별다른 원인을 발견하지 못했다. 그러던 중 고켈은 와인을 마시지 않은 수도승들은 복통을 나타내지 않았다는 사실을 주목했다. 게다가 당시 이상 증세를 보인 수도승들을 방문한 그도 와인 한 잔을 마신 후 곧 발열과 함께 만성적인 복통을 일으켰다. 수많은 탐문 조사 끝에 그는 마침내 인근의 괴핑겐에서 와인 제조 과정을 추적할 수 있었고, 곧 여기서 생산된 와인이 일산화납을 포함하고 있다는 사실을 발견했다. 이제 납이 일차적인 원인으로 부각되었다. 납중독 사실을 확인하기 위해 고켈은 몇 가지 실험을 했다. 그는 구할 수 있는 와인 중 산도가 가장 강한 와인을 택해 일산화납을 첨가해봤다. 그러자 그 와인은 곧 '최상의 맛을 내는 와인'으로 탈바꿈했다. 고켈은 그 맛을 한 독일어 단어(susselectenlieblichen)로 표현했는데, 이는 먹는 이를 즐겁게 해주는 달콤함의 절정을 의미한다.[13] 끔찍한 복통을 야기한다는 사실만 빼면 분명 맞는 말이었다.

고켈이 납의 유해성을 발견했지만, 알코올성 음료에 납을 첨가하는 관행이 곧바로 근절되지는 않았던 듯하다. 일례로, 18세기 말에는 사이다(사과주) 납중독으로 인해 잉글랜드 데번 주에서 '데번셔 산통Devonshire colic'이

유행했다. 사이다에 납이 유입된 경로에 대해서는 의견이 분분했다. 1767년과 1768년에 조지 베이커George Baker는 사이다가 납으로 오염된 것은 사과 압착기 때문이라고 주장했다. 그러나 1778년 제임스 하디의 주장에 따르면, 문제는 압착기가 아니라 데번 주의 가난한 서민들이 사용하던 토기였다. 이들이 사이다를 담아 마시던 토기에는 납 유약이 발려 있었다. 사이다에 포함된 산 때문에 이 유약의 납이 녹아들었다는 것이 하디의 설명이었다. 그의 주장은 서민층이 부유층보다 데번셔 산통에 더 취약했던 이유를 어느 정도 설명해주었다. 토기를 사용한 서민층과 달리 부유층 사람들은 유리나 돌처럼 안전한 재질로 만들어진 용기를 사용했다.

용기를 통해 납에 중독되는 경우는 악의적인 의도라기보다 우연 때문이었다. 와인병을 산탄lead shot으로 세척하는 과정에서 발생할 수 있는 납중독도 마찬가지였다. 그러나 고의적으로 와인에 납을 첨가한 예도 있었다. 1750년, 프랑스의 세무조사관들은 파리로 반입되는 어마어마한 양의 부패한 와인을 보고 경악했다. 이 저질 와인은 원래 식초 제조에 사용되는 것이었고, 그렇게만 사용된다면 법적으로 문제될 것이 없었다. 문제는 와인 상인들이 이 싸구려 식초 와인의 물량을 확보하려고 일부러 식초 상인으로 등록한 경우가 많다는 사실이었다. 아마도 이 저질 와인에 일산화납을 첨가하여 상급 와인으로 둔갑시켜 팔아 막대한 이윤을 남기려는 심산이었을 것이다.[14] 이보다 훨씬 대담한 예가 한 책에 소개되어 있다. 1795년에 발간된 『기술과 교역에 대해 알아야 할 비밀들Valuable Secrets Concerning the Arts and Trades』은 변질된 와인, 즉 산으로 변질된 와인에는 일산화납을 첨가한 질 좋은 포도 식초 4분의 1파인트pint[약 0.14리터. 1파인트는 영국에서 0.57리터, 미국에서는 0.47리터로 쓰인다]를 감미료로 사용할 것을 권하고 있다.[15] 납의 유독성이 이미 알려진 마당에 어떻게 한참 동안이나 이런 관행들이 지속될 수 있었을까? 아쿰은 1820년 그의 논문에서 다음과 같은 답을 제시했다. 납을 첨가하는 것 외에는 빠르게 품질이 저하되는 와인을 되살리는 방법이 없었기 때문이다. 그렇다 하더라도 납을 첨가하는 행위는 도덕적 차원의 책임을 면할 수 없다고 아쿰은 주장했다.

> 와인 상인들은 그러한 목적으로 첨가되는 소량의 납은 전혀 무해할 뿐 아니라, 납의 입자가 와인에 잔존하는 것도 아니라며 스스로 정당화했다. 그러나 화학적 분석이 증명하는 사실은 그 반대였다. 납을 첨가하여 부패한 화이트 와인을 정화하는 행위는 분명히 유해한 것이고, 이 사실은 만인에게 알려져야 한다.[16]

어떤 변명을 하더라도 양조자나 상인이 그처럼 위험한 첨가물을 섞는 행위는 "사기일 뿐 아니라 살인행위였다. 이들은 돈벌이를 해주는 소비자들에게 도리어 질병과 죽음의 씨앗을 흩뿌리고 있었다."[17]

아쿰이 이렇게 공개적으로 폭로하자 와인의 납 첨가 비율은 어느 정도 감소했다. 더군다나 와인에서 납을 효과적으로 검출할 수 있는 화학 검사법이 개발된 이후 와인에 불순물을 섞기가 더욱 어려워졌다. 1818년, 프랑스의 과학자 마티외 오르필라Mathieu Joseph Bonaventure Orfila(1787~1853)는 납이 첨가된 와인을 구별할 수 있는 9가지 검사법을 제시했다. 예를 들면 다음과 같다. "이 와인들은 리트머스 시약을 넣어도 붉게 물들지 않는다. 왜냐하면 자연적으로 포함되어 있는 산이 산화납에 의해 포화되기 때문이다."[18] 그러나 와인에 불순물이나 유독물질을 섞는 행위는 다양한 형태로 계속되었다. 당시 와인 제조 자체가 은밀하게 이루어지는 경우가 많았던 만큼, 와인 거래는 폐쇄적인 상거래의 속성까지 더해지면서 범죄의 온상이 되는 경우가 잦았다. 르네상스 시대의 한 비평가는 이렇게 개탄했다. 와인 양조업자는 "일종의 마술사로, 모든 사람이 잠자리에 든 한밤중에 마법을 부리고 주문을 외기 시작한다. 그는 어떤 통을 다른 통과 섞기도 하고, 색 바랜 클라레Claret[프랑스 보르도산 레드 와인] 한 잔에 레드 와인을 약간 넣어 고급 와인으로 보이게 만들 수도 있다."[19] 1세기 전인 1710년 2월, 애디슨Addison은 섬뜩할 정도로 비슷한 어조로 『태틀러Tatler』라는 잡지에 다음과 같이 기고했다.

> 이 도시에는 특별한 화학 기술자들이 있다. 그들은 세상 사람들의 시선으로부터 은밀한 정체를 숨기기 위해 지하소굴이나 동굴 또는 외딴 곳에서 작업한다. 이 지하의 철학자들은 매일 술을 변형하고 마법적인 약물과 주문의 힘을 빌려 런던의 지하 은밀한 곳에서 프랑스의 언덕과 계곡에서나 생산된다는 최상의 상품을 만들어낸다. 그들은 야생 자두에서 보르도를 추출할 수 있고, 사과로 샴페인을 만들 수도 있다.[20]

이 '지하의 철학자들'은 어떤 재료로도 와인을 만들어낼 수 있는 '와인 양조자'였다. 이들의 활동 영역은 런던뿐 아니라 유럽 전역을 아울렀다. 19세기에는 시칠리아의 양조업자들이 와인에 석회를 섞는다는 소문이 자자했다. 석회를 섞으면 보존성을 높일 수 있을 뿐 아니라 정화가 빨라져 와인의 색을 보정할 수 있었다.[21] 석회를 첨가한 와인vino gessato이 이 지역에서 흔하게 유통되자, 외국 구매자들 사이에서 시칠리아 와인의 명성은 바로 곤두박질쳤다. 급기야 시칠리아에서 석회를 섞지 않은 와인을 구하려면 웃돈을 줘야 하는 지경이 되었다. 고급도 아닌 그저 정상적인 것을 사려면 돈을 더 들여야 했던 것이다.

프랑스 와인 역시 감쪽같이 위조되었다. 1870년대에 프랑스의 포도밭이 포도나무마름병으로 몸살을 앓게 되자 부정직한 관행이 극심하게 증가했다.[22] 산출량을 최대화하기 위해 와인 제조자들은 포도를 두 번, 세 번 심지어 네 번까지 압착했고, 결과적으로 양조주는 멀개질 수밖에 없었다. 이제 희미해진 와인의 색을 더하기 위해 이 멀건 양조주는 비소가 든 푹신fuchsine[아날린 염료의 일종]으로 착색되었다. 제프리 초서Geoffrey Chaucer의 소설 속 면죄사가 다음과 같이 읊었던 시절에 비해 나아진 것은 전혀 없었다.

> 내가 너에게 이르노니,
> 흰 것이거나 붉은 것이거나 와인을 깨끗하게 유지하라.
> 피시Fish 가와 칩사이드Cheapside에서 판매하는
> 스페인 와인을 특히 조심하라.
> 그 와인은 알 수 없는 방식으로
> 인접 지역에서 자란
> 다른 와인들과 섞이느니라.
> 이것이 진정 자연스러운 일일까?[23]

1900년대에 접어들면서 프랑스 와인 업계는 엄격한 분류 시스템을 도입했고, 이를 계기로 와인 제조 기술은 현대화의 길을 걷기 시작했다. 다른 부정불량식품의 사기 수법은 온갖 기상천외한 방법이 등장하면서 변화를 거듭했지만, 이 무렵까지 와인을 대상으로 벌어진 눈속임은 고대 이래로 크게 달라지지 않았다. 구체적인 방식은 조금씩 다르더라도 저질 와인을 양질의 와인으로 탈바꿈시키는 것이 이 고전적 속임수의 일관된 목적이었다.

1850년대 보르도에서 와인을 눈속임하는 데 새롭게 쓰인 방식이라면 화학적 묘기 정도였을 텐데, 아마 여러 가지 비율을 다양하게 시도해봄으로써 고급 클라레의 향미를 흉내 내는 수준이었을 것이다.[24] 화학의 수준이 훨씬 보잘 것 없던 15세기에는 달걀, 명반, 송진을 비롯한 끔찍하고 유해한 것들을 직접 넣어보는 것 외에 달리 방법이 없었을 것이다. 화학적 묘기를 부리든 첨가물을 직접 넣든, 근본적 목적은 상한 와인을 보정하여 마실 수 있게 만드는 것이었다.[25]

그렇다면 이렇게 오랫동안 지속되어온 부정직한 관행에 대한 감시가 이루어지기는 했던 것일까? 다른 부정불량식품의 예와 마찬가지로, 특정 첨가물을 금지하고 부정직한 제조자들을 처벌하려는 시도와 이를 회피하려는 제조자들의 움직임은 언제나 공존했다. 802년 샤를마뉴Charlemagne 대제가 후기 고전주의 시대에 와인 사기를 겨냥하여 최초의 칙령을 공포한 이래, 와인에 불순물을 섞는 관행을 막고자 한 법들은 다양한 형태로 명맥을 이어왔다.[26] "와인 사기가 있으므로 와인 법이 있어야 한다"라는 말이 공공연히 오갔다고 하니, 법적 제재의 필요성만큼은 대체로 공감대를 이루었던 것 같다.[27] 와인 관련법은 14세기와 15세기에 특히 많이 제정되었는데, 대부분 특정 도시 지역에 편중되어 있었다. 1364년, 와인 상인인 존 펜로즈John Penrose는 상한 와인을 판매한 혐의로 런던 시장 앞에 소환되어 유죄를 선고받았다. 이 상인은 자신이 판매한 상한 와인을 '한숨에 들이켤 것'과 나머지 와인을 머리 위에 붓기, 그리고 런던 시내에서 와인 상인으로서 영업을 (영원히) 포기할 것을 명령받았다.[28] 하지만 런던 시장의 권한을 벗어난 런던 외의 지역에서는 상한 와인을 다시 팔아도 상관없었다. 한편 1364년에 알자스의 콜마르 시의회는 여관 주인들이 물, 브랜디, 황, 소금 또는 다른 성분을 와인에 첨가하는 것을 금하는 법을 만들었다.[29] 와인 상인과 여관 주인 들이 다른 종류의 와인을 섞거나 싸구려 와인을 고급 와인으로 둔갑시키는 것에 대한 방지도 관계 당국 차원에서 끊임없이 시도되었다. 1419년에 윌리엄 호럴드William Horold는 오래 되고 맛이 희미해진 스페인 와인에 월계수 나무 가루를 비롯한 유해 가루를 첨가하여 품질 좋은 진짜 롬니Romney 와인을 위조했다는 혐의로 유죄를 선고받았다.[30] 1415년에는 시청으로 소환된 보르도 시내 여관 주인들이 보르도의 와인을 위조한 자들은 칼을 씌우는 형벌에 처해지거나 지역에서 추방될 것이라는 경고를 받았다.[31]

14세기 영국에서는 와인 소비자 보호책을 자세히 마련한 법률이 제정되었다. 1327년 11월 8일, 에드워드Edward 3세는 묽고 상태가 좋지 않은 와인을 다른 와인과 섞어서는 안 된다고 포고했다.[32] 이 법에 따르면, 모든 소비자는 와인이 어느 통에서 따른 것인지 알 권리가 있으며, 여관에서는 와인 저장소로 이어지는 문에 커튼을 치면 안 되었다. 새로 만든 와인과 오래된 와인을 섞는 것도 금지되었고, 심지어 한 여관에 함께 보관해도 안 되었다. 또한, 라인Rhine 와인은 가스코뉴 지방의 와인이므로 라로셸, 스페인 지역의 와인을 파는 사람이 판매할 수 없었다.

지역을 막론하고 와인 관련법이 전하는 메시지는 매우 명료했다. 그런데 왜 제대로 그 효력을 발휘하지 못했을까? 1820년에 아쿰은 왜 건포도 팅크로 향을 낸 '포트 와인', 오랫동안 와인과 접촉한 것처럼 보이게 하기 위해 붉은색을 입힌 와인 코르크, 떫은 맛을 이용해 '거칠고 소박한 맛, 훌륭한 색과 고유의 향미'를 낸 묽은 와인과 같은 가짜 와인에 대해 여전히 불평해야 했을까?[33] 와인이 특히 부정불량에 쉽게 노출되었던 이유 중 하나는 에일맥주와 달리 수입 사치 품목이었기 때문이다. 19세기의 차와 향신료가 그러했듯이 사기꾼들이 특히 군침을 흘린 것은 고급 식품들이었다. 그렇다면 20세기 이전에 그토록 많은 의혹에 시달렸던 와인은 어떻게 명성을 잃지 않을 수 있었을까? 그처럼 많은 속임수가 공공연히 벌어졌는데도, 와인은 어떻게 고급스러운 데다 건강에 좋다는 이미지까지 유지할 수 있었을까?

그 이유는 간단하다. 모든 와인의 질이 언제나 그렇게 형편없지는 않았기 때문이다. 기후 조건이 좋아 포도가 풍작이라면 버건디나 키안티의 와인 제조자들은 틀림없이 좋은 와인을 만들었을 것이다. 게다가 양조 과정을 오늘날만큼 과학적으로 이해하지는 못했더라도, 당시 와인 제조자들은 수백 년에 걸쳐 가업을 이어온 경험을 통해 좋은 포도로 어떻게 훌륭한 와인을 만드는지 분명히 알고 있었을 것이다. 다만 앞에서 살펴봤듯이 포도 작황이 좋지 않을 때는 아무리 정직한 상인이라 하더라도 화학적 첨가물을 이용해 와인 맛을 보정할 수밖에 없었다는 점이 문제였다.

한편으로 와인의 명성은 그저 상대적인 것이기도 했다. 18세기 사람들이 온갖 유해한 첨가물에도 불구하고 와인을 건강에 좋은 음료로 생각했던 것은 아마 18세기 초 무렵 대중적인 인기를 끌었던 진보다는 그나마 낫다고 여겼기 때문일 것이다. 1726년 당시 런던 시내에서 진을 판매하는 업소는 무려 6,287군데에 이르렀다. 여기서 판매되는 진에는 대부분 테레빈유 turpentine나 황산이 들어 있었다. 와인에 불순물을 섞는 것이 관행이었던 시절, 주정의 상황은 그 정도가 더욱 심각했다. 증류의 역사를 돌이켜보면, 당시 주류에 첨가물을 넣는 것은 결코 예외적인 경우가 아니었고 오히려 원칙이다시피 했다. 술을 빚고 판매하는 과정은 언제나 희석하는 사람들, 인위적으로 품질을 개선하는 사람들, 향미를 미묘하게 손보는 사람들로 가득했다. 이들은 순무로 브랜디를 만들거나, 녹반green vitriol[황산철]으로 증류주를 '개량'했다.[34] 가난한 사람들도 푼돈으로 몇 모금이나마 맛보고 싶어 했을 만큼 당시 진의 인기는 선풍적이었다. 이러한 수요를 노린 희석 기술자들은 합법적인 시장이나 암시장을 막론하고 어떤 곡물이나 향료로도 '진'을 만들어냈다. 사정이 이렇다 보니 와인은 간혹 유독성을 띠었지만, 진은 제조 과정에서부터 원초적으로 독을 안고 있는 셈이었다. 진 소비를 반대하는 운동가들은 이 독성을 '어머니의 파멸'이라고 불렀다. 술에 취한 어머니가 모유 수유로 아이들에게 독성을 전달하기도 하고, 진으로 타락한 여성들이 남성들을 유혹해 문란하게 만드는 약물과도 같다는 의미였다.[35] 영국 정부는 이러한 상황을 개선하고자 1736년에 진 조령Gin Act을 만들어 진의 유통을 금지하려 했지만 성공을 거두지 못했다. 노간주나무 열매로 향을 낸 증류주인 진에 비하면 와인은 순한 주류였다. 그래서 『국부론The Wealth of Nations』을 쓴 애덤 스미스Adam Smith는 와인을 마시는 다른 유럽 국가들은 영국보다 취기가 덜 하다며 부러워했다.

정부가 개입해도 상황이 나아지지 않자 사람들은 값만 비쌀 뿐 가짜이기 일쑤인 외국산 와인보다는 영국산 과일로 빚은 과실주를 마시는 편이 훨씬 낫다고 생각하기 시작했다. 엘리자베스 1세의 조신이었던 휴 플랫 경Sir Hugh Platt 역시 가짜 수입 와인에 중독되지 말고 로이스톤Royston 포도로 만든 '영국산 자연 음료'를 마시자고 주장했다.[36] '토종' 과실주는 아큼이 관심을 쏟았던 음료이기도 하다. 그러나 그 정도의 실천으로 중독 가능성을 완전히 피할 수는 없었다. 불순물을 섞은 와인은 와인의 본고장인 프랑스와 이탈리아에서도 유통되는 실정이었다. 와인 제조 공정 자체가 믿을 수 있을 정도로 발전하기 전까지 사기꾼들은 때를 가리지 않고 기승을 부렸고, 저질 와인 역시 언제나 전체 와인 생산량 중 상당 부분을 차지했다. 결과적으로, 와인 제조 공정이 확립되기 전까지 와인 관련법은 와인 사기를 효과적으로 근절하지 못했고, 미약하나마 소비자의 건강 보호와 재원 확보에 기여한 정도에 만족해야 했다.

1883년, 사이러스 레딩Cyrus Redding은 이렇게 기록했다. "불순물이 섞인 와인을 식별하는 가장 좋은 검사법은 먼저 좋은 와인이 무엇인지 정확히 아는 것이다."[37] 그가 보기에 영국 소비자들은 미각이 너무 무뎌져서 포트와인이 언제 증류주와 혼합되었는지, 또는 정체불명의 알코올이 어떤 단계에서 클라레로 둔갑했는지 도통 알 길이 없었다. 보르도의 상인들이 자신들의 와인에 싸구려 스페인 와인인 베니콜로benicolo를 10퍼센트 섞어 영국 시장에서 팔아치울 수 있다는 허점을 발견한 것도 결국 영국의 와인 소비자들이 그 차이를 몰랐기 때문이었다.[38] 그러나 프랑스 소비자들의 미각도 점차 영국 소비자들에 비해 더 나을 것이 없게 되었다. 19세기 들어 프랑스 와인 생산 과정에서 불거진 문제들은 개선책을 찾기도 전에 훨씬 악화되고 있었다. 혀끝에 닿는 짜릿한 맛을 더하기 위한 황산, 탁한 와인의 색을 보정해주는 명반, 발효를 지연시키는 살리실산salicylic acid, 맛을 고르게 하는 황산화철 등 와인 제조에 들어가는 첨가물의 종류는 폭발적으로 증가했다.[39] 당연히 와인의 품질을 판단하는 근거를 가늠하기가 더욱 어려워졌다. 예전에는 맛만 봐도 평가에 문제가 없었지만, 새로운 화학물질들이 범람하면서 전통적인 기준은 쓸모없게 되었다.[40] 게다가 1880년대에 프랑스를 강타한 필록세라phylloxera(포도나무뿌리에 기생하는 진디)는 거의 250만 헥타르에 이르는 포도밭을 휩쓸었고, 이어 흰곰팡이mildew의 공격까지 이어졌다. 당시 필록세라의 습격 결과 부정직한 와인 제조가 현저히 증가했다고 전한다.[41]

포도 수확량이 현저히 줄어들자 와인 제조자들 또한 극단적인 조치를 취해야 했던 것이다. 이들은 상당한 양의 건포도를 그리스로부터 마르세유로 수입했고, 이 건포도로 가짜 와인을 만들어 진짜인 것처럼 상표를 붙였다. 심지어 화학물질, 설탕, 물로 이루어졌을 뿐 포도는 전혀 들어가지 않은 와인이 판매되기도 했다.

와인 제조의 고질적인 문제와 함께 자연재해까지 겹치자 프랑스 정부와 와인 제조자들 모두 와인의 정의를 새롭게 정립하려면 제조 공정을 표준화할 필요가 있음을 절실히 인식하게 되었다. 곧 프랑스 정부는 와인의 부정불량에 관한 특별법을 제정했다. 1889년에 건포도 와인 제조가 금지된 데 이어, 1891년에는 석회 첨가를 금지하는 조항이 추가되었다. 1894년에 추가된 법안은 물을 타거나 다른 주류를 더 섞어 와인을 판매하는 행위도 금지했다.[42] 그사이, 루이 파스퇴르Louis Pasteur는 와인에서 가장 흔히 발생했던 문제를 눈속임하지 않고 안정적으로 피할 수 있는 과학적 방법을 찾아냈다. 1860년대에 파스퇴르는 다양한 질병의 온상이 되는 미생물들의 존재를 연이어 규명했다. 그는 쓴맛은 부패한 글리세롤 때문이고, 부드러운 맛은 다당류에서 비롯된 것이라고 설명했다. 또한 '이스트는 와인을 만들고, 박테리아는 와인을 파괴하는 것'이었다. 이 명제는 근대 와인 양조학의 기본이 되었다. 파스퇴르의 세균학이 포도밭에 온전히 응용되기까지는 수십 년의 시간이 더 걸렸다. 그러나 최소한 와인 제조자들은 이제 제조에 유용한 과학적 수단을 갖게 되었다.

1905년, 프랑스 정부는 마침내 와인이란 '신선한 포도'로 만든 상품이라고 정의하며, 와인의 품질에 관한 새로운 법을 공표했다. 물론 이러한 시도는 당시 만연했던 문제에 비추어 본다면 시작에 불과했다. 가짜 와인은 여전히 버건디처럼 유명한 와인 생산지의 상표를 버젓이 달고 판매되었다. 이러한 문제를 궁극적으로 해결하기 위해서는 불법적인 행위 자체를 금지하는 데 초점을 두는 것이 아니라 와인 제조의 기준을 강화해야 했다. 원산지 명칭 통제Appellation Contrôlée 체계가 바로 그 역할을 했다. 이 체계는 샤토네프 뒤 파프Châteauneuf-du-Pape[남부 프랑스의 유명한 와인]와 함께 1920년대에 개발되어 1935년에 공식적으로 확립되었고, 와인 제조 공정의 모든 단계에 매우 상세한 규칙을 마련함으로써 와인 양조학에 새로운 전문성을 도입했다고 평가된다. 원산지 명칭 통제, 즉 AC의 기본 원칙은 원산지 표시제로 이해할 수 있다. 예를 들어 '보르도'라는 지명이 붙은 와인명은 그 지역에서만 쓸 수 있고 다른 곳에서는 쓸 수 없다. 지역명 이외에도 AC는 포도나무의 다양한 종류, 가지치기와 가꾸기 요령, 알코올 도수의 강도, 포도의 품질 관리와 관련한 규칙도 제시했다.

이 시스템을 초창기에 운용하는 데 시행착오가 없었던 것은 아니다. 우선 어느 지역에 어떤 와인의 생산을 허가할지 정하는 문제는 여러 가지 반대 의견에 부딪힐 소지가 다분했다. 샹파뉴Champagne의 경우가 그 예이다. 이 지역에서는 가까운 오브Aube 지역이 원조 '샹파뉴'의 생산 허가를 받자 폭동이 일어났다(1927년에 결정된 내용이다). 이처럼 이 제도는 엄격함과 임의성의 모순이 빚어낼 수 있는 문제를 안고 있었지만, 와인 제조자들에게는 상당히 설득력이 있었다. 와인 제조자들은 이 시스템을 이용해 자신들의 상품을 모방하려는 달갑지 않은 이들로부터 자기 지역 상품의 권리를 보호할 수 있었고, 자신들이 생산하는 상품의 시장 가격을 높은 수준으로 유지할 수 있기 때문이었다. 이 시스템의 감시 수준은 단순히 불순물 첨가를 금지하는 것 이상이었다. 예를 들어 프랑스의 부정단속기구Service de la

Répression des Fraudes는 지금도 메독Médoc[레드 와인의 일종]이 정말 그 상표가 뜻하는 것이 맞는지, 아니면 솜씨 좋은 모조품인지 확인하는 검사를 시행하고 있다. 소비자의 입장에서 보자면 오늘날 와인뿐 아니라 다른 식품에까지 확대 시행하고 있는 AC와 AOC[원산지 통제 명칭 제도Appellation d'Origine Contrôlée] 표시는 시대를 막론하고 안정적인 품질 보장을 상징한다. 이러한 제도는 부정불량식품을 피하는 방식이 단지 법적 조항에 근거하지 않고 좋은 식품을 식별하는 지식에 근거한다는 데 큰 의미가 있다. 그리고 이 제도를 통해 좋은 식품을 알아보는 지식이 생산자에서 소비자로 확대된다는 점도 눈여겨보아야 한다.

지난 30여 년 동안 와인에 대한 소비자의 지식은 분명한 변화를 겪었다. 1976년, 젊은 법조인이었던 와인 평론가 로버트 파커Robert Parker가 '100점 와인 평가제100-point system'를 만들 때만 해도 영국에서든 미국에서든 사람들은 와인이란 소수 집단만이 은밀히 즐기는 것이라고 여겼다. 하지만 2006년에 시행된 한 조사에 따르면 미국 내 와인 소비가 3년 이내에 프랑스의 와인 소비를 따라잡을 것으로 예상되었다. 물론 대중적으로 소비되는 와인의 품질은 파커의 평가제로 보자면 대부분 그저 그런 평범한 수준이 많을 것이다. 하지만 좋은 와인을 알아보는 소비자의 일반적인 지식 수준은 분명 훨씬 높아지고 있다. 미국의 파커와 영국의 휴 존슨Hugh Johnson, 잰시스 로빈슨Jancis Robinson 같은 와인 평론가들과 〈사이드웨이Sideways〉 같은 영화 덕에 우리는 굳이 와인광이 아니더라도 소비뇽 블랑Sauvignon Blanc은 구스베리 맛이 난다거나 시라Shiraz(또는 시라Syrah)는 초콜릿 향이 난다는 것을 알 수 있게 되었다. 이러한 지식은 얼핏 쓸모없어 보일지 모르지만 사실은 매우 중요하다. 로빈슨은 "와인 소비자들이 와인의 품질을 더욱 예민하게 눈여겨보게 되면서 저급한 와인을 다른 와인으로 둔갑시켜 불공정한 차익을 챙길 수 있는 가능성이 줄어들었다"라고 말했다.[43] 1950년대만 해도 수요에 따라 와인 한 통을 본Beaune이나 보졸레 또는 버건디로 둔갑시키는 '솜씨 좋은' 와인 상인들이 존재했다.[44] 오늘날 이 같은 방식으로 눈속임하는 것은 상상하기 어렵다. 레딩이 옳았다. 불순물을 섞은 와인을 검사하는 최고의 방법은 좋은 와인이 무엇인지 분명히 아는 것이다. 다행히 현재 와인에 대한 지식은 과거 어느 때보다 훨씬 널리 퍼져 있다.

그렇다고 해서 와인의 첨가물 문제가 과거의 일이려니 믿는다면 순진한 생각이다. 최근 와인에 첨가물을 넣는 목적은 대부분 레드 와인의 알코올 도수를 높이기 위해서이다. 1980년대 초만 해도 12퍼센트였던 알코올 함량은 현재 약 14퍼센트까지 높아졌다. 신세계인 아메리카 대륙에서 밀도가 높아 취기가 빨리 느껴지는 레드 와인이 유행한 영향 때문이다. 하지만 이 경우에는 최소한 상표를 통해 첨가물 때문에 달라진 알코올 함량을 확인할 수 있다.

이보다 심각한 수준의 사건들이 오늘날에도 주기적으로 발생해 와인계를 흔들고 있다. 2006년, 남아프리카의 와인 제조업체인 KWV는 소비뇽 블랑 두 통에 인공 향신료를 첨가한 것으로 드러났다.[45] 2006년에는 보졸레의 가장 유명한 제조자인 조르주 뒤뵈프George Duboeuf가 일부 와인에 보졸레산이 아닌 포도를 사용했다고 기소되었는데, 뒤뵈프는 이러한 혐의를 부인했다.[46] 더 심각한 사례는 1985년에 발생한 오스트리아의 부동액 사건이었다. 당시 1백 명의 오스트리아 와인 제조자들이 부동액에 사용되는 화학 성분인 디에틸렌 글리콜diethylene glycol로 와인의 바디body[와인의 무게감과 구조를 뜻하는 용어로, 용해되지 않은 성분이나 알코올 농도와 관련 있다]와 당도를 높인 혐의로 기소되었다.[47] 이듬해에 이탈리아에서 발생한 메탄올 사건은 20명 이상의 목숨을 앗아갔다. 일부 싸구려 이탈리아 와인에 실명에서 사망까지 야기할 수 있는 독성 알코올인 메틸알코올이 첨가된 탓이었다. 그러나 이렇게 눈속임으로 위장한 와인의 문제는 오히려 유익한 결과를 이끌어내기도 했다. 새롭고 장인적인 와인 산업이 이탈리아에서 성공하면서 이 끔찍한 사건의 기억을 지우게 된 것이다. 과거에는 와인과 관련한 사기 사건이 발생하면 이 사례로부터 영감을 얻은 또 다른 사기꾼들이 연이어 비슷한 사기 행각을 벌이곤 했다. 하지만 오늘날에는 사건을 계기로 와인 제조와 관리의 기준이 더욱 강화되는 경향이 나타나고 있다. 결국 와인은 더욱 순수해지고, 상표 표기는 더욱 정확한 사실에 입각해 작성되고 있으며, 이로 인해 와인 맛은 과거 어느 때보다도 좋아지고 있다.

이처럼 상황이 개선된 것은 지난 10년 동안의 일이다. 와인의 역사를 통틀어 본다면 극히 일부에 지나지 않은 기간이다. 와인의 품질을 검증할 만한 제대로 된 검사가 존재하지 않았던 시절에 소비자의 권리를 찾고자 했던 이들은 품질보다는 양적인 문제에 천착하는 경향이 있었다. 과거 사람들은 양이 더 많은 와인을 얻기 위해 정확하고 정직한 계량법을 찾으려 했다. 하지만 이러한 시도는 영화 〈애니홀Annie Hall〉에 나오는 우디 앨런Woody Allen의 농담처럼 헛될 뿐 아니라 모순적이기까지 하다. "여기 음식, 끔찍한데." "그러게 말이야, 이 쥐꼬리만 한 양 좀 봐." 와인의 품질은 끔찍하고 때로 유해하기까지 했지만, 어찌 됐든 품질에 기댈 것 없는 현실에서 소비자들이 그나마 위안 삼은 것은 정확한 양이었던 셈이다.

중량과 계량

무엇이 되었든, 원래보다 덜 받았다는 사실을 나중에 알게 된다면 불쾌하기 마련이다. 맥주 한 잔을 받고 보니 온통 거품뿐이었다거나, 1킬로그램인 줄 알고 자두 값을 지불했는데, 받은 자두의 무게가 1파운드[약 0.45킬로그램]라거나, 가게를 나서고 나서야 레몬이 하나 모자란 것을 발견했다거나, 신선한 베리들을 담은 바구니 바닥에 케케묵은 것들이 깔려 있는 것을 나중에 알게 되었다면, 속은 자신이 얼마나 바보처럼 느껴지겠는가? 아마 우리는 당황하고 분개하며 속을 끓일 것이다. 당신은 발품을 파는 불편을 감수하고, 그리고 끝내 벌어질지 모를 험한 말다툼을 무릅쓰고 가게로 돌아가 상인과 맞서겠는가? 아니면, 이제 와서 어쩌겠느냐고 푸념하며 그저 화를 삭이겠는가? 우리가 항상 겪기 쉬운 이러한 딜레마는 사실 역사가 아주 오래되었다. 식음료와 관련한 눈속임 중 가장 오래된 것은 양을 속이는 행위이다. 농담 삼아 늘 언급되듯이, 오래 전부터 상인들은 세 가지 도량법을 갖고 있다고 한다. 살 때는 무겁게, 정당한 양보다 더 많이 확보한다. 팔 때는 가볍게, 줘야 할 것보다 덜 준다. 마지막으로, 자기 것을 가늠할 때는 실제 무게를 알고 있어야 하니 정확하게 잰다. 상인들 사이에 만연했던 이 부정직한 관행은 법이 가장 많이 개입했던 문제이기도 하다.

1215년에 영국 러니미드에서 귀족들의 강압하에 존 왕King John이 조인한 평화조약 마그나 카르타Magna Carta는 특히 자유의 문제를 언급한 측면에서 오늘날 귀한 역사적 자료로 평가받는다. 무엇보다 이 헌장은 정당하지 않은 구금을 금하는 등 인신보호법habeas corpus의 원칙을 확립함으로써 헌법적 정의의 초석을 마련했다. 그러나 너무 많은 고충들을 한 번에 해결하려다 보니, 어느 것 하나 제대로 바로잡지 못했던 것이 사실이다. 이를테면, 이 조약이 에일맥주와 와인의 공정한 계량법에 기울인 관심은 자유의 문제에 못지않았다. 35조항은 이렇게 이르고 있다. "짐의 전 국토를 통해 와인, 에일맥주, 곡물에는 단일 척도가 적용되어야 한다. 이를 런던 쿼터 quarter of London라 할 것이다."

내용이 다소 단조로워 보일 수도 있는 이 조항의 이면에는 정치적으로 모호하나 엄청난 파급력을 지닌 소비자와 영국 왕실의 동맹이 존재했다. 소비자들은 식음료의 정직한 계량을 요구하는 싸움에서 밀려나기 일쑤였으므로 법적 근거를 통해 보호받아야 할 필요가 있었다. 한편 영국 왕실은 표준화된 계량법을 정립하여 상업을 규범화함으로써 모든 소비자가 정당한 양을 구매할 수 있는 권리를 찾게 함은 물론 재무부가 정당한 판매세를 걷는 데 힘을 보태려 했다. 중량과 계량을 통일하기 위한 사회적 합의를 이끄는 것은 올바른 정부라면 당연히 추구해야 할 중요한 목표였지만, 실천은 말처럼 쉽지 않았다.

정복왕 윌리엄William the Conqueror은 모든 중량계량법을 통일함과 동시에 왕의 인장을 찍어 그 내용을 증명해야 한다고 명했다. 그가 택했던 중량과 계량은 앵글로색슨의 방식이었다. 윌리엄은 윈체스터에서 최초로 중량계량법을 정립한 다음, 웨스트민스터 수도원 지하에서 이를 자신이 세운 새로운 왕국의 통치의 상징으로 내세웠다. 그러나 현실에서 사용된 중량과 계량은 지역마다 차이가 컸다. 요크에서 말하는 옥수수 1파운드는 헤이스팅스에서 통용되는 옥수수 1파운드와 매우 달랐다. 이러한 차이가 존재했던 것은 아무리 왕실에서 표준화된 계량법을 제시하더라도 실질적인 계량이 지역적으로 내려오는 계량 표준에 따라 이루어졌기 때문이다. 켈트 시대로 거슬러 올라가 보면, 각 부족은 집단의 특정한 필요에 따라 마련한 고유의 단위 체계가 있었고, 지역마다 이러한 관습이 이어져 내려왔다. 이를테면, 에일맥주의 계량은 아주 작은 마을끼리도 서로 달랐다. 더군다나 계량법에 대한 감시는 다음 인용문에서 엿볼 수 있듯이 일관적이지 않고 즉흥적인 경향이 있었다. "적은 양을 내줬다고 밝혀진 맥줏집 안주인은 곧 마을 연못에 던져지는 신세가 되었다."[48]

이러한 지역 편차는 국가 표준에도 영향을 미쳤다. 무게의 단위는 본질적으로 곡물의 무게와 화폐에 따라 결정되었다. 기본적인 단위는 보리의 낟알 무게를 기준으로 한 그레인grain[현재 1그레인은 약 0.0648그램이다]이었는데, 나중에는 좀 더 가벼운 밀이 기준이 되기도 했다. 로마인들이 사용하던 고대의 에트루리안 파운드Etruscan pound는 4,210그레인이었다. 하지만 새롭게 도입된 주화에 따라 파운드의 중량이 늘어났다. 색슨족의 오파왕Offa(재위 기간은 757~796년으로 추정된다)은 새로운 '화폐의 파운드 가치 기준'을 도입했는데, 이는 그가 제작한 새로운 은 주화인 스털링거스sterlingus에 적합한 기준을 세우기 위해서였다. 오파의 기준에 따르면, 1온스(450그레인)는 20페니, 12온스는 1파운드(5,400그레인)에 해당했다. 시간이 지나면서 다양한 중량 단위는 무게를 재는 대상에 따라 다르게 마련되었다. 6,992그레인에 해당하는 울 파운드wool pound는 주화를 계량하기 위해 사용되었던 5,400그레인의 타워 파운드tower pound와 화약을 계량하기 위해 사용되었던 5,760그레인의 트로이 파운드troy pound보다 무거웠다. 오늘날 우리는 애버더포이스 파운드avoirdupois pound[상형 파운드]를 사용하는데, 1애버더포이스 파운드는 7,000그레인에 해당한다.

스코틀랜드, 프랑스, 플랑드르Flanders[오늘날의 벨기에, 네덜란드 남부, 프랑스 북부에 걸친 지역], 독일의 상인조합Hansa, 이탈리아 등 영국이 교역했던 국가들의 중량과 계량법이 대부분 영국의 것과 일치하지 않았다는 사실은 이러한 상황을 더욱 복잡하게 만들었다. 독일 북부에서 상업에 통용된 파운드는 밀 6,750그레인이었던 반면, 고대 에트루리안 파운드는 4,210그레인이었고, 색슨족의 파운드는 7,680그레인이었다. 이 혼란을 극복하는 데 영국 왕실이 겪었던 어려움은 1197년에 리처드Richard 1세가 공표한 계량법 칙령Assize of Measures을 살펴보면 가늠할 수 있다. 리처드 1세는 이 칙령을 통해 영국 전역에 걸쳐 계량법을 통일할 것을 명했지만, 그 형태가 어떠해야 하는지에 대해서는 언급하지 않았다. 마그나 카르타의 경우 옥수수 계량법에 대해서는 8부셸bushel[약 224.8킬로그램. 1부셸은 영국에서 28.1킬로그램, 미국에서는 27.2킬로그램이다]에 해당하는 런던 쿼터여야 한다고 명시했지만, 와인과 에일맥주의 계량 문제는 구체적으로 언급하지 않았다.

중세가 진전되면서 중량과 계량을 표준화하고자 했던 왕실의 노력은 점차 효과를 거두기 시작했다. 1266년에 빵과 와인을 계량하는 데 필요한 정확한 기준이 마련되었고, 1영국 페니는 "둥글고 어떤 잘린 흔적도 없이 32개의 밀 낟알만큼 무게가 나가야 한다"라는 칙령도 내려졌다. 왕실은 속임수에 맞서 싸우는 데 매우 관심이 높았다. 1380년의 새로운 규제는 잉글랜드, 웨일스, 아일랜드로 수입되는 와인을 계량하기 위해 제정되었다. 의회는 왕의 검량관gauger이 수입되는 모든 통을 신중히 계량하고 이 규제를 따르지 않는 이들을 처벌하도록 명했다.[49] 1389년에 리처드 2세는 모든 불법적인 저울추와 계량기들을 소각하라고 공표했다. 이러한 조치는 정부의 검사를 통과하기 위해 불법적인 계량기를 임시변통으로 수정한 후 지역에서 통용되는 단위에 맞춰 다시 고치는 상인들을 견제하기 위해서였다.[50] 그런데도 여전히 온갖 종류의 사기 행위는 끊이지 않고 기승을 부렸다. 이를테면, 이중으로 바닥을 덧대었다가 검사를 마친 후 제거하여 법에서 명시한 계량치보다 더 많이 담는 식이었다. 또는 고의적으로 무게를 변조하지 않더라도 측정 도구가 마모되거나 파손되어 표준 중량과 계량 수치가 줄어들기도 했다. 백금이나 금을 표준으로 삼는 근대의 방법보다 정확성이 훨씬 떨어진 것은 물론이다. 나무로 만든 기구는 벌레가 갉아 먹기 쉬웠고, 납이나 철, 황동으로 만든 기구는 산화될 뿐 아니라 날씨에 따라 팽창과 수축을 반복했다. 일례로 토지의 넓이를 재는 황동 자는 열에 쉽게 변형되어 여름보다 겨울에 더 짧았다.[51]

이처럼 당시 저울추와 계량기의 정확성은 오늘날에 비해 여러모로 문제가 많았지만, 와인의 품질 감시에 비해 중량 감시는 최소한 국가의 개입이 정당하다는 공감대를 얻고 있었다. 중량 감시는 당시 모든 지역의 관료들이 기본적으로 수행했던 공무 중 하나였다.[52] 따라서 왕실과 의회는 도량표준을 정하기 위해 최선의 노력을 기울였다. 그렇게 세워진 기준들은 각 지역으로 배포되었고, 지역 청사 벽에는 표준 계량법이 게시되기도 했다. 마침내 1266년에는 여섯 명의 '적법한' 인사들이 파견되어 개인 사업자의 중량과 계량법을 수집하고 왕실이 제시한 기준과 어떤 차이가 있는지 검사했다. 법적으로 각 지역의 저울추 또는 계량기에는 소유자의 이름이 알아보기 쉽게 새겨져 있어야 했다.[53] 중량을 속인 혐의에 대한 처벌은 보통 칼을 씌우는 것이었다.

이러한 감시는 또한 특정 식품들로도 확대되었는데, 그중 중요한 품목이 바로 빵이었다. 당시에는, 죽은 제빵사를 저울에 올리면 분명 중량 부족일 것이라는 말까지 유행했다. 그만큼 계량의 정직성에 대한 소비자들의 의혹이 컸다. 정부는 양이 모자라거나 공정하지 않은 가격으로 빵이 판매되는 것을 막기 위해 항상 노력했다. 영국을 비롯한 다른 국가들의 일차적 기능 중 하나는 빵의 중량을 정하고 일정 기준에 따라 성분을 표기하는 것이었다. 한마디로 20세기에 이르기까지 품질이 대체로 신비에 가려져 있었던 와인과 달리, 빵은 품질이 명백히 정의되고 계량 기준이 제시되어 있었다. 따라서 국가는 빵에 대해서만큼은 양의 문제에 몰두하지 않고 질의 문제도 함께 다룰 수 있었다. 일반 소비자들 역시 무엇이 좋은 빵인지를 잘 알고 있었다. 국가의 임무는 바로 시민들이 이미 알고 있는 이러한 지식이 잘 지켜지도록 보장하는 것이었다.

빵에 대한 감시

1266년, 왕위에 오른 지 50년이 지난 헨리Henry 3세는 그의 유명한 '빵과 맥주에 관한 법정가격령Assize of Bread and Ale'을 공포했다. 이 법령은 여러 개정을 거치며 600년 가까이 지속되다 아쿰의 『부정불량식품과 요리의 독성에 관한 보고서』가 등장한 지 2년 후인 1822년에 폐지되었다.[54] 이 법령이 엄격히 규제한 것은 빵의 중량과 가격, 성분이었다. 빵 한 덩이의 크기와 가격은 곡물 시장의 변동에 따라 규정되었다. 예를 들어 밀 1쿼터가 12펜스에 팔릴 때 일반적인 와스텔 브레드wastel bread 한 덩이(1파딩farthing에 해당)[파딩은 4분의 1페니의 가치가 있는 영국의 옛 화폐로 1961년에 폐지되었다]의 중량은 6.8트로이 파운드여야 했다. 밀 1쿼터가 3실링에 팔릴 경우 와스텔 브레드

한 덩이의 중량은 2.4트로이 파운드로 줄었다. 제빵사가 폭리를 취하는 것을 막기 위한 조치였다. 역사적으로 빵을 만드는 일은 상업일 뿐 아니라 공공의 의무로 여겨져왔다. 제빵사들은 특정 중량의 밀가루를 이용하여 반드시 정해진 개수대로 빵을 만들어야 했다. 기분에 따라 빵의 개수가 달라져서는 안 됐으며, 무엇보다 제빵사는 공동체의 경제적 필요에 정확히 맞추어 빵을 구워야 했다.

1266년의 법령은 빵을 일곱 종류로 규정했다. 가장 품질이 좋은 빵으로 알려진 와스텔 브레드는 옥수수 가격에 따라 중량이 다양하게 정해졌다. 이 흰 빵은 부유층이 즐겨 찾았다. 코케트 브레드Cocket bread는 와스텔 브레드와 비슷했지만, 약간 질이 떨어지는 밀가루로 만들어졌다. 심넬 브레드Simnel bread는 케이크와 흡사한 종류로 역시 부유층이 소비했다. 통밀로 만든 파니스 인티저panis integer는 서민층에서 주로 소비되었다. 그중에서도 가난한 사람들은 트리트treet라고 불리는 이른바 '가정식 빵'을 먹었는데, 이 빵은 체질도 하지 않은 거친 갈색 밀로 만든 것이었다. 사정이 더 좋지 않으면 '보통 밀로 만든 빵'이나 '호스 브레드horse bread'를 먹었다. 호스 브레드는 제분 과정에서 남은 밀 찌꺼기로 만든 빵으로, 값이 코케트 브레드의 절반 정도였다. 이 빵을 먹으려면 아마도 배를 고문해야 했을 것이다.

호스 브레드가 아주 좋은 빵은 아니었을지 모르지만 최소한 눈속임한 것은 아니었다. 1266년 법령의 요점은 어떤 사기의 가능성이든 철저히 막는 것이었다. 때문에 제분사와 제빵사 모두 엄격한 규제를 받았다. 런던에서 저급한 빵을 만드는 제빵사가 그보다 품질이 좋은 빵을 파는 것은 불법이었다. 역설적으로 이러한 조항은 저질 빵이 고급 빵으로 둔갑할 위험이 있다는 사실을 전제한 것이었다. 이러한 규정에 따라 입스위치[런던의 북동쪽 지역)에는 네 종류의 제빵사가 있었다. 첫 번째 제빵사들(가장 솜씨 좋아 보이는)은 최상의 코케트 브레드, 와스텔 브레드, 트리트를 만들 수 있었다. 두 번째 제빵사들은 심넬 브레드와 트리트만 만들었고, 세 번째 제빵사들은 통밀빵과 2등급 코케트 브레드를, 그리고 가장 낮은 수준의 제빵사들은 오직 통밀과 보통 밀로 만든 빵만 만들 수 있었다. 이런 방식으로 부자든 가난한 자든 모두 사기로부터 보호받을 수 있었다.

오늘날 빵은 슈퍼마켓에서 완벽한 익명 상태로 판매된다. 빵을 사고 보니 유통기한이 지났다거나, 덜 구워졌거나, 이물질로 오염된 것이라면, 누구에게 불평할 수 있을까? 그 빵을 직접 구운 사람들에게 따질 수 없다는 것은 분명하다. 그 사람들이 한 일이라고는 기껏해야 기계를 조작한 것뿐이지 않은가. 표면적인 '책임자'인 고객관리 담당자를 찾을 수 있겠지만, 이 사람은 이스트와 밀가루에 손댈 일 없는 사무실 직원일 뿐이다. 결국 억울한 소비자가 실질적으로 진상을 알아낼 수 있는 길은 없다. 금전적 보상을 얼마간 받게 된다 하더라도 저질 빵을 판매한 사람에게 진정으로 책임을 물었다고 볼 수는 없다. 사실상 이 식품의 배후에는 사람이 존재하지 않는다. 이와는 대조적으로 중세시대 제빵 과정에는 사람이 존재했다. 제빵사들은 의무적으로 그들의 인장을 빵에 새겨야 했다. 따라서 제빵사 중 누군가 법을 어겼다면, 그 빵을 만든 자를 쉽게 추적하여 문책할 수 있었다. 만약 어느 빵의 품질이 월등했다면 그 빵에 새겨진 인장은 자부심의 상징이 되었을 것이다. 반대로 어느 빵의 품질이 변조되었거나 중량이 부족하고 적합하지 않은 밀가루로 만들어진 것이라면, 여기에 새겨진 인장은 수치의 표식으로 보였을 것이다. 판매 역시 제빵사의 책임이었다. 제빵사들은 하인의 손을 빌려 빵을 팔 수 있었지만, 유통에 개입하는 중개인은 둘 수 없었다.[55]

이러한 환경에서 계량법은 위법 행위의 동기를 약화시키는 강력한 매개체로 작용했다. 또한 공무원과 시장을 비롯한 지역 관리들은 최소한 1년에 4회 이상 제빵사와 제분사 들을 방문하여 법을 잘 준수하고 있는지 검사했다. 그러나 아무리 관리 감독이 철저하더라도 법령을 어기는 제빵사들은 적게나마 늘 있게 마련이었다. 16세기의 한 작가는 이들을 맹렬히 비난하며, 빵 때문에 "가난한 사람들은 눈물바람"이고 "부유한 사람들은 불만투성"이라고 묘사했다. 그의 비판은 다음과 같이 이어졌다. "시장 나으리와 주 장관들은 매일 나타나 당신들이 만든 빵의 무게를 재볼 테지만, 그렇다고 당신들을 죄다 정직한 사람들로 바꿔놓지는 못할 것이다."[56] 부정한 빵을 팔다 법정에 서게 된 제빵사들에 대한 수많은 재판 기록을 살펴봐도 당시 문제가 된 부분은 대부분 성분보다 중량을 속인 것이었다.

물론 어떤 법도 시장의 보편적 정직성을 완벽하게 보장할 수는 없다. 하지만 당시 법령은 적어도 부정 행위가 일단 발각되면 사안에 따라 차등을 두어 분명한 처벌을 가했다. 그중에서도 런던의 제빵사들이 특히 응징의 표본으로 지목되었던 것 같다. 부정 행위가 처음으로 발각되면 제빵사는 문제의 빵을 목에 건 채로 썰매에 묶여 길드 집회소에서 출발하여 시내의 가장 더러운 거리를 누비며 끌려 다녔다. 두 번째로 적발되면 머리와 두 손에 형틀을 찬 채 역시 길드 집회소에서부터 칩 가를 거쳐 끌려 다니며 모두의 조롱거리가 되었다. 세 번째로 걸리면 거리를 누비며 끌려다니고 가게의 오븐이 해체되는 것도 모자라 이 가여운 악마는 다시는 런던 시내에서 빵을 팔지 않겠다는 맹세를 해야 했다.[57] 당시 이후 수 세기 동안 어느 곳에서도 이처럼 엄격한 처벌은 드물었다. 15세기 사우스햄튼의 경우, 제빵 과정에서 부정이 발각되면 빵을 압수하고 벌금을 부과했는데, 그리 대단찮은 액수인 경우가 많았다.

처벌은 장소와 시대에 따라 이처럼 다양했지만, 과거 사람들이 빵의 기본적인 성분이 무엇인지 보편적으로 알고 있었다는 점은 분명하다. 오늘날 우리의 현실과는 매우 다른 부분이다. 어떤 사람들은 그래서 우리가 중세인들에 비해 운이 좋다고 생각할지도 모르겠다. 빵 한 조각에 미심쩍은 재료가 들어간 것은 아닌지 굳이 실눈을 뜨고 살피지 않아도 되니 말이다. 빵이 아니어도 먹을 것은 많지 않은가. 우리의 선조들이 빵의 성분에 예민하게 반응했던 것은 오로지 빵에 의존해 생존을 유지해야 하는 사람들이 그만큼 많았음을 의미한다. 의존도가 높은 만큼 의심도 당연히 클 수밖에 없으니, 제분사와 제빵사에 대해 일반인들이 품은 불신 또한 높은 것이 당연했다. 제빵사에게 속을까 염려한 사람들은 집에서 반죽을 해 마을의 공용 오븐이나 빵가게의 오븐을 빌려 구웠다. 제빵사의 빵은 아무래도 상대적으로 비싸다 보니 형편이 어려운 사람들은 더욱 그럴 수밖에 없었다. 하지만 집에서 빵을 만든다고 해도 제분사의 손길을 피할 수는 없었다. 그래서 제분사는 지역 공동체의 모든 사람이 먹을 곡물을 빻는 중요한 임무를 맡았으면서도 사리사욕을 위해 자기 것을 더 챙기는 사악한 인물로 비치기 일쑤였다. 〈디 강의 방앗간 주인The Miller of Dee〉이라는 옛 노래에서도 제분사는 이렇게 시커먼 속내를 드러낸다. "나는 아무도 상관하지 않는다네, 아니, 난 아니지. 다른 사람들도 나를 내버려둔다면 말이야."

혁명 이전 시대 프랑스에서도 제분사와 제빵사는 악마 취급을 받는 일이 많았다. 그들의 입장에서는 억울한 경우도 더러 있었겠지만, 빵을 굽는 일이 그만큼 중요하다 보니 어쩔 수 없는 일이었다. 18세기 파리 시민들에게 시장이나 가게에서 상한 빵이 유통된다는 사실은 견딜 수 없는 모욕이자 위협이었다. 이러한 행위는 사회적으로 범죄일 뿐 아니라 사회의 존립 자체를 위태롭게 하는 일이었다.[58] 18세기 파리 당국은 중세 영국처럼 매우 엄격한 통제하에 빵의 유통을 관리했다. 따라서 상한 빵이 유통되었다면 이는 곧 사회적 통제 기능의 실패, 즉 사회적 붕괴를 의미하는 것으로 받아들여졌다. 영국에서처럼 프랑스에서도 가장 크게 문제 삼은 것은 중량이 부족한 경우였다. 프랑스 빵의 역사에 대한 권위자인 스티븐 로런스 캐플런Steven Laurence Kaplan의 계산에 따르면, 파리 한 군데에서만 중량을 속여 판 빵의 양이 수천 가구를 먹일 만큼이었다고 한다.[59]

제빵 과정을 둘러싼 소비자들의 의혹이 끊이지 않자 곧 매우 엄격한 관리 감독이 뒤따랐다. 프랑스의 철학자 드니 디드로Denis Diderot는 터키의 한 카디Kadi[이슬람법에 기초하여 판결을 내리는 재판관]가 양을 속인 제빵사를 다룬 방법을 이렇게 전했다. "나는 그의 빵가게로 갔다. 빵의 무게를 달아보고서 곧 중량이 적다는 사실을 발견했다. 오븐은 여전히 빨갛게 달궈져 있었다. 나는 제빵사를 오븐 안으로 던져 넣는 것으로 사건을 마무리 지었다."[60] 제빵사들에 대한 프랑스 사람들의 태도는 이렇게 간단히 요약되지는 않지만 터키의 판사 못지않게 엄격했던 것은 분명하다. 파리 시내의 제빵사에게서 산 빵의 양이 적은 듯하면 소비자는 당장 경찰에게 달려가 그 사실을 고발했다. 경찰은 사실을 확인한 다음 발견된 사항에 따라 제빵사를 소환하고 벌금을 물렸다. 이때 벌금을 한 번에 지불할 형편이 못 되면 제빵사는 즉시 수감되었다. 곧 제빵사의 스토브는 해체되고, 가게는 2년 동안 폐쇄되었다. 시장에서 판매된 경우는 빵을 팔던 좌판이 폐쇄되었고, 결국 제빵사는 생계수단을 잃었다. 뿐만 아니라 이렇게 처벌이 이루어지는 동안 경찰은 제빵사를 겁주고 조롱했다. 경찰은 제빵사의 명성이 자신의 손안에 있음을 잘 알고 있었다.

하지만 제빵사들의 입장에서 볼 때 이처럼 엄격한 제도는 불공정했다. 제빵사들은 법에 따라 빵의 중량을 각각 표기해야 했는데, 문제는 판매 시점에 중량을 재는 것이 불법이었다는 사실이다. 반죽 상태에서 측정한 중량은 오븐에서 반죽이 구워지는 동안 수분이 증발함에 따라 줄어들었다. 이 때문에 제빵사들은 나중에 줄어들 수분의 양까지 고려해 반죽의 양을 가늠해서 빵을 만들 수밖에 없었다. 이렇다 보니 제빵사들이 보기에 정확한 무게의 책임을 자신들이 지는 것은 터무니없는 일이었다. 결국 1734년, 파리의 제빵사들은 경찰 당국에 집단 탄원서를 제출하여 제빵에 얼마나 다양한 공정이 필요한지 설득하려 했다. 당시 법이 제빵사들에게 기대했던 것은 자연의 '네 가지 독립적 요소들', 즉 흙(밀가루), 공기(발효되고 부푼 상태), 물, 그리고 불(절대적으로 변함없이 유지될 수 없는 오븐의 열)을 완벽히 통제해 빵을 굽는 것이었다. 그러나 이것은 불가능한 일이었다. 제빵사들은 가게에서 저울을 사용할 수 있도록 허용하여 빵을 구운 뒤 중량에 기초하여 가격을 매기게 해달라고 청원했다. 그렇지 않으면 자신들은 계속 '중상모략'을 당하고, 결국 생계수단을 잃어 경제적 파탄에 빠질 수밖에 없다고 주장했다. 그러나 그들의 바람이 실현되는 데는 1백여 년의 시간이 필요했다. 1840년이 되어서야 한 경찰 조례는 판매 시점에 무게를 달아 빵을 판매할 수 있다고 고시했다.[61] 그때까지 제빵사들은 어떻게든 경제적 파탄을 피할 수 있는 자구책을 모색해야 했다.

1820년, 아쿰이 왕립연구소 도서관에서 훔쳤던 초콜릿에 관한 글을 기억할 것이다. 이 글을 쓴 화학자 파르망티에는 경찰과 제빵사의 대립을 언급하며 제빵사 편을 들었다. 그는 빵 문제에 있어서만큼은 중량이 부족하다는 사실이 반드시 눈속임을 의미하는 것은 아니라고 주장했다. '장소와 시점에 따라 무게의 변화를 무한하게 야기할 수 있는 수많은 요인'을 감안한다면, 제아무리 세심한 과학자라 하더라도 매번 중량이 같은 빵을 구워낼 수는 없기 때문이다. 눈속임의 오명을 쓸까 노심초사했던 제빵사들은 4파운드[약 1.81킬로그램]짜리 빵을 만들려면 10온스[약 283.5그램]의 반죽을, 12파운드[약 5.44킬로그램]짜리 빵을 만들려면 그 두 배에 해당하는 반죽을 해야 했다. 또 다른 문제는 빵의 중량에 지나치게 신경을 쓰다 보면 빵의 질이 떨어질 수 있다는 점이었다. 예를 들어, 덜 구워져 질척한 빵은 완벽하게 구워져 바삭한 빵보다 맛은 떨어지지만 중량만큼은 확실히 더 나간다.

이처럼 제빵 과정의 눈속임 문제는 눈속임을 유발할 수 있는 제도적 허점을 개선함으로써 해결할 수 있었다. 일반 서민들이 제빵사를 두고 수군거렸던 말들은 대부분 피해망상에서 비롯되었다. 프랑스 혁명 때 파리의 군중은 중량을 속여 팔았다고 고발당한 제빵사를 교수형에 처하라며 목소리를 높였다. 제빵사를 향한 시민들의 질책은 다른 식품 판매자들에 비해 훨씬 가혹했다. 버터와 치즈, 와인이 상대적으로 즐거움을 위한 것이었던 데 반해, 빵은 생존 자체를 의미했기 때문이었다. 빵 한 조각 한 조각은 그들에게 목숨처럼 중요했다. 그래서 와인에 첨가물을 섞는 관행은 대개 용인되었지만, 빵에 관한 것이라면 약간의 장난도 곧 죽음을 상징하는 것으로 받아들여졌다. 중량 부족이 의미하는 것 역시 마찬가지였다. 그러나 빵의 문제는 중량뿐만이 아니었다. 기본적인 재료가 변조되는 일도 있었다. 바로 기근이 기승을 부리던 시절의 이야기이다.

기근 식품

앞에서 언급했듯이 산업혁명 이전에 제빵사들이 팔았던 빵은 상대적으로 순수했다. 하지만 빵을 둘러싼 기이한 소문들은 언제나 끊이지 않았다. 빵에 재나 모래가 섞여 있다거나, 제분이 잘못 되어 빵이 서걱거린다거나, 오래되어 퀴퀴한 빵을 갈아 신선한 반죽과 섞어 치대는 제빵사가 있다는 소문들이 그러했다.[62] 그러나 일반적으로 '좋은 시절'에는 제빵사가 빵을 만드는 과정에서 밀가루, 효모(이스트이든 산성반죽 발효이든 간에), 소금, 물 이외에 다른 재료를 넣는 것은 있을 수 없는 일이었다. 역사적으로 식량이 부족한 시기에는 오히려 소비자가 스스로 빵에 다른 재료를 혼합하기도 했다. 그렇게 만들어진 빵을 사람들은 '기근 빵famime bread', 또는 '대용 빵surrogate bread'이라고 불렀다.

고대부터 사람들은 기근을 극복하기 위해서라면 내키지 않는 것이라도 식용 재료로 이용해야 했다. 기근의 정도에 따라 사람들은 대부분 다음과 같은 수순을 밟았다.[63] 우선, 당나귀처럼 원래는 도살하지 않는 가축을 잡아먹는다. 그다음으로는 흠이 있거나 질이 낮은 곡물(싹이 텄거나 썩은 곡물처럼 역겨운 것들)로 눈을 돌린다. 그래도 기근이 계속된다면 사람들은 도토리나 살갈퀴vetch[콩과의 풀]처럼 동물들이나 먹는 것을 씹으며 연명할 것이다. 그다음 단계는 인육을 먹기 직전이라 할 만큼 절망적인 상태이다. 이때는 가죽, 나무껍질, 잔가지, 거친 나뭇잎과 같이 도저히 음식이라고 할 수 없는 것들까지 먹게 된다. 갈렌Galen의 글은 바로 이 단계에 '나무의 잔가지와 새순, 덤불, 구근, 소화하지 못할 식물의 뿌리'를 먹을 수밖에 없었던 소아시아Asia Minor[아시아 대륙의 서쪽 끝으로 흑해와 에게해, 동지중해를 면한 지방] 지역

주민들의 현실을 그리고 있다.[64]

상황이 그나마 조금 나으면 영국 농민들은 완두콩, 콩, 쌀, 수수처럼 대개 반죽에 넣지 않는 재료들을 이용해 빵을 만들었다. 1596년에 플랫 경은 『기근에 대비한 새롭고 인위적인 대책 모음Sundrie New and Artificial Remedies against Famine』이라는 안내서를 출간했다. 그가 주장한 첫 번째 대책은 기도였다. 그러나 이 대책이 실질적으로 배고픔을 해결해주지는 못했다. 두 번째 대책은 온갖 종류의 소소한 요령들로 배고픔을 늦추는 것이었다. 플랫 경은 폼피온pompion(호박의 일종)으로 소박하고 맛 좋은 빵을, 파스닙으로 달콤한 케이크를 만들 것을 권했다.[65] 감초를 씹으면 갈증과 허기를 달랠 수 있다고도 했다. 그는 또한 고대의 다양한 조리법도 소개했는데, 그중에는 배나무 잎의 가루로 만든다는 이상한 이름의 빵도 있었다.

배고픔을 견디는 동안 우리의 뇌는 끊임없이 비용 편익분석을 수행한다. 뱃속에 큰 구멍이라도 난 듯한 허기를 채우기 위해서라면 우리는 얼마나 먹을거리의 기준을 낮출 수 있을까? 배고픔에서 벗어나기 위해서라면 역겨움을 얼마나 참아낼 수 있을까? 씹어 삼키기 어려운 재료들을 얼마나 많이 섞어야 도대체 빵이라고 할 수 없을 지경까지 만들 수 있을까? 인간과 동물의 경계에서 가축이나 먹을 법한 사료를 우리는 얼마나 먹을 수 있을까?

기근 식품으로 연명하던 사람들은 판단력을 완전히 잃어버리는 지경에 이르기도 했다. 피에로 캄포레시Piero Camporesi[이탈리아의 역사가]는 기근 식품의 부작용을 기술했는데, '부적합한 빵으로 인한 혼수상태'가 그러한 예였다.[66] 또한 곡물의 양을 부풀리기 위해 사용된 야생 허브는 환각 작용을 일으키기도 했다. 독보리darnel로 만든 빵을 먹은 사람들은 취기가 돌아 이상한 행동을 했는데, 만취했거나 아주 절망적일 때처럼 멍한 상태에서 벽에 계속 머리를 찧었다고 한다.

기근 빵은 굶주림이 발생하는 곳이라면 어디서나 만들어졌고, 지금도 여전히 존재한다. 러시아 농부들은 이 점에서 특히 기발했다. 유럽의 다른 나라들에 비해 오랫동안 농업국으로 남아 있었던 러시아의 사람들은 20세기에도 식량이 부족해지면 대용 빵을 만들어 먹었다. 1890년대에 카잔대학에서 시행한 한 연구는 짚, 자작나무와 느릅나무 껍질, 메밀 겉껍질, 쇠비름pigweed, 도토리, 맥아 낟알, 겨, 감자, 감자 잎, 렌즈콩lentil[유럽 남부, 지중해 연안이 원산지인 렌즈 모양으로 볼록한 콩], 라임 잎, 카우 파슬리cow parsely[향신료로 쓰이는 야생 처빌chervil. 향신료로 널리 쓰이는 처빌보다 생김새가 크고 튼튼하며 향이 조잡하다] 등으로 빵을 만든 증거를 발견하기도 했다.[67] 때로는 왕겨, 짚, 진흙도 첨가되었다. 어떤 재료든 일반적인 밀가루와 섞여 사용되었는데, 그나마도 밀가루 양이 부족해지면 이 이상한 재료들의 첨가 비율이 서서히 높아져 결국 비율이 반반에 이르기도 했다. 상황이 정말 나빠지면 이 '식품'은 양이 늘어날 뿐 아니라 실제로 판매되기도 했다. 한 예로, 쇠비름은 소매가격이 1파운드에 20~70코페이카kopeck[러시아의 화폐단위] 정도였다고 한다.

그렇다면 기근 빵이 인체에 미칠 수 있는 부정적인 영향들은 무엇이었을까? 쇠비름빵의 경우를 보자. 쇠비름 또는 아마란스amaranth[비름속의 관상식물]는 야채밭에서 흔히 볼 수 있는 잡초이다. 야생 재료 애호가들은 지금도 이것을 녹색 채소로 식용하기도 하는데, 야생의 맛은 순하다고 한다. 그러나 빵에 들어가면 불쾌함을 느낄 정도로 역한 맛을 낸다. 러시아 농부들이 전하는 말에 따르면, 쇠비름빵을 먹으면 극심한 갈증을 느끼게 된다고 한다. 또한 영양가가 거의 없는 이 빵은 팔과 다리에 통증까지 유발해 몸을 쇠약하게 만들어 나중에는 일상적인 밭일마저 할 수 없게 된다고 한다. 그런

데도 그들은 쇠비름빵을 먹을 수밖에 없었다. 그마저도 먹지 않으면 살 수 없었기 때문이다.[68]

삼킬 수 있는 빵의 한계를 시험이라도 하는 듯이 러시아 농민들이 만든 대용 빵의 또 다른 예는 껍질빵husk bread(푸시노이pushchnoi빵)으로, 1880년대에 스몰렌스크 지방에서 흔히 볼 수 있었다. 이 시기에 스몰렌스크에 살았던 A. N. 엥글가르트A.N. Engl'gardt는 다음과 같이 말했다.

> 껍질빵은 까부르지 않은 호밀로 만들어진다. 즉, 왕겨가 섞인 호밀을 갈아 밀가루와 혼합하고 일반 빵을 만드는 방식으로 반죽하여 굽는다. 묵직한 이 빵은 덜 구워진 듯한 맛이 나며, 속은 작은 왕겨 바늘로 가득하다. 맛은 그다지 나쁘지 않고 보통 빵과 비슷하지만, 당연히 영양 가치는 떨어진다. 그러나 무엇보다 삼키기가 어렵다는 것이 가장 큰 문제다. 이 빵에 익숙하지 않은 사람이라면 먹는 순간 삼키기가 불가능하다는 것을 금세 알 수 있다. 삼키더라도 목에 걸려 기침을 하게 될 것이다.[69]

몸 상태가 그리 좋지 않은 사람이 이 이상한 빵을 소화하기란 더욱 어려웠다. 이것에 비한다면 제빵사가 진짜 곡물로 만든 튼실한 빵은 중량이야 어떻든 하늘이 내려준 양식처럼 보였다. 그렇다 하더라도 소비자들은 식품에 대해 예민하게 의심하기 마련이다. 더군다나 흉년이 들었을 때라면 제빵사들이 무엇으로 빵을 만들었는지 어떻게 안단 말인가. 식량이 그리 부족하지 않고 빵의 질이 괜찮은 시절에도 이처럼 언짢은 상상은 꼬리에 꼬리를 물었다. 실제로 납으로 중독된 와인의 경우였다면 이 같은 공포는 완전히 이성적인 반응으로 이해되었을 것이다. 그러나 오히려 와인에 대해서는 소비자들이 그리 동요하지 않았다.

식품과 관련해 당연히 불거질 수밖에 없는 대중의 염려는 가끔 집단적 광기로 표출된다. 중요한 것은 대중이 이처럼 격렬한 반응을 일으킬 때는 그럴 수밖에 없는 환경이 이미 형성되어 있다는 사실이다. 일단 대중이 격분하기 시작하면 차분한 염려는 묻혀버린다. 이런 식으로 확대되는 '식품 공포'가 맹위를 떨친 시기는 21세기를 전후한 1990년대와 2000년대라고 보는 것이 일반적이다. 이를 두고 어떤 이들은 전염병과 전쟁의 공포에서 벗어난 대중이 실제로 존재하지도 않는 문제를 애써 상상해 공포를 스스로 만들어내는 시대에 살고 있기 때문이라고 한다. 달리 말해, 오늘날 식품 공포란 '건강하고 여유 있고 안락한 중산층'이 조장하는 산물이라는 말이다.[70] 하지만 사실은 그렇지 않다. 신문이라는 매체가 등장하기 이전의 시대에는 이러한 공포가 퍼지는 데 시간이 더 걸렸겠지만, 식품 공포는 분명 배고픔에 늘 익숙했던 사람들 사이에도 언제나 존재했다.[71] 영국에서는 제빵사들의 빵이 순수하지 않다는 불평이 주기적으로 터져나왔다. 그리고 1757년의 한 사건에서 이러한 불만은 정점에 이르렀다.

1757~1758년의 빵 사건

1756년, 영국에서는 밀이 흉작이었다. 당시 수확 직전에 폭우가 쏟아져 농부들은 밀농사를 완전히 망쳤다고 한다. 전해에 비해 수확량이 준 것은 물론이고, 품질 또한 훨씬 떨어질 수밖에 없었다. 사람들은 그해 밀이 설익어 제대로 빻아지지도 않고, 그 밀가루는 잘 구워지지도 않는다고 불평했다.[72] 밀 부족 현상이 심각해지자 의회는 '표준standard' 빵의 기준을 정하고, 이 기준에 적합한 빵에는 표준을 의미하는 대문자 'S'를 날인했다. 당시의 표준 빵은 기존 빵보다 겨를 더 넣어 만든 것이었다. 이렇게 하여 1페니당 과거보다 더 많은 영양분을 포함하게 된 빵은 소비자들이 익숙했던 일반적인 빵보다 색깔이 칙칙했다. 물론 이 빵의 가격은 예전 빵보다 저렴했다. 현대인의 입맛(취향)에 비춰보면, 이 빵은 제대로만 만든다면 몸에 좋고 맛도 제법 있을 듯하다. 그러나 당시에 이러한 빵은 인기가 없었다. 겨가 많이 든 빵은 곧 가난의 상징이라고 여겨졌기 때문이다. 사람들이 바란 것은 바로 새하얀 빵이었다. 1753년 영국의 화가 윌리엄 호가스William Hogarth의 기록처럼, "사람들이 먹는 것은 밀이나 호밀로 만든 빵이라기보다는 응유curd처럼 새하얀 것"이었다.[73] 흰 빵에 대한 이러한 열망은 곡물이 풍작일 때도 어리석은 일이었지만, 1756년처럼 흉작일 때에 그 폐해는 더욱 극단적으로 나타났다. 저질 밀가루로 응유처럼 흰 빵을 만들려면 제빵사들은 밀가루에 명반을 넣는 수밖에 없었다. 명반을 너무 많이 넣은 제빵사들도 있었던 것 같다. 결과적으로 이후 제빵 산업은 전례 없는 공격을 받게 되었다.

명반은 황산알루미늄을 또 다른 황산화물(칼륨이나 나트륨 또는 암모늄)과 결합시킨 이중황산염double sulphate을 일컫는 것으로, 수렴제, 지혈제, 구토제 등 다양한 용도로 쓰인다. 중세 시대부터 명반은 직물 산업에서 직물에 염색이 잘 흡착되도록 돕는 매염제로 긴요하게 쓰였다. 또한 탈취뿐 아니라 면도를 할 때 난 상처를 지혈하는 데 이용되기도 했다. 전통적 방식의 남성용 세면용품을 생산하는 업체인 지오 F. 트럼퍼Geo. F. Trumper는 지금도 날에 베인 상처를 보호해주는 '명반 블록'을 시판하고 있다. 명반은 부엌에서도 많이 사용되었는데, 방부제로 쓰이거나, 피클의 아삭함을 더하기 위해 첨가되었고, 마라스키노 체리maraschino cherry를 만들거나 젤라틴을 굳힐 때 고형제로 쓰이기도 했다. 밀가루 개량제와 표백제로도 사용되었는데, 제빵사들이 르네상스 시대 이래로 명반을 사용했던 목적과 같았다. 18세기에 접어들자 밀가루를 개량하고 표백하기 위해 명반을 사용하는 경우가 폭발적으로 증가했다.

빵에 명반을 첨가했던 이유는 앞에서 언급한 것처럼 당시 흰 빵이 차지했던 사회적 위신을 살펴봐야 이해할 수 있다. 가난한 사람들에게는 부자들이 먹는 새하얀 망쉐(맨치트)manchet가 오랫동안 선망의 대상이었다. 흰 빵이 신사의 상징이었던 데 반해, 갈색 빵은 사회적으로 열등한 자작농을 상징했다. 그 때문에 사회적 열등감에 민감한 사람일수록 흰 빵을 소비하려 했다. 17세기의 한 기록에서 가난한 사람들은, 자신은 호밀빵을 먹지 않는다고 일축하며 가장 하얀 밀가루로 만든 빵을 찾아 시장을 전전하는 이들로 묘사되었다.[74] 갈색 빵을 먹는 계층에 기꺼이 속하고자 했던 사람은 거의 없었다. 하지만 언제나 그렇듯 통밀빵의 건강함을 주장하는 목소리도 없지 않았다. 1863년에 토머스 트라이언Thomas Tryon은 통밀빵이야말로 소화가 잘되는 자연식이라고 강력히 주장했다. 그는 흰 빵은 건강에 해로울 뿐 아니라 자연과 이성 모두에 반하는 것이라고 비판했다.[75] 그러나 그의 말에 귀를 기울이는 사람은 아무도 없었다. 대중은 흰 빵을 계속 갈망했고, 명반도 계속해서 첨가되었다.

흰 빵은 당연히 갈색 빵보다 항상 비쌌다. 흰 빵은 보리나 호밀보다 비싼 밀로 만들어야 했고, 밀기울을 벗겨내는 과정을 한 번 더 거쳐야 했기 때문이다. 흰 빵의 원가를 낮추는 유일한 방법은 밀가루의 질을 낮추는 것뿐이었다. 문제는 저질 밀가루를 쓰면 빵이 칙칙하고 묵직해진다는 것이었다. 사회적 지위를 상징하는 흰 빵과는 거리가 먼 모습이다. 명반을 첨가하면 이 문제를 쉽게 해결할 수 있었다. 값싼 2등급의 흰 밀가루를 쓰더라도 가볍고 하얀 다공질 빵을 만들 수 있었던 것이다. 18세기에 이르러 명반 사용은 대폭 늘었고, 1756~1757년에 절정에 이르렀다. 제빵사들은 덜 익은 저질 곡물로 빵을 만들려다 보니 평소보다 더 많은 명반을 사용했고, 결국 속이 거칠고 시큼한 맛이 나는 빵을 만들어냈다. 한 소비자가 불평했듯이 빵에서 풍기는 냄새는 덜 익은 것처럼 역겨웠고, 달착지근한 맛이라고는 전혀 없었다.[76]

이처럼 불량 빵의 문제가 특히 도시 지역을 중심으로 불거지자, 소비자들은 영국 빵에 첨가물을 섞는 관행이 얼마나 심각한지를 비로소 알게 되었다. 빵의 품질에 대한 불만이 높아질수록 사람들은 분명히 명반보다 더 충격적인 재료들이 빵에 쓰일 것이라고 수군대기 시작했다. 1757년에 익명으로 출간된 『밝혀진 독 또는 소름 끼치는 진실Poison Detected or Frightful Truths』은 제빵사들의 실태를 맹렬히 비난한 최초의 기록이다(이 책은 피터 마크햄Dr. Peter Markham의 저서로 추정된다. 그는 이후에도 빵에 대해 공격하는 책들을 연이어 출간했다). 이 책의 저자는 이렇게 전했다. "지위의 고하와 남녀노소를 막론한 모든 사람의 기본 식량인 빵에 가장 유해하고 치명적인 물질이 혼합되고 있다."[77] 그는 윌리엄 피트(대大피트) 수상에게 '한때 존귀했던 영국인들'이 불량 빵 때문에 중독되는 것을 막아달라고 탄원했다.[78] 그는 제빵사들의 사악함이 최악의 자연재해보다 심각한 해로움을 불러일으킨다고 봤다.

> 지진, 범람, 기근, 낙뢰, 화염을 동반한 폭발, 독을 분비하거나 포악한 맹

수들, 그리고 유해한 식물에서 느끼는 공포 정도는 그냥 지나쳐도 좋다. 사실 그 정도의 공포는 인간에게 그렇게까지 위협적이지 않다는 것이 밝혀질 것이다. 충동적인 탐욕을 지닌 비밀스런 술수에 비한다면 말이다.[79]

저자는 명반을 자주 섭취하면 겪게 된다는 부작용을 다음과 같이 열거했다. "소화관의 작은 입구가 닫히고, 부식성으로 응고되어 유미관이 정체되며, 경화된 덩어리들이 위에서 섞여 소화를 어렵게 만들고, 장 내에서는 찌꺼기들이 뭉치면서 결국 통로가 막혀버린다." 저자는 게다가 명반은 가슴앓이 증상을 일으키기도 한다고 했다. '인간의 배설물에서 추출한 물질'이라느니, '강철 같은 위도 주춤하게 할 메스꺼운 혼합물'로 묘사되는 이 물질에 우리가 더 이상 무엇을 바라겠는가?[80] 하지만 이것이 끝이 아니었다. 그는 또한 빵이 백악과 석회로 중독되었다고 주장했다. 그렇지 않아도 명반 빵에 쌓인 '매서운 악감정'에 '약알칼리성 악취'까지 얹힌 셈이라고 그는 성토했다. 하지만 이것 역시 아직 최악의 상황은 아니었다. "또 다른 미지의 성분은 더 충격적일 뿐 아니라 모름지기 인류의 건강에 더 해로운 것이었다." 그것은 다름 아닌 납골당에서 긁어모은 죽은 자들의 뼛가루였다.[81] 제빵사들이 한밤중에 납골당에서 죽은 자의 뼈를 훔치며 살금살금 돌아다녔다는 것이다. "이렇게 그들은 죽은 자들의 납골당 바닥을 훑어 살아있는 자들의 음식을 불결하게 만들었다." 1757년에 매닝Dr. Manning 역시 『정직하게, 그리고 부정직하게 만들어진 빵의 특성The Nature of Bread Honestly and Dishonestly Made』이라는 책에서 제빵사들을 공격했다. 이 책에서 매닝 또한 제빵사들이 밀가루의 중량을 늘리기 위해 뼛가루를 사용했다고 비난했지만, 제빵사들이 뼈를 훔친 곳은 납골당이 아니라 거름 더미였

다고 주장했다.[82]

제빵사들에 대한 이러한 의혹은 당연히 논란의 소지가 다분했다. 브리스틀에 살았던 이매뉴얼 콜린스Emmanuel Collins라는 한 작가는 1758년에 발표한 『밝혀진 헛소문Lying Detected』이라는 책에서, 제빵사들의 야만적 관행에 대한 당시의 믿음을 다음과 같이 비유하며 일축했다. "이런 식으로라면, 어떤 사람이 아침 식사로 머핀에 버터를 발라 먹다 아버지의 코뼈를 우연히 먹었다고 주장할 수도 있을 것이다."[83] 그리고 이러한 상상은 전래 동화에나 등장하는 것이라며, 『잭과 콩나무Jack and the Beanstalk』에 등장하는 한 노래를 인용했다.

파, 파, 펌
영국인의 피 냄새가 나네,
살릴까, 아니면 죽일까,
그의 뼈를 갈아 빵이나 만들어야겠네.

콜린스가 보기에 납골당에 관한 의혹은 제빵 과정의 원리만 생각하더라도 상식적으로 말이 되지 않았다. 정말로 제빵사들이 빵에 뼛가루를 넣었다면, 오븐에 들어간 반죽은 구워진다기보다 끓어오를 것이므로 빵이 아니라 묽은 수프가 되어 나올 것이었다.[84] 현대의 역사가들은 뼛가루 의혹이 전적으로 상상의 소산이라고 주장한 콜린스의 의견에 동의하고 있다. 그러나 당시 빵을 둘러싼 흉측한 의혹을 증폭시킨 책들을 보며 충격을 받은 대중은 밀가루에 죽은 자의 뼈가 섞였다고 여기고 제분사와 제빵사가 한통속인 악한들이라고 확신했다.[85]

제빵사들이 비난받았던 또 다른 이유는 무엇일까? 『밝혀진 독 또는 소름 끼치는 진실』의 저자는 곡물 상인과 제분사들이 백악과 석회를 매우 많이 넣어 밀가루의 양을 부풀렸다고 주장했다. 매닝 역시 『정직하게, 그리고 부정직하게 만들어진 빵의 특성』에서 이 같은 주장을 되풀이했다.[86] 그러나 1758년 화학자 헨리 잭슨Henry Jackson이 제빵사와 제분사 들을 변호한 글(「빵에 대한 소고An Essay on Bread」)에서 밝혔듯이 제빵사들이 밀가루의 중량을 속였을 가능성은 매우 희박했다. 잭슨은 『밝혀진 독 또는 소름 끼치는 진실』 때문에 유언비어가 퍼지는 상황을 개탄하며, 이 책의 저자는 허술한 논리로 대중을 놀라게 하고 빵의 독성을 꾸며내는 자라고 비판했다. 잭슨에 따르면, 애초에 양을 부풀리려면 백악과 석회가 상당량 들어가야 한다. 그런데 이러한 물질이 눈에 띌 정도로 들어간 빵은 "매우 서걱서걱해져서 개라도 마다했을 것"이다.[87] 또한 그렇게 서걱거리는 빵은 한입 베어 물기만 해도 금세 알아차릴 수 있었을 것이다. 그러므로 제빵사가 그렇게 말도 안 되는 대체물을 넣어 더 많은 이윤을 얻기는 어려웠을 것이다. 잭슨의 지적은 충분히 타당하다.[88]

한 발 더 나아가 잭슨은 자신의 주장을 증명해 보이기 위해 백악과 석회를 빵 반죽에 넣어 몇 가지 실험을 했다. 그는 곧 이렇게 만든 반죽은 치대기가 거의 불가능하다는 사실을 발견했다. 잭슨의 실험 결과는 20세기 부정불량식품 역사가인 프레더릭 필비Dr. Frederick Filby에 의해서도 다시 확인되었다. 필비는 세 덩어리의 빵을 만들었다. 하나는 밀가루 10온스[약 283.5그램], 물 6과 4분의 1온스[약 177.2그램], 이스트 2분의 1온스[약 14.2그램], 소금 4분의 1온스[약 7.1그램]만을 반죽해 구웠다. "이 반죽은 30분 이내에 완벽하게 구워져 맛있게 먹을 수 있었다."[89] 또 다른 반죽에는 2온스[약 56.7그램]의 밀가루를 빼고 대신 2온스의 소화 석회slaked lime를 넣었다. 발효 시간이 2

배 정도 더 걸리는 이 반죽은 끈적이고 색이 누르스름했으며 불쾌한 냄새까지 났다. 또한 적당한 모양으로 구워지는 데 2배의 시간이 걸렸고, 오븐에서 꺼냈을 때는 중량이 줄어서, 재료를 제대로 배합해 만든 빵보다 1온스 정도 가벼웠다. 필비의 묘사에 따르면, 줄어든 모양새가 마치 '딱딱한 백악질 껍데기'를 뒤집어쓴 '납작한 게' 같았다. 백악 1온스를 섞어 구운 세 번째 빵 역시 혐오스럽기는 마찬가지였다. 결과적으로 제빵사들이 이렇게 비효율적인 대체재를 사용했다는 주장은 말이 되지 않았다. 매닝이 1756년에 등장했던 불량 빵에 분명 유골과 석회 같은 불순물이 섞여 있을 것이라고 주장했던 근거는 빵이 짙은 갈색을 띠고 잘 바스러지며 묵직한데다 속도 거칠다는 이유에서였다. 그러나 제빵 과정을 아는 사람들은 이 정도의 흠은 불순물을 섞지 않더라도 발생할 수 있다고 반박했다. 빵에 나타난 짙은 갈색은 겨가 너무 많이 들어갔거나 이스트의 질이 좋지 않은 경우에 발생할 수 있다. 빵이 잘 부스러지고 무거운 원인은 발효가 적절히 되지 않았거나, 반죽할 때 너무 뜨거운 물을 사용했기 때문일 수도 있다. 빵 껍질이 잘 부서진 원인은 부드러운 밀가루를 사용했기 때문인지도 모른다.

빵을 둘러싼 1757년의 공포는 이후에 발생한 수많은 식품 공포 사례와 마찬가지로 사람들 사이에서 온갖 소문이 보태지며 확산되었다. 그렇게 떠도는 의혹이 정말 진실을 말하는 것인지, 도대체 어디에서 비롯된 이야기인지 돌아보는 사람들은 드물었다. 제빵사들이 인간의 뼛가루를 넣어 빵을 반죽했다는 증거가 없었는데도 이러한 믿음은 수십 년 동안 지속되었다. 시대를 막론하고 제분사나 제빵사의 작업장에서 뼛가루를 볼 수 있었던 것은 사실이었다. 필비 역시 이 때문에 반죽에 뼛가루가 들어갔다는 소문이 생겼을 것이라고 추측했다. 하지만 "그 뼛가루가 밀가루에 쓰이지 않았다는 점은 의심의 여지가 없다. 뼛가루는 맷돌에 난 금이나 구멍을 메우는 데 쓰였다."[90]

뼛가루의 문제는 이렇게 일단락 지을 수 있겠지만, 명반의 문제는 달랐다. 제빵사들 편에 섰던 사람들 역시 일부 제빵사들이 명반을 사용한 사실은 인정했다. 다만 『밝혀진 독 또는 소름 끼치는 진실』의 주장처럼 그 빵들이 그렇게 메스껍지는 않았다고 항변할 뿐이었다. 결코 '인간의 배설물'이 들어간 적은 없다는 것이다. 아마 명반 제조 과정에 인간의 소변이 첨가되는 예가 있었기 때문에 제빵사들이 배설물을 사용한다는 의혹이 생겼던 것 같다. 화산 지역에서는 자연적으로 형성된 명반석 결정을 얻을 수 있다. 그러나 영국처럼 화산 지대가 적은 지역에서 명반은 거대한 채석장에서 채굴된 퇴적암의 일종인 이판암shale에서 나온 황산알루미늄으로부터 만들어졌다. 이 황산알루미늄을 명반으로 결정화하기 위해서는 알칼리가 필요한데, 오래된 소변이 그 역할을 할 수 있었다. 소변은 알칼리성 황산암모늄을 포함하고 있는 데다 무엇보다 쉽게 구할 수 있다는 장점이 있다. 이 때문에 소변을 모았다가 명반 제조 중개상들에게 파는 가정도 있었다. 이렇게 모인 소변은 요크셔의 휘트비 같은 명반 생산 지역의 큰 소변통에 암모니아 악취가 가실 때까지 저장되었다. 소변이 어쨌든 빵을 만드는 과정에 쓰였다니 식욕을 돋울 만한 광경은 분명 아니다. 하지만 그렇다고 해도 소변을 썼다는 것이 명반 사용을 거부할 타당한 이유가 되는 것은 아니다. 사람들은 이미 적은 양의 소변을 무탈하게 사용해왔다. 로마인들은 미백 효과를 위해 소변으로 이를 닦았으며, 인도와 중국의 일부 지역에서는 자신이나 다른 사람의 소변을 마시는 오줌 요법이 정상적인 치료법 중 하나로 오랫동안 이용되어왔다.

따라서 우리가 따져야 할 것은 뼛가루나 소변의 문제가 아니다. 정작 제기해야 할 의문은 다음과 같은 것이다. 빵에 얼마만큼의 명반을 섞었을 때 위험할 수 있는가? 매닝의 관찰에 따르면, 1756년 8월과 9월에 '일반적으로 발생하는 디스템퍼distemper[개와 고양이가 잘 걸리는 전염병의 일종]'인 '습관성 설사'가 발생했다. 7개월 동안 환자를 접한 한 의사는 신체 건강한 사람들에서 그렇게 많은 이상증세를 본 적이 없다고 말했다.[91] 이 증상이 과연 빵에 들어간 명반의 '숨겨진 독'에서 비롯된 것일까? 헨리 잭슨은 『밝혀진 독 또는 소름 끼치는 진실』이 폭로한 명반의 유독성을 부인했지만, 일부 어린 아이들에게 설사를 유발할 수 있다는 가능성은 인정했다. 따라서 빵에 명반을 첨가하는 행위를 완전히 근절하는 것이 매우 바람직하다고 생각했다.[92]

오늘날 밝혀진 증거 역시 명반이 인체에 해로울 수 있는 물질임을 증명하고 있다. 국제노동기구International Labour Organization가 작업 현장에서 참고해야 할 독성 화학물질에 관하여 발간한 안내서에 따르면, 명반 섭취는 복통, 작열감, 메스꺼움, 구토를 야기할 수 있고, 명반 흡입은 기침, 숨가쁨, 인후염을 초래할 수 있다.[93] 30그램의 명반은 성인의 목숨을 앗아갈 수 있을 정도로 치명적이다. 하지만 당시 빵에 들어간 명반은 약하게 희석된 상태여서 상당한 양을 직접 섭취한 것과는 사정이 달랐다. 『밝혀진 독 또는 소름 끼치는 진실』의 저자로 짐작되는 마크햄은 1758년에 그 양을 다음과 같이 계산했다. 명반은 밀가루 한 자루의 표준 중량이었던 밀가루 5부셸[약 140.5킬로그램]마다 8온스[약 226.8그램]의 비율로 빵에 첨가되었다. 밀가루 한 자루의 무게는 240파운드[약 108.9킬로그램]로, 물, 소금, 이스트와 함께 반죽하면 총 350~360파운드[약 158.8~163.3킬로그램]의 빵을 구울 수 있었다. 18세기의 표준적인 일일 빵 소비량은 1 또는 2파운드였는데, 무엇과 함께 섭취하느냐에 따라 달랐다. 이러한 수치에 근거하면, 명반을 혼합한 빵을 먹은 성인 한 사람이 매일 0.6~1.2그램의 명반을 소비한 것으로 추정된다. 그리 대수로운 양은 아니었다.

물론 적은 양이라도 해로울 수 있다는 점에서 명반 첨가는 논쟁의 소지를 안고 있었다. 1756년에 확인된 한 증거는 명반의 혼합 비율과 독성도 정비례한다는 사실을 보여준다. 더 큰 문제는 독이란 것이 원래 그렇듯이, 같은 양이라도 어떤 사람들에게는 더 악영향을 미칠 수 있다는 점이었다. 어린아이들은 성인들보다 더 취약했을 것이고, 가난한 가정의 아이들이라면 상황은 더욱 심각했을 것이다. 가난한 가정의 아이들은 칼로리 섭취에서 빵에 대한 의존도가 훨씬 높을 수밖에 없었기 때문이다. 명반이 아무래도 덜 들어갔을 시골 빵을 먹었던 사람들이 도시에서 팔리는 보통보다 더 새하얀 빵을 먹고서 극심한 소화불량을 겪었다는 이야기도 심심찮게 전해졌다. 의사들의 의견도 분분했다. 아쿰의 기록에 따르면, 어떤 의사들은 첨가물을 섞은 빵이 무해하다고 본 반면, 어린아이들에게 발생하는 많은 질병이 이러한 첨가물로 범벅된 빵 때문이라고 주장한 의사들도 있었다.[94]

마침내 1758년에 영국 정부는 빵에 명반을 사용하는 것을 금지했다. 그러나 제빵사들의 명반 의존 비율은 오히려 증가한 것으로 보인다. 1851년에 아서 하살Arthur Hassall이 런던의 여러 곳에서 무작위로 구입한 다양한 빵을 검사한 결과, 예외 없이 모든 빵에서 명반이 검출되었다. 심지어 "명반 무첨가, 완전 순수"라고 광고하는 빵조차 마찬가지였다.[95] 1857년 즈음에는 액튼의 한 프랑스인 친구가, 영국 빵은 영국 내에서나 밖에서나 순수하지 못하고 제빵 과정에 문제가 많다는 편지를 보낼 정도였다.[96]

어떻게, 그리고 어째서 영국 빵은 그토록 오염되었을까? 무엇보다 경제적 문제가 큰 원인이었다. 18세기 말과 19세기 초에 밀 공급 부족 현상이 거듭되면서 옥수수 가격이 폭등했고, 결국 제빵사들은 원칙을 무시할 수밖에 없는 상황에 내몰렸다. 그러나 사회적으로 눈속임이 용인되었기 때문이라는 점 역시 중요한 원인으로 주목해야 한다. 영국의 제빵 원칙이 무너진 것은 결국 영국 소비자들이 제대로 된 빵을 요구하는 데 실패했음을 의미하기도 한다. 이 점이 바로 온 시민이 감시자 노릇을 했던 파리의 경우와 다르다. 영국인들은 떠도는 헛소문에 불과한 뼛가루는 걱정하면서도 정작 좋은 빵이 무엇인지는 알지 못했다.

1977년, 음식 작가인 엘리자베스 데이비드Elizabeth David는 영국 빵이 그토록 형편없었던 이유에 대해 다음과 같은 결론을 내렸다. "과학자들의 기술적 성과와 상업적 이해의 결합, 이 흐름에 슬쩍 편승한 정부, 그리고 일반 대중의 무관심이 더해진 결과 우리 손에 쥐여진 것이 바로 이 공장 빵이었다. 우리는 그러한 상황에 처할 수밖에 없었다. 우리 모두가 분명히 이 상황을 요구했던 셈이고, 제분, 제빵 회사들은 그 요구에 부응했을 뿐이다."[97] 같은 상황이 1756년의 재난적인 추수철과 그 이듬해에도 이어졌다. 이 악순환을 스몰렛은 『험프리 클링커』에서 이렇게 묘사했다. "선량한 사람들은 빵에 명반이 첨가되었다는 사실을 모르지 않았다. 그래도 그들은 명반이 든 빵을 통밀빵보다 선호했다. 옥수수 가루를 넣은 것보다 하얗기 때문이었다. 이렇게 사람들은 흰 빵을 먹기 위해 그들의 입맛과 건강을 희생했다. 그리고 제분사와 제빵사는 빵을 만들어 생계를 잇느라 소비자들을 중독시켰다."[98] 많은 논평가들이 명반 문제만큼은 소비자들 역시 제빵사들과 동일한 책임이 있다고 지적하는 것은 바로 이 때문이다.[99] 제빵사로서는 흰 빵을 선호하는 소비자들의 수요를 무시하기 어려운 노릇이었다. 그런 상황에서 1758년에 제정된 명반 사용 금지 조례가 제빵사들이 갈색 빵보다 흰 빵을 구워 이윤을 챙기는 상황을 반전시키지 못했던 것은 당연한 결과였다. "사실상 1758년의 조례를 따르자면 판매 수익에서 손해를 볼 수밖에 없었다. 자연히 제빵사들은 흰 빵을 더 팔아 수익을 챙겨야 했다. 한 비평가의 말을 빌리자면, 심지어 갈색 빵을 아무도 사고 싶어 하지 않을 정도로 아주 맛없게 만들면서까지 그랬다."[100]

오늘날 공장 빵이 표준이 된 것처럼, 점차 첨가물을 섞은 흰 빵이 제빵사가 만드는 빵의 표준이 되었다. 지금도 공장 빵을 마다하는 사람들이 있듯이 당시에도 역시 제빵사의 빵을 사지 않고 믿을 만한 상인으로부터 밀가루를 사거나 가정에서 맷돌을 이용해 밀을 갈아 직접 빵을 굽는 사람들이 있었다. 법이 정한 반죽의 배합 기준 자체가 존재하지 않았다는 점으로 미루어볼 때, 통밀빵을 만들면서 믿을 수 있는 사람은 바로 자신뿐이었기 때문이다. 제빵 관련 조례는 여러 해에 걸쳐 개정을 거듭하다 1822년에 마침내 폐지되었다. 『밝혀진 독 또는 소름 끼치는 진실』의 저자는 정부가 제빵 과정을 감독할 더욱 엄격한 법을 만들지 않는다고 비판했다. 이탈리아 제노바에서처럼 빵이 하나의 공용 오븐에서 구워질 수 있다면 얼마나 좋았겠는가![101] 1819년, 또 다른 익명의 비평가 역시 비슷한 점을 지적했다. "제빵과 관련한 예방 조치는 대부분 중량이 정확한 빵을 살 대중의 권리를 보호하는 데 치중하고 있다. 어째서 당국은 빵의 성분을 분석할 인적 자원은 관리하지 않는 것인가? 공동체에 미칠 막대한 영향을 생각한다면, 비용은 중요한 문제가 아니다."[102]

식품의 품질을 분석하는 사람들이 영국에 없었던 것은 아니다. 그러나 그것은 근대와는 다른 전 산업주의시대, 즉 봉건시대 길드 제도가 존재하던 때의 일이었다. 빵의 사례가 반증하는 것은, 식품 관련법이란 그 법을 현장에서 집행할 수 있는 전문가들을 확보하지 않는다면 문서 자체로는 충분하지 않다는 사실이다. 와인의 경우 오늘날의 수준으로 품질이 개선된 이유는 부분적으로나마 일반인들의 감식안이 발전했기 때문이다. 반면, 영국 빵의 품질은 레딩이 말했듯이 일상에서 좋은 빵이 무엇인지 식별하기가 어려워지면서 쇠퇴하고 말았다. 안타까운 것은, 와인과 달리 빵에 대한 일반적인 지식이 영국에서도 한때 존재했다는 사실이다. 이러한 지식은 중세 유럽의 상거래를 관장했던 장인 조직에 의해 전해 내려왔다.

길드의 엄격한 식품 보호

『자본론Capital』에서 카를 마르크스Karl Marx는 이렇게 주장했다.

> 빵에 첨가물을 섞고 정상가보다 가격대가 낮은 빵을 생산하는 제빵사의 계급이 형성된 시기는 18세기 초로 거슬러 올라간다. 상거래의 협동적 성격이 퇴색하면서, 제분사 또는 밀가루 도매상의 모습을 한 자본가가 이름뿐인 제빵 장인을 앞세워 부상하기 시작했다.

마르크스가 부정불량식품 제조마저 새로운 현상이라고 가정한 것은 오류이다. 윌리엄 랭글런드William Langland가 『농부 피어스Piers Plowman』에서 언급했듯이 14세기에도 사람들이 은밀하게 중독되는 경우가 많았기 때문이다.[103] 인간의 탐욕은 언제나 존재했다. 다만 봉건시대의 길드 제도가 눈속임을 막기 위해 많은 노력을 기울인 데 반해 근대 제빵사들 간의 치열한 경쟁이 부정불량식품의 등장을 부추겼다고 본 점에서는 마르크스의 관찰이 옳다. 런던에는 1307년부터 1509년까지 백색 제빵사 조합과 갈색 제빵사 조합이 존재했다. 이러한 조합들이 공동으로 추구했던 목표는 빵의 품질을 상급으로 유지하는 것이었다. 만약 어느 제빵사가 어떤 방식으로든 성분을 조작하거나 질이 낮은 빵을 구웠다면, 그것은 개인뿐 아니라 조합 전체의 명예를 실추시키는 일이었다. 조합에 가입하려면 대개 비용도 많이 들고 준수해야 할 의무도 많았지만, 대신 소비자를 속여 몇 파딩 더 벌어보겠다고 함부로 던져버릴 수는 없는 지위를 얻을 수 있었다. 뿐만 아니라 이 특권은 눈속임의 동기를 상당히 가라앉히는 효과를 나타냈다.

길드가 유럽 도시의 상거래에 상당 부분 관여하기 시작한 것은 11세기 무렵부터였다. 다양하게 전문화된 각 길드는 당연히 특성화된 품목의 명성을 지키려 애썼다. 그래서 길드는 완벽한 상품, 자신들의 특성을 제대로 재현한 상품만을 선보인다는 자부심을 갖고 있었다. 이로써 사기뿐 아니라 사기의 의혹도 엄격하게 배제되었다.[104] 길드는 이처럼 상품의 명예를 지키기 위해 판매 상품에 매우 엄격한 규칙을 적용했다. 예를 들어 모든 판매 상품은 정확한 이름을 붙여야 했다. 풀리아Puglia의 기름은 마르케Marche의 기름과 섞이면 안 되었다. 그렇게 되면, 사람들은 아마 기름 상인이 제멋대로 기름을 만들어 이름을 붙인다고 생각할 것이었다.[105] 생선 장수는 해초를 이용해 오래된 생선을 신선해 보이도록 위장하지 말아야 했다. 그렇게 눈속임하려 든다면, 소비자들은 생선 장수들이란 원래 이 정도 눈속임을 하는 집단이라고 단정 지을지도 모른다. 비슷한 취지에서 흠이 있는 고기, 상한 생선, 썩은 달걀, 또는 이발사 의사barber-surgen[중세의 이발사는 대개 외과의 사나 욕탕업을 부업으로 했다]의 환자들의 피를 먹였을지도 모르는 돼지를 파는 행위는 벌금형이나 제명에 처하며 엄격히 금했다.[106]

이처럼 엄격한 길드 제도는 간혹 답답한 상황을 연출하기도 했다. 위계와 전문화의 기준이 너무 까다롭다 보니 특정 지역을 둘러싼 소유권 다툼이 끊이지 않았다. 제빵사들은 제과점과 승강이를 벌이기 일쑤였다. 요리사와 머스터드 제조자, 거위 중개상과 새 장수 등도 마찬가지였다.[107] 식품 산업에서 과정을 중요하게 여긴 사람들은 창조성을 꺾는 것이 바로 길드의 폐해라고 주장하기도 했다. 일례로, 18세기의 경우 레스토랑 하나가 프랑스에 들어서려면 시간이 꽤 오래 걸렸는데, 그 이유 중 하나는 바로 뜨거운 수프를 취급하는 길드와 십 트로터sheep's trotters[양의 발 요리]를 취급하는 길드 사이에 벌어진 오랜 다툼 때문이었다. 길드가 대개 특정 지역에서 상거래를 독점하다 보니 새로운 메뉴 개발에 대한 자극이 거의 없었다는 점도 문제였다.

하지만 길드는 식품의 품질과 전통을 유지하는 데만큼은 어느 제도보다도 탁월한 성과를 보였다. 프랑스 멘 지역 도시의 경우 푸주한이 소고기를 가게에 진열하려면 두 명의 목격자가 살아 있는 소를 데려오는 것을 봤다고 증언을 해줘야 했다.[108] 푸아티에에서는 푸주한들이 신체검사와 윤리검사를 통해 연주창scrofula[결핵성경부림프선염]이나 괴혈병이 없고, 구취가 나지 않으며, 도덕적으로도 문제가 없음을 확인받아야 했다. 이 규칙을 어기는 자는 누구든지 길드에서 추방될 각오를 해야 했다. 그렇다고 해서 길드 조합원들이 절대로 불량식품을 팔지 않았던 것은 아니다. 17세기 런던의 법정 기록에 따르면, 고명한 생선상인협회Worshipful Company of Fishmongers의 조합원들이 악취 나는 철갑상어와 맛이 떨어지는 대구를 판 혐의로 기소되었다고 한다. 이처럼 규칙이 항상 지켜지는 것은 아니었지만 최소한 좋은 식품의 분명한 표준을 제시했다는 것이 길드의 장점이었다.[109]

한 가지 짚고 넘어가야 할 것은 당시 모든 식품을 길드 조합원들이 만들지는 않았다는 사실이다. 많은 사람이 집에서 직접 기른 돼지를 도살해 소시지, 베이컨, 돼지고기로 가공하며 푸주한과 제빵사의 역할을 대신했다. 또한 치즈 상인이나 과일 상인처럼 주식이 아닌 식품을 파는 이들의 상거래는 그리 조직적이지 않았던 듯하다. 최소한 푸주한들과 제빵사들에 비해서는 기록이 제대로 이루어지지 않았던 것 같다. 이에 더해 식품 생산의 영역을 비공식적으로 넘나드는 이들도 있었다. 길드의 통제를 받지 않았던 소스 제조자들이나 뚜렷이 특화된 영역이 없는 요리사들, 양조장에서 부업으로 일하던 유리 직공의 아내들, 또는 생선을 팔아 푼돈을 버는 구두 직공들이 그러한 예였다.[110] 하지만 이들 역시 엄격한 단속의 손길을 피할 수 없었다. 1424년의 한 요크 법령은 다음과 같이 적시했다. "다른 분야 직공들의 아내들은 충분한 지식을 갖추지 않은 채 판매를 목적으로 일반 상점에서 가금류를 굽거나 끓이거나 빵을 구워서는 안 된다."[111] 다시 말해 직공의 아내가 조리법을 정확히 숙지하지 않은 상태에서 부업으로 식품을 파는 것은 금지되었다. 말할 것도 없이 길드가 무면허 식품 관련 종사자들에게 이 같은 제동을 건 이유는 해당 조합의 이해관계 때문이었다. 하지만 이러한 이해관계는 집단의 이기적 관심에만 머물지 않고 가능한 한 건강하게 해당 식품을 생산하고자 하는 관심으로 이어졌다.

중세의 길드와 법은 식품 생산을 직업이 아닌 의무로 여겼다. 다시 말해, 식품 공급에 종사하는 이들에게는 모든 사람이 최고 품질의 식품을 충분히 얻을 수 있는 길을 보장할 책임이 있다고 봤다. 따라서 각 지역 식품 관련법의 목적은 불량식품 판매를 금할 뿐 아니라 소비자들이 양질의 식품을 필요한 만큼 구매할 수 있도록 관리하는 것이었다. 이러한 감시하에서 제빵사들이 빵을 제대로 만들지 못했다는 이유로 처벌받기도 했다. 1485년 요크에서도 이 같은 사례가 발생했다. 일부 도시에서는 당국이 식품을 구매하는 길드의 역할을 대신했는데, 그 이유는 가난한 사람들이 어려운 시기에 굶주리지 않도록 하기 위해서였다. 피렌체 코뮌commune of Florence이 소금을 독점하고, 로마가 도시의 어장을 독점했던 것도 이러한 이유 때문이었다. 비슷한 이유로, 사리사욕을 위해 식품을 비축하거나 매점하는 행위를 막고자 전문 주류판매업자에게 다양한 제재가 가해지기도 했다. 또 다른 예로, 1497년에 발효된 요크 법령은 제빵사들이 정오 이전에 시장에서 옥수수를 사는 것을 금지했다. 제빵사들이 시장에 공급된 곡물을 독점할 수 없게 하기 위해서였다.

이러한 법이 우선 보호하고자 한 것은 소비자의 권리였지만, 이는 길드를 보호하는 것이기도 했다. 실질적으로 길드의 이해관계는 소비자의 이해관계와 결코 다르지 않았다. 소비자는 믿을 수 있는 품질을 원했고, 길드는 소비자를 안심시킬 수 있는 보증 체계를 확립함으로써 그만큼 명성을 얻을 수 있었다. 길드 조합원들은 일정 기간 동안 해당 식품의 독점적인 판매를 보장받았다. 오늘날 식품업자들은 새로운 상품을 선보일 때마다 경쟁자들을 깎아내리며 끊임없이 이전투구를 벌이지만, 길드의 방식은 매우 달랐다. 길드의 조합원들은 오히려 고기 파이건 금반지건 그들이 만들어내는 특별한 상품의 비결을 공개하고, 다른 분야의 사람들이 이 비결을 공유하지 못하도록 지켜내려 했다.

오늘날의 상업계에서 식품업자들은 정부가 식품 공급 환경을 개선하기 위해 개입하는 것을 부정적으로 해석하는 경향이 있다. 이미 잘 맞물려 돌아가고 있는 상거래에 정부가 개입하면 상업의 자유가 침해된다고 보기 때문이다. 그러나 봉건적 길드의 세계에서는 정부와 상업이 추구하는 목표가 다르다고 생각하지 않았다. 실제로 길드는 부정행위 가능성을 차단하기 위해 자체적으로 식품 제조 과정을 단속하는 하위 집단을 두었다. 빵을 비롯한 영국 식품의 쇠퇴는 이처럼 자정 기능을 갖고 있던 길드가 너무 일찍 붕괴했다는 사실과 밀접한 관련이 있다. 영국의 길드는 셰익스피어 시대에 이미 쇠퇴하고 있었다. 이와 대조적으로 프랑스에서는 길드의 자체 단속 기능이 1789년 혁명 당시까지 지속되었다. 프랑스에서도 역시 사람들이 빵의 품질에 실망하는 상황이 주기적으로 발생했지만, 최소한 품질을 지키고자 한 길드 정신의 핵심은 오늘날까지 남아 있다. 갈리아니Galiani 신부의 언급처럼, 프랑스인들이 좋은 빵에 대해 품고 있는 공공의 자부심은 "빵은 경찰의 소관이지 (정부의 개입이라는 의미에서) 상업의 소관이 아니다"라는 공감대에서 출발했다.[112] 반대로 영국의 식품은 수 세기 동안 상업의 영역에 뿌리내렸다. 자체적으로 식품의 질을 관리 감독하던 길드가 식료품 상인들에게 길을 내주면서 상거래는 더 이상 규제를 받지 않게 되었다. 그리고 이러한 변화는 21세기 슈퍼마켓의 현실에 그대로 투영되어 있다. 재미있는 것은, 옛날 옛적에는 식료품상들이 바로 눈속임을 막는 임무를 맡았다는 사실이다.

식품 경찰—주류검사관, 후추상, 그리고 식료품상

프랑스의 관리들 중에는 돼지 혀 검사관langueyeur de porc이라는 독특한 이름의 공식 직책을 맡은 사람들이 있었다. 이 직책은 당시에도 특화된 전문직으로 여겨졌다. 이 검사관들의 임무는 돼지의 혀를 검사하여 나병 증상이 있는지 확인함으로써 소비자가 병에 오염된 고기를 구매하는 일이 없도록 하는 것이었다.[113] 다른 검사관들의 역할은 훨씬 폭넓었다. 예를 들어 중세시대 후기에 영국 에일맥주의 품질은 '주류검사관conner'이라고 알려진 이들이 관리 감독했다. 영국 최초의 에일맥주 검사관이 임명된 때는 1377년이었다. 이 검사관은 양조자들의 에일맥주를 맛보고 품질을 정하는 임무를 맡았다. 만약 그 맛이 평소보다 덜하면 검사관은 가격을 낮게 매겼다. 양조자들은 틀림없이 검사관에게 뇌물을 주고서라도 실제보다 더 좋은 등급을 받고 싶었을 테지만, 그러한 부패는 분명히 금지되어 있었다. 에일맥주 검사관들은 '선물, 약속, 지식, 증오 또는 다른 어떤 것'을 이유로 자신들의 견해를 바꿀 수 없었다. 에일맥주에서 케케묵은 냄새가 나거나 너무 묽거나 또는 어떤 식으로든 제대로 만들어지지 않은 정황이 보이면 그대로 기록해야 했다.[114] 마찬가지로, 만약 어느 에일맥주의 품질이 훌륭하고 맛이 좋다면, 양조자에 대한 개인적 감정이 좋지 않더라도 틀림없이 사실을 그대로 말해야 했다. 오늘날에는 이러한 검사관이 존재하지 않는다. 부족하나마 그 빈자리를 채우고 있는 이들은 보건 및 식품 안전 검사관이나 식품 및 와인 평론가들이다. 그런 점에서 와인 평론가 파커는 아마도 자신이 에일맥주 검사관의 진정한 후예라고 주장할지도 모르겠다. 부패에 물들지 않은 탁월한 감식력으로 포도밭의 사업을 망칠 수도 키워줄 수도 있는 막강한 존재로서 말이다.

중세 길드에는 식품 사기를 적발하는 임무를 맡은 또 다른 직책이 있었다. 유럽 전역에서 무게를 재고 이를 검증하는 사람들의 길드가 그 예로, 이들의 책임은 도량형에 관한 사기를 막는 것이었다. 프랑스의 경우 이들은 계량검사관measurer의 길드에 속했다. 이 검사관들은 통이나 병과 같은 용기의 용량이 상인들이 말하는 부피와 일치하는지 검증했다. 영국의 계량검사관들은 후추상과 향신료상, 첨가물상과 식료품상처럼 다양한 직군 소속으로, 프랑스의 경우보다는 조직체의 형태가 모호했다.

후추상 길드에 대한 최초의 기록인 『후추상의 미스터리Gilda Piperarorium』는 1180년에 기술되었다.[115] 이 기록에 따르면, 이들은 단순히 후추만 거래하는 상인이 아니었다(후추와 더불어 모든 종류의 건조식품와 양념류를 취급했는데, 이를테면 설탕, 건과, 명반과 같은 품목들이었다). 후추상들은 왕이 선발한 특별한 명예와 의무를 부여받은 집단이었다. 이들은 모든 식품 길드 중 유일하게 왕의 중량 체계를 직접 사용할 수 있었을 뿐 아니라, 나중에는 식품의 부정불량 사례를 검사하는 직무까지 맡았다. 그런데 왜 하필 후추상이었을까? 무엇보다 상거래에서 유통되는 모든 식품 중 후추가 가장 거래량이 많은 품목이어서 중량도 대규모로 달아야 했기 때문이다. 더욱이 당시 후추는 단지 음식 위에 갈아 넣는 매운 향신료가 아니라 세금, 임대료, 지참금을 지불하는 수단으로도 널리 사용되었다. 그렇다 보니 후추 가격은 일반적으로 상업의 추이를 진단할 수 있는 중요한 지표였다. 이처럼 후추는 다른 어느 향신료보다 상거래와 밀접했다.[116] 또한 상대적으로 순수했던 소금과 달리 후추는 언제나 눈속임의 표적이었다는 점도 주목할 만하다. 이미 1세기경에 플리니우스가 알렉산드리아산 머스터드와 노간주나무 열매가 섞여 유통되었던 불순한 후추를 언급했을 정도였다.

후추상과 향신료상이 왕의 계량검사관으로서 기록물에 등장한 때는 에드워드 1세의 통치기인 1285년까지 거슬러 올라간다. 당시 기록에 따르면 왕은 도시에서 2~4군데의 장소를 정해 중량을 재도록 했으며, 25파운드를 넘는 모든 상품은 왕이 임명한 계량검사관이 무게를 측정해야 했다. 이 체계에 따르면 대량 또는 소량의 무게를 잴 때 각기 다른 저울을 사용해야 했다. 칩사이드에서 계피, 생강과 같은 '작은 품목들les sotils choses'을 소규모로 거래하는 향신료 상인들은 가벼운 12온스 파운드로 무게를 잴 수 있는 소저울Small Beam of the City(peso sotil)을 맡았다. 대저울Great Beam of the City(Gros Beam)은 소퍼스 레인Soper's Lane[거리 이름]의 후추상들이 맡았는데, 이들은 향신료 상인들보다 더 큰 무게 단위를 이용했다. 이것이 우리가 현재 사용하는 파운드에 해당하는 페소 그로소peso grosso 또는 상형 파운드이다. 이 때문에 후추상들은 그로사리Grossarii, 즉 대저울 관리자로 불렸다.[117] 1345년에 후추상들은 다른 향신료 상인들과 연합하여 소퍼스 레인의 한 교회 이름을 따 성안토니협회Fraternity of St Anthony를 만들었다.[118] 1373년에 이 강력한 조직은 메스트레 드 라 콤파니 드 그로세mestres de la Compagnie de Gr'ssers로 개칭했다. 이를테면 식료품상 조합Grocers' Company이었다.

이 식료품상 조합은 얼마 후 시장에 유통되기 전인 모든 향신료의 불순물을 걸러내고 세척하는 중책을 맡았다. 이 역할을 맡은 '불순물 검사관(가블러garbler)'은 '대중의 식품과 건강의 일등 수호자'로 여겨졌다.[119] 불순물 검사관을 가리키는 단어 가블러는 '면밀히 조사하다' 또는 '선별하다'라는 뜻의 아랍어 가발라gharbala에서 유래한 것으로, 당시 검사관들이 맡은 일의 성격을 정확히 나타내고 있다. 이들은 후추, 생강, 계피 등을 걸러 자갈, 잎,

나뭇가지, 다른 찌꺼기와 같은 불순물을 검출하기 위해 여러 단계의 체를 이용하거나, 스스로의 감각과 전문적 지식을 이용하여 해당 향신료가 진짜인지 검사했다.[120] 오래 묵은 향신료를 새것과 섞거나 사프란, 정향 또는 생강을 축축하게 만들어 중량을 증가시키는 것은 불법이었다. 런던 선착장에 부려지는 모든 약물과 향신료는 유통되기 전에 불순물 검사관의 검사를 받고 확인을 거쳐야 했다. 1380년의 한 기록에 따르면, 이 같은 목적으로 임명된 사람이 불순물을 제거하기 전에 앞에서 언급된 식료품상이 세척되지 않은 상태의 '식료품'을 파는 것은 엄격히 금지되었다.[121]

에일맥주 검사관과 마찬가지로 불순물 검사관은 다음과 같이 선서하며 성실한 임무 수행을 약속했다.

> 당신은 런던 시내에서 불순물 검사의 직무를 성실하고 정직하게 수행할 것을 맹세한다. 이 직무를 수행하며 어떠한 절도, 횡령을 하지 않고, 불법적으로 부정직하게 검사 대상 향신료의 일부를 개인 소유로 가정이나 다른 장소로 옮기지 않을 것을 맹세한다. 이 책무를 다함에 있어 당신은 해당 상인이 누구든 관계없이 모든 종류의 향신료와 약물, 상품에 대해 공정하게, 진실로, 차별 없이 불순물을 검사하고 세척해야 한다.[122]

불순물 검사관들은 자칭 사기꾼의 감시병이었다. 그런데 17세기 초, 동인도회사가 그들의 직무 수행을 위협하는 상황이 발생했다. 향신료의 주요 수입체였던 동인도회사는 불순물 검사를 면제받으려 했다. 그러나 검사관들은 소비자들이 불순물이 첨가된 제품을 구매하는 것은 물론, 향신료와 약재를 구매할 때 오용 및 사기로 인적, 물적 피해를 입는 것을 막기 위해서는 자신들의 활동이 반드시 필요하다며 이러한 움직임에 강력히 반대했다.[123] 이들에 따르면 지난 300년 동안 '사기와 오용'을 막아온 주체는 바로 자신들이었다. 따라서 동인도회사가 불순물 검사 면제를 요구하는 것은 분명히 잘못된 일이라는 것이 이들의 주장이었다. 이러한 충돌은 이미 예견되어 있었다. 동인도회사는 거대한 조직력을 앞세워 결국 불순물 검사관들이 뿌리 내리고 있던 길드의 세력을 약화시켰다. 그리고 결과적으로 불순물 검사관들의 주장이 옳았음이 증명되었다. 18세기 말까지 향신료는 불순물 검사관들의 책임하에 있었을 때보다 더욱 불량한 사례가 많아졌고, 눈속임은 더욱 체계적으로 이루어졌다.

그러나 불순물 검사관들이 단지 공명심만으로 활동했던 것은 아니었다. 그들은 이 직무를 수행하며 꽤 많은 수입을 올렸다. 17세기 시세를 기준으로 후추의 불순물을 검사하는 데 한 자루에 2실링을 받았고, 육두구nut meg 100파운드당 3실링 6펜스, 정향 100파운드에 2펜스, 월계수 열매, 쿠민cumin[미나리과 식물의 열매], 고수coriander, 캐러웨이caraway, 아몬드와 쌀은 1헌드레드웨이트hundred weight[약 51킬로그램. 영국에서는 112파운드, 미국에서는 100파운드에 해당하는 무게 단위]에 8펜스, 그리고 생강과 피망 1헌드레드웨이트에 12펜스를 받았다.[124] 불순물 검사가 의무적이고 독점적이었다는 사실은 또한 부패를 양산할 소지가 있었다. 제임스 1세(1566~1625) 때에는 불순물 검사관에 대한 수많은 탄원이 쏟아졌다. 사람들은 대부분 검사관들이 상품을 적절히 검사하지 않고 그냥 직인을 찍는다며 불만을 토로했다. 더군다나 검사관들은 이미 불순물이 제거되어 들어오는 네덜란드산 향신료에도 검사 비용을 부과했다.

1613년과 1614년 사이의 탄원서들에 따르면, 불순물 검사관들은 더 이상 맡은 책무에 적합하지 않은 존재들이었다. 당시에는 향신료와 약물의 구분이 모호했기 때문에 검사관들은 향신료뿐 아니라 약물에 대한 감독 책임도 함께 갖고 있었다. 그러나 이제 약물의 순수성을 판단하기에는 불순물 검사관들의 전문성이 부족해 보였다. 약물 판매에서 부패가 점차 많아졌을 뿐 아니라, 정유의 미묘한 부정불량 사례, 즉 테레빈유나 착유 또는 주정을 첨가한 행위를 검출하는 것 역시 불순물 검사관의 영역이 아니며 화학자의 기술이 필요하다고 인식되기 시작했다. 이러한 변화 속에서 1617년에 '약재상 헌장Apothecaries' Charter'이 승인되었고, 눈속임의 감시자로 활약했던 식료품상 겸 불순물 검사관들의 영향력은 조금씩 쇠퇴하기 시작했다. 약물 관리는 약재상 또는 약사들의 손으로 넘어갔고, 식음료 관리는 특화된 관리 기구 없이 방치되었다.

이후 영국 정부는 식음료 사기를 막기 위해 지속적으로 개입했지만, 주요 관심은 시민의 뱃속보다는 재무부의 재정을 보호하는 데 있었다. 불순물 검사관들의 쇠퇴와 더불어, 부정불량식품으로 인해 공중보건이 심각한 위기에 봉착했다는 사실이 마침내 의회에 받아들여져 1850년대 관련법이 통과되기까지 사기꾼들에 맞서 식품 소비자의 권리를 보호하고자 발 벗고 나선 이는 아무도 없었다. 게다가 당시에는 한때 식품 사기에 맞서 수호자로 활약했던 식료품상이 최악의 가해자로 돌아서 있었다. 19세기에 이들만큼 불신을 받았던 상인 집단은 없었다. 그리하여 부정불량식품에 맞선 싸움은 이제 불성실한 식료품상과의 싸움으로 그 무대를 옮기게 되었다.

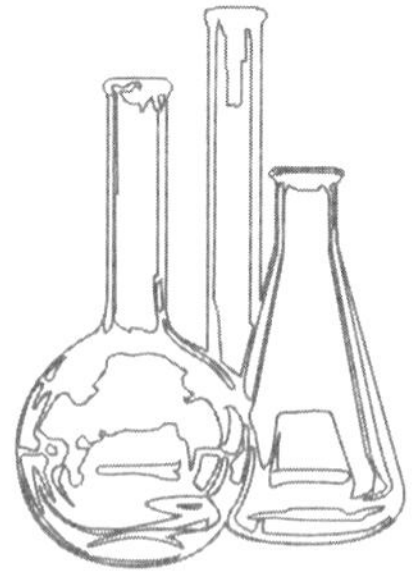

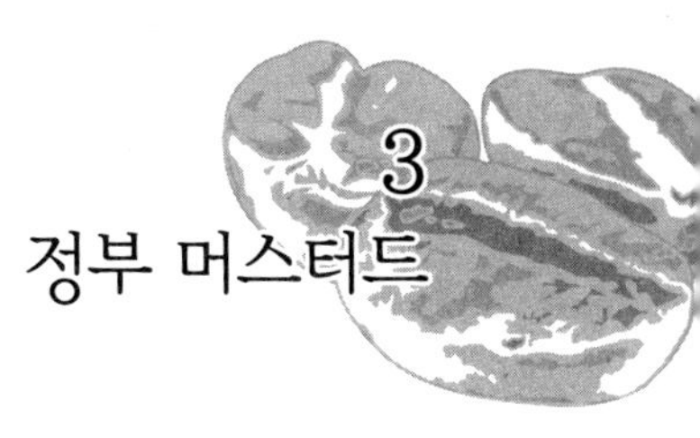

3
정부 머스터드

분명히 빵을 주문했는데 받고 보니 돌덩이다.
커피를 달라고 하니 치커리를 쥐여준다.
치커리를 달라고 했더니 이번에는 불에 탄 당근과 말라버린 말의 간이 나온다.
아몬드유 대신 받은 것은 청산青酸이다. 디저트를 즐기려면
언제나 이렇게 치명적인 위험을 감수해야 한다.

— 『타임스』, 1856년 3월 3일[1]

부정불량식품을 생각하면 꼭 떠오르는 의문이 하나 있다. 사람들은 왜 이처럼 부당한 상황을 참고 넘어갈까? 1868년, 조지 엘리엇George Eliot 역시 자신의 소설에 등장하는 이상주의자 펠릭스 홀트Felix Holt(이 이름이 바로 소설 제목이기도 하다)의 눈을 빌려 같은 질문을 던졌다. 엘리엇의 소설이 출간되기 1년 전인 1867년, 영국의 150만 노동자들은 선거법 개정법Second Reform Act 발효로 인해 비로소 선거권을 갖게 되었다. 화이트홀[관공서가 많은 런던의 거리]의 지배층 인사들은 노동자들이 선거권을 감당할 만한 지적 수준과 자격을 정말 갖추고 있는지 설왕설래했다. 소설의 주인공 펠릭스 홀트는 민주적 개혁의 선봉에 섰던 인물이지만, 그 역시 노동자들 대부분은 그렇게 현명하지도 도덕적이지도 않다고 여겼다. 그 반대였다면 노동자들이

상인들의 사기 행각을 그렇게 묵인하지 않았을 것이다.

> 이 나라의 국민 대다수가 우리만큼 지혜와 미덕을 갖추었더라면, 오늘날 벌어지고 있는 대담한 상업적 사기 행각과 눈속임, 독이 든 불순한 상품, 소매 단계에서 벌어지는 속임수, 정치인들의 뇌물 수수와 같은 나쁜 관행들은 용인되지 않았을 것이다. 다수는 여론을 형성할 수 있다. 반드시 선거권을 행사하지 않더라도, 우리는 얼마든지 잘못된 일을 불평하고 야유할 수 있다. 그러한 불평을 적재적소에 했다면, 우리가 선악을 더 제대로 식별했다면, 장인과 공장 노동자, 광부 등 다양한 직종의 노동자들이 숙련된 기술에 신의를 겸비하고 냉철한 판단력과 근면성실함을 갖추었다면, 지혜와 미덕을 갖추는 데 반드시 전제되어야 할 이러한 면면들이 제대로 존재했다면, 우리는 이 국가적 악행을 야기하는 계급을 상대로 진작 비난의 목소리를 드높일 수 있었을 것이다.[2]

홀트는 노동자들 역시 기회를 놓치지 말고 목소리를 높여야 한다고 다그쳤다. 하지만 홀트(또는 조지 엘리엇)가 이 말을 통해 역설적으로 반증한 사실은 당시 선거권이 없는 대중은 부정불량식품에 대해 불평하는 것마저 여의치 않았다는 점이다. 선거권을 갖기 전, 노동자들은 남녀를 불문하고(여성 노동자들이 선거권을 갖게 된 것은 1928년에 이르러서였다) 어떤 식으로든 의사표현을 할 기회도 여력도 갖지 못한 채 내키지 않는 음식을 무던히도 삼켜야 했다. 그들이 삼켜야 했던 것은 비단 영양가 없는 식품만은 아니었다.

아쿰의 노력으로 인해 사람들은 사회 곳곳에 만연한 부정불량식품 문제를 인식하기 시작했다. 그러나 1820년 이후 수십 년이 지나도 이러한 자각은 문제를 적극적으로 해결하고자 하는 대중운동으로 확산되지 못했다. 상업계는 부정불량식품 문제를 유야무야 덮었다. 아쿰이 한탄했던 것도 바로 그러한 현실이었다. 당시 프랑스의 사회비평가들은 『불신의 알비온 Perfidious Albion』[알비온은 영국의 옛 이름을 뜻한다]에서 남을 속이는 주민들에 빗대 영국인들의 위선적 태도를 비난했다. 당시 영국 정부가 식품 안전에 관해 어떻게 대처했는지를 보면, 프랑스인들이 왜 그렇게 영국을 힐난했는지 충분히 짐작된다. 노동자들은 선거권을 행사할 만큼 기반을 갖추지 못했고, 독립성이란 것도 유치한 수준에 머물러 있었다. 그러나 노동자들은 상업 문제에서만큼은 자신들이 구입하는 식품의 안전성에 관한 냉정한 판단에 대해 책임이 있는 집단으로 규정되었다. '구매자 책임buyer beware' 원칙은 바로 이러한 사회 분위기에서 조성되었다. 달리 말해, 영국 사회는 기본적인 민주적 권리조차 없는 대중에게 식품 안전 문제에 한해서만 크나큰 책임을 떠넘기고 있었다.

현재 우리의 식품 문화는 이와는 정반대다. 오늘날에는 대체적으로 구매자 책임이 아닌 판매자 책임 원칙이 통용된다. 21세기에 접어들 무렵, 미국과 영국의 외식업계에는 낯선 풍경이 등장했다. 스테이크나 버거를 주문하면서 설익혀 달라고 하면, 종이 한 장을 받게 된다. 종이에는 주문한 대로 설익힌 육류를 먹고 어떤 문제가 생기더라도 해당 레스토랑에는 책임이 없음을 인정한다는 내용이 쓰여 있다. 소비자 입장에서 보면 일종의 법적 권리 포기 각서인 셈이다. 설익은 분홍빛 속살을 먹고 싶다면 여기에 서명을 해야 한다. 조급한 손님들이라면 이 각서에 서명하는 동안 분명 심사가 불편해질 것이다. 손님들이 불편함과 불쾌감을 느낄 것이 뻔한데도 이러한 절차가 등장한 이유는 레스토랑 업주의 입장에서는 구매자 책임과 판매자 책임 사이에 존재하는 불균형을 조금이라도 줄일 필요가 있었기 때문이다. 그렇다면, 소비자가 섭취하는 식품에 대해 정말 책임이 있는 사람은 누구일까? 환경보건당국은 물론 까다로운 소비자, 정부의 불필요한 요식 행정 등이 다각도로 부과하는 책임에 눌린 요식업계는 자신들에게 주어진 책임을 조금이나마 소비자 개인에게 돌리려 하고 있다. 판매자 책임에 기반한 오늘날의 식품 문화에서는 언론과 광고표준위원회, 소비자 모두가 식품 판매자들에게 약속을 명확히 하고 이를 이행하라고 독촉하며 책임을 묻기 때문이다.

빅토리아 왕조 중기 영국의 상황은 지금과는 매우 달랐다. 길드 시스템이 붕괴하면서 식품의 안전 문제는 공백 상태에 놓였다. 식품 사기를 막을 책임은 누구에게 있었을까? 정부는 아니었다. 빅토리아 시대의 정부는 심하게 부패한 육류를 압수하거나 차, 커피처럼 세금이 많이 부과되는 상품을 관리 감독했지만, 식품 관련 사건에는 전반적으로 개입하기를 꺼렸다. 언론의 입장도 다르지 않았다. 특히 심각한 부정불량식품 사건이 발생할 때에만 잠시 보도할 뿐, 소비자들이 변조된 식품을 애초부터 식별할 수 있도록 정보를 제공하는 언론은 드물었다. 판매자들 역시 마찬가지였다. 어떤 이는 당시 상황을 이렇게 묘사했다. 식품에 불순물을 첨가했다는 혐의로 기소된 한 가게 주인은 어쨌든 '좋아하는' 사람들이 먹었을 것 아니냐고 항변하면서 부정직한 행위를 변명할 구실을 찾는 데만 몰두했다.[3] 그렇다면 당시 식품 사기를 막을 책임은 누구에게 있었을까? 모든 책임은 식품 사기에 대응할 방도가 가장 취약했던 소비자 개인에게 떠넘겨졌다. 구매자 책임 문화에서 구매자들은 할 일이 많았다.

사악한 식료품상

아쿰의 폭로 이후 수십 년 동안 영국에서 식품을 취급하는 상인들의 악명은 높아져만 갔다. 어떤 악당이라도 이들의 악명을 넘어설 수는 없을 듯했다. 한때 식료품상들이 불순물 검사관으로 활동하며 공중 보건의 파수꾼으로서 자부심을 공유한 시절도 있었지만, 이미 지난 지 오래였다. 이제 세상에 각인된 그들의 모습은 음침한 곳에서 손님들을 속일 음모를 꾸미는 사악한 사기꾼일 뿐이었다. 1851년, 『펀치Punch』라는 잡지는 "아침에 해장술 한 잔을 걸치고는 창고에 재료를 채우고 벽돌 가루로 초콜릿의 색을 내는 악동 같은 식료품상"을 묘사했다.[4] 『펀치』에 실린 〈위대한 로젠지lozenge 사탕 제조자〉라는 제목의 또 다른 만화는, 섬뜩한 해골 모습의 한 식료품상이 비소와 회반죽을 섞은 치명적인 재료로 '아이들의 파티에 쓸 사탕'을 만드는 무시무시한 광경을 그렸다. G. K. 체스터턴G. K. Chesterton은 1914년에 발표한 시 「식료품상들을 향한 노래Song Against Grocers」에서 그들에 대한 19세기 사람들의 시선을 분명히 그려냈다.

> 신은 사악한 식료품상을 창조하셨네
> 불가사의함과 징후를 남기시기 위함이라네
> 사람들은 끔찍한 상점은 피할 수 있을지도 몰라
> 그리고 여인숙으로 가 식사를 하겠지
> 식료품상은 우리에게 아라비아의 모래를 판다네
> 돈을 받고는 설탕이라고 속이지
> 가게 먼지를 쓸어 팔기도 한다네
> 도시에서 가장 순수한 소금이라며

오염된 고기를 캔에 가득 담기도 하지
불쌍한 왕의 백성들이
수천씩 쓰러져 목숨을 잃고 있는데
어찌하여 식료품상은 그토록 웃어대는지 알 수 없다네.

그러나 이 시가 등장한 시기에만 하더라도 식료품상을 악마와 동일시하는 시각은 이미 고리타분한 발상이었다. 20세기 초에 밝혀진 증거에 따르면, 설탕의 무게를 모래로 부풀렸다는 설은 대중의 상상에서나 일어난 일이었다. 아무리 보잘 것 없는 빅토리아 시대 후기의 식료품 가게라 하더라도 상인들이 취급했던 소금은 소금이었을 뿐, 정체 모를 가루를 이것저것 쓸어 모은 것은 분명 아니었다. 더군다나 체스터턴이 이 시를 쓴 20세기 초 영국의 상황은 심각성이 극에 달했던 19세기에 비해서는 많이 나아진 상태였다. 이 장에서는 이처럼 영국의 식품 환경이 긍정적으로 변화하는 과정과 함께, 별난 데다 불만에 가득 찬 한 사람의 지치지 않는 노력이 이 변화에 어떻게 일조했는지를 돌아보려 한다.

악마 같은 식료품상들이 실제로 활개를 쳤던 전성기는 1810년대부터 1850년대까지였다. 당시 영국의 식료품 가게에서는 위조 식품을 판매하는 경우가 다반사였다. 식품의 대부분은 불순물로 채워지거나 중량을 속인 채 팔려나갔다. 상황이 이렇다 보니 소비자들 역시 구입할 때마다 미심쩍어 했지만(그리고 소비자들이 품었던 의혹들 중에서 많은 사례를 아쿰이 실제로 확인했지만) 뾰족한 대응 방법이 없었다. 식료품 가게나 일반 가게에서 판매된 주요 상품은 중세 상인들이 주로 취급했던 후추를 비롯해 밀가루, 설탕, 향신료, 치즈, 버터, 베이컨, 염장 생선, 그리고 무엇보다 빼놓을 수 없는 차와 커피였다. 식료품상들이 저울에 올리는 귀한 후춧가루에는 원료의 2배 또는 심지어 3배에 이르는 불순물이 섞여 있었다. 빻은 커피라고 파는 것은 사실 치커리 분말을 포장한 것에 지나지 않았다. 그나마 치커리 역시 구운 밀가루와 호밀 가루, 태운 콩, 도토리, 사료용 비트mangelwurzel[근대의 일종], 톱밥, 말린 당근과 파스닙을 구워 빻은 가루 중 한 가지 또는 여러 가지가 혼합된 것이어서 질이 떨어졌다. 한 술 더 떠 상인들은 불순물을 넣었다는 사실을 감추려고 태운 설탕을 혼합하여 색을 짙게 만들었다. 빅토리아 시대의 한 요리 작가가 커피 내리는 법을 설명하면서 '절대로 식료품상이 파는 치명적인 혼합물에 현혹되지 말 것'을 충고한 것도 이러한 이유에서였다.[5] 생강의 양은 쌀가루와 사고sago[사고야자나무에서 나오는 쌀알 모양의 흰 전분. 흔히 우유와 섞어 디저트를 만들 때 사용한다]로 부풀려졌고, 이 과정에서 시들해진 생강 고유의 톡 쏘는 맛을 흉내내기 위해 카옌이 들어갔다. 카옌의 양 또한 쌀가루나 머스터드 껍질, 오래된 톱밥 등으로 부풀려지는 예가 많았다. 두말할 나위 없이 카옌 역시 착색 과정을 거쳤다. 운이 좋은 소비자라면 그나마 강황으로 색을 입힌 카옌을 얻었겠지만, 그렇지 않으면 광명단으로 착색된 것을 먹을 수밖에 없었을 것이다. 이만하면 빅토리아 시대 사람들이 매운 음식을 얼마나 의심스러운 눈초리로 봤을지 짐작되고도 남는다.

부도덕한 식료품상들의 악행은 여기에 그치지 않았다. 그들은 같은 값에 어떻게든 조금이라도 양을 줄여 팔기 위해 온갖 교활한 방법을 동원했다. 버크셔의 한 식료품상에서 견습생으로 일했던 한 인물은 자신이 주인에게 어떤 속임수들을 배웠는지 떠올렸다.[6] 독실한 감리교인이었던 그 주인은 그만큼 독실한 사기꾼이었다. 그가 무엇보다 고수했던 중요한 원칙은 은근슬쩍 넘어갈 수 있는 정도로 손님을 속이는 것이었다. 그는 만트라를 외우듯 이렇게 말하곤 했다. "온스[28.35그램, 아주 적은 양]도 다 돈이야." 그는 단골을 놓치지 않기 위해 베이컨과 같은 기본 식품을 싸게 파는 상술도 잊지 않았다. 마치 오늘날 슈퍼마켓에서 사람들을 끌어들이기 위해 우유나 빵처럼 누구나 가격을 잘 아는 품목들을 최저가에 내놓는 것과 같다. 양을 속이는 방법을 요약하자면, 처음에는 손님이 눈치 채지 못할 정도의 양을 가늠해 건넸다가, 다시 사러 올 때마다 1~2온스씩 더 줄여 파는 식이었다. 이를테면 1파운드당 4와 2분의 1펜스인 베이컨 6파운드 7온스[약 2,920그램]를 살 경우, 실제로 소비자가 가져갈 수 있는 것은 1파운드당 5펜스로 계산되어 총 6파운드 9온스[약 2,977그램]가 매겨졌다. 결과적으로 식료품상은 2와 2분의 1펜스의 추가 이득을 얻었다. 견습생은 설탕 무게를 달아 팔던 상황을 이렇게 기억했다. "설탕 무게를 달 때 미리 약간의 설탕을 저울 위에 흘려놔요. 그리고 흘린 설탕은 저울 위에 그대로 남게 하지요. 그러면 무게는 제대로 표시되지만, 손님이 실제로 가져가는 양은 1파운드당 4분의 1온스 정도씩 줄어들어요." 치즈와 버터의 경우도 마찬가지였다. "치즈 상인은 항상 우리가 저울을 적셔놓지 않는다고 혼냈어요. 전체적으로나 한쪽 면이 더 무거워지게 하기 위해서였지요. 버터를 올려놓는 저울의 면 말입니다. 말로는 저울에 버터가 들러붙지 않게 하기 위해서라고 했어요. 하지만 손님은 결국 저울에 있는 수분의 무게 때문에 반 온스씩 손해를 보게 되지요."[7]

물론 모든 식료품상이 이렇게 부정직한 것은 아니었다. 정직한 식료품상들은 정량으로 식품을 판매했고, 식품에 불순물이 섞이지 않도록 최선을 다했다. 분명히 이들은 일부 식료품상들이 끊임없이 소비자들을 속여 상인들 전체가 오명을 덮어쓰게 되는 현실을 무척 괴로워했을 것이다. 앞에서 언급된 견습생은 버크셔에서 일을 그만둔 후 요크셔에 있는 또 다른 식료품상의 가게에 일자리를 얻었다. 그 가게의 주인은 정직한 사람이었다. “정직하게 일하려면 처음부터 완전히 다시 일을 배워야 했어요.”[8] 또 하나의 변수는 소비자의 경제적 능력이었다. 주머니 사정이 좋은 소비자들은 피카딜리의 포트넘 & 메이슨Fortnum & Mason이나 소호 광장에 위치한 크로스 & 블랙웰Crosse & Blackwell 같은 고급 상점을 이용할 수 있었다.[9] 부유층의 입장에서 보자면, 당시는 영국의 상가가 맞은 첫 번째 황금기였다. 환상적인 사치품들을 진열한 상점의 정교한 진열대는 아쿰이 제도적으로 도입하고자 고군분투했던 가스등으로 밝혀지기 시작했다. 진열대에는 각종 기본 식료품이 올랐으며, 포트넘 & 메이슨은 콜드 덕cold duck[버건디와 샴페인을 같은 비율로 탄 술 또는 화이트와인, 샴페인, 레몬주스, 설탕을 섞은 음료수]과 바닷가재 샐러드를 담은 소풍 바구니, 송로버섯으로 맛을 낸 가금류 요리와 샴페인도 선보였다. 빅토리아 여왕은 이곳에서 농축된 비프 티beef tea[환자용 식품으로 사용되었던 육즙]를 구매했다. 또한 이곳은 웨스트엔드에 위치한 개릭Garrick, 애서니엄Athenaeum, 브룩스Brooks's, 칼튼Carlton 등의 신사 클럽에 식품을 공급하기도 했다. 한편 크로스 & 블랙웰은 파테pate[간이나 자투리 고기, 생선살 등을 갈아서 밀가루 반죽을 입혀 오븐에 구워낸 프랑스 요리]와 파스타, 설탕에 절인 과일과 초콜릿, 잼, 시럽과 진액, 기름과 식초, 25가지의 다양한 피클, 40가지의 소스 등을 판매했다. 1844년, 프리드리히 엥겔스Friedrich Engels(영국으로 간 후에도 프레더릭으로 이름을 바꾸지 않은 독일인 이민자)는 이렇게 기록했다. “영국의 대도시들에서는 무엇이든 최고를 구할 수 있었다. 돈만 있다면 말이다.”[10] 이처럼 규모가 큰 상점에서 판매하는 식품들이 반드시 엄격하게 관리되었던 것은 아니다. 하지만 전반적인 품질은 일반적인 런던 식료품상에서 살 수 있는 것보다 훨씬 나았다. 여기서 한 가지 안타까운 사실을 짐작할 수 있다.

식품 사기의 영향을 훨씬 많이 받은 이들은 다름 아닌 가난한 사람들이었다는 점이다.

가난한 자들에 대한 강도 짓

제1세계에 사는 부유층으로서 먹을거리에 관심이 많은 사람이라면 순수한 식품으로 가득 채운 건강한 식단을 마음껏 꾸밀 수 있다. 농산물을 직접 기른 농부들이 여는 시장에서 신선한 초록색 스위스근대Swiss chard 다발을 사서 걸러내지 않은 올리브유와 함께 찌거나 볶을 수도 있고, 가장 깨끗한 바닷소금을 뿌려 간을 맞출 수도 있다. 안전한 유기농 환경에서 자란 닭고기도 구할 수 있다. 표백 과정을 거치지 않은 최상의 순수한 르벵levain[발효종]빵을 4파운드에 살 수도 있다. 때로는 인근에서 생산된 무살충제 사과 주스를 마실 수도 있을 것이다. 하지만 같은 제1세계 도시에 살더라도 가난한 이들이라면 이렇게 식단을 꾸미는 것은 꿈속에서나 가능하다. 운이 좋거나 어지간히 까다롭게 굴지 않는 한, 가난한 사람들이 고른 식품은 부자들의 식품보다 오염된 경우가 많다. 고기에는 호르몬과 물이 주입되기 일쑤다. 빵에는 표백제나 효소가 예사로 쓰이고 그나마 양도 적을지 모른다. 지방은 수소화된 것이 보통이고, 천연 주스는 너무 비싼 탓에 아이들은 색소와 감미료가 첨가된 스쿼시를 마실 것이다. 다행히 이러한 식품들을 피하거나 골라낸다 해도 상황은 여전히 공평하지 않다. 가난한 사람들이 건강한 식품을 먹으려면 양질의 식품을 판매하는 협동조합 근처에 살거나, 주말 농장에서 직접 야채를 기르거나, 아시아인의 식료품상에서 튼실한 렌즈콩이나 쌀을 구하기 위해 일부러 시간을 내는 수고를 해야 한다. 이러한 노력 자체도 불공평하기는 마찬가지다. 가난한 사람들은 좋은 식품을 찾기 위해 끊임없이 발품을 팔아야 하지만, 부자들은 순수한 식품을 쉽게 접할 수 있기 때문이다.

1840년대에도 이러한 상황은 마찬가지였다. 아니, 오히려 더 나빴다. 훨씬 더 가난했던 당시 사람들은 질이 떨어진다는 이유로 저렴하게 팔리는 식품마저 살 만한 형편이 못 되었다. 그렇게 그들은 싸구려 식품 사기에 속아 넘어가는 상황에 내몰릴 수밖에 없었다. 1840년대 말, 언론인 헨리 메이휴Henry Mayhew는 런던의 거리에서 가난한 이들이 처한 노동환경을 관찰했다. 그는 『모닝 클로니클Morning Chronicle』에 자신의 목격담을 연재했고, 그 이야기들을 모아 『런던 노동자와 런던 빈민들London Labour and the London Poor』(1851)이라는 책을 출간했다. 그가 풀어놓은 이야기 중 가장 충격적인 것은 가난한 사람들의 끔찍한 식생활에 관한 내용이었다. 메이휴는 이렇게 적었다. "가난한 사람들이 구입하는 식품의 형편없는 양과 질을 보고 있노라면 이들이 얼마나 잔혹하게 사기당하고 있는지, 그리고 저임금의 노동착취도 모자라 식품을 살 때마다 얼마나 터무니없이 바가지를 쓰는지 금세 알 수 있다."[11]

중산층 사람들이 시장이나 제조자, 푸주한, 식료품상으로부터 식품을 사는 반면, 가난한 노동자들은 거리의 노점상이나 행상으로부터 구매했다. 노점의 가격은 더 저렴했지만 눈속임 또한 그만큼 더 심했다. 온갖 방법으로 1온스라도 훔치겠다고 혈안이 된 식료품상들은 노점 상인들에 비하면 양반이었다. 메이휴가 알아낸 사실에 따르면, 노점 상인들이 사용하는 파운드는 보통 4온스가 부족했고, 8온스나 10온스가 모자라기도 했다. 가난한 사람들의 식품 1파운드는 실제 무게가 그 절반에 지나지 않았다. 저렴한 가격이란 곧 부정직을 의미했다. 노점상이 재는 1파인트 역시 최소한 3분의 1이 모자랐다. 메이휴는 사과 종류 이름을 붙였지만 사실 온갖 식품을 취급했던 한 상인 집단을 지목하며 이렇게 말했다. "전체적으로 과일 행상들은 이 나라의 범죄자들 중에서도 그 비율이 상위를 차지한다."[12] 수감자 기록에 따르면, 푸주한의 경우는 247명당 1명의 범죄자가 있었지만, 노점상이나 행상의 경우는 86명당 1명에 이르렀다.

메이휴의 글을 읽다 보면 당시 자행된 식품 사기는 소수 사기꾼들의 전유물이 아니었음을 알 수 있다. 식품 사기는 식품 산업 전반에 만연해 있었다. 늘 그렇듯이, 그렇다고 해서 노점에서 판매되는 식품이 모두 나빴던 것은 아니다. 메이휴는 가정에서 재배되고 여름철에 대도시의 녹색 시장에서 팔리는 양질의 미나리, 분홍 무, 아스파라거스, 브로콜리 같은 야채, 그리고 자두, 구스베리와 딸기, 산딸기 커런트에 깊은 인상을 받았다. 이 맛있는 식재료들을 취급한 이들은 다름 아닌 행상들이었다. 그러나 원래 양질의 식품이라 하더라도 가난한 사람들 손에 쥐어질 때쯤에는 눈속임이 개입되는 예가 많았다. 예를 들어, 행상들은 바닥을 몰래 높인 가짜 쿼트quart[1쿼트는 영국에서 1.14리터, 미국에서는 0.94리터에 해당한다] 용기에 자두를 담아 팔았다. 체리가 최저가로 팔릴 때는 1파운드당 1페니가 매겨졌는데, 사실 행상이 '1파운드'라며 담아주는 것은 5온스밖에 되지 않았다. 가난한 사람들이 이러한 눈속임에 제대로 대응하지 못한 이유는 두 가지였다. 첫째, 저울이 없었기 때문에 그들은 원래 받아야 할 중량을 제대로 가져왔는지 확인할 길이 없었다. 둘째, 가난한 사람들에게 노점은 그나마 식재료를 살 수 있는 유일한 곳이었다. 속임수가 개입되었더라도 행상들만큼 싸게 파는 상인들은 어디에도 없었기 때문이다.

가난한 사람들이 식품 사기의 먹잇감이 되는 데 일조한 또 다른 공신은 바로 그들의 노동 시간이었다. 『영국 노동 계급의 상황Condition of the Working Class in England』에서 엥겔스는 분노에 찬 목소리로 노동자들이 처한 구조적 착취를 전했다. 토요일 오후가 되어야 주급을 받을 수 있었던 노동자들의 입장에서는 오후 5시는 고사하고 저녁 7시에 맞춰 시장에 가는 것도 여의치 않았다. 엥겔스가 '자산을 소유한 계급'이라고 지칭한 사람들은 시장이 최고의 상품으로 가득 찬 아침에 먼저 식품을 선택할 수 있었다. 노동자들이 시장에 도착했을 때는 최상품은 이미 사라지고 없었다. 아마 남아 있더라도 가난한 노동자들은 살 형편이 못 되었을 것이다. 노동자들이 사는 감자는 대개 볼품없었고, 야채는 시들었으며, 치즈 또한 오래 묵은 것이었다. 베이컨은 산패하여 맛이 변했고, 늙거나 병든 가축의 고기는 질겼으며, 행여 건강했던 가축의 고기라 하더라도 신선하지 않아 절반은 상해 있었다.[13]

토요일 밤에 장을 보면 도저히 먹기 어려운 식품을 사게 될 가능성이 더욱 높아졌다. 어둠 속에서 식품의 상태를 판단하기란 당연히 어려웠을 것이다. 상인들은 바로 이 점을 악용했다. 생선 장수들은 상태가 좋지 않은 생선을 토요일 밤에 슬쩍 팔아치우곤 했다. 신선도가 떨어져 색이 칙칙해지고 냄새까지 나는 고등어도 촛불 아래에서 얼핏 보면 방금 잡은 것처럼 보일 수 있었기 때문이다.[14] 게다가 영국 북부의 일부 노점상들은 붉은 아가미가 생선의 신선도를 나타낸다는 점을 이용해 붉은 물감으로 아가미를 칠하기도 했다.[15] 이렇게 덧칠한 생선은 한낮이라면 분명히 알아보기 쉬웠을 테지만 밤에는 분간하기 어려웠고, 캄캄한 밤의 희미한 불빛 아래에서라면 그 효과는 당연히 더 빛을 발했다. 병든 고기나 상한 치즈에는 '덧씌우기'와 같은 기만적인 기술이 쓰였다. 부패한 표면을 신선한 재료로 덮어 가리는 방법이었다. 오래된 고기는 신선한 지방층으로, 상한 치즈는 얇게 뜬 신선한 치즈로 덧씌워졌다. 이와 비슷하게 오래된 가염버터는 신선한 감성버터층으로 가려졌다. 토요일 밤에 벌어진 속임수들 중에는 이보다 기발한 것들도 있었다. 주말의 별미로 코코넛을 사려는 맨체스터의 공장 노동자들을 떠올려보자. 아마 이들은 코코넛을 먼저 흔들어보며 과육이 충분하고 신선한지 가늠한 후에 값을 지불할 것이다. 하지만 눈속임을 하려는 상인들은 오래되고 부패하여 과육이 거의 말라버린 코코넛을 구한 후 여기에 구멍을 뚫어 물을 채우고 껍질의 색을 맞추기 위해 어두운 색을 칠한 코르크로 구멍을 막아 가짜 코코넛을 만들었다. 또 다른 사악한 술수는 오렌지를 끓여 묵직하고 빛나 보이게 하는 방법이었다. 이런 오렌지를 산 사람들이 집에 가져가 자르다가 푹 익은 알갱이가 덩어리져 떨어져나가는 것을 봤을 때는 이미 때가 늦어 항의조차 할 수 없었다.

이러한 속임수들은 부정불량식품에 쓰인 수법들 중에서도 고전적인 것이었다. 이렇게 판매자는 순진한 구매자를 눈가림하려 들었다. 그러나 토요일 밤에 장을 보는 소비자들은 자신들이 구입하는 식품이 불량하다는 사실을 이미 알고 있었던 것 같다. 엥겔스에 따르면, 노동자들은 밤 10시나 더 깊은 밤중에 식품을 구입하는 경우가 많았다. 그 시간대에 가격이 가장 싸다는 점을 알았기 때문이다. 그리고 노동자들은 분명 상인들이 그렇게 싼 가격에 식품을 파는 이유는 부패 때문일지도 모른다고 진작 생각하고 있었을 것이다.

상점들은 토요일 밤 12시까지 모두 문을 닫고 일요일에는 열지 않기 때문에 월요일까지 두지 못하는 것들은 토요일 밤 10시에서 12시 사이에 어떤 가격으로든 팔아치워야 했다. 10시에 팔리는 것 중 열에 아홉은 일요일 아침이 되면 이미 부패했는데, 결국 가장 가난한 계급의 일요일 저녁상에 오르는 것은 바로 이런 고기였다. 이렇듯 노동자들이 구한 고기는 이미 먹을 수 없는 상태인 경우가 많았지만, 어쨌든 돈을 주고 산 이상 먹어야만 했다.[16]

육류 검사관들은 공공연히 판매되는 부패한 고기를 주기적으로 압수했다. 엥겔스는 속을 채운 크리스마스용 거위 64마리의 사례를 인용하고, 이 사례가 리버풀에서 팔릴 수 없는 식품이 맨체스터로 넘어가 악취 나고 썩은 채로 시장에서 판매된다는 사실을 증명한다고 주장했다.[17] 영국에서 판매되는 식품 중 드물게 법에 따라 관리 감독된 품목은 병든 고기였다. 메이휴의 기록에 따르면, 육류 검사관들은 시장을 순찰하면서 고기를 검사하다 병든 고기가 발견되면 즉시 해당 상인을 고발 조치한 후 경찰에 넘겼고, 적발한 고기는 판매되지 못하도록 경찰의 감독하에 따로 처분되었다. 1844년 1월에 맨체스터의 육류 판매자 11명이 부패한 고기를 팔았다는 혐의로 벌금형을 받았다. 1844년 8월에는 볼튼의 한 가게에서 부패한 햄 26개가 적발되어 공개적으로 불태워졌고 해당 상인은 벌금형에 처해졌다. 그러나 이처럼 법적인 개입이 이루어졌음에도 부패한 고기는 계속 판매되었다.

이처럼 싸구려 불량식품 판매가 근절되지 않았던 이유는 구매자와 판매자가 불법적으로 공모해 일종의 암시장을 형성한 탓도 있었다. 오늘날 어느 노점 상인이 당신에게 접근해 디자이너 향수가 있다며 터무니없이 낮은 가격을 제시하는 상황을 상상해보자. 조금만 깊이 생각하면, 그 향수는 분명히 장물이거나 가짜일 것이라고 짐작할 수 있을 것이다. 이것이 바로 구매자 책임론의 시나리오다. 어떤 이유로든 그 향수를 사고 싶다는 생각이 드는 순간, 당신은 이미 그 사기꾼과 공모한 셈이 된다. 정체불명의 싸구려 향수를 사는 동안 당신은 아마 정품을 파는 가게에서 엄청난 고가에 향수를 파는 행위가 오히려 진짜 사기라며 스스로 합리화할지도 모른다. 빅토리아 시대 영국의 한 시장에서 벌어진 상황도 이와 비슷했을 것이다. 크리스마스용 거위처럼 비싼 고기가 말도 안 되는 헐값에 팔린다면 무엇인가 단단히 잘못되었다는 신호였다. 그래도 거위를 사려는 소비자들은 분명히 그 상인이 정직한 사람이 아니라는 점은 충분히 짐작할 수 있었을 것이다. 그렇게 의심하지는 않더라도, 최소한 중산층에 팔리는 거위의 정상가가 너무 높게 책정되었다고 생각했을지 모른다. 문제는 불법 향수를 뿌리면 고약한 냄새를 풍기는 것이 전부일 테지만, 불법 고기를 먹으면 건강을 심각하게 해칠 수 있다는 사실이었다.

1840년대, 가난에 시달리던 영국의 도시에서 식품 구매자와 판매자는 이처럼 기이한 관계를 맺고 있었다. 이들의 관계는 밀접했지만, 동시에 불신에 기초하고 있었다. 한편으로 판매자와 구매자 모두 자신들의 의지로는 어찌할 도리가 없는 시장의 희생자였던 듯하다. 가난한 사람들에게 물건을 파는 이들 또한 그들만큼 가난한 경우가 많았다. 노동 계급인 커피 상인들의 삶도 위태롭기는 마찬가지였다. 그들은 거금을 투자해 삶은 달걀, 미나리, 빵과 버터, 과일 케이크로 진열대를 채우는 한편, 치커리와 물로 최대한 커피를 희석했다. 당시 커피 5갤런(22.75리터)을 만들기 위해서는 커피 10온스[약 0.28킬로그램]를 사용하는 것이 보통이었다. 현재 우리가 보통 즐기는 커피에 비해 4분의 1 정도로 묽은 것이다. 하지만 1과 2분의 1펜스 정도의 가격에 이렇게 묽은 커피 한 잔을 사 마시는 것조차도 먹고살기 빠듯한 가난한 노동자들에게는 쉬운 일이 아니었다. 커피 가격을 더 낮추기 위해 이스트엔드의 '간 굽는 사람들'은 구운 간 가루까지 섞어 커피를 팔았다고 한다.

> 이 사람들은 황소와 말의 간을 구한 다음 이것을 굽고 분말로 만들어 저가 커피 가게 주인들에게 1파운드당 4~6펜스에 팔았다. 그중 말의 간을 섞은 커피가 가장 비싸게 팔렸다. 식은 커피 표면에 얇은 막이나 껍질이 보인다면, 아마 동물의 간 분말이 들어 있기 때문일 것이다.[18]

이 말이 사실이라면, 이 역겨운 간 커피는 노동 계급 커피 판매자들이 취급하는 품목 중에서도 가장 저급한 것이었으리라. 한마디로 이 간 커피는 가난한 소비자들을 상대로 경쟁을 벌인 상인들이 조금이라도 더 이윤을 내려고 끊임없이 고군분투한 결과물이었다. 어떤 상인들은 오히려 소비자를 적대시하기도 했다. 언제나 극도로 허리띠를 졸라맸던 소비자들이 좀처럼 지갑을 열지 않을 뿐더러 그나마 값을 깎으려 들었기 때문이다. 한 상인은 행상들 입장에서는 원가에라도 물건을 팔아야 하는 경우도 많다며 메이휴에게 불만을 터뜨렸다. "사람들은 쓸 돈이 없다고 합니다. 우리에게 그렇게 말하지요. 하지만 그 사람들이 가난하다면, 우리도 마찬가지인 겁니다."[19]

판매자 입장에서 볼 때는, 자신들이 저지르는 사소한 눈속임은 이처럼 궁핍한 경제상황에서 간신히 생계를 꾸리기 위해 어쩔 수 없는 일인 동시에, 구매자를 상대로 개인적 정의를 행사하는 소심한 복수였을 수도 있다. 일례로, 빅토리아 시대의 생선 장수들은 고객의 성격에 따라 중량 체계를 달리했다고 한다. 만약 '인색한 놈'(이를 테면 좀처럼 돈을 내놓지 않는 구매자)으로 찍은 고객이 물건을 사러 오면, 양을 모자라게 달면서 그들 앞에서 웃음을 보이지 않기 위해 조심했다.[20] 반면 관대하고 문제도 잘 일으키지 않는 고객들에 대해서는 '진국'이라 부르며 정량으로 팔았다. 그러나 저가 판매 경쟁은 대부분 모든 소비자를 대상으로 이루어졌다. 행상들에게는 저가 경쟁이 호불호를 가릴 것 없이 장사를 계속할 수 있는 유일한 길이었다. 성패는 오직 경쟁자들 틈에서 누가 더 낮은 값을 매기는가에 달려 있었다. 한 행상은 메이휴에게 이렇게 털어놓았다. "우리 모두 서로를 쓰러뜨리려고 애쓰고 있어요. 왜냐하면 일단 생계는 꾸려야 하는데, 상대를 깎아내리지 않으면 불가능하니까요."[21]

그러나 아무리 판매자가 자신들의 잘못된 관행을 궁핍한 경제 탓으로 돌리더라도, 이러한 저가 판매가 필연적으로 희생자를 낳는 범죄임에는 분명했다. 무엇보다 가난한 사람들의 건강을 직접적으로 해치는 행위였다. 엥겔스의 주장에 따르면, '불순물이 섞여 소화하기 어려운 것'을 삼켜야 했던 가난한 사람들은 소화기능에 심각한 손상을 입었다.[22] 특히 저가 판매 경쟁은 구빈원, 감옥, 병원을 비롯한 공공시설에 수용된 이들에게 더욱 잔혹한 현실로 다가왔다. 이들은 가난한 사람들 중에서도 가장 빈곤했기 때문에, 가격 경쟁으로 인해 질이 떨어질 대로 떨어진 온갖 식품은 고스란히 이들의 몫이 되었다. 이러한 시설들을 상대로 한 식품 공급권은 가장 낮은 가격을 입찰하는 업자에게 주어지는 것이 일반적이었다. 경제적 측면에서, 눈속임 없이 가장 낮은 가격을 제시하는 것은 당연히 불가능했다.[23] 1850년에는 극빈층 어린이들을 수용하는 드루이트 보호시설Drouitt's Institution에서 많은 고아들이 굵은 보릿가루로 양을 부풀린 오트밀을 먹은 후 목숨을 잃는 사고가 발생했다. 이 가여운 아이들은 목숨은 부지하더라도 영양실조는 물론이고 구토와 설사에 시달려야 했다. 1852년에도 같은 일이 발생하자, 런던 구빈법 연합London Poor Law Unions은 오트밀과 함께 공급된 식품에 대한 평가를 실시했다. 수많은 평가 사례 중 어떤 것은 한 짐에 3실링이었는데, 시중에서 그보다 저가에 팔리는 오트밀보다도 질이 떨어졌다. 어떻게 이러한 상황이 가능했을까? 저질 보릿가루를 오트밀에 섞은 탓이었다.

이러한 사건들을 접한 사람들은 격분했다. 한 작가는 보릿가루를 섞는 행위는 가난한 자들을 상대로 자행하는 "뻔뻔하고 냉혹한 강도 짓"이라고 규정했다. 그는 또한 이렇게 덧붙였다. "우리에게 정직함이나 인간성이 조금이라도 남아 있다면, 가난한 자들을 노리는 이러한 강도 짓은 죽도록 혐오해야 마땅하다." 그러나 이 정도의 사건은 빙산의 일각에 불과했다. 불순물을 섞는 행위는 가난하고 인색한 소비자들과 상인들 사이의 모든 상거래에 일상적으로 존재했다. 정말 알 수 없는 것은 왜 가난한 자들에 대한 강도 짓이 이처럼 끊임없이 일어날 수 있는지였다. 1850년대에 세계에서 가장 산업화되고 번성했던, 그래서 자족적 기반을 분명 가장 잘 갖추고 있었을 영국이라는 나라가 어째서 식품 문제만큼은 대중을 그토록 열악한 상황에 계속 방치했을까?

영국의 식품 사기꾼들

당시 영국은 자국 내에서뿐만 아니라 이웃 나라들 사이에서도 부정불량식품에 민감하게 대응하지 않는 곳으로 여겨졌다. "세계 어디를 봐도 영국처럼 상업적 사기가 이토록 만연할 뿐 아니라 성공적으로 이루어지는 곳은 없다." 익명의 한 영국인 부정불량식품 비판가가 1855년에 한 말이다.[24] 프랑스 작가들은 런던의 상황이 유럽 대륙보다 더 열악하다고 보고하기도 했다.[25] 액튼은 영국처럼 농업과 상업적 이점을 가진 국가라면 순수한 재료로 만든 빵의 탁월한 맛으로 유명해야 마땅할 텐데, 그 대신 진짜라고는 찾아보기 어렵고 재료의 혼합도 엉망인 곳으로 유명해졌다고 비판했다.[26] 당시 영국이 안고 있던 이러한 문제의 원인에 대해 비판가들은 대체로 의견이 일치했다. 바로 자유방임주의 확대가 문제였다. 여기에 식품의 질을 감독할 수 있는 법이나 제재 조치가 없었기 때문에 상황은 더욱 악화되고 있었다.

프랑스 화학자인 장 밥티스트 슈발리에Jean-Baptiste Alphonse Chevallier(1793~1879)는 '상업의 자유가 참으로 넘치는 국가'인 영국의 이러한 상황이, 사탕 제조자들이 구리와 녹청으로 사탕에 색을 입히는 현실에 직접적인 영향을 미쳤다고 봤다.[27] 그의 주장을 반박하기는 어려울 것 같다. 부정불량식품이 방치될 수밖에 없었던 중요한 변수 중 하나는 바로 이러한 품목들이 설탕, 차, 커피처럼 재무부의 수입에 직접 영향을 미치는 것은 아니었다는 사실이다. 당시 영국 정부의 입장에서 보건대, 정부 수입과 큰 관련이 없는 식품 관련 사안은 국가가 직접 개입할 일이 아니었다. 『상업 저널Journal of Commerce』의 편집장인 피터 L. 시먼즈Peter L. Simmonds에 따르면, 재무부는 치커리와 커피, 계피와 육계, 야생 육두구와 경작한 육두구 같은 다양한 품목의 불순물 혼합과 부정불량 여부를 단속했지만, 가장 엄격한 잣대가 적용된 것은 차, 담배, 코담배처럼 세금이 많이 매겨지는 품목들이었다.[28]

그러나 이러한 영국 정부의 태도가 그저 무관심에서 비롯된 것만은 아니었다. 사실 단속 의지가 있다 하더라도 정부로서는 현실적으로 마땅한 대안이 없었다. 이러한 한계는 당시 누구나 공감하고 있었다. 영국에서 자유방임주의 경제를 지지하는 사람들은 비교적 부유한 편에 속했는데, 이들에 따르면 정부는 아무것도 하지 않는 것이 최선이었다. 시장은 곧 신이었다. 당시 많은 사람들은 시장이 마술과 같은 균형의 힘을 갖고 있다고 믿었다. 19세기 초, 여러 구시대적인 독점과 관세의 관행이 진보라는 이름으로 계속 사라지고 있었다. 1822년에는 빵과 맥주에 관한 법정가격령이 마침내 폐지되었다. 길드 조직이 더 이상 존재하지 않는 지역에서 이 법령의 실효성이 떨어지자, 의회는 이 옛 법령을 근대적 형태의 규제로 대체하는 대신 상관하지 않는 것이 최선이라며 아예 없애버린 것이다. 개개인과 제빵사 사이에서 일어나는 일은 이제 더 이상 국가의 소관이 아니었고 시장경제의 원칙에 맡기는 것이 최선이었다. 법령 평가를 맡은 한 위원회는 이렇게 결론지었다. "더 많은 이익은 자유경쟁을 통해 기대하는 편이 낫다. 이는 새롭게 제정한 규제나 제약을 통해 제빵사들이 얻을 것으로 기대되는 이익을 능가한다."[29]

그러나 결과적으로 제빵산업은 '당시 가장 암울하고 경쟁이 치열하면서도 벌이는 좋지 않은 상업 중 하나'로 전락하고 말았다.[30] 옛 법령은 빵 가격을 항상 일정하게 규정함으로써 제빵사의 경제적 안정성을 보장해주었다. 그런데 이러한 규제가 사라졌다는 것은 곧 수천 명의 새로운 제빵사들이 가게를 열고 서로 가격경쟁을 벌이는 상황이 시작되었음을 의미했다. 액튼에 따르면, 1851년 파리에서는 제빵사 수가 601명으로 제한되어 있었다. 그들은 제빵사로서 자긍심을 지키며 틀림없는 양질의 빵을 정량으로 판매할 수 있었다. 그러나 런던의 경우는 새로운 자유시장경제 환경에서 공식적인 제빵사의 수가 2,286명으로 늘었다(비공식적으로는 50,000여 명에 이르렀던 것으로 보인다).[31] 이로써 제빵사들은 상업적 자유를 누리게 되었을지는 모르지만 마음의 평화는 잃게 되었다. 소비자들이 혹할 만한 가격에 맞춰 팔 수 있는 빵 한 덩어리를 만들려면 재료의 품질이 계속 떨어질 수밖에 없었다. 이러한 상황에서 정직은 자살 행위나 마찬가지였다. 직인제빵사위원회Committee on Journeymen Bakers에서 어떤 이는 이렇게 증언했다. "이제 그들(제빵사들)은 대중을 속이는 사기꾼인데다 12시간에서 18시간에 이르는 고된 작업에 시달리는 노동자일 뿐이다."[32]

당시 런던에서 활동했던 프랑스 화학자 알퐁스 노르망디Alphonse Normandy는 식품과 관련하여 영국과 프랑스에서 얼마나 다른 상황이 벌어지고 있는지를 다소 우쭐해하며 전했다. 프랑스인의 눈으로 볼 때, 부끄러움도 없이 공공연히 만들어지는 영국의 부정불량식품은 놀랍기만 했다. 언젠가 그는 이슬링턴에서 한 제빵사를 본 적이 있다. 그 제빵사는 명반 결정으로 겉이 반짝거리는 빵을 만들고 있었다. 그러나 빵의 그럴싸한 겉모습은 "내 눈에는 매우 불쾌한 것"으로서 모욕적으로 느껴질 뿐이었다. 그는 영국의 상황과는 대조적으로 프랑스에서는 빵에 불순물을 첨가하는 행위가 얼마나 엄격히 단속되고 있는지 언급했다.

> 간혹 그렇듯 프랑스에서 누군가 불량 빵을 만들면, 그는 즉시 교정 경찰 앞에 소환된다. 만약 처음으로 위반한 경우라면 벌금형을 받게 될 것이다. 처음이더라도 위반 정도가 매우 심각하다면 일주일이나 열흘 정도 일정 기간 동안 영업을 할 수 없다. 만약 이러한 위반 사례가 또 적발되면 그는 다시는 가게를 운영할 수 없게 된다. 제빵 기술자로 일할 수는 있지만 더 이상 가게 주인이 될 수는 없다. 이 같은 선고 내용이 번화가에 게시되기도 한다. 사실상 그는 파멸하는 셈이다.[33]

식품 사기는 유럽 대륙에서도 물론 존재했다. 1844년, 벨기에에서 한 가족이 황산구리가 다량 혼합된 빵을 먹고 중독된 사건이 일어났다. 황산구리는 저질 밀가루를 개량하기 위해 첨가되었는데, 어떤 화학자는 이 같은 행위를 "혐오스러운 사기"라 불렀다.[34] 영국에서 비슷한 사건이 발생했다면, 사기꾼들은 기껏해야 미약한 '금전적 손실'을 입거나 벌금을 얼마쯤 물고 나면 그만이었다. 하지만 프랑스와 벨기에서는 이러한 범죄가 훨씬 엄중히 다루어졌다.[35]

예를 들어 당시 프로이센의 국내법은 다음과 같은 내용을 분명히 적시했다. "누구도 건강에 해로운 성분을 포함한 식음료 품목을 다른 이에게 고의적으로 판매하거나 유통해서는 안 된다. 이를 어길 시에는 벌금형이나 체형에 처한다. 해로운 첨가물로 해를 입혔거나 식품을 훼손했거나 혼합한 식품을 고의적으로 판매한 혐의가 유죄로 밝혀진 자는 동종 상거래를 영원히 하지 못하게 될 것이다." 부정불량식품이 발견되면 몰수 또는 폐기되었으며, 만약 식용이 불가능한 상태의 식품이라면 '가난한 자들에게 불이익이 돌아가지 않도록' 압수되었다.[36] 이러한 법은 눈속임에 맞선 중세시대의 법의 전통을 잇고 있었다. 그런데 이와 대조적으로 영국은 근대의 상업적 환경에서는 법 없이도 시장을 관리할 수 있다고 생각했던 듯하다.

1848년에 화학자 존 미첼John Mitchell은 영국이 법적으로 대중을 부정불량식품으로부터 보호할 의지도 없고 효과적인 법을 마련하지도 않은 유일한 국가가 되려 한다며 경악했다.[37] 참으로 혼란스러운 상황이었다. 19세기 무렵까지 식품의 품질을 보호하는 역할을 담당했던 길드는 영국에서뿐만 아니라 프랑스에서도 자취를 감추기 시작했다(결국 이 제도는 자코뱅당의 손에 폐지되었다). 런던과 마찬가지로 파리 역시 근대 산업화 도시로 변모했고, 소비자들은 자신이 구매한 식품의 생산자가 누구인지 알기 어렵게 되었다.

그런데 이처럼 역사적 조건이 비슷했던 프랑스에서 런던의 경우만큼 식품이 위조되지 않았던 이유는 무엇일까? 그 차이점은 프랑스에서는 불량식품으로부터 시민, 즉 소비자를 보호하는 길드의 역할을 정부가 계속했다는 사실에서 찾을 수 있다. 나폴레옹 1세의 민법전Civil Code은 다음과 같이 규정했다. "누구도 파리 당국의 허가 없이 제빵사로서 상업 활동을 할 수 없다. 또한 어떤 제빵사도 6개월 전 사전 통지 없이 활동을 그만둘 수 없다."[38] 이 같은 기조는 이후 정부에서도 계속되었다. 1817년에 나폴레옹 정부가 부르봉 왕조로 바뀐 후에도 경찰은 제빵 관련 산업을 적극적으로 감시하는 임무를 맡아 수행했다.

자유방임주의 원칙을 따르는 영국 정부는 식품 문제와 관련된 국가의 책임에 대한 인식면에서도 유럽의 다른 나라들과 달랐다. 프랑스의 경우, 좋은 식품을 생산할 책임은 일차적으로 생산자에게 있었고, 국가는 이들의 활동을 관리 감독했다. 만일 위반 행위를 적발하면 시민에게 해를 입혔다는 혐의로 해당 생산자를 엄중히 처벌했다. 그런데 이와는 대조적으로 영국에서는 극단적인 경우를 제외하면 책임의 대부분이 개인 소비자에게 전가되었다. 상인들의 재산권에 개입하는 것은 공정하지 않으며 자유에 반하는 일이라고 여겼기 때문이다. 1840년대에 특허를 받은 기계의 예를 보자. 탄환 만드는 기술을 응용한 이 기계는 치커리로 가짜 커피 원두를 만들기 위해 제작되었다.[39] 눈속임을 목적으로 발명한 것이 이처럼 명백한 데도 정부는 이 기계의 제조를 허가했다. 돈을 위조하는 기계였다면 결코 허가되지 않았을 것이다. 이 두 기계가 도대체 무엇이 다르단 말인가? 한 소비자의 말처럼 영국 정부의 시스템은 소비자보다 사기꾼들의 이익을 지키는 데 더 열심이었다.

소비자가 눈속임을 하려 하면 무엇이든 법의 처벌을 받는다. 무엇보다 쉽게 적발된다. 소비자가 불량 주화라도 내밀면 금세 계산대에서 추려진다. 하지만 중독성 있는 부정불량식품은 그로 인해 소비자가 불편함을 느끼거나 심각한 질병을 얻지 않는 이상 은근슬쩍 묻히고 만다.[40]

액튼은 영국에서는 많은 사람들이 식음료의 현실에 '눈 감기'를 택했다고 생각했다. "그들은 제대로 되고 있으려니 여기는 믿음이 흔들리는 것을 원하지 않는다."[41] 사실, 영국 소비자들은 불미스러운 식품 문제가 생기더라도 그저 못 본 척 눈을 감는 것 외에 다른 방도가 없었다. 만약 살 수 있는 것이 부정불량식품뿐이라면, 그래도 괜찮을 거라고 스스로 다독일 수밖에 없었다. 그렇지 않으면 먹을 것이 전혀 없지 않은가? 당시 영국의 식품 시장 체계는 이처럼 불신 자체를 강제로 막는 데 의존하고 있었다. 즉, 소비자들은 자신들이 먹고 있는 것에 대해 스스로를 기만하는 형국이었다. 이러한 이유로 절실히 필요했던 개혁은 소비자로부터 비롯될 수 없었다. 그러한 개혁을 주도해야 했던 것은 정부였다. 그러나 영국 정부 역시 식품 사기가 낳은 결과들을 외면하고 있었다.

19세기 중반 프랑스에서는 아주 다른 이야기가 전개되었다. 유럽의 다른 여러 나라처럼 프랑스에도 보건위원회Conseil de Salubrité가 있었다. 이 위원회는 불순물이 첨가된 식품을 포함해 공중 보건에 해가 될 수 있는 것은 무엇이든 감시했다. 파리에 위치한 이 위원회에서는 시장, 공장, 위락 시설, 제과점, 도살장, 육류, 약품 등에 대한 감시권을 가진 7명의 전문가가 활동하고 있었다.[42] 1851년, 프랑스는 식품의 부정불량 사례에 처음으로 일반법을 적용했다. 바로 회계부정 사건에 적용되는 것과 같은 법이었다. 프랑스 당국은 법을 적용함에 있어서 식품의 부정불량 사건은 곧 개인의 재산

권을 침해하는 것이라고 간주하며 소비자의 편에 섰다. 영국이 지나치게 식품을 규제하면 경제적 생명력이 손상될까 두려워했던 반면, 프랑스는 식용 상품의 품질을 보호함으로써 생산성 증가를 꾀하고 국가적 차원에서 제품의 명성을 보존할 수 있다고 봤다.[43] 더욱이 새로 제정된 법에서 위조 식품은 곧 도덕성에 대한 훼손으로 받아들여졌다. 즉, 사소한 경제적 경범죄라기보다 심각한 중죄로 여겼다.[44]

영국과 프랑스의 이러한 차이는 단지 추상적인 차원에 머물지 않았다. 식품 관련법에 대한 양국의 입장 차이는 시중에 판매되는 식품이 위조되는 정도에서도 실질적인 차이를 나타냈다. 가장 분명하면서도 오싹한 예 중 하나는 아마 착색된 과자류일 것이다. 프랑스, 스위스, 벨기에의 경우 과자류 식품이 중독된 상품이라고 판명되면 해당 식품을 만든 제과사들이 적법한 책임을 져야 했다.[45] 프랑스에서 제과사들은 사탕과자, 로젠지 사탕, 스위트미트sweetmeat[설탕절임 형태의 사탕], 패스트리, 리큐어liqueur[주로 식후에 즐기는 알코올성 음료]를 착색할 때 어떤 광물성 물질도 사용할 수 없었다. 색을 입혀야 한다면, 노란 사탕은 사프란, 빨간 사탕은 코치닐cochineal(벌레를 빻아 만든 염료로서 극소수에서만 알레르기 반응이 나타날 뿐 대부분의 사람들에게는 무해하다)과 같이 안전한 식물성 색소를 사용해야 했다. 광물성 물질로 윤을 내고 색을 입힌 종이로 설탕절임 과자를 포장하는 것도 금지되었다. 책임 소재를 분명히 하기 위해 제과사들과 식료품상들은 법이 정하는 바에 따라 그들의 이름과 주소를 의무적으로 포장지에 표기해야 했다.[46] 만일 독성 물질로 착색한 사탕이 하나라도 발견되면 판매자가 전적인 책임을 졌다. 영국의 한 소비자는 이렇게 하소연했다. "하지만 영국에서는, 우리가 문명의 중심지라며 자화자찬하기 바쁜 바로 이곳에서는 독이 공공연히 거리에서 팔릴 뿐 아니라 가게 진열대를 가득 채우고 있지요."[47]

얼핏 공연한 헛소문을 옮기는 것처럼 들리지만, 이 소비자의 불평은 분명히 사실에 근거하고 있었다. 1831년, W. B. 오쇼네시W. B. O'Shaughnessy는 런던 거리에서 수집한 사탕과자, 봉봉bonbon, 슈가플럼sugarplum을 화학적으로 분석한 결과를 의학저널 『랜싯Lancet』에 발표했다. 이 분석 결과에 따르면, 부모들이 사랑스러운 아이들에게 이 과자를 사주는 행위는 아이들의 목숨을 걸고 아찔한 모험을 하는 것과 다름없었다. 수집된 표본들 중 붉은 사탕은 납이나 수은으로 착색된 것이 많았다. 녹색 사탕에는 구리로 만든 염료가 들어 있었다. 노란색은 극동 지역산 수지로 만든 염료인 자황gamboge으로 착색되었는데, 이 물질은 불교 승려들의 승복 염색에 사용되며 정화 기능이 있다고 알려져 있다. 이보다 위험한 예로 노란색 크롬산염chromate이나 납의 황연chrome yellow으로 착색된 경우도 있었다. 당시에 이러한 독성 색소가 얼마나 흔히 사용되었을까? 오쇼네시가 제시한 식품들이 대중적이었던만큼 독성 색소는 당시 영국 사회에서 공공연히 사용된 것으로 보인다. 붉은색을 띤 식품의 표본 10개 중 2개는 인체에 무해한 코치닐 성분을 함유하고 있었고, 또 다른 2개에서는 코치닐과 비슷한 수준으로 무해한 알루미늄과 석회로 이루어진 식물성 레이크lake(적색 색소carmoisine와 같은 아조 염료로, 지금은 일부 어린이들에서 짜증과 과잉행동을 유발한다고 알려져 있다)가 검출되었다. 나머지 6개 표본에서는 철단red oxide of lead, 수은의 적색 황화물(버밀리언 또는 제이수은 황화물mercuric sulphide) 또는 크롬산납lead chromate이 검출되었다. 이 성분들은 모두 어린아이에게 심각한 중금속 중독 증상을 일으킬 수 있었다.[48] 그러나 이처럼 오쇼네시가 중독성을 밝혀냈는데도 독이 포함된 사탕은 판매가 줄기는커녕 이후 20여 년 동안 계속 팔려나갔다.

영국인들은 프랑스인들에 비해 단것을 훨씬 선호했다고 알려져 있다. 환상적인 색색의 사탕에 눈을 떼지 못하는 오늘날의 영국 아이들만 봐도 어느 정도였을지 가히 짐작된다. 요즈음 영국 아이들이 분홍 새우, 계란 프라이, 콜라병 같은 여러 모양의 사탕을 골라 섞어 먹는 형태는 1840년대에도 비슷했다. 빅토리아 시대의 제과사들은 생강진주, 설탕으로 만든 케이크 장식용 알갱이들, 노란 얼음사탕과 케이크에 뿌리는 색색의 굵은 설탕, 정향주와 페퍼민트 파이프, 끈끈한 갈색설탕으로 만든 코코넛 모양 사탕, 딸기 모양 사탕과자와 사과 모양 사탕과자, 설탕 오렌지와 설탕 레몬을 팔았다. 사탕을 더 많이 팔기 위해서는 사람들의 눈길을 사로잡을 수 있는 색으로 치장해야 했다. 당시 한 사람은 이렇게 지적했다.

> 토트넘 코트 로드, 하운즈디치 또는 하이 스트리트, 화이트채플처럼 번잡한 중심가에 위치한 상점들은 사람들의 시선을 끌기 위해 한껏 치장되었다. 상인들은 엄청난 양의 가스를 태웠고, 창문 너머는 설탕 조형물로 채웠다. 대부분이 환상적이고 밝은 색으로 채색된 형태로 만들어졌다. 양갈비나 얇게 저민 베이컨 모양 등이 있었는데, 특히 양파와 감자 모양은 매우 인기가 좋았다. 달걀과 굴, 강아지, 양의 어깨갈비, 배와 고등어 모양도 나이 어린 손님들이 좋아했다.[49]

양고기 토막을 형상화한 사탕이라니 섬뜩하다. 붉은 고깃살을 흉내 내기 위해 납 성분 염료를 썼을 것이 분명하다는 점을 생각하면 더욱 그렇다.

이렇다 보니, 영국 신문에 사탕 때문에 중독된 사건이 자주 보도되는 상황은 놀랄 일도 아니었다. 1847년 9월, 성인 3명과 어린아이 8명이 착색된 과자를 먹은 후 구토와 메스꺼움 증세를 보여 매릴번 구빈원으로 이송되었다.[50] 이듬해에 『노스햄튼 헤럴드Northampton Herald』는 6~7명의 사람들이 저녁을 함께 먹은 후 중독되었는데, 블랑망제를 장식하는 데 쓰인 초록색 설탕을 입힌 오이 때문이었다고 보도했다. 결국 그들 중 1명은 사망하고 말았다. 다음 해에는 말버러에서 아이들이 달콤한 반죽으로 푸크시아fuchsia[바늘꽃과 식물]의 모양을 본떠 만든 초록색 꽃을 먹은 후 극심하게 앓았다. 이 꽃 모양 과자는 '멋진 케이크' 장식에 쓰이는 소품이었다.[51] 영국의 사정을 목격한 프랑스인들이 으레 그랬듯이, 한 프랑스인 과학자는 영국에서는 매년 수많은 어린이가 독성 사탕을 먹고 사망한다며 황당해했다.[52] 먹어서는 안 될 음식을 만드느라 그렇게 애를 쓰는 식품 문화라니, 분명 무엇인가 잘못되어가고 있었다.

그러나 이러한 현실에 주목한 것은 프랑스인들뿐만이 아니었다. 익명의 한 영국인 작가는 그러한 상황들은 정부가 자유시장의 이익을 맹목적으로 대변하는 한 계속 발생할 수밖에 없을 것이라고 지적했다. "영국에서, 그리고 현재 정부의 자유방임주의하에서 대중을 보호할 수 있는 유일한 방법은 부정불량식품의 현실을 출판 활동을 통해 널리 알리는 것이다."[53] 그러나 그러한 활동이 반드시 대중을 보호해주는 것은 아니었다. 신문이 녹색 구리로 색을 입힌 스위트미트의 독성을 폭로한다 해도, 다른 제과사가 구리가 아닌 다른 독성 물질로 만든 녹색 사탕은 또 어떻게 피한단 말인가. 1850년에 이르기까지 영국에서는 불순물 첨가 식품을 폭로하는 수많은 출판물이 등장했다. 그러나 내용이 너무 모호하고 비과학적이어서 좋은 결과로 이어지지는 못했다.

출판을 통한 폭로와 과학적 검사

오늘날 신문에는 자극적이면서도 모순적인 이야기를 늘어놓는 식품 관련 기사들이 넘쳐난다. 건강을 담보하지 않고서 먹을 수 있는 것은 전혀 없어 보이기까지 한다. 어느 날은 오메가 3를 섭취하려면 기름진 생선을 더 먹으라고 설파하더니, 그 다음 주에는 기름진 생선을 너무 많이 먹으면 수은중독이 유발될 수 있다고 겁을 준다. 독자들은 이내 이러한 이야기들에 무덤덤해진다. 식품 공포에 대한 피로가 몰려온 탓이다. 신문 기사는 연거푸 우리를 겁주지만, 독물학자가 아닌 이상 상세한 내막까지 알 길이 없는 독자들은 그것이 진실인지 단순한 기우인지조차 구별하기 어렵다. 그러나 이러한 문제는 우리 시대에 갑자기 등장한 새로운 현상이 아니다.

아쿰의 논문이 등장한 지 10년 뒤인 1830년, 영국 식품산업의 현실을 전반적으로 부정하고 비난하는 또 한 권의 책이 등장했다. 바로 "사기와 악행의 적" 이라고 서명한 한 익명 저자의 『치명적인 부정불량식품과 서서히 진행되는 중독, 또는 솥과 병 안의 질병과 죽음Deadly Adulteration and Slow Poisoning: or Disease and Death in the Pot and the Bottle』이었다. 이 익명의 저자는 과학자는 분명 아니었던 듯하다. 확실한 증거를 제시하는 대신 시중에 떠도는 온갖 유언비어와 불만에 귀 기울인 그는, 식품 판매자들뿐 아니라 의사들까지 포함하여 '돌팔이와 만병통치약을 퍼뜨리는 사람들'과 '사기의 간악한 시스템'이라는 막연한 대상을 맹렬히 공격했다.[54] 오늘날의 수많은 음모론자와 마찬가지로 그는 독자가 구분하기 어려워질 정도로 진실과 환상을 한데 섞었다. 이를테면, 감자 판매자들이 감자murphy[아일랜드산 감자]를 물에 담가 중량을 늘리려 했다는 사실은 정확하게 기술했다.[55] 많은 숙녀들이 얼굴에 바르는 화장품의 치명적인 성분에 대해서도 역시 사실에 근거해 비난했다. 그러나 그의 비난은 이내 다음과 같은 터무니없는 주장으로 이어졌다. 주정을 너무 많이 마시면 '자연발화'로 인해 사망에 이를 수 있는데, 그 이유는 주정이 인간의 몸을 심각하게 변형시켜 일종의 '초자연적' 처벌을 받게 되기 때문이라는 내용이었다.[56] 이러한 유언비어는 그 자체만으로도 문제였지만, 독자가 정작 진실조차 믿기 어렵게 만든다는 점이 더 큰 문제였다. 언제나 분별력을 잃지 않았던 『랜싯』은 이 저자를 '비록 선의에서 시작했으나 필요 이상으로 불안을 조장하는 자들'의 범주로 분류하며, '반미치광이의 정직한 논조'를 구사하고 있다고 평했다.[57]

이러한 글은 부정불량식품의 범위를 검토하는 것과는 거리가 멀었다. 오히려 눈속임이란 으레 존재하는 것이라고 받아들이게 만듦으로써 자칫 식품 사기가 계속 활개치는 분위기를 조성할 수 있었다. 만약 눈속임이 그렇게 도처에 존재한다면, 정직하다는 것이 대체 무슨 의미가 있을까? 결국 이 책은 접근법 자체의 산만함도 그렇지만, 아쿰이 특정 집단을 지적해 잘못을 물었던 것과 달리 식품 생산과 관련한 종사자들을 싸잡아 비난했다는 점이 문제였다. 이러한 출판 활동은 소비자에게는 거의 가치가 없었다. 이 책에서처럼 식료품상들이란 으레 식품에 불순물을 섞는 자들이라고 주장해버리면 동네 가게에서 식료품을 사는 소비자에게 도대체 무슨 도움이 되겠는가. 소비자가 진정으로 알아야 할 것은 그가 찾는 가게의 상인이 악마인지 아니면 예외에 속하는 정직한 인물인지였다. 더욱이 식품 사기 문제를 선정적으로 그리는 방식은 영국 사회의 이성적인 신사들에게, 그 문제는 관여하지 말고 방관하는 편이 최선이겠다는 인상을 심어줄 수도 있었다. 확고하게 반부정불량을 주장했던 빅토리아 시대의 인물들조차 언론이 사태를 극도로 과장하며 문자 그대로 신음하면 그렇게 느낄지도 모를 일이었다.[58] 이렇게 유언비어는 아무것도 하지 않는 것이 최선책이라는 자유방임주의 독단론자들의 입장을 강화할 뿐이었다. 그리고 이러한 태도가 사회 전반을 지배하는 한 부정불량식품은 더욱 만연할 수밖에 없었다.

1848년, 미첼은 영국에 만연한 부정불량식품을 '성장하는 악마'로 묘사했다. 아쿰의 폭로 이래 30년 동안 영국의 상황은, 수없이 많은 고전적 사기들이 반복되고 기이하면서도 더욱 새로운 사기 수법까지 활개 치면서 악화일로를 걸었다. 「식품 위조와 이를 적발하기 위한 화학적 방법에 대한 논문Treatise on the Falsification of Food and the Chemical Means Employed to Detect Them」의 저자인 미첼은 아쿰의 빈 자리를 메운 인물이었다. 미첼의 글은 유언비어 유포자들과 달리 그 자신을 비롯한 과학자들의 연구 방법과 결과에 근거해 식품들을 분석하여 얻은 증거에 토대를 두었다. 그는 이 같은 증거를 바탕으로 더블 글로스터 치즈에 첨가된 광명단, 빵에 첨가된 명반, 회반죽, 밀가루와 섞인 완두와 콩가루, 제과 과정에 첨가된 무수한 독성 물질의 사례와 관련하여 아쿰이 일찍이 지적했던 내용을 다시 한 번 증명했을 뿐 아니라, 물, 밀가루, 편도유milk of almonds, 고무풀, 백악, 강황을 섞은 우유와 밀가루, 감자 전분, 그리고 분명히 역한 냄새를 풍겼을 투명하게 녹인 양고기 기름을 섞은 이른바 '최고의 초콜릿'에 대한 새로운 분석 결과를 발표했다.[59] 아쿰은 화학 발전이 새로운 식품 사기 기술의 발전과 이를 막고자 하는 과학적 노력 모두를 이끌고 있다고 주장했다. 이 주장은 미첼이 활동하던 시대에도 여전히 타당했다. "화학이 발전하면서 새로운 비밀의 문이 열렸다. 이러한 발전은 부정불량식품의 수법을 밝혀낼 수 있는 더욱 결정적이고 명백한 검사법이 개발되었음을 의미한다. 하지만, 그만큼 식품 사기꾼들에게 또 다른 사기의 가능성을 열어주었다."[60] 이렇게 전개된 식품 사기의 현실은 매우 암담했다. 미첼은 거의 모든 재료들이 불순물과 섞이거나, 질이 떨어지거나, 저질 식품으로 제조되었다고 믿었다.[61]

그나마 다행인 것은 19세기 초 이후 기술이 발전하여 화학자들이 식음료 분석에 필요한 새로운 방법들을 개발했다는 사실이다. 미첼은 그의 글에서 당시에 개발된 수많은 화학적 신기술을 열거했다. 맥주와 와인의 pH 값을 측정하기 위한 눈물방울 모양의 병인 슈스터Schuster의 알칼리미터alkalimeter[이산화탄소 측정기], 아쿰이 언급했던 기존 습도계보다 더 정확하게 음료의 알코올 함량을 측정할 수 있는 게이뤼삭Gay-Lussac의 알코올 비중계alcoholometer, 칼륨염의 순도를 측정하는 페지에르Pesier의 나트로미터natrometer, 슈발리에가 사용했던 것과 같은 색도계chlorometer와 아세트산 비중계acetimeter가 그 예이다. 1820년대 이후 게이뤼삭은 용량분석법volumetric analysis을 개발했다. 이는 액체에 특정 시약을 첨가하면 특성에 따라 부피가 다르게 변하는 점을 이용한 분석법이다. 1830년대에는 광물이 아닌 동식물체를 다루는 유기화학이 화학의 주요 분과로 탄생했다. 과학자들은 유기화학을 통해 성분을 더욱 세밀하게 구별함으로써 더 정확하게 다양한 식품을 분석할 수 있게 되었다. 미첼이 인용한 프랑스 화학자 장 밥티스트 뒤마Jean-Baptiste Dumas는 이 방법을 통해 밀가루를 배젖, 섬유소, 카제인, 글루틴, 녹말, 글루코스glucose[포도당]로 분석했다.[62] 측색법colorimetry[빛을 흡수하는 물질의 종류와 농도를 결정하는 방법]에도 새로운 발전이 나타났다. 어떤 화학물질의 색을 의심이 가는 종류의 재료를 용해하여 얻은 색과 비교하여 진위 여부를 식별하는 방식이 개발된 것이다. 특히 이 검사법은 특유의 샛노란 용액을 만들어내는 사프란의 순도를 알아보는 데 매우 유용했다. 마찬가지로 형광성을 검사하는 형광정량법fluorimetry은 강황 혼합물과 순수한 머스터드를 식별할 때 효과적이었다. 머스터드는 형광성이 전혀 없는 반면, 강황은 형광성이 매우 강하기 때문이다.[63]

그러나 이러한 화학적 분석법들 대부분은 영국에서 제대로 활용되지 못했다. 영국의 분석화학은 그만큼 발전이 더뎠다. 반면 프랑스에서는 (그리고 이후 독일에서도) 화학적 분석법에 대한 연구가 활발했다. 게이뤼삭, 뒤마, F. A. H. 데스크로와지유F. A. H. Descroizilles, 루이 보클랭Louis Nicolas Vauquelin, 테오필 쥘 펠루즈Théophile-Jules Pelouze, 외젠 멜시오르 펠리고Eugene-Melchior Péligot 같은 인물들이 그 예이다.[64] 이렇게 프랑스의 정부와 전문 과학단체들이 식품 사기 근절에 제 역할을 하는 동안, 영국에서는 어느 것 하나 제대로 자리를 잡지 못하고 있었다. 게다가 당시 화학은 어떤 부분에서는 뛰어난 성과를 보였지만, 완벽한 것은 아니었다. 브랜디의 알코올 성분이나 어떤 식품의 특정 광물 첨가 여부를 밝히려 한다면 화학이 어느 때보다 확실한 증거를 제시해줄 수 있었다. 하지만 우유의 순수성을 밝히는 것은 쉬운 일이 아니었다.

미첼 역시 그러한 한계를 인정했다. 불량 우유를 만드는 데 가장 일반적으로 쓰이는 재료는 다름 아닌 물이었다. 그런데 문제는 물이 검출하기 매우 어려운 성분이라는 점이었다. 무엇보다 순수한 우유의 농도가 다양했기 때문이었다. 더욱이 통상 우유에 섞이는 물의 비율이 그렇게 많지 않을 것이라고 가정한다면, 다른 물질의 농도를 검사하는 데 쓰이는 일반적인 화학적 검사법으로 우유의 희석 여부를 정확히 가릴 수는 없었다. 비싼 커피와 싸구려 치커리의 유사 혼합물을 적발하는 것 역시 비슷한 문제점을 안고 있었다. 단순히 치커리를 식별하는 것이 목적이라면, 간단한 화학적 검사로도 충분했다. 미첼이 기술한 바와 같이, 질산은을 첨가하면 치커리에는 침전물이 발생하지 않는 반면 커피에는 침전물이 생기기 때문이다. 그러나 이 검사법은 치커리와 커피의 혼합물을 찾아내는 데는 소용이 없었다. 어쨌든 커피가 들어 있는 한 침전물이 생길 것이기 때문이었다. 결국 커피는 전혀 섞이지 않은 순수한 치커리를 커피라고 내놓을 만큼 뻔뻔한 상인들만 이 검사법으로 적발할 수 있었다. 그만큼 당시 화학적 검사법이 내포한 불확실성의 문제는 적지 않았다. 실제로 1847년, 자유방임주의를 표방하던 재무부 장관 찰스 우드 경(재임 시절 그는 낮은 구빈율을 유지했던 인물로 알려져 있다)은 하원에서 '유명한 화학자 세 사람'이 자신에게 화학적 방법으로든 아니면 다른 방법으로든 치커리를 섞은 커피 혼합물을 검출할 수 있는 방법은 없다고 보고했다고 밝혔다.[65] 커피 혼합물에서 치커리를 검출할 수 없다는 말은 한마디로 이 사기 행각에 대해 조치를 취할 명분도 방법도 없다는 뜻이었다.

그런데 우드의 말은 곧 잘못된 것으로 드러났다. 다른 식품 혼합물과 마찬가지로 커피와 치커리 혼합물 역시 확실히 검출할 수 있는 방법이 등장했기 때문이다. 치커리 혼합물을 검출할 수 없었던 이유는 화학분석법에만 기댄 식품과학자들의 방법론이 잘못되었기 때문이었다. 그들에게 필요한 것은 다름아닌 현미경이었다. 어이없게도 이 과학 기구는 1850년대까지 식품 분석가들의 관심을 끌지 못했다. 식품이 현미경 검사법의 대상이 된 이후에야 식품 사기 문제를 대하는 영국 사회의 분위기는 비로소 결정적인 전환기를 맞았다. 현미경 검사법을 처음으로 식품 분석에 도입한 인물은 화학자가 아니었다. 위대한 인물이었지만 어딘지 어수룩하기도 했던 의사였다. 그는 바로 '반부정불량식품의 사도'로 불리는 아서 힐 하살Arthur Hill

Hassall이었다.[66]

현미경 아래에 놓인 식품—아서 힐 하살

하살은 그의 분주했던 일생 중 1840년대의 젊은 시절을 다음과 같이 회상했다. "그 시절, 사람들은 나에게 이렇게 말하곤 했다. '아! 현미경은 정말 재미있는 물건이긴 한데 생활에 실용적으로 쓰일 곳이 어디 있겠나?' 그들은 이 도구가 앞으로 수많은 중요한 사실들을 밝혀내리라는 사실은 꿈도 꾸지 못했다." 21세기의 모든 화학적 검사법은 기본적으로 현미경 검사에서 시작된다. 하지만 1840년대에는 화학자들조차 현미경을 유용한 검사 도구라고 생각하지 않았다. 현미경은 그저 흥미로운 과학 장난감일 뿐이었다. 그러나 17세기 이후 식물학자와 생물학자들은 이미 복합현미경을 사용하기 시작했고, 이를 이용해 벌의 성과 같은 자연의 신비를 이해할 수 있었다. 뒤늦게나마 현미경을 완전하고 체계적으로 응용하여 부정불량식품을 가려내는 법을 깨달은 인물은 하살이었다.[67] 하살은 거의 모든 소비 품목을 상대로 자행되는 갖가지 부정불량 수법들을 현미경 검사 없이 식별해내거나 밝히는 것은 불가능하다고 단언했다.[68] 당시 화학분석은 피클에서 구리를, 또는 카엔에서 납 성분을 검출하는 등 나름대로 유용한 역할을 했지만 식품의 유기 혼합물을 구분하는 데는 무력했다. 하살은 현미경이야말로 이러한 허점을 극복하기에 매우 중요하고 훌륭한 수단이라고 믿었다. 그리고 그는 누구보다도 이 수단을 효과적으로 활용했다.

몇 가지 점에서 하살은 특이한 사회운동가였다. 군의관의 아들인 그는 경직되고 신경증적인 사람이었다. 구레나룻을 무성하게 길렀지만(나중에 그는 콧수염도 똑같이 길러 애지중지했다) 긴 코와 인색해 보이는 입매 탓에 감정이라고는 통 없는 사람처럼 보였다. 그는 166장에 이르는 자서전을 쓰면서도 두 차례 결혼했다는 사실은 언급조차 하지 않았다. 어린 시절에 블러드 푸딩blood pudding[순대와 비슷한 음식으로 돼지 피와 기름, 곡류를 섞어 크게 만든 소시지의 일종. 블랙푸딩이라고도 한다]을 먹고 보인 반응은 상당히 길게 설명했으면서 말이다. 그러나 이처럼 극도로 절제적인 성격은 지극히 도덕적인 성향에서 비롯된 것이었다. 하살은 천성적으로 사기와 거짓을 혐오했다. 1850년, 노팅힐에서 의사로 일했던 그는 33세의 젊은 나이에 건강이 악화되어 진료를 계속할 수 없게 되자 일을 그만두었다. 일생 동안 자주 느꼈던 심상처럼, 의사 생활을 하는 동안에도 그는 이따금씩 일상이 '조금 귀찮다'고 여겼다. 어느 날 역시 그런 기분 때문에 밤늦은 시각 훌쩍 극장에 들렀다가 느지막이 걸어서 귀가한 그는 온몸이 흠뻑 젖어버렸다. 그는 곧 흉막염을 앓기 시작했고 완전히 회복하지 못했다. 이후 그는 첫 번째 아내와 함께 별 재미를 느끼지 못했던 노팅힐의 진료소를 떠나 세인트 제임스로 이사했다. 그곳에서 그는 소일거리 삼아 화학적 현미경 검사를 할 수 있는 단출한 실험실을 차렸다. 만약 그때 하살이 취미로 현미경 검사 대신 우표 수집을 택했다면 영국 식품의 역사는 사뭇 달라졌을지도 모른다.

조금 이른 나이에 은퇴한 하살은 런던 거리를 활기차게 배회하곤 했다. 이곳저곳을 걸어 다니던 그는 가게 유리창 너머에 진열된 다양한 상품들과 가게 밖에 내걸린 현수막의 광고문구들을 눈여겨보게 되었다. 하살은 직관적으로 일부 품목들의 외양과 광고문구가 뭔가 한참 잘못되었다고 느꼈다.

한마디로 그는 광고를 믿을 수 없었다. 그러던 중 그는 시중에서 유통되는 빻은 커피의 조악한 품질에 대해 불평하고 진위 여부를 의심하는 글들이 끊임없이 신문에 실리고 있다는 사실에 주목했다. 딱히 할 일도 없던 하살은 드디어 이 문제를 직접 조사해보기로 마음먹었다.[69] 그는 커피에 불순물을 섞었는지 판단할 수 있으려면 커피와 치커리가 순수한 형태일 때 현미경 검사에서 각각 어떻게 보이는지 알아야 할 것이라고 생각했다. 그리고 그는 작업에 착수했다.

> 먼저 볶기 전과 볶은 후의 커피 열매 단면을 현미경으로 관찰했고, 그다음 볶은 커피 열매를 빻아 가루로 만든 후 다시 검사했다. 치커리 뿌리 역시 볶기 전과 후의 상태를 차례로 관찰했다. 그 결과 이제 어느 정도 합당한 자료를 확보할 수 있게 되었다. 현미경 검사를 통해 확인한 것은 바로 열매를 볶는 과정에서 검게 타거나 그을리더라도 커피 열매와 치커리 뿌리 혼합물의 놀라울 정도로 세밀한 구조와 조직은 절대 파괴되지 않는다는 사실이었다.[70]

현미경을 통해 보이는 커피와 치커리의 차이는 초크와 치즈의 차이만큼이나 확연했다. 순수한 커피 가루는 벌집 조각처럼 보였지만, 순수한 치커리 가루는 질척한 오이를 얇게 썬 것처럼 보였다. 치커리의 유백색 주머니 모양utricle 또는 세포 때문이었다.[71] 이 발견은 하살에게 매우 유용한 증거가 되었다. 치커리의 이러한 특징을 알게 된 덕분에 하살은 단순히 의심을 품는 데 그치지 않고 불순물이 조금이라도 섞인 커피라면 어떤 것이든 구별해냈다. 치커리가 아주 조금만 혼합되었더라도 현미경을 통해 보면 문제없이 검출할 수 있었다. 치커리의 독특한 주머니 모양이 단 한 개만 있어도 금세 알아볼 수 있었기 때문이다.

이러한 사실을 알게 된 그는 런던 거리로 나가 커피의 표본을 산 다음 분석하기 시작했다. 그 결과, 하살은 거의 모든 커피에서 다양한 비율의 치커리를 발견했을 뿐 아니라, 일부 커피에는 치커리 외에 다른 불순물도 섞여 있다는 사실을 밝혀냈다. 치커리 이외의 불순물로는 구운 밀, 호밀, 콩, 태운 설탕 등이 있었고, 이렇게 온갖 불순물과 뒤섞인 커피는 그럴싸한 이름과 말도 안 되는 엉터리 광고문구로 포장되어 판매되고 있었다.[72] (하살은 간 커피의 존재를 발견하지는 못했던 것 같다. 당시 간은 음료 형태로 만들어진 커피에만 첨가되었고 가루 형태에 혼합되지는 않았기 때문으로 보인다) 1850년 8월 2일, 하살은 현미경 검사에서 발견한 내용을 토대로 한 「커피의 부정불량에 대하여On the Adulteration of Coffee」라는 논문을 런던식물학회Botanical Society of London에서 발표했다.[73] 효과는 즉시 나타났다. 바로 그 다음 주에 『타임스』가 하살의 주장을 주요 기사로 실었다. 이렇게 하여 일찌감치 의사직에서 은퇴한 하살은 인생에서 오히려 화려한 전환기를 맞게 되었다.

즉각적인 사회적 반향에 고무된 하살은 곧 다른 식품들도 연구하기 시작했다.[74] 그가 다음으로 선택한 식품은 갈색 설탕이었다. 갈색 설탕의 구조는 조직적인 커피와는 매우 다르게 결정체 형태를 띠었다. 당시 사람들은 식료품상들이 설탕의 양을 부풀리기 위해 모래를 섞는다고 믿고 있었다. 다양한 형태로 변주되었던 19세기의 한 농담에 등장하는 식료품상은 그의 조수에게 이렇게 말한다. "당밀에 물을 타고 설탕에는 모래를 넣었느냐? 그럼 이제 기도하자."[75] 하살은 현미경 검사 결과를 바탕으로, 갈색 설탕을 둘러싼 이러한 농담은 사실을 반영하고 있지 않다고 주장했다. 그는 직접 수집한 표본 중 어떤 예에서도 모래가 섞였다는 증거를 발견하지 못했다.

그러면서 설탕에 모래를 섞었다는 혐의로 기소된 식료품상이 있다면, 그 식료품상은 아마도 명예훼손을 당한 셈일 것이라고 결론지었다. 그는 다만 설탕은 모래 대신 살아 있거나 죽은 진드기, 알에서 성충에 이르기까지 온갖 형태의 이처럼 생긴 작은 벌레들로 가득 차 있다고 밝혔다. 식료품상의 조수들이 흔히 겪던 증상인 이른바 '식료품상의 가려움증'의 원인은 바로 여기에 있었다.[76] 이러한 이유로 하살은 어쨌든 갈색 설탕의 청결 상태가 획기적으로 개선되지 않는 이상, 갈색 설탕보다는 흰 설탕이 더 안전할 것이라고 당부했다.

이전의 반식품사기 운동가들에 비해 하살이 지닌 큰 장점은 바로 현미경 검사를 통해 이처럼 정확한 증거를 제시할 수 있었다는 점이다. 그렇다 하더라도, 아쿰이 부정불량식품 문제에 정면으로 도전하며 밟았던 전철과 달리 실질적인 사회적 반향을 불러일으킨 하살의 영향력이 과연 현미경 검사만으로 가능했을까? 하살이 과학적 작업을 동원해 그토록 지속적으로 부정불량식품을 추적할 수 있었던 것은 바로 일관성과 완벽함을 지향한 출판운동과 손을 잡았기 때문이다. 이러한 의미에서 하살이 이룩한 성과에 대한 찬사는 어쩌면 하살보다도 『랜싯』의 예지력 있는 편집자 토머스 웨이클리 Thomas Wakley(1795~1862)에게 돌리는 편이 마땅할 것이다.

실명 거론과 공개 비난, 그리고 국가의 보건

하살이 현미경 검사로 사회적 반향을 일으킬 무렵, 웨이클리는 영국의 식품을 개혁할 방법을 찾기 위해 이미 수십 년 동안 고심하고 있었다. 평생 급진적인 노선을 견지했던 그는 주간 의학잡지인 『랜싯』을 창간한 인물이다. 이 잡지를 창간한 것은 의사로서 탄탄대로를 걷던 그의 행보가 몇 가지 섬뜩한 괴소문으로 주춤해진 이후의 일이었다. 그중 한 예는 1821년 8월에 일어난 방화사건에서 비롯되었다. 막 새로운 가정을 꾸린 젊은 외과의사였던 웨이클리는 집에서 괴한에게 습격을 당했고, 이 과정에서 집이 모두 불타고 말았다. 당시 웨이클리의 집은 상당한 금액의 보험에 들어 있었고, 이를 이유로 보험회사는 오히려 그를 방화 혐의로 고발했다. 웨이클리를 두고 퍼진 또 다른 괴소문은 더 끔찍했다. 같은 해 더 이른 시기에 정치적 과격주의자 다섯 명이 교수형에 처해졌는데, 이후 웨이클리가 사체의 목을 자르는 일을 담당했다는 것이었다. 하지만 확인 가능한 자료를 보면, 이 두 소문은 모두 사실이 아니었던 것 같다. 1821년, 웨이클리는 보험회사의 방화 주장에 맞서 고소해 승소했고, 보상금 전액을 받아냈다. 그러나 이러한 과정은 그와 그의 아내 모두에게 타격을 안겼고, 그는 곧 방향을 틀어 새로운 길을 모색해야 했다.

랜싯lancet이라는 단어는 본래 중의적인 의미를 띠고 있다. 웨이클리가 이 이름을 붙인 것도 의도적으로 두 가지 의미를 모두 살리기 위해서였다. 가장 잘 알려진 의미는 양날을 지닌 외과용 메스scalpel이다. 양날을 가진 이 도구의 이미지는 근거 없는 괴소문과 질병의 실체를 동시에 제거하고자 했던 『랜싯』의 두 가지 목표와도 닮았다. 이보다는 낯설지만 또 다른 의미로

랜싯은 자연광을 들이기 위해 만드는 고딕 양식의 아치형 창문을 가리킨다. 이 의미 역시 비평뿐 아니라 계몽의 의제도 내세웠던 초창기 『랜싯』의 취지와 어울렸다. 올바른 출판 활동으로 긍정적인 사회적 결과를 도출해낼 수 있으리라는 열정적 믿음이 있었던 웨이클리는 의학 전문가들보다는 일반 대중을 겨냥해 집필 활동을 벌였다. 건강을 바라보는 그의 시각 역시 개인적인 것이 아니라 사회적인 것이었다. 이러한 관점에서 웨이클리는 『랜싯』을 통해, 병원 측에는 대중을 위한 통계자료를 만들 것을, 의학 관련 업체에는 더욱 개방적이고 전문적이며 민주적인 체계를 갖출 것을 지속적으로 권고했다. 더불어, 돌팔이나 미숙한 의사들, 적절치 못한 구빈 체계, 군대 내에서 가해지는 체형을 나 몰라라 하는 세태 등 건강을 위협하는 요소들을 사회 곳곳에서 찾아내 비판하는 작업을 지속했다. 웨이클리가 관심을 둔 공중 보건의 영역은 이처럼 광범위했다. 필연적으로, 부정불량식품을 양산하는 악마들 역시 그의 칼날을 피할 수 없었다.

1831년, 의대를 갓 졸업한 젊은 오쇼네시가 런던 거리에서 판매되는 과자를 수집해 분석한 일도 웨이클리의 지도하에서였다. 이 무렵 웨이클리는 반부정불량식품을 표방하는 책 한 권을 읽게 되었다. 하지만 그가 보기에 이 책은 사실상 부정불량식품을 둘러싼 헛소문을 증폭시키는 데 그치고 있었다. 그가 읽은 책은 우리도 이미 살펴본 『치명적인 부정불량식품과 서서히 진행되는 중독』이었을 것이다. 이 책은 웨이클리에게 두 가지 인상을 남겼다. 그는 직관적으로 이 책이 말하고자 하는 내용이 대부분 진실일 것이라고 믿었다. 그러나 거친 말투와 근거 없는 억측, 그리고 과학적이지 못한 접근 방식은 공중 보건에 실질적으로 득이 되기보다는 '공포의 확산'을 이끌 뿐이라고 여겼다.[77] 웨이클리는 사기꾼들을 상대할 수 있는 유일한 방법은 악인들을 개별적으로 지명하여 공개적으로 비난하는 것이라고 확신했다.[78] 그의 생각에, 악행을 행한 개인을 구체적으로 지목하지 않고 추상적인 행위만을 공격하는 것은 안전한 싸움일지는 모르지만 결국 그림자와 싸우는 것과 마찬가지였다.[79] 웨이클리와 오쇼네시는 그들이 지향한 바대로 중독된 사탕에 관한 기사를 『랜싯』에 실으며 혐의가 있는 제조자들의 이름과 주소를 공표했다. 이러한 시도는 나름대로 성과를 거두었다. 오쇼네시가 분석한 과학적 증거는 유언비어로 떠돌던 말들이 상당히 신빙성이 있었음을 확인시켰다. 그리고 『랜싯』은 이를 토대로 정부에 무언가 조치를 취하라고 촉구했다. 하지만 으레 그러했듯이 영국 정부는 아무런 대응도 하지 않았다. 이후 오쇼네시는 동인도회사에 합류해 인도로 떠났다. 오쇼네시가 떠난 후 웨이클리는 과학자 T. H. 헨리T. H. Henry를 후임 식품분석가로 고용했지만, 헨리는 『랜싯』에 실을 수 있을 만큼 흥미로운 결과물을 내놓지 못했다. 그의 재능이 부족했던 탓인지, 아니면 그가 분석한 표본에 문제가 있었기 때문인지는 알 수 없다.

마침내 하살이 부정불량 커피를 검출할 수 있는 혁명적인 방법을 발견해 발표하자, 웨이클리는 뛸 듯이 기뻐했다. 드디어 그가 출판 활동을 통해 지향했던 노선에 힘을 실어줄 과학적 도구, 즉 현미경이 등장한 것이었다. 그는 하살에게 즉시 편지를 썼다. 그의 글에는 영국의 식품 문제를 20여 년이나 고민해온 한 남자의 확신이 담겨 있었다.

> 긍정적이든 부정적이든 실험 결과의 내용에 상관없이 모든 실험 사례의 결과와 해당 식품을 판매한 당사자의 주소와 실명을 공표하지 않는다면 지속적으로 좋은 결과를 얻기 힘들 것이오. 파산에 이를지도 모르는 위험 부

담을 감수하면서까지 이 작업을 계속하는 것이 가능하다고 생각하시오?[80]

하살은 매우 신중한 성격의 소유자였다. 자신이 가진 모든 것, 즉 과학적 전문가로서의 명성이 무너질 수 있다는 두려움도 있을 법했지만, 그는 대담하게 답했다. "그렇습니다. 그럴 수 있다고 믿습니다."

두 사람이 공통된 생각을 확신한 이상, 앞으로 어떻게 일을 도모할지 고심하느라 시간을 낭비할 이유가 없었다. 처음에는 익명을 사용한 하살은 런던 전역에서 구매한 식음료 표본을 분석한 글을 『랜싯』에 연재했다. 그는 이 글에서 가능한 한 다양한 식음료를 언급했다. 분석 결과를 출판할 때는 항상 부정불량식품 판매자의 실명과 주소를 함께 공개했다. 이러한 작업에 수반되는 비용과 법적인 위험부담은 웨이클리가 부담했고, 하살과 그의 조수 헨리 밀러Henry Miller는 온갖 나머지 일들을 도맡았다(밀러는 하살의 현미경 분석 자료에 쓰일 그림도 멋들어지게 그렸다). 또한 표본을 구하는 과정에서 한 사람이 물건을 사는 일을 담당하면, 다른 한 사람은 표본 구매와 관련하여 필요한 경우 중요한 증인으로 나서기도 했다. 하살과 밀러는 식품을 구매한 가게를 나설 때마다 가게 이름과 판매자, 구매한 날짜와 가격 등을 꼼꼼히 기록했고, 이름의 첫 글자를 표식으로 남겨 실수가 없도록 했다. 이러한 작업 과정은 기질이 연약한 사람에게는 특히나 힘든 일이었다. 하살이 『랜싯』에 연재한 글은 처음에는 매주 실렸지만 1851년부터 1854년까지는 격주로 실렸다. 하살과 밀러는 표본을 충분히 구하기 위해 날씨와 계절에 아랑곳없이 음습하고 불결한 런던의 구석구석을 누비며 수도 없이 '밤나들이'를 해야 했다. 기다림과 배회를 무수히 반복하는 동안 그들은 자정 무렵까지 집에 돌아가지 못한 채 뼛속까지 한기에 시달렸다.[81]

그러나 이 일은 그럴 만한 가치가 있었다. 소문에 근거하지 않고 통계적 자료를 바탕으로 부정불량식품의 진실을 최초로 밝히게 되었다는 사실만 보더라도 그러했다. 4년에 걸친 작업을 통해 하살은 '고형이나 액상형을 모두 망라한 기본적인 소비 품목들'을 아우르는 2,500가지 이상의 식품 표본을 분석했다. 그중 대부분의 품목에서 부정불량 사례가 적발되었고, 순수한 식품은 극히 예외적이었다.[82] 당시 다른 저자들은 계피에 (육계피, 밀, 머스터드 껍질, 색소와 같은) 불순물이 첨가되는 예를 말할 때 그러한 사례가 '자주' 발생하거나 '가끔' 존재한다고 에두르는 것이 고작이었다. 하지만 하살은 빻은 계피 표본 19개 중 6개만이 진짜였으며, 그중 3개는 육계로만 구성되어 있고, 나머지 10개에는 사고, 밀가루 또는 칡과 같은 팽화제가 혼합되어 있다고 구체적으로 말했다. 더구나 가짜 계피가 진짜 계피보다 항상 싼 값에 팔리는 것도 아니었다. 결과적으로, 대중은 질적인 면으로나 가격 면으로나 계피를 구매할 때마다 매번 속을 수밖에 없었다. 이러한 주장을 할 때도 하살은 정확한 증거를 제시했다.[83] 유언비어를 퍼뜨리는 자들과 달리 하살은 불순물이 섞이지 않은 식품도 있음을 거리낌 없이 언급했다. 그가 검사했던 메이스mace[육두구의 껍질을 말린 향신료] 표본 12개는 모두 진짜였다. 소금 역시 일반적으로 순수했다. 하지만 머스터드의 경우는 그 반대였다. 하살과 밀러는 순수한 머스터드를 찾아 런던 전역을 뒤졌지만, 가격과 상관없이 불순물이 섞이지 않은 사례는 단 한 건도 발견할 수 없었다.

식품 사기의 진실을 이처럼 강한 어조로 끈질기게 파헤친 출판 활동은 곧 효과를 나타내기 시작했다. 하살의 연재글이 회를 거듭할수록 부정불량식품의 현실에 무신경했던 영국의 여론이 동요하기 시작했다. 웨이클리의 사후, 하살은 웨이클리의 '도덕적 용기'뿐 아니라 상인들의 실명과 주소를 출판물에 함께 싣는 작업에서 보여준 '대담하고 전례 없는 행보' 덕에 영국 사회가 변화를 맞이할 수 있었음을 분명히 인정했다(그러나 웨이클리는 생전에 자신이 하살에 비해 세상의 이목을 거의 받지 못했다는 점을 불편해했다).[84] 어떤 이는 당시를 이렇게 이야기했다.

> 까마귀 떼가 사는 숲에서 느닷없이 총을 쏜다 한들 부정직한 상인들의 실명을 공개했던 것만큼 요란한 소동을 일으킬 수는 없다. 들춰진 돌멩이 아래 숨어 있던 혐오스러운 작은 생물체들을 흠칫 놀라게 하는 햇빛의 눈부심 역시, 사기꾼의 주머니를 두둑하게 만드는 1,001가지 불법 첨가물들의 추악함을 들춰낸 동전만 한 현미경 렌즈의 빛만큼 강할 수는 없다.[85]

이러한 작업은 사실 시기가 늦은 감이 있었지만, 어떤 면에서는 시의적절했다. 아쿰의 시대 이후 영국 사회의 한편에서는 변화의 조짐이 일고 있었다. 위생과 공중보건이 이제 중요한 정치적 의제로 자리 잡게 된 것이다. 당시 열악한 보건 환경을 돌아보게 된 빅토리아 시대 사람들은 경악을 금치 못했고, 이러한 상황을 개선할 수 있는 조치가 취해지기를 바랐다. 1836년부터 1842년까지, 영국은 콜레라, 장티푸스, 그리고 독감의 전례 없는 유행으로 몸살을 앓았다. 1842년에 에드윈 채드윅Edwin Chadwick(1800~1890)이 발간한 『대영제국 노동 인구의 위생상태Sanitary Condition of the Labouring Population of Great Britain』라는 제목의 보고서는 노동 계급이 이용하는 불결하고 열악한 배수시설이 높은 유병률과 사망률의 원인임을 지적했다. 이듬해에 도시 지역의 보건을 논의하는 왕실위원회Royal Commission가 발족했고, 1848년 정부는 마침내 유럽 대륙을 좇아 보건위원회General Board of Health를 설립하고 채드윅을 위원장으로 임명했다. 공중보건이 이처럼 새로운 관심사로 떠오르면서 이전에는 상상할 수도 없었던 정치적 동맹이 새로이 결성되기도 했다. 복음주의 기독교인들이 하수 문제에 대해 생각을 같이한 무종교적 공리주의자들과 연합하게 된 것이다. 한편 채드윅이 감지했듯이 당시 런던 사회에서는 또 다른 변화가 일고 있었다. 자유방임주의가 서서히 인심을 잃고 있었던 것이다. 사람들은 이제 이러한 원칙이 자유를 의미한다고 여기지 않았다. 그것은 '나쁜 짓을 나 몰라라 하는' 이기적이고 무신경한 태도일 뿐이었다.[86] 이런 인식의 변화 때문에, 국가가 공중보건을 위해 어떤 상황에 개입하는 것이 불필요하다고 여기는 인식에도 변화가 일어났다. 사람들은 이제 국가가 이러한 문제에 적극적으로 개입해야 하고, 이것이 합리적이고도 기독교적인 책무라고 여기기 시작했다.

1850년에 이르러 위생은 가장 우선적으로 지켜져야 할 덕목이 되었다. 웨이클리가 하살과 함께 참여했던 한 프로젝트에 '분석적 위생위원회 Analytical Sanitary Commission'라는 이름이 붙은 것도 이러한 사회적 분위기 때문이었다. 하살이 연구한 식음료의 부정불량 사례 역시 약간 부담스러운 이 위원회의 이름을 달고 발표되었다. 첫 번째 보고서가 나오기 전에 『랜싯』은 다음과 같이 중대한 발표를 했다. "오염되지 않은 공기와 순수한 물은 건강한 삶을 유지하기 위해 반드시 필요하다. 이를 확보하기 위해 우리는 보건위원회Boards of Health와 배수위원회Commissions of Sewers를 발족하였다."[87] 그다음 단계는 분명 부정불량식품을 공격하는 것이었다. 『랜싯』은 대도시와 인접 지역 주민들에게 제공되는 다양한 식품들의 현황을 면밀히 조사할 것을 관계 당국에 제안했다.

『랜싯』을 통해 발표된 수질에 관한 보고서는 가히 충격적이었다. 수십 년 동안 사람들은 악취가 진동하는 수돗물에 익숙해져 있었다. 하지만 악취의 이유는 알 도리가 없었다. 과학자들이 화학 검사를 여러 차례 시행했으나 알아낸 것은 거의 없었다. 1828년, 왕립의학대학교Royal College of Physicians의 윌리엄 램비William Lambe 역시 시민들이 일상적으로 마시는 물이 인체에 매우 해로운 상태라고 지적했지만 그 이유나 과정은 규명하지 못했다. 물이 고여 있다거나 악취가 난다고 말하기는 쉬워도 오염 상태를 육안으로 확인시키기는 어려운 문제였다. 문제는 물의 경우 눈에 띄지 않을 만큼 극히 적은 유기 오염만으로도 치명적인 결과를 초래할 수 있다는 사실이었다. 이제 필요한 것은 하살의 현미경이었다. 꼼꼼한 평소 성격대로 하살은 첼시, 램베스, 복스홀, 햄스테드, 이스트 런던과 같은 런던 시내의 주요 수도회사들은 물론이고 심지어 켄트와 같은 런던 외곽 지역의 수돗물 표본까지 수집했다. 현미경 검사를 통해 하살은 이전에는 결코 알 수 없었던 수준의 오염까지 밝혀낼 수 있었다. 그는 젊은 시절에 담수성 조류를 연구한 적이 있었다. 템즈 강 물에서 꿈틀거리는 엄청난 수의 유기체를 발견하는 것은 그다지 유쾌한 일이 아니었다.

상수도에 오물이 침투하면 식수는 곧 온갖 유기물질과 동식물로 과도하게 오염되기 시작한다.[88] 하살의 글에 실린 판화들은 어찌나 사실적으로 오염물질을 묘사했는지 보고 있노라면 메스꺼울 정도였다. 1850년에 하살이 출간한 『런던과 교외 지역의 주민들에게 공급되는 물에 대한 현미경 검사A Microscopical Examination of the Water Supplied to the Inhabitants of London and the Suburban Districts』에는 이렇게 불쾌감마저 유발하는 천연색의 유기체 삽화가 함께 실렸다. 『펀치』는 이 책에 실린 유기체 삽화를 풍자한 만화를 실었다. 이 풍자 만화에는 '런던의 물 한 방울'에 두개골, 거북, 인간의 형상을 한 벌레, 묘비들이 작은 미생물처럼 가득 담겨 있다. 사실 현실은 이 만화와 그리 다르지 않았다. 하살이 조사한 웨스트 미들섹스West Middlesex가 공급하는 수돗물은 하수로부터 유입된 조류, 균류와 더불어 작은 게처럼 생긴 절갑류로 오염되어 있었다. 이 회사는 자신들이 언제나 맑고 순수한 물을 제공한다고 광고해왔지만 현실은 전혀 달랐다.[89] 하살이 지적했듯이 수돗물 오염은 물 자체의 문제로만 그치는 것이 아니라, 다른 먹을거리의 질까지 함께 떨어뜨린다는 점에서 심각한 문제였다. 런던에서 팔리는 우유, 맥주, 주정을 오염시키는 주요 불순물이 템즈 강 물이나 다른 경로로 얻은 더러운 물이었기 때문이다.[90] 최대한 주의를 기울여 오염된 물을 마시는 상황은 피하더라도, 그 물로 희석된 맥주를 마셔 감염될지도 모를 일이었다.

당연히 수도회사 입장에서는 불미스러운 일로 회사 이름이 거론되어 낭패를 겪고 싶어 하지 않았다. 사우스워크 앤드 복스홀Southwark and Vauxhall 수도회사는, 자신들은 완벽한 여과시설을 갖추고 있으며 회사에 불만이 접수된 예가 없다고 항변했다. 이에 대해 『랜싯』은, 실제로 불평을 하면 독점업자들이 물 공급을 중단하겠노라고 엄포를 놓을 것이 뻔한데 불만을 접수할 사람이 누가 있겠느냐고 반박했다. 게다가 현미경 검사법을 통해 밝혀진 증거를 보면 사우스워크 앤드 복스홀 수도회사가 제공하는 물은 '한 가지 특징만으로도 런던 최악'이라 할 만했다. 이 회사의 물에서 질병을 옮기는 유기체가 발견된 것이다. 시민들이 불만 사례를 접수한 적이 있었는지 여부는 이 증거 앞에서는 아무런 의미가 없었다. 결국 1851년, 정부는 이 수도회사에 대한 조사를 실시했고, 신경증적인 우리의 가여운 하살은 곧 증인으로 나서야 했다. 수도회사들이 고용한 교활한 변호사들은 하살의 예민한 성격을 먹잇감 삼아 그를 욕보이는 데 주력했다. 한 변호사는 모두 들을 수 있을 정도로 크게 "저 허풍쟁이, 하살"이라고 말하기도 했다. 상대를 당황하게 만들려는 이 유치한 계략에 하살은 곧잘 말려들었다. 40년 후에도 하살은 이런 식의 치욕을 잊지 못했다. 당시 하살을 공격했던 이들은 그가 물을 수집한 병의 위생 상태를 의심했다. 하살은 자신이 사용한 병은 분명 깨끗했다고 법정에서 자신 있게 답변했다. 변호사는 이렇게 물었다. 병들을 직접 씻었단 말인가? 하살은 그렇다고 답했다. 이제 의기양양해진 변호사는 이렇게 외쳤다. "그렇다면 당신은 병닦이로군!"[91]

변호사들은 내키는 대로 하살을 놀려댈 수 있었고, 그를 불안하게 만들 수도 있었다. 하지만 이렇게 마음껏 하살을 농락하던 이들 역시 그가 현미경 검사를 통해 제시한 엄연한 사실들을 바꿀 수는 없었다. 하살은 1851년부터 1854년까지 실명공개운동을 벌이는 동안 "몇몇 변호사들이 서한을 보내 왔고, 한두 사례에 대해서는 적법한 조치가 취해졌으며, 지금까지 한 건에 대해 선고가 내려졌다"며 뿌듯해했다.[92] 자신이 만든 보고서의 '놀라운 정확성'이 이로써 입증되었다고 여긴 것이다. 사기꾼들이 몸부림칠수록 하살은 그들을 더 형편없어 보이게 만들었다. 사기꾼들 역시 이를 알고 있었다. 『랜싯』이 벌인 운동 중 가장 기발했던 전략은 상품 광고에 쓰이는 터무니없는 과장 광고문구를 해당 상품을 공격하는 데 역이용한 것이었다.

거짓된 광고와 식품법

모든 광고에 그 내용을 반박하는 광고가 따라 붙는다면 신선하지 않을까? 가공 치즈 과자 겉 포장지에 '어린이의 뼈에 좋은 칼슘 함유'라는 광고

문구가 적혀 있다고 가정해보자. 그 아래에 큰 글씨로 이렇게 쓰여 있다면 어떨까? "포화지방, 염분, 색소도 상당히 함유하고 있는데 몸에 좋을 리 없답니다. 더군다나 칼슘은 이 한심한 모조품에만 있는 것이 아니라 어차피 모든 치즈에 포함되어 있습니다." 물론 이런 상황은 결코 발생하지 않을 것이다. 하지만 하살은 이 유쾌한 공상을 가장 비슷하게 실천했다. 지독한 독설을 불사하고 당시 식품 시장의 어두운 단면을 꼬집으며 말이다.

하살은 식품 포장에 실제 성분을 기술하게 하는 법적 강제조항이 없다는 사실을 개탄했다. 하지만 『랜싯』 보고서에서 그가 구사한 수사학은 오히려 이러한 법의 허점 덕에 빛을 발했다. 하살이 택한 방법은 단순했다. 제조자의 기상천외한 광고문구를 통째로 인용한 뒤 그 식품의 실제 함유물을 대조하는 방식이었다. 하살은, 자신들이 취급하는 상품이 진짜라는 판매자의 주장을 몇 번이고 인용함으로써 오히려 역으로 이 식품에 다른 불순물이 상당히 많이 첨가되었다는 것을 강조했다. '진짜 머스터드', '진짜 카옌', '진짜 칡'은 결코 진짜가 아니었다. 토트넘 코트 로드 110번지의 윌리엄 보울리Wm. Bowley에서 산 후추의 포장에는 '최고급 흰 후추'라고 쓰여 있었다. 이 가게의 점원은 하살에게 '가장 품질이 우수하고 한 점 의혹 없이 순수한 제품'이라며 권했지만, 하살은 그것이 곱게 빻은 검은 후추를 섞고 흰 밀가루를 매우 많이 넣은 것일 뿐이라고 적시했다.

하살은 당대에 자신이 해야 할 역할이 무엇인지 분명히 알고 있었다. 광고의 첫 세대가 개화했음을 간파한 그는 광고에 기술되는 내용을 바로잡는 것이 곧 자신이 해야 할 일이라고 믿었다.

상인들은 이제 누구나 광고문을 만든다. 그들은 거의 모두 허풍선이 작가들이다. 막대하게 뿌려지는 전단지, 안내문, 광고지에는 다양한 식음료 제품의 광고가 담겨 있다. 그러므로 역시 인쇄물을 통해 부정불량식품의 존재를 지속적으로 노출시킴으로써 그 뿌리를 근절할 뿐만 아니라 해독제 역할을 해야 함이 옳다.[93]

가장 터무니없는 광고의 예는 자기 네 식품이 얼마나 순수한지 떠벌리는 것이었다. 비숍게이트 가 156번지에 위치한 제임스 로빈슨의 커피 가게에 큼지막하게 걸린 현수막에는 다음과 같은 내용이 실려 있었다.

진짜 커피

불순물 무첨가

우리는 이웃과 대중을 상대하는 상인들의 부당하고 부정한 행위를 경고하는 것이 우리의 의무라고 믿습니다. 상인들이 커피에 섞는 불순물은 다음과 같습니다.

구운 콩, 개 먹이용 비스킷, 치커리, 탄닌액

커피를 구매하고자 하는 분들은 열매 형태로 사서 직접 분쇄해 드십시오. 여의치 않다면 믿을 만한 상인의 가게만 이용하십시오. 제품에 합당하고 걸맞은 값을 지불하십시오. 그렇다면 **훌륭한 진짜 제품**을 구하실 수 있습니다.

이 광고가 암시하는 내용은 바로 제임스 로빈슨의 커피는 믿을 만하다는 것이었다. 그러나 하살이 폭로한 바에 따르면 이 가게의 커피에도 상당한 양의 치커리가 섞여 있었다.[94]

식품이 산업화될수록 광고는 더욱 과장되었다. 『랜싯』에 하살의 보고서가 실리던 당시 선풍적인 인기를 끈 것은 전분질 식품이었다. 환자용 특별 치료식으로 쓰였던 이 제품은 따뜻한 물이나 우유에 개면 분말이 신기하게도 묽은 죽으로 변했다. 빅토리아 시대 사람들의 탈 많은 뱃속에 그만큼 적합한 것이기도 했다. 비교적 고가였던 이 제품은 유통량도 상당했다. 비슷한 제품끼리 경쟁이 치열해지면서 이 제품의 효과를 광고하는 내용이 터무니없이 부풀려지기 시작했다. 한마디로 다른 전분질 식품들은 가짜 약에 불과하며, 자기네 제품만이 믿을 수 있다는 식이었다.[95] 가장 널리 알려진 상표 중 하나였던 워턴Warton사의 어발렌타Ervalenta는 다음과 같이 주장했다.

> 효과적이고 영양가 높은 이 전분질 식품은 습관성 변비, 소화불량, 치질, 내장 및 소화기관의 문제로 비롯된 각종 질환을 신속하게 치유합니다. 약을 먹거나 다른 인위적 수단을 동원하지 않아도 이 제품만으로 원기와 활력을 빠르게 회복할 수 있습니다. 일류 의료진과 분석화학자들 역시 이 탁월한 식이요법의 헤아릴 수 없는 특성과 엄청난 효능을 인정하였습니다.[96]

어발렌타는 1파운드짜리 한 통이 2실링 9펜스에 판매될 만큼 고가였다. 권장량은 2온스로, 한 통에 8회 분량 정도가 나왔고, 4펜스가 조금 넘었다. 1850년 당시 빵의 가격은 1파운드당 약 1.8펜스였다.[97] 게다가 어발렌타를 구매하는 사람들은 이것과 함께 복용해야 한다는 특별 시럽을 함께 사게 되는 경우도 많았다. 워턴 멜라스Waton's Melasse라는 이 시럽은 한 병 값이 어발렌타보다도 1실링 비쌌다. 광고지 내용만큼의 효험이 있다면 그만 한 대가를 지불할 가치가 있을지도 모르겠다. 더군다나 광고문은 이 같은 효능은 어발렌타만이 보여줄 수 있다고 주장하면서 주요 경쟁업체를 견제하는 경고성 문구도 잊지 않았다. 이를테면 어발렌타와 비슷한 이름을 붙인 레발렌타Revalenta라는 저가 유사 제품이 '누구나 인정하듯 가난한 농민들이나 먹는 것처럼 욕지기 나고 끈적이는 조합제여서 꿀꿀이죽에나 적합하다'는 식이었다. 또한 사람들이 렌즈콩 분말을 워턴의 어발렌타로 오해하고 있다고 주장하며, 자신들은 대중에게 이것이 전혀 다른 제품임을 알리고자 한다고 적시했다.

그런데 하살의 현미경 검사에 따르면 워턴사의 제품도 다른 제품과 별반 다르지 않았다. 고가에 팔리던 워턴사의 어발렌타는 프렌치렌즈콩 가루, 곡식 겉껍질, 인디언옥수수와 유사한 재료로 만든 녹말입자에 지나지 않았다. 특별하다는 멜라스 시럽은 흔한 당밀이었다. 특별한 것이라고는 가격과 그럴싸한 포장이 전부였다.

하살은 광고주들이 반부정불량을 외치는 어법을 가장하는 방식을 특히 혐오했다. 다른 사기꾼들의 눈속임을 공격하는 데 시간을 허비하며 자신들의 눈속임을 가리는 이들이야말로 최악의 사기꾼들이었다. 뒤바리Du Barry사는 레발렌타 아라비카Revalenta Arabica라는 분말 식품을 판매하면서 '완두콩, 콩, 렌즈콩, 인디언밀과 오트밀을 섞은 쓰레기'를 팔아먹는 '50개의 사기꾼 집단'을 공격하는 전단을 배포했다. "환자들을 겨냥한 추악한 속임수가 밝혀지다"라는 제목의 이 전단에서 뒤바리사는, 수많은 환자들이 완두콩, 콩, 렌즈콩, 인디언밀과 오트밀로 이루어진 사기성 식품들, 그것도 이름이 비슷한 어발렌탈, 아라비카 푸드, 렌틸 파우더, 렌틸 특허 분말 등으로부터 심각한 위협을 받고 있다고 경고했다.[98] 이 전단에 따르면, 뒤바리사가 생산하는 가볍고 맛있는 아침식사용 곡식가루는 워턴사의 어발렌타보다 건강 증진 효과가 훨씬 뛰어났다. 또한 모든 위장 질환뿐 아니라 다음과 같은 증상에도 효험이 있다고 주장했다.

심장 두근거림, 신경성 두통, 청각장애, 이명증, 몸살, 만성 위염 및 위궤양, 피부발진, 연주창, 폐결핵, 수종, 류머티즘, 통풍, 임신 중이나 식후 또는 항해 시의 메스꺼움과 구토, 무기력, 분노, 전반적인 쇠약증세, 마비, 기침, 천식, 근심, 불면증, 무의식적인 홍조, 불안감, 사회부적응, 학업장애, 망상증, 기억상실, 현기증, 머리로 피 쏠림, 탈진, 의기소침, 이유 없는 공포심, 우유부단함, 지긋지긋함, 자기 파괴적인 생각 등.[99]

우유부단함을 치유할 수 있는 아침식사라니! 위에 열거된 목록을 읽다 보면 이 글을 쓴 자가 소비자에게 농담하는 것은 아닌지 궁금해진다. 그렇다면 참으로 신물 나는 농담이다. 이 광고가 기막힌 점은 위와 같은 통증들을 열거하며, 레발렌타에는 렌즈콩이 들어 있지 않고, 렌즈콩을 취급하는 어떤 상인 집단과도 상관이 없다고 주장하려 했다는 것이다. 이 광고문구를 쓴 사람의 주장에 따르면, 렌즈콩은 소화가 잘되지 않을 뿐더러 신경계 질환을 야기할 수 있다. 그냥 나쁜 재료이기만 한 것이 아니라 사람들을 '정말 아프게' 할 수 있다는 말이었다. 그렇다면, 뒤바리사가 네빌Nevill이라는 인물로부터 렌즈콩 분말을 공급받았다는 제보는 어떤 이유로든 사실이 아니어야 했다. 그 주장을 펼친 이는 다름 아닌 네빌이었다. 뒤바리사가 레발렌타 아라비카 제조에 필요한 연간 비용을 네빌에게 지불한 적이 없는 것은 사실이었다. "정신나간 네빌이 혼자 떠들어대는 이야기는 이제 그만 합시다!"[100] 뒤바리사가 대신 펼친 주장에 따르면, 레발렌타는 렌즈콩이 아닌(제발 렌즈콩은 잊어달라!) '인동honeysuckle[덩굴식물의 일종]과 비슷한 아프리카 식물의 뿌리'로 만들었다.

과장된 수사가 넘치는 이 광고를 본 하살이 뒤바리사의 레발렌타를 분석한 내용은 무척 흥미진진하다. 하살은 옥스퍼드 가의 한 가게에서 레발렌타를 구입했다. 검사 결과, 레발렌타는 렌즈콩과 굵은 보릿가루의 혼합물에 지나지 않는 것으로 밝혀졌다. 하살은 뒤바리사가 렌즈콩의 영양적 특성을 폄훼했던 점을 상기하며, 이 회사는 결국 자기 얼굴에 침을 뱉은 셈이라고 결론을 내렸다.[101]

사기 광고와 벌인 1라운드 싸움의 승자는 분명 하살이었다. 1855년, 식음료의 부정불량 사례 조사를 위해 의회 소속의 한 위원회가 구성되었고, 하살이 첫 증인으로 나섰다. 1851년에 『랜싯』이 첫 보고를 시작한 이래, 반부정불량식품의 현황은 신진 운동가들의 이목을 집중시켰다. 버밍엄의 의사였던 존 포스트게이트John Postgate(1820~1891)는 하살의 보고서에 담긴 진실을 너무나 잘 알고 있었다. 어린 시절에 식료품 가게에서 일하며 눈속임 방법을 익힌 적이 있었기 때문이다. 성인이 된 포스트게이트는 사비를 들여 이 문제에 대한 소책자를 인쇄하면서까지 부정불량식품을 고발하는 데 전력을 다했다. 포스트게이트는 버밍엄의 급진적 성향의 하원의원인 조지 먼츠George Muntz(1794~1857)와 윌리엄 스콜필드William Scholefield(1809~1867)에게 자신의 작업을 이어갈 수 있도록 도와달라고 요청했고, 이들의 도움으로 그는 곧 의회 위원회를 이끌게 되었다.

주로 급진적인 자유당 정치인들로 구성된 이 위원회에서 하살은 당대의 상인들을 겨냥해 자신의 주장 대부분을 자유롭게 펼쳤다. 그는 자신이 알고 있는 섞음질에 쓰이는 모든 물질의 목록을 꼼꼼히 읽어 내려갔고, 그들의 방법과 수단을 세세히 설명했다. 그는 또한 주장에 그치지 않고, 자신이 밝혀낸 사실들에 대해 법적인 조치까지 이끌어낼 수 있었다. 영국의 모든 사기꾼들에 대한 복수가 시작된 것이었다. 그는 심지어 착색된 과자와 케이크를 위원회에 가져와 이것들이 납의 크롬산염, 광명단, 프러시안 블루Prussian blue[인공 염료 중 하나로 짙은 청색을 내는 데 쓰인다], 구리의 아비산염arsenite으로 '얼마나 조악하고 추하게 착색되었는지' 의원들에게 직접 확인시켰다. 섬뜩한 스위트미트를 선보인 하살은 위원회에 이렇게 보고했다. "일부 일시적 발작을 야기하는 데는 이런 케이크 한 조각이면 충분합니다. 이런 케이크를 보통 두세 조각씩 먹는 아이에게는 매우 심각한 부작용이 나타날 수도 있습니다."[102] 근엄한 의원들은 그가 제시한 생생한 증거에 분명 깊은 인상을 받았다. 그들은 하살의 주장에 동감을 표하며 이렇게 물었다. "현재 통용되고 있는 구매자 책임주의가 판매자 책임주의로 전환되어야 한다고 생각합니까?" 이 말을 달리 하면 이렇다. 제품 구매에 따르는 해악에 대해 사는 사람이 조심할 것을 권하는 풍조가, 파는 사람이 책임을 져야 하는 풍조로 바뀌어야 하는가? 하살은 주저 없이 답했다. "그렇습니다."[103]

과학자, 하원의원, 약제사, 상점 주인, 상인 등의 수많은 증인들의 의견을 수렴한 위원회는 "우리는 식품의 부정불량이 광범위하게 만연하고 있다는 결론을 피할 수 없다"고 보고했다.[104] 그리고 1860년, 마침내 영국에서 첫 번째 부정불량식품법Adulteration Act이 통과되었다. 이는 하살과 『랜싯』의 부정불량 사례 공개 운동이 포스트게이트와 스콜필드의 정치적 실천주의와 결합한 성과였다. 이제 드디어 영국에서 부정불량하게 제조한 식품을 순수하다고 속여 파는 것은 불법이 되었다. 이 법은 또한 지역 당국들이 식품 분석가를 임명할 수 있는 근거를 마련해주었다. 결론적으로 이것은 구매자의 입장에서 마련된 최초의 식품법이었다. 즉, 구매자 책임 대신 판매자 책임을 원칙으로 내세운 최초의 식품법이었다.

그러나 불행하게도 이 새로운 법은 현실에서는 거의 무용지물이었다. 이 같은 문제점은 이 법을 지지하는 사람들도 잘 인식하고 있었다. 핵심적인 문제는 이러했다. 법 조항은 지역 당국이 식품을 검사하도록 '허락'은 하되 '의무화'하지는 않았다. 이처럼 의무 조항이 부재함에 따라, 영국 전역에서 이 법을 실질적으로 집행하려 노력한 지역은 두 군데에 불과했다. 또 다른 문제는 이 새로운 법이 부정불량식품의 범위를 매우 좁게 정의했다는 점이다. 하살이 제시했던 '의도'라는 개념 탓이었는데, 이 용어에 기댄 법적 해석은 판매자들에게 유예조항의 역할을 톡톡히 했다. 한마디로, 부정직한 자들은 새로운 법에 대해 압박감을 거의 느끼지 않아도 되었다. 개인적으로 속일 의도가 있었다는 것이 증명되는 경우에만 기소되었기 때문이다. 사적인 의도를 밝혀낸다는 것 자체가 사실상 불가능한 일이었다. 가짜 차를 판 식료품상은 중국에서 들어올 때 이미 차는 진짜가 아니었고 자신은 그런 상품을 받은 것뿐이라고 말하면 그만이었다. 그리고 설사 기소되더라도 상점 주인에게 돌아가는 불이익은 대부분 벌금 정도에 그쳤다.[105] 결과적으로, 소비자 개개인을 효과적으로 보호하기 위해 이 새로운 법이 하는 역할은 거의 없었다. 10년 후 저명한 식품 분석가 헨리 레더비Henry Letheby는 이렇게 적었다. "그 법으로 인해 개선된 것은 하나도 없다. 생명력 없는 문자로 가득한 장식용 책처럼 놓여 있을 뿐이다."[106] 실제로 부정불량식품 제조자들의 거짓말을 멈추게 하는 데는 훨씬 많은 시간이 소요되었다.

머스터드, 순수한 식품, 그리고 상업계의 대응

하살은 의회 위원회에 제출한 증거를 바탕으로, 정부가 대중이 먹는 식품에 더 많은 책임을 져야 한다는 바람을 피력했다. 그가 제시한 예는 머스터드였다. 그는 순수한 머스터드를 찾는 데 몰두했다. 어쩌면 순수한 머스터드를 구할 수 있으리라는 불가능한 기대에 집착했는지도 모른다. 하살은 런던의 거리들을 무려 42번이나 누비며 순수한 머스터드를 찾아 헤맸다. 하지만 매번 그의 손에 쥐여진 것은 강황으로 심하게 착색된 상당량의 밀가루와 머스터드의 혼합물이었다.[107] 일부 상인들은 밀가루가 자극적인 맛을 줄여줌으로써 오히려 머스터드를 '개량'한다고 주장했다. 그러나 다른 품목의 사례에서도 하살이 언급했듯이 밀가루가 원료를 개량한다는 주장은 말도 안 되는 소리였다. "휘발성 기름은 머스터드의 정수이고, 이것이 없으면 조미료라고 할 수 없다. 밀가루를 첨가한다고 해서 중화될 수는 없는 일이다."[108] 그는 머스터드에 불순물을 섞는 예가 이처럼 보편적인 것 자체가 문제라고 지적하고, 이러한 문제를 가장 효과적으로 해결하기 위해서는 정부가 나서서 정부가 인증하는 머스터드를 정부가 관할하는 제조소에서 만들어야 한다고 주장했다. 즉, 정부 머스터드가 답이었다. 이렇게 해야만 순수한 머스터드 공급을 보장할 수 있을 것이었다.

이러한 생각은 기본적으로 중세의 길드 독점이나 초기 사회주의자들의 주장과 맞닿아 있다. 초기 사회주의자들은 조합형 산업이 시장 산업을 대체할 것이라고 예견한 바 있다. 그러나 하살이 1855년에 했던 이 제안은 비웃음을 살 정도로 매우 비현실적이었다. 영국 정부는 정부 머스터드 제조는 고사하고, 제한적이고 별 효력도 없는 반부정불량법을 1860년에 이르러

서야 간신히 통과시키는 데만도 엄청난 물밑 작업을 벌여야 하는 형편이었다. 스콜필드가 처음 의회에 상정했던 반부정불량 법안은 훨씬 포괄적인 내용을 담고 있었다. 당연히 식료품상들과 커피 중개인들은 강력히 반발했다. 이른바 '상인정shopocracy'[귀족정aristocracy에 대응하는 표현]이라 불리는 상황에서 그들은 스콜필드가 위원회에서 자신들을 심문하듯 다그쳤다며 그를 고소했다. 게다가 하원에는 상업계에 직접적으로 관여했던 의원들이 많았던 탓에 1858년 한 해 동안 이 법안을 제대로 검토할 시간조차 마련되지 않았다.[109] 그러던 중, 같은 해 하반기에 브래드퍼드에서 대규모 중독 사건이 발생했다. 당시 로젠지 사탕을 먹은 사람들 중 200여 명 이상이 쓰러졌고 20명은 목숨을 잃었다. 제조자가 로젠지 사탕을 만드는 과정에서 실수로 석고 대신 비소를 첨가했기 때문이었다. 이 사건이 발생한 이후에야 정부는 무언가 조치를 취해야 할 때라는 결정을 내렸다. 이러한 분위기 속에서 스콜필드는 1859년에 원래 계획했던 것보다 약화된 내용을 담은 법안을 상정했고, 법안은 결국 통과되었다.

로젠지 사탕 사건이 정부의 태도를 결국 바꿀 수 있었던 까닭은 이 사건이 단순히 속임수에 그치지 않고 대중을 실제로 중독시켰기 때문이었다. 영국인들 역시 이 사건이 불거지자 비로소 부정불량식품이 중독성을 띠고 위해를 가할 수 있다는 사실을 인정하게 되었다. 누구도 악취가 나는 물을 마시고 싶어 하지 않았고, 구리로 범벅된 사탕에 아이들의 목숨을 담보하고 싶어 하지 않았다. 당시 하살의 주장에서 더욱 논쟁을 불러일으켰던 부분은, 반드시 중독으로 이어지지는 않더라도 식품에 자행되는 모든 속임수가 나쁜 것이라고 본 그의 관점이었다. 그가 적용한 엄격한 잣대에 의하면, 부정불량식품이란 남을 속이거나 이득을 취하기 위해 하나 또는 그 이상의 재료를 특정 식품에 의도적으로 첨가함으로써 첨가물 사용 여부를 해당 식품의 이름만으로는 가늠할 수 없게 만드는 상태를 뜻했다.[110]

물론 모든 사람이 이 정의에 동의한 것은 아니었다. 일부는 여전히 치명적인 위해가 뒤따르는 경우가 아니라면 약간의 부정불량은 오히려 시장경제 활성화에 긍정적인 역할을 하며 용인할 수 있다고 봤다. 1855년에 열린 의회 위원회에서, 변호사이자 지역보건위원회의 의장인 리처드 아처 월링턴Richard Archer Wallington은 이러한 입장을 다음과 같이 옹호했다. "당신이 요구하는 것을 판매자가 정확히 내줄 것이라는 이해 따위는 대중과 판매자 사이에 존재하지 않는다. 더구나 나는 그러한 관계가 궁극적으로 유익하다고 생각하지도 않는다."[111] 75퍼센트를 치커리로 채운 것을 '커피'라고 판다고 치자. 월링턴이 보기에 그것은 악행이라고 할 수 없었다. "눈으로 직접 확인한 것이 아니라면 한탄할 일은 없다." 월링턴은 중독성이 나타난 경우에만 부정불량식품으로 정의할 수 있다고 생각했다. 그렇지 않은 경우라면 '너무 광범위해서 정의를 내릴 수 없으므로' 별다른 조치를 취할 필요가 없었다. 뾰족한 대책이 없다면 무시하는 것이 상책이었다. 그것이 상업 발전을 위한 최선의 선택이라고 그는 믿었다. 이 같은 입장은 아일랜드 작가 윌리엄 앨링엄William Allingham의 시에서 다음과 같이 되풀이되었다.

> "부정불량은 경쟁의 한 형태이지."
> 영국의 한 제조자이자 정치인은 이렇게 말했다네.
> 그가 했던 이 엄청난 말에 대해 써볼까?
> 많은 사람들은 이 말을 곧이곧대로 받아들이지.
> 하지만 더 미묘하게 해석하는 이들도 있다네.
> "영국의 상업은 분명 속임수의 한 형태이지."[112]

그러나 속임수가 항상 더 많은 경제적 이윤을 보장하는 것은 아니었다. 상업적 이윤을 더 많이 가져다주는 것은 결국 정직이었다. 속임수로 얻을 수 있는 이득은 일시적일 뿐이었다. 세상의 변화에 더욱 민감하게 반응했던 일부 영국 상인들은 바로 이 점을 간파하기 시작했다. 식품 사기를 다른 시각으로 보기 시작한 대중의 태도를 이용하면 상업적으로 성공할 수 있으리라는 가능성을 주목하기 시작한 것이다. 1860년에 법이 제정되면서 일반 소비자들은 의심되는 식품의 분석을 의뢰할 수 있게 되었다. 하지만 분석화학자인 레더비가 확인한 바에 따르면, 1860년부터 1869년까지 9년 동안 소비자들이 의뢰한 사례는 57건에 불과했고, 그중 26건만이 품질이 불량하거나 불순물이 첨가된 것으로 판명되었다. 결과만 본다면 표본의 반 이상이 진짜 품목으로 판정받은 셈이었지만, 사실 이렇게 진짜로 판정을 받은 표본 중 대부분은 제도의 허점을 너무나 잘 아는 상인들이 장사에 필요한 확인서를 얻기 위해 의도적으로 미리 준비한 것들이었다.[113]

고급 식품회사인 크로스 & 블랙웰은 하살의 부정적인 평가를 긍정적인 평가로 변모시키기 위해 영리하게 대처했다. 처음 『랜싯』에 발표된 자료에 따르면 크로스 & 블랙웰의 제품들은 온통 유해한 것뿐이었다. 일례로 이곳에서 병에 포장하여 판매하는 구스베리에는 상당한 양의 구리가 들어 있었고, 과일이 저장된 액에 담긴 철근에도 구리가 두텁게 덮여 있었다.[114] 또한 오이피클에서도 구리가 발견되었고, 안초비anchovy[멸치의 일종]는 독성 있는 붉은 색소로 착색되었음이 밝혀졌다. 이러한 폭로가 거듭될수록 회사는 만신창이가 되어갔다. 고급 소비자를 대상으로 '좋은' 제품을 판매하는 회사라면, 소비자들이 뱃속에 철근 같은 구리가 쌓이게 되는 모습을 상상하기를 원하지는 않았을 것이다.

크로스 & 블랙웰의 공동 창업자인 토머스 블랙웰Thomas Blackwell은 당시로서는 놀랄 만한 신속함과 고도의 예술적 기교로 이러한 위기를 정면 돌파하려 했다. 1단계는 깊은 반성의 뜻을 내비치며 공표된 사실을 인정하는 것이었다. 블랙웰은 진실성이 의심될 정도로, 과거에 피클과 저장식품에 구리를 사용한 전력이 있다고 순순히 인정했다. 2단계에는 피클과 저장식품 제조 과정에서 구리를 비롯한 독성 색소들을 신속히 배제했다. 그리고 3단계에는 새롭게 개선된 피클과 저장식품들을 출시했다. 물론 이는 억지로 떠밀려서 한 것이 아니라 회사의 순수한 의지의 결과로 보였다. 잘못에 대한 고백과 반성, 그리고 해결책 제시를 통해 가혹할 정도로 자발적인 개선 노력을 보인 이 모든 과정은 공개적 평가가 기업에 긍정적인 결과를 가져올 수 있음을 확인시킨 마케팅 모델로 평가받을 만했다. 이렇게 모든 과정을 일사불란하게 처리한 예는 지금도 거의 찾아보기 힘들 정도다.

1855년 의회 위원회에서 하살은 실제로 구리를 녹화제로 사용하는 것을 중단한 크로스 & 블랙웰의 신속한 조치를 높이 평가했다. "이러한 변화 덕분에 이 회사의 신뢰도가 매우 높아졌습니다. 많은 사례에서 녹화제 사용이 소비자들의 바람과 구미에 반하는 일이었기 때문입니다."[115] 용감하다고 할 만한 이러한 변화가 '매출 증가'라는 결과를 이끌 수 있다는 점도 하살은 인정해야 했다.[116] 블랙웰 또한 의회 연설에서, '정직'이라는 노선을 택함으로써 오히려 이윤이 증가했음을 밝혔다. 초기에는 판매량이 떨어졌지만, 소비자들은 그가 녹화제를 더 이상 쓰지 않으려 한다는 점을 긍정적으로 받아들였다. 그는 "소비자들이 정말로 선택해주기만 한다면 우리는 불순물을 섞지 않은 순수한 제품을 제조하기 위해 지속적인 노력을 기울일 것"이라고 밝혔다.[117] 그가 예로 든 것은 안초비였다. 블랙웰의 설명은 다음과 같았다. "착색하지 않은 안초비는 칙칙한 갈색이어서 보기에 좋지 않다는 이유로 많은 소비자들이 아직도 붉게 착색된 안초비를 선호하고 있습니다(몇 가지 이유 때문에 안초비는 전통적으로 붉은 벽돌색으로 착색되었는데, 산화납이 이용되는 경우가 많았다). 그러나 착색하지 않은 투박한 안초비의 생김새 자체는 사실 진품임을 보장합니다. 더 훌륭한 안목을 지닌 소비자들이라면 겉보기에 산뜻하지 않은 자연적인 색을 보고 크로스 & 블랙웰의 제품임을 곧바로 식별할 수 있다는 점을 알게 될 것입니다. 크로스 & 블랙웰의 안초비는 그을린 갈색을, 피클은 탁한 녹색을, 그린게이지 자두는 우중충한 흙빛을 띨 것입니다. 눈에 선뜻 들지 않는 이 색조만으로도 상인들은 굳이 따로 설명할 필요 없이 자신들이 취급하는 제품이 진품이라는 신뢰를 얻을 수 있을 것입니다." 크로스 & 블랙웰은 '순수함'을 마케팅 방법 중 하나로 적극 도입했고, 이러한 전략은 오늘날까지도 이어지고 있다.

부정불량식품에서 포장된 순수함으로

1860~1870년대에 이르기까지 영국의 법은 소비자인 시민들에게 이로운 방향으로 개선되어갔다. 노동자들은 선거권을 얻으면서 정치적 책임도 함께 갖게 되었다. 구매 식품의 품질에 대해 소비자에게 떠넘겨졌던 책임도 점차 판매자에게 넘어갔다. 또한 이 시기에 상업계의 관심사는 더 정직한 식품을 요구하는 소비자 및 정부의 관심사와 맞닥뜨리게 되었다. 스콜필드 하원의원은 영국 선거법 개정법이 제정된 해인 1867년에 사망했지만,

그의 실천주의는 버밍엄의 또 다른 하원의원이자 급진주의자인 필립 먼츠 Philip Munts를 통해 이어졌다.

1868년 이후 먼츠, 포스트게이트, 레더비를 중심으로 한 급진주의자들은 회기마다 새로운 반부정불량식품 법안을 의회에 꾸준히 상정했다. 처음에 정부는 상점주들의 표를 잃게 될까 봐 걱정했다. 그러나 1870년대에 접어들면서 먼츠의 주장은 영국 정부의 새로운 고민 덕에 더욱 힘을 얻게 되었다. 당시 정부는 부정불량식품의 국가라는 오명 때문에 유럽에서 영국의 상업적 입지가 손상될 수도 있다고 우려했다. 이에 따라 영국 외무장관은 1879년에 부정불량식품에 관한 설문지를 모든 영국 주재 영사들에게 보내 국제적 여론을 가늠해보려 했다.[118] 설문 결과는 영국이 이미 상인 중심의 국가 또는 사기꾼들의 국가로 각인되어 있음을 보여주었다. 이러한 이미지는 수출에도 분명 나쁜 영향을 미칠 것이었다. 같은 해에 영국 정부는 즉각 먼츠의 법안을 지지하는 데 전력을 다했다. 한편 1871년에 설립된 반부정불량식품협회Anti-Adulteration Association라는 압력단체 역시 부정불량식품에 대한 법을 개정하고 강화하라고 주장했다.[119] 이 협회가 주장했던 것 중 하나는 부정불량식품법을 집행할 수 있는 공공 분석가를 정부에서 임명하라는 것이었다. 이 운동은 1872년에 성과를 거뒀고, 곧 먼츠의 부정불량식품 및 의약품법Adulteration of Food and Drugs Act이 통과되었다.

이 법은 1860년의 법에 비해 상당한 진전을 이루었다. 이제 사실을 명백히 적시하지 않고 중량이나 부피를 늘리려는 목적으로 다른 재료를 섞어 파는 것은 위법이 되었다. 치커리로 만든 커피, 또는 계피가 들어간 육계는 여전히 팔 수 있었지만, 대신 팔고자 하는 품목의 성분은 반드시 밝혀야 했다. 새로운 지역 관리로 등장한 공공 분석가들에게는 분석을 위한 표본 채

취와 관련된 권한이 폭넓게 주어졌다. 새로운 법은 이전의 법에 비해 확실히 내용이 진전되었으며 범위가 더 넓었고 더욱 적극적으로 시행되었다.[120]

하지만 법의 집행에서 애매한 문제가 여전히 남아 있었다. 새로 제정된 법에서는 판매자가 식품을 파는 시점에 부정불량 여부를 알고 있었는지의 문제는 죄의 유무를 판가름하는 데 전혀 고려되지 않았다. 상인들은 바로 이 점을 불만스러워했다. 가게에 식품을 납품하는 공급자가 부정직한 자라면, 아무리 정직한 상인이라 하더라도 자신도 모르게 이 부정직한 공급자를 거쳐 들어온 부정불량식품을 판매할 수밖에 없다. 하지만 새로운 법에 근거하면, 이 상인은 영문도 모른 채 식품 사기에 연루되어 처벌을 받을 수도 있었다. 이러한 상인들의 불만은 역으로 이제야말로 판매자 책임주의를 표방하는 법이 등장했음을 반증했다. 1874년 총선에서 승리한 보수세력은 곧 특별위원회를 구성해 이 새로운 법안의 내용을 검토했고, '일부 성실한 상인들'이 부당한 처벌을 받은 사례가 실제로 있었다는 사실을 확인했다. 새로운 공공 분석가들의 자격 논란도 함께 불거졌다. 이 분석가들이 하살의 현미경 검사에 대해 잘 알지 못할 뿐더러, 이들 사이에서 부정불량식품의 요건에 대한 의견이 일치하지도 않았다는 것이 그 이유였다. 이를테면, 우유의 지방 함량은 최소 몇 퍼센트여야 할까? 차의 색소는 불순물로 간주해야 하는가? 1875년에 제정된 식품 및 의약품 판매법Sale of Food and Drugs Act은 바로 이러한 문제들을 감안하여 부정불량식품에 대한 판단 근거를 더욱 명확히 제시하고 식료품상들의 고충을 해결할 방안도 일부 반영했다. 이처럼 변화를 겪어온 법안은 오늘날에도 영국 식품법의 근간을 이룬다.

이러한 노력의 결과, 1880년대에 이르자 악마 식료품상들로 대변되던 최악의 부정불량식품에 대한 공포는 자취를 감췄다. 1880년대에 영국의 식품 환경이 개선되는 과정은 한마디로 장관이었다고 전한다. 빅토리아 여왕 통치 말기에 이르러 소비자들은 순수한 빵과 밀가루, 차와 설탕을 원하는 만큼 언제든지 구할 수 있었다.[121] 차의 경우, 1872년에 수집된 41개의 차 표본 중 36개에 프러시안 블루, 대용 잎, 자토, 모래와 같은 불순물이 섞인 것으로 밝혀졌지만, 1880년대 말에 실시된 조사에서는 불순물이 섞인 차의 적발 비율이 훨씬 낮아졌다. 공공 분석가들이 빵을 조사한 결과도 마찬가지였다. 1877년 조사에서는 불순물을 섞은 빵의 비율이 7.4퍼센트(이미 1850년대에 비해 훨씬 낮아졌다)로 나타났지만, 1888년에는 0.6퍼센트로 현저하게 낮아졌다.

이처럼 1880년대 영국의 식품은 19세기 중 어느 때보다도 안전한 품질을 유지하게 되었다. 그러나 세간의 인식은 종종 현실의 변화를 금방 받아들이지 못하는 법이다. 영국의 서민들은 그들이 구매하는 차와 빵, 피클에 불순물이 첨가되었을 것이라는 의혹을 떨치지 못했다. 영국의 소설가 체스터턴이 1914년에 발표한 「식료품상들을 향한 노래」만 봐도 그러한 믿음이 상당히 오래 지속되었음을 알 수 있다. 신경과민과도 같은 이러한 분위기는 제조자와 광고주들에게 오히려 호재로 다가왔다. 그들은 발 빠르게 새로운 제품을 선보였고, 자신들만이 그러한 걱정을 일소할 수 있는 신뢰를 보장한다고 약속했다. 라일Lyle의 골든시럽, 보브릴Bovril 소고기 추출물, 홀릭스Horlicks 몰트 밀크malted milk, 본빌Bournville 초콜릿 같은 식품 모두가 1880년대와 1890년대의 이러한 분위기 속에서 처음 등장했다. 1840년대에 광고주들이 '진짜'라는 이상을 좇았다면, 이제는 역시 허상과도 같은 '극도의 순수함'이라는 이상에 매달렸다. 이러한 이상이 암시한 것은 내용물이 훤히 보이도록 시장에 진열된 식품보다는 무엇이든 포장된 식품이 안전하다는 메시지였다. 이제 포장 혁명이 시작된 것이다.

이렇게 조금은 낯선 반전을 맞은 가공식품 제조자들은 눈속임과의 전쟁을 새로운 기회로 활용했다. 다름 아닌 이윤 추구의 기회였다. 아서 힐 하살이라는 모순적인 인물의 시대로 잠시 돌아가보자. 광고주들에게 그토록 숱한 비난을 퍼부었던 하살은 최소한 세 차례 '순수한' 식품을 직접 판매하려 했다. 그는 지독한 폐렴을 앓은 후 1868~1877년 사이에 와이트 섬에 폐 질환 환자들을 위한 전문병원인 벤트너Ventnor 병원을 설립하기 위해 공을 들였다. 하지만 그동안에도 하살은 부정불량식품 분석을 멈추지 않았고, 언론에 그 결과를 발표했다. 우표에 사용되는 납 색소의 위험성도 당시 그가 분석했던 내용 중 하나였다.[122] 이 또한 의미 있는 작업이었지만 이윤을 낼 만한 일이 아닌 것은 분명했다. 그의 자서전을 보면 그가 얼마나 필사적으로 부를 얻고자 했는지 분명히 엿볼 수 있다. 이렇게 그는 과거에 그토록 신랄하게 비판했던 바로 그 세계, 상업의 세계에 뛰어들었다.

그러나 하살은 자신의 식품 판매는 여느 상인들이 하는 일과는 다르다고 믿었다. 그는 자신이 파는 식품을 항상 '엄격한 진실의 범위 내에서' 설명하고자 했다. 1860년대에 그는 처음으로 순수식품 판매를 시작했다. 그가 개발한 식품 중 하나는 이름부터 먹음직스럽게 들리지 않는 '고기 가루flour of meat'라는 제품이었다. 애초 의도했던 것은 '미세함이 밀가루와 유사한 제품'으로, 진짜 스피탈필즈산 고기를 잘게 썰어 걸쭉하게 만들고 말린 다음 분쇄한 것이었다. 하살은 이 상품을 '제조의 진정한 승리'라 불렀다. 또한 그는 수프용 고기 가루 혼합물, 소아·노인·병약자용 고기 가루 식품, 고기 가루 코코아, 고기 가루 비스킷, 고기 가루 로젠지 사탕 등 매우 다양한 제품을 판매했다. 처음에 하살은 다른 종류의 제품도 얼마든지 시관할 것이며, 성공이 확실해 보인다고 장담했다. 그러나 가루 형태 제품의 관리 문제에 대해 불만이 나타났고, 하살은 '어느 정도 불만의 소지가 있음'을 인정해야 했다.[123] 그것이 끝이었다. 회사는 문을 닫았다. 이후 1875년에 하살은 구운 밀가루, 맥아분, 디아스타아제diastase[녹말 당화 효소], 시리얼린cerealin[디아스타아제와 비슷한 유기화합물]으로 만든 병약자용 식품을 출시했다. 그가 보기에 이 식품의 맛은 매우 괜찮았지만 상업적 성공을 거두는 데는 또다시 실패했다.[124]

1881년, 하살은 마지막이자 가장 야심 찬 식품 프로젝트를 실행에 옮겼다. 당시 심각한 수준의 부정불량 사례는 현저히 줄어 있었다. 이러한 분위기에 힘입은 하살은 사람들이 이제 바라는 것은 단순히 불순물을 섞지 않는 수준 이상의 식품이라고 생각했다. 그는 사람들이 "우리의 식품에서 절대적 순수성, 특히 병약자에게 꼭 필요한 수준의 순수성을 원할 것"이라고 봤다.[125] 어느 회사가 자사의 모든 제품의 순수성을 보증할 수 있다면 어떨까? 그럴 수 있다면 그것이 곧 '위대한 성공'을 의미하는 것 아닐까?(그리고 물론 하살 자신도 막대한 이익을 취할 수 있지 않을까?) 하살은 한 신사를 설득해 초기 자금을 투자받았다. 이렇게 해서 그는 런던의 프린스 가 4번지에 '순수식품회사The Pure Food Company' 본사를 설립했다. 그는 무보수로 일할 것을 마다하지 않았던 친구 오토 헤너Otto Hehner의 도움을 받았다. 하살이 사용한 모든 재료는 품질이 최상급이었다. 물은 연수와 정수 과정을 거쳤고, 모든 육류는 스미스필드 시장에서 구매했다. 그의 회사는 '고형 또는 농축 비프 티, 고형 또는 농축 육류 알부민, 고형 또는 농축 칡, 순수 비프 젤리 또는 농축액, 알부민 성분 또는 섬유소 성분을 함유한 고기 로젠지 사탕, 영유아와 어린이, 병약자를 위한 유제품, 미리 조리하여 쉽게 소화되는 펄셀라pulsella(렌즈콩이나 펄스콩pulse 종류로 추정된다)를 비롯해, 특별 과정을 거쳐 열매 상태의 온전한 향을 보전한 커피 추출물'을 만드는 데 초점을 두었다. 게다가 커피와 치커리 추출물도 팔았는데, 커피 성분에 대한 정보를 양심적으로 표기했기 때문에 속아서 사는 커피 애호가는 없었다. 하살과 헤너는 이 프로젝트에 몰두했다. 그 회사는 '과장 없이 사실을 진실되게 표기하는' 상품의 표본을 만들었다. 하지만 판매 수익은 결코 투자비용을 회수하기에 충분하지 않았고, 하살이 지적했듯이 '좋은 의도로 시작한 모험'은 막을 내렸다. 은퇴한 하살은 기후가 자신의 쇠약한 신경성 체질에 적합한 이탈리아 산레모로 떠나 소박한 일상을 보냈다. 실망이라고는 모르는 인물이었던 하살은 무엇이 순수식품회사를 실패로 이끌었는지 잘 알고 있는 듯했다. 그가 화살을 돌린 것은 바로 대중의 무심함과, 업계에서 벌어지고 있는 절망적인 과장광고 경쟁이었다.

> 안목과 감식안이 그 정도인 대중을 상대로 식품의 순수성과 양질의 중요성을 끊임없이 외치고 선전한 이들이 있기나 했는가. 만약 우리의 선전이 요란하고 과장된 문구들과 주장을 담고, 광고에 투자할 자금이 있었다면 결과가 달라졌을지도 모른다.[126]

그러나 순수식품회사가 실패하면서 하살이 겪었던 불운은 우리에게 또 다른 교훈을 전한다. 섬유성 고기 로젠지 사탕, 고기 가루, 반소화 식품 펄셀라 같은 제품들은 가장 순수한 형태였는지는 모르지만 식품이라고 할 수는 없었다. 하살은 식품의 순수성만을 너무 열정적으로 좇는 바람에 부정불량식품이 안고 있는 근본적인 문제를 인식하지 못했다. 인생에 대한 본능적 열정을 따랐던 아쿰과 달리 하살은 사기를 근절하려는 염원에 지나치게 얽매여 우리에게 정말 필요한 좋은 식품이 무엇인지 돌아보는 여유를 잊고 만 것이다.

하살의 사례는 눈속임에 맞선 싸움이 무작정 순수를 추구한 나머지 소비자 개인이 제품에 바라는 기대를 얼마나 쉽게 저버릴 수 있는지 보여준다. 역사는 우리에게 부정불량식품이 가장 창궐하는 시기는 바로 사람들이 더 이상 자신의 감각을 신뢰하지 않을 때라고 말한다. 즉, 사람들이 좋은 것을 스스로 선별할 수 있는 일차적 지식을 결여한 시기이다. 과학은 이처럼 생활에 밀착된 지식을 보완하는 것이지 대체하는 것은 아니다. 하살은 '구매자 책임'으로부터 '판매자 책임'으로 변화를 이끌어내는 데는 성공했다. 그러나 '판매자 책임'의 원칙 또한 위험 요소를 갖고 있기는 마찬가지이다. 판매자가 식품의 정직성에 대한 책임을 떠맡는다는 원칙은 자칫 구매자 입장에서는 더 이상 식품에 대해 신경 쓸 필요가 없음을 의미할 수도 있기 때문이다. 이때 구매자가 할 일은 그저 식품 기술자들의 우월한 지식을 믿는 것뿐이리라. 안타깝게도 하살이 순수식품회사를 통해 사람들에게 요구했던 것은 개개인의 감각 따위는 잊고 회사가 생산하는 위생적 제품의 과학을 믿기만 하면 된다는 것이었다. 이는 어쩌면 산업적으로 제조된 포장 제품이 오늘날까지도 소비자들에게 주입하는 강력한 메시지와도 같다. 상표는 순수성을 보증하고 청결한 식품을 약속한다. 이러한 상황은 20세기 미국에서 가장 극적으로 전개되었다. 이제 순수에 대한 추구와 자유시장의 개막이라는 역사적 상황이 지속적으로 충돌하고 정치·경제적 세력이 왕성히 집결하고 있던 미국으로 시선을 옮겨보자.

4
분홍 마가린과 순수 케첩

메리에게는 어린 양이 있었지,
어느 날 어린 양은 병이 들었고,
메리는 아픈 양을 패킹타운으로 보냈지,
이제 메리의 양에는 닭고기 상표가 붙었다네.
—『뉴욕 이브닝 포스트』(1906)[1]

속임수에 넘어가고, 희롱당하고, 교묘한 말에 꾐을 당하고, 감언이설에 속고, 기만당하고, 궤변에 휩싸이고, 선동되고, 최면에 걸리고, 그럴싸하게 포장하는 것은 우리가 누리는 근사한 특권이다. 미국인들은 어차피 속는 것을 좋아하니까.
—하비 워싱턴 와일리(1894)[2]

식음료 위조가 가장 절망적인 지경으로 치닫던 1850년대, 영국인들은 대서양 너머의 미국인들을 질투 어린 시선으로 바라봤다. 그때만 해도 미국인들은 가정에서 식자재 대부분을 자급자족했기 때문에 불순물이 첨가된 식품을 염려할 필요가 거의 없었다.[3] 당시 유럽인들은 미국인들의 예의범절이나 정치적 상황, 문화 수준을 업신여기기 일쑤였다. 그런데 식품의 질에 관해서만큼은 유럽들인들이 부러워했다니, 미국인들로서는 분명 다행스러운 일이었을 것이다. 하지만 남북전쟁(1861~1865) 이후 수십 년이 흐르자 미국의 상황 역시 완전히 달라지고 말았다.

미국의 식품들은 매우 빠르게 영국의 식품들이 19세기 초에 겪었던 암울한 전철을 그대로 답습했다. 미국에서 부정불량식품이 등장하게 되는 배경도 영국의 경우와 비슷했다. 당시 미국은 영국처럼 농업사회로부터 산업국가로 변모를 꾀하고 있었다. 이후 대규모 산업이 등장하면서 도입된 신기술이 식품 위조에도 이용되기 시작했다. 이렇게 신기술로 무장한 위조식품은 점점 더 강력한 영향력을 행사하기 시작한 새로운 유형의 시장을 거쳐 유통되었다. 1870년대에 들어서자 대형 식품제조사들은 공업화학자들을 고용해 냄새제거제, 염료, 향미료, 물렁한 식품을 바삭하게 만드는 첨가제, 딱딱한 식품에 쓰이는 유화제처럼 눈속임을 위한 새로운 보조제를 개발하기 시작했다. 결과적으로 소비자들은 자신들이 무엇을 먹고 있는지 전혀 모르는 지경에 이르렀다.[4] 1880년대에 이르자 도시 인구가 급증하면서 새로운 싸구려 가공식품들의 수요도 덩달아 증가했다. 전체 식품 공급 체계는 완전히 다른 양상을 띠게 되었다.[5] 당시 상원의원이었던 앨저넌 S. 패덕 Algernon S. Paddock이 "악마가 이 나라의 식품 공급을 장악하고 있다"고 개탄할 만큼 1892년에 접어들면서 미국의 상황은 악화일로를 걸었다.[6]

그러나 미국 사회를 잠식하기 시작한 부정불량식품은 한 세대 이전의 영국과는 다른 양상을 보였다. 부정불량식품 사례는 하나같이 규모면에서 더욱 커졌고, 사기꾼과 순수주의자 사이의 싸움 역시 더욱 격렬해졌다. 영국에서의 싸움이 신사 대 신사 또는 과학 대 과학의 구도였다면, 미국에서는 상업 대 상업의 구도였다. 빅 보이스 오브 더 비프 트러스트Big Boys of the Beef Trust와 위스키 정류 기술자들은 반부정불량식품 운동가들을 괴짜이자 사회부적응자로 낙인찍는 데 혈안이 되어 있었다. 그러나 식료품상 제임스 서버James Thurber와 제조업자 헨리 J. 하인즈Henry J. Heinz처럼 상업적 감각이 출중했던 이들은 결국 순수식품 운동가들과 같은 편에 서면 장기적으로 더 많은 이윤을 얻을 수 있을 것이라고 믿었다. 하지만 순수식품을 표방하는 제품을 만들기 위해서는 초기에 감수해야 할 투자비용이 만만치 않다는 사실이 걸림돌이었다. 이 때문에 혹시 제조사들이 실질적인 투자는 뒷전으로 미룬 채 순수식품에 관심 있는 척 시늉만 하는 것은 아닌지, 그래서 '순수식품'이라는 새로운 상표 자체가 색소나 포마드 상표처럼 으레 쓰이는 이름으로 남용되는 것은 아닌지 걱정하는 목소리도 자주 불거졌다.

식품 사기 사건을 둘러싸고 미국에서 벌어진 정치적 논쟁 또한 영국의 경우와는 성격이 달랐다. 영국에서는 정부의 시장 개입 수위를 정하는 것이 정치적 논쟁의 핵심이었다. 그러나 정부가 주정부와 연방정부 연합이라는 복합적인 형태인 미국의 경우 이 문제는 더욱 복잡할 수밖에 없었다. 식품보호법안을 두고 토론이 벌어지면 늘 주정부와 연방정부의 이해관계가 팽팽히 맞섰다. 이러한 대립은 사실 분야를 막론하고 미국 사회를 줄곧 관통해왔다. 1787년에 헌법이 제정된 이래 미국의 모든 정치 문제에서는 주정부와 연방정부의 줄다리기가 끊임없이 불거졌다.

1884년, 반연방주의자인 뉴욕 하원의원 애덤스Adams는 식품 규제는 해당 주에서 관할할 문제라고 주장했다. 그의 언급으로 미루어 보건대, 이미 시대를 앞서 효과적으로 식품 규제를 실행한 주정부도 있었던 반면, 새로운 흐름에 부응하지 않고 과거의 관행을 답습한 주정부도 많았던 것 같다.[7] 순수식품 운동가 하비 워싱턴 와일리Harvey Washington Wiley는 연방주의자였다. 그는 일반 소비자가 섭취하는 식품이 유통되는 경로는 한 주에 한정되지 않으며, 이렇게 지역적으로 복합적인 유통과정을 거치는 식품의 품질은 연방법으로 규제해야만 보장할 수 있다고 주장했다. 1906년에 순수식품 및 의약품법Pure Food and Drugs Act이 제정되면서 결국 연방주의자들이 최종 승자가 되었다. 이 과정에서 벌어진 치열한 공방전은 신의 가호 아래 상업적 연방 국가로서 근대 미국의 기틀이 형성되는 데 식품이 그만큼 중요한 역할을 했음을 반영했다.

부정불량식품 문제에서 드러난 미국과 영국의 또 다른 차이는 바로 식품 사기를 논의하는 사회적 분위기였다. 영국 사회는 이 문제에 대해 기본적으로 차분하고 이성적인 태도를 견지했다. 당시 영국의 암담한 현실에 대해 『랜싯』과 하살이 분노에 가득 차 목소리를 높이기도 했지만, 이것은 아주 예외적인 상황이었다. 이와 대조적으로 청교도적 금주 운동의 영향을 받은 미국에서는 메시아적 열정으로 불타오르는 경우가 많았다. 잘못된 것을 먹고 마시는 것은 곧 죄악이었다. 런던에서 자유롭게 판매되는 머스터드와 커피를 두고 하살이 걱정했던 것은 이 식품들의 순수성이었다. 하지만 미국의 반부정불량식품 운동가들에게 머스터드와 커피는 설령 부정불량하게 제조된 것이 아니더라도 악마의 자극제로서 그 자체가 이미 순수하지 않은 식품이었다. 미국의 운동가들이 식품에 바란 것은 믿을 수 있는 품질뿐 아니라 신으로부터 부여받은 태고의 순수함이었다.

뉴욕의 꿀꿀이죽 우유 사건

미국에서는 1870년대까지 순수식품 운동이 제대로 일어나지 않았다. 그러나 대도시 시민들은 이미 20여 년 전부터 '간악한 혼합물'과 식품 사기를 고발하는 신문기사에 경악하며 잊을 만하면 한 번씩 공포에 떨어야 했다. 당시 세상을 떠들썩하게 했던 사건 중 가장 유명했던 것은 1850년대에 뉴욕에서 일어난 꿀꿀이죽 우유swill milk 사건이다. 그러나 뉴욕 시민들 중 많은 이들은 이 사건이 자신의 일상과 직접적인 연관이 있다고 믿지 않았고, 그 결과 이 대중적인 공포는 실천적인 정치적 대응을 이끌어내지 못했다. 공중보건과 관련된 많은 사건들이 그러하듯 정치인들은 사람들의 동요와 난국을 빨리 진정시켜 정권을 무탈하게 유지할 방책만 고심했다. 그러다보니 문제를 근원적으로 치유하는 데 필요한 결정적 조치가 취해지기까지 오랜 시간이 걸린 것은 당연한 일이었다. 정치적 대응이 그처럼 더디게 진행되는 동안, 순수식품에 대한 미국인들의 오랜 신념은 조금씩 무너지기 시작했다. 우유도 믿을 수 없는 마당에 도대체 무엇을 신뢰할 수 있단 말인가?

우유는 언제나 미국 사회의 골칫거리였다. 미국인들의 주식인 우유에 문제가 생길 경우 야기될 수 있는 사회적 불안감은 상당했다.[8] 오늘날 우유의 이미지는 매우 긍정적이며, 우유와 쿠키는 아이들의 순수성을 상징하는 매개체로 자주 등장한다. 우유는 또한 하얀 꿀, 완전식품, 풍부한 칼슘의 원천, 순수한 식품으로 정의된다(이러한 믿음은 사실 미국낙농협회National Dairy Council가 강력하게 밀어붙인 이미지 때문이기도 하다). 하지만 우유를 둘러싼 불순물 논란이 일 때마다 이 식품이 사람들이 믿는 만큼 순수하고 완전한가에 관한 문제가 도마 위에 올랐고, 이러한 사건들이 거듭되면서 우유가 지닌 '완벽함'이라는 이미지는 점차 실추되었다. 심지어 우유가 미국인들의 식탁에서 불가침의 영역에라도 속한 듯 없어서는 안 되는 식품으로 대접받는 것이 정당한지 의혹을 제기하는 이들도 등장했다. 이들은 우유는 칼슘의 유일한 공급원도 아닐뿐더러, 오히려 우유 섭취로 인해 심각한 질환이 유발될 수도 있다고 주장했다. 간혹 이러한 논쟁은 대중의 불필요한 걱정을 자아낼 우려가 있다. 더군다나 우유에 대해 비판적 입장을 견지한 로버트 코헨Robert Cohen이 1997년에 출간한 책의 제목 "우유: 치명적인 독Milk: The Deadly Poison" 처럼 종말론적 분위기를 띠기도 한다.

1850년대 뉴욕에서도 우유의 이미지는 양 극단을 달리고 있었다. 우유는 가장 완벽한 식품으로 자리를 굳히고 있었지만, 이 도시의 어느 사악한 소굴에서는 완전히 형편없는 상태로 몰락하고 있었다. 사실, 근대 도시가 탄생한 이후 살균법이 개발되고 냉장고가 발명되기 이전까지 우유는 치명적인 식품으로 돌변하기 십상이었다. 1842년 출간된 『우유에 대하여Essay On Milk』에서 로버트 하틀리Robert Hartley는 이미 우유의 순수성이 대재앙 수준으로 타락할 수 있다고 경고한 바 있다. 무엇보다 그가 지적한 문제는, 바람직하지 못한 환경에서 우유가 생산되더라도 그 과정에서 비롯되는 오염이 쉽게 드러나지 않는다는 점이었다. 하틀리의 이러한 경고는 곧 무시무시한 예언이 되어 미국 사회를 덮쳤다.

인구밀도가 아직 그리 높지 않았던 19세기 초기에는 일반적으로 뉴욕 시내에서 직접 소를 방목하여 우유를 생산했다. 그러나 인구밀도가 높아지면서 시내의 목초지가 줄어들자 뉴욕 시는 우유를 확보할 새로운 방법을 모색해야 했다. 하틀리가 우유에 대한 글을 발표한 해인 1842년 이후에는 오렌지 카운티 같은 교외에서 갓 생산된 우유가 매일 철로를 통해 도시로 공급되기도 했다. 그러나 뉴욕에서 소비되는 우유는 대부분 맥주공장이나 양조장에 딸린 낙농장에서 키우는 소에서 착유한 꿀꿀이죽 우유 또는 음식찌꺼기 우유[당시 뉴욕에서 이 우유는 슬롭 밀크slop milk로 불렸다]였다. 축사는 넓지만 어두웠고, 소들에게 먹이는 것은 술을 증류하고 남은 뜨끈한 곡물 사료였다. 1854년까지 이렇게 끔찍한 환경에서 꿀꿀이죽을 먹으며 사육된 소는 13,000여 마리에 이른 것으로 추산되는데, 당시 이 소들에서 생산된 우유가 매년 어린아이 수천 명을 죽음으로 몰고 간 주범으로 지목되었다.[9] 시골에서 생산되는 우유보다 훨씬 묽은 꿀꿀이죽 우유는 지방 함량이 매우 낮아 버터나 치즈를 만들 수 없었다. 1850년 무렵 뉴욕에 공급된 우유는 대부분 이런 종류였다. 이 우유는 또한 술에 버금갈 만한 비도덕성의 상징으로 사람들 입에 오르내렸다. 당시 미국 사회에서는 금주 모임이 일상적인 일과로 자리 잡고 있었다. 이러한 분위기에서 꿀꿀이죽 우유는 도덕적으로 강한 반감을 불러일으켰다. 물질만능주의와 부도덕이 판을 칠 것이라고 예견했던 한 논평가는 정말로 그러한 걱정이 이 나라에서 현실화되고 있다며 이렇게 비아냥거렸다. "어린아이들에게는 꿀꿀이죽 우유를, 장성한 남자들에게는 꿀꿀이 술을 먹여왔다니! 그러니 우리가 그렇게 건강하고 활기가 넘칠 수밖에!"[10] 그러나 많은 사람들에게 이 문제는 그저 불쾌한 감정이나 걱정을 넘어 훨씬 냉혹한 현실로 다가왔다. 꿀꿀이죽 우유는 그저 방탕한 것이 아니라 치명적이었다.

1853년부터 꿀꿀이죽 우유 문제를 보도하기 시작한 『뉴욕 타임스New York Times』는 머리기사 제목을 "병 속의 죽음"이라고 붙였다. 물론 이 제목은 아쿰에게서 차용한 것이다. 식품 운동가인 존 멀랠리John Mullaly는 『뉴욕과 인근 지역의 우유 영업Milk Trade in New York and Vicinity』이라는 소책자를 통해, 뉴욕 시내에 유통되는 우유의 기괴한 실상을 고발했다. 여기서 그는 시골 우유라고 팔리는 것이 사실은 대개 꿀꿀이죽 우유라고 주장했다. 『뉴욕 타임스』의 한 필자는 우유처럼 가장 기본적인 일상을 중독시키는 악행이 빈번히 발생하는 이러한 현실은 뉴욕 시민들의 삶의 질이 얼마나 치명적으로 심각한지를 반영한다고 봤다. 당시 도시민들의 생활환경은 쓰레기로 뒤덮인 혼돈 그 자체였다. 1825년에 이리 운하가 개통되면서 뉴욕은 미국의 경제적 심장부로 떠올랐지만, 시민정치는 아직 새로운 경제를 규제할 수 있을 정도로 발전하지 못한 상태였다. 이러한 상황에서 1820년 아쿰의 시대에 런던에서 벌어졌던 부조리가 미국에서 그대로 재현되었다. 혼란스러운 격변기를 통제할 사회적 책임 의식이나 정치적 제도가 미처 자리를 잡지 못한 상태에서 뉴욕의 산업은 런던처럼 그저 앞만 보고 내달리고 있었던 것이다. "뉴욕 시내의 거리는 정돈되는 일이 없다. 경찰력은 비효율적이고, 주요 도로는 천여 가지의 장애물에 막혀 있다. 우리는 진흙탕을 헤매고, 두려움에 떨다 잠들며, 대로변에서 분노한 황소에 짓밟혀 죽을 수도 있는 위험에 맞닥뜨리곤 한다."(『뉴욕 타임스』)[11] 설상가상으로 순수한 우유라며 브루클린과 맨해튼에서 판매되는 것들은 전혀 순수하지 않았다. 『뉴욕 타임스』는 매년 8천 명에 이르는 어린아이들이 바로 이 끔찍한 액체 때문에 목숨을 잃는다고 개탄했다.[12]

『뉴욕 타임스』의 논평은 다소 과장된 측면이 있지만, 당시의 높은 영아사망률이 열악한 우유 생산 환경과 직접적인 연관이 있었던 것은 사실이다. 역사상 우유가 가장 안전하지 않았던 이 시기에 불행히도 1살 미만 영아에 대한 모유 수유가 감소했다. 가정에서 벗어나 경제활동에 뛰어들어야 했던 많은 여성들이 모유 수유를 포기할 수밖에 없었기 때문이다. 예전에는 유모가 엄마의 자리를 대신했지만, 이제 우유가 유모 자리를 차지했다. 유모를 두는 관습이 19세기 초부터 사라지기 시작한 것이다.[13] 1860년대에 접어들자 아기들에게 '인공 영양'을 공급하는 비율이 급증했고, 인도 고무로 만든 수유 도구가 등장하면서 이러한 추세는 더욱 확산되었다. 더욱이 많은 의사들은 수유 도구를 이용한 인공 영양 공급이 현대적이고 위생적이라며 장려하기까지 했다. 1869년, 독일 화학자 유스투스 폰 리비히Justus von Liebig(1803~1873)는 밀가루, 분유, 맥아, 그리고 신맛을 줄이기 위한 탄산수소칼륨 등으로 만든 용해성 우유 제품을 선보였다.[14] 아이들에게 이 제품을 먹일 여유가 없는 사람들은 우유에 물과 설탕을 섞어 먹였다. 더구나 아이들에게 먹인 우유가 꿀꿀이죽 우유라면 결과는 불 보듯 뻔한 것 아니겠는가.

이처럼 여러 시대적 변화가 뒤얽히자 영아 사망률이 높아질 수밖에 없었다. 꿀꿀이죽 우유 사건은 바로 당시 사회의 어두운 단면을 보여주는 사건이었다. 1870~1900년 사이의 미국인 사망자 3명 중 1명은 5살 이하의 영유아였다. 영아 사망 원인의 38~51퍼센트는 감염성 질환이었고 그중 절반은 설사를 동반했다. 문제는 이 설사가 상한 우유를 먹어 비롯된 예가 많았다는 것이다.[15] 설사로 인한 사망은 우유 속의 박테리아가 주원인이었다. 이 불결한 박테리아는 7월과 8월에 특히 빠르게 증식했고, 결과적으로 이 시기에 피해가 절정에 이르렀다. 이렇게 영아 사망률이 높아지자 가난과 교육 부족, 높은 인구밀도, 열악한 배수시설 등을 원인으로 꼽는 많은 이론이 제시되었다. 1909년, 한 의사는 '더러운 고무젖꼭지, 옷을 너무 두텁게 입히는 습관, 피클'이 원인일 수 있다고 주장했다.[16] 그러나 무엇보다 결정적인 요인은 상한 우유였다. 가난한 엄마들은 당연히 싸구려 저질 우유에 쉽게 현혹될 수밖에 없었다. 그러나 단순히 가난 때문에 아기들이 죽음에 이른 것은 아니었다. 1920년대에 접어들어 영아 사망률이 마침내 감소세로 돌아설 수 있었던 원인은 가난이라는 사회적 문제가 해소되었기 때문이 아니라, 우유 공급 체계가 최소한의 청결을 유지할 수 있을 정도로 발전했기 때문이었다.

당시 우유의 위생 문제는 미국에만 국한되지 않았다. 서구 유럽에서도 도시에 공급되는 우유의 질은 위험천만했다. 파리의 경우에는 1870년에 프로이센군에 포위되면서 여성들이 모유 수유를 할 수밖에 없는 환경이 되자 영아 사망률이 40퍼센트까지 떨어졌다.[17] 런던의 위생 상황도 나을 것이 없었다. 찰스 디킨스Charles Dickens의 『데이비드 코퍼필드David Copperfield』에 등장하는 리티머Littimer라는 인물은 수감 중 급식으로 나온 코코아에 대해 이렇게 투덜댄다. "어쨌든 말할 자유가 있다면 말입니다, 나으리, 코코아와 함께 끓인 우유가 진짜는 아닌 것 같습니다. 하지만, 나으리, 저도 잘 알고 있습니다. 런던 우유란 게 원래 잡탕이고, 순수한 우유는 도통 구하기 어렵다는 걸 말이죠."[18]

19세기 중반에 런던 시내에서 유통된 우유에는 최소한 4분의 3에서 절반에 이르는 비율로 불순물이 섞여 있었다. 가장 흔한 예는 물을 탄 경우였다(그나마 물도 오염된 경우가 많았다는 것이 문제였다). 생산자들은 또한 묽은 우유에 도는 푸른빛을 감추기 위해 밀가루를 넣었고, 당근 주스를 넣어 당도를 높였으며, 노란색 색소로 착색했다. 우유에 첨가되는 색소는 실버 천Silver Churn[대형 우유통] 또는 카우슬립 컬러링Cowslip Colouring[카우슬립은 노란 구륜앵초로 야생화의 일종이다] 등의 이름으로 유통되었다.[19] 특히 여름철에 빨리 상하는 우유에는 프리저비타스Preservitas와 아티카누스Arcticanus 같은 이름의 화학물질이 자주 첨가되었다. 이러한 화학물질들의 위험성은 훨씬 심각했다. 그 목적 자체가 우유의 변질을 막는 것이 아니라 단지 변질된 맛을 숨겨 신선한 것처럼 속이는 데 있었기 때문이다. 그래서 한 역사학자는 "화학물질이 과다 첨가된 나흘 지난 우유는 영아에게 적합하지 않다"고 지적했다.[20] 이렇다 보니 어떤 소비자들은 소를 문 앞까지 데려와 눈앞에서 우유를 짤 것을 요구할 정도였다. 일부 남아시아 지역에서는 지금도 일어나고 있는 일이다.[21] 그러나 빅토리아 시대에 런던 시내를 휘감았던 이러한 공포도 뉴욕의 꿀꿀이죽 우유 사건만큼 심각하지는 않았다.

당시 『뉴욕 타임스』에 실린 한 기사에는 주부들을 대상으로 한 설문 조사 내용이 실렸다. 어떤 우유를 구입하는지 묻자, 응답자의 대부분이 오렌지 카운티, 웨스트체스터, 코네티컷 등으로부터 직접 우유를 들여오는 상인에게서 구한다고 답했다.[22] 이처럼 '착각에 빠진 가여운 주부들'은 '시골의 싱그러운 내음이 코를 찌르고, 우유를 짤 시간이 되면 발그레한 장밋빛 볼의 소녀들이 양동이를 들고 나와 얼굴을 알아보는 소들과 정겹게 인사를 나누는 목축지에서 생산되는 맛있는 유제품에 대한 막연한 환상'을 품었을지도 모른다.[23] 하지만 그것은 모두 꿈일 뿐이었다. 현실은 다음과 같았다. 오렌지 카운티 우유라고 팔리는 것은 실은 물을 엄청나게 섞은 것이 태반이었고, 시골에서 생산된 우유가 전혀 아닌 경우도 많았다. 멀랠리가 확인한 바에 따르면, 매일 뉴욕으로 유입되는 우유의 양은 약 90,000쿼트[약 85,500리터]인데, '마술과도 같은 과정'을 거쳐 가정으로 배달될 때는 양이 120,000쿼트[약 114,000리터]로 증가했다. 우유배달원들이 최소한 1쿼트라도 다른 액체를 넣어 희석하기 때문이었다. 그러나 이에 못지않게 형편없는 상황이 또 있었다. 『뉴욕 타임스』는 엄마들과 아이들이 가장 두려워해야 하는 것이 백악과 물 그리고 약간의 당밀을 섞은 시골 우유라면 그나마 괜찮은 상황일 것이라고 꼬집었다. 그 정도 우유는 전염성과 악취를 풍기는 동물성 독소로 가득 찬 꿀꿀이죽 우유에 비하면 적어도 인체에는 무해할 테니 말이다. 당시 꿀꿀이죽 우유의 일일 생산량은 160,000쿼트[약 152,000리터]에 이르렀다.[24] 꿀꿀이죽 우유를 만드는 업체에서 멀랠리가 직접 목격했던 공포에 비하면 불순물을 섞는 정도의 눈속임은 오히려 정직해 보일 정도였다.

멀랠리는 존슨이라는 한 부유한 증류업자의 낙농장을 둘러본 적이 있었다. 10번가와 노스리버[허드슨 강의 하류 지역] 사이의 웨스트 16번가에 위치한 곳이었다. 멀랠리는 이 업자가 "2천여 마리의 소를 사육하는 데는 고작 한 마리당 6센트를 들이고, 사악한 사업수완을 발휘해 매년 4만 달러의 수익을 올린다" 고 밝혔다. 이 낙농장에서 나는 악취는 1마일 밖에서도 맡을 수 있을 정도로 지독했다. 이로 인해 인근 지역의 삶의 질 또한 덩달아 열악해졌다. 멀랠리가 책에 소개한 내용에 따르면, 낙농장에서 나는 악취가 어찌나 심했는지 1854년에 낙농장 검사를 위해 방문한 보건 담당자는 검사를 중단하고 구토를 가라앉혀야 했다.[25] 이렇게 더러운 축사마다 600~700여 마리의 소가 빼곡히 수용되어 있었다. 소들은 주로 꿀꿀이죽 위에 서 있었고, 간혹 쇠똥으로 뒤덮인 바닥에 누울 때도 있었다. 멀랠리는 다음과 같이 기술했다.

> 꿀꿀이죽이 처음 나올 때에는 델 정도로 뜨거운 경우가 많았다. 꿀꿀이죽을 처음 먹어본 소는 며칠 동안은 제대로 먹지 못했다. 이 역겨운 액체를 구유에 들이부으면 소들은 처음에는 본능적으로 움찔하지만, 1~2주 정도 같은 상황이 반복되면 결국 익숙해져 개의치 않고 먹게 된다. 이 죽을 몇 주 먹고 난 소는 외양도 볼품없어진다. 입과 콧구멍은 오물로 뒤덮이고 눈은 맥이 풀려 전체적인 인상이 멍청해 보인다. 마치 무절제한 생활이 초래하는 결과를 보는 것 같다.[26]

멀랠리는 이 만취한 불쌍한 동물들이 얼마나 홀대받고 있고 얼마나 질이 떨어지는 우유를 생산하는지 두 눈으로 확인했다. 그렇게 열악한 환경에서라면 당연한 결과였다. 우유 짜는 사람들은 작업 전에 손 씻는 것을 귀찮아했고, 우유에서 정체 모를 찌꺼기라도 나오면 그 더러운 손가락으로 개의치 않고 집어냈다. 유두가 곪았더라도 상관 않고 착유해 다른 우유와 섞었다. 착유는 소들이 죽기 직전까지 진행되었다. 소들이 좀처럼 서 있을 수 없을 정도로 건강상태가 심각하더라도 예외는 없었다. 이렇게 존슨의 낙농장에서 나온 우유는 소규모 업자들의 손을 거치며 더 많은 첨가물 세례를 받았다. 『뉴욕 타임스』는 다음과 같이 기술했다.

> 우유 1쿼트마다 1파인트의 물이 첨가됐다. 희석된 우유에 감도는 푸르스름한 빛을 감추기 위해 다량의 백악이나 석고가 섞였다. 양질의 우유에서 나타나는 풍부한 노란빛을 흉내 내기 위해 당밀도 약간 첨가되었다. 다음으로 산화마그네슘, 밀가루, 녹말가루를 넣어 농도를 맞추었다. 이렇게 수유, 티 테이블, 아이스크림 가게에 적합하게 변모한 이 우유는 은밀하고 치명적이며 역겨운 독이 되어 도시 전역으로 퍼져나갔다.[27]

그런데 경찰은 신기하게도 이 상황에 대해 거의 아무런 조치도 취하지 않았다. 이에 관해 『뉴욕 타임스』는 이렇게 일갈했다. "만약 어느 시민이 저들의 낙농장에 미친 사자를 풀자고 하면 당국은 즉시 개입할 것이다. 하지만 존슨이 상한 우유를 유통시키고 끔찍한 악취를 풍기며 도시의 전 주민을 중독시켜 주머니를 채우는 것은 눈감아준다."[28]

이후로도 수십 년 동안 꿀꿀이죽 우유 사건은 끈질기게 세간의 입에 오르내렸다. 1858년, 『프랭크 레슬리의 삽화 신문Frank Leslie's Illustrated Newspaper』은 양조장의 낙농장에서 벌어지는 또 다른 실태를 폭로했다. 사람들은 낙농장 환경의 열악함, 소들의 비참한 모습, 그리고 소들을 다루는 사람들의 잔인함에 주목하게 되었다.[29] 독자들은 양조장에서 나온 꿀꿀이죽을 먹는 소들이 충치와 궤양에 시달리고 꼬리는 금방이라도 떨어져나갈 듯 앙상하다는 사실을 알고 경악했다. 웨스트 16번가의 우리의 친구 존슨은 이 사태의 주요 장본인으로 다시 한 번 여론의 도마 위에 올랐다. 이쯤 되자 당국은 어떤 조치든 취하는 척이라도 해야 했다. 결국 태머니 홀Tammany Hall[당시 뉴욕에서 강한 영향력을 행사한 정치 파벌]은 앨더먼 마이클 투오미Alderman Michael Tuomy를 보내 조사하게 했다. 투오미는 정육업을 하다 정치가로 변신한 인물이었다.[30] 당연히 적절한 조사는커녕 낙농장 주인들과 위스키 잔을 기울이며 허송세월을 했다. 그는 낙농장 주인들을 비호할 만한 모든 조치를 취해주었고, 세간에 떠도는 비난은 이 우유를 싫어하는 사람들이 단지 편견에 휩싸여 만들어낸 것이라고 주장했다. 그는 심지어 꿀꿀이죽 우유가 일반 우유만큼 아이들에게 좋다며 편을 들기까지 했다.[31] 투오미의 주장에 현혹된 뉴욕시의회의 위원회는 양조장의 낙농장은 일반적으로 요구되는 청결한 상태를 유지하고 있으며, 꿀꿀이죽 우유를 마시고 죽었다는 아이의 사례 하나를 문제 삼는 것은 온당하지 않다는 결론을 내렸다.[32]

이에 곧 『프랭크 레슬리의 삽화 신문』은 '꿀꿀이죽 우유 투오미'라는 캐릭터를 선보였고, 투오미는 이 신문의 편집장을 체포하는 것으로 응수했다. 그동안에도 꿀꿀이죽 우유는 뉴욕에서 계속 판매되었고, 샌프란시스코, 시카고, 필라델피아 같은 도시로 유통 범위를 넓히고 있었다.[33] 1860년 뉴욕시 조사관의 연례 보고에 따르면 꿀꿀이죽 우유는 '수치상 어떤 감소나 감소세의 징후 없이' 생산되었다. 즉, 가장 엄격한 대책 도입을 강구하지 않는다면 이러한 추세는 변하지 않을 것이었다.[34] 1862년, 뉴욕은 마침내 부정불량한 우유의 판매를 금지하고, 양조장의 낙농장은 유지하되 우유 판매자들에게 우유통과 차량에 이름을 명시하도록 정한 법을 통과시켰다. 그러나 낙농 관계자들이 강제적으로 법을 준수하도록 하기에는 아직 미비한 점이 많았다. 물 탄 우유가 그랬듯이 꿀꿀이죽 우유는 1870년대에도 일상적으로 판매되었다.

우유의 품질을 규제하는 데 그토록 장애가 많고 실패가 거듭된 원인 중 하나는 우유 자체의 예측 불가능한 특성 때문이었다. 우유는 영양 가치가 높지만 그만큼 질병의 훌륭한 온상이기도 하다.[35] 당시 막 싹이 움트기 시작했던 세균학은 이러한 양면성을 규명하기에 역부족이었다. 수분 함량 문제는 더욱 애매했다. 양조장 우유의 수분 함량을 분석한 결과, 평균 86퍼센트의 함량을 나타낸 오렌지 카운티 우유보다 많은 89퍼센트로 나타났다. 문제는 수분과 크림의 함량 정도는 자연 상태에서도 원래 변화가 많다는 점이었다. 소비자들은 우유의 크림이 평소보다 적게 느껴지더라도 이것이 자연적인 차이인지 아니면 눈속임 때문인지 분명히 알 수 없었다. 1873년 『뉴욕 타임스』에 실린 한 기사는 다음과 같이 풍자적으로 논평했다.

> 최근 조사에 따르면 소가 우유 배달원과 공모하여 우유에 물을 탔다는 사실이 밝혀졌다. 우유에는 원래 상당량의 물이 포함되어 있다. 크림의 비율 역시 23퍼센트에서 25퍼센트로 다양하다. 같은 동물이 아침에는 11.5퍼센트의 크림을 함유한 우유를, 오후에는 5퍼센트의 크림만 함유한 우유를 생산한다면, 소가 묽은 우유를 만들었는지, 아니면 우유 배달원이 추가로 물을 섞었는지 누가 단언할 수 있겠는가?[36]

결국 자연적인 목축 환경에 기대서는 우유의 품질을 믿을 수 없었다. 대신 소비자가 기대야 했던 것은 과학적인 살균 처리법이었다. 미국인들, 특히 꿀꿀이죽의 도시 뉴욕의 시민들은 식품 관련 규제가 훨씬 강화되고 휴대용 우유병 및 체계적인 살균법이 개발된 이후에야 안전한 우유를 공급받을 수 있었다. 1893년부터는 네이선 스트라우스Nathan Straus(1848~1931)라는 한 독지가가 뉴욕의 가난한 가정에 살균 우유를 공급하는 저가 우유 업체를 지원했다.[37] 이러한 변화 덕에 영아 사망률은 마침내 하락세를 보였다.

그러나 1850년대에 일어난 꿀꿀이죽 우유 사건의 영향은 수그러들지 않았다. 이 사건 이후 사람들은 자신들이 먹고 마시는 것의 품질을 깊이 의심하기 시작했다. 그리고 이러한 관심은 유제품뿐 아니라 다른 식품에 대한 눈속임과 부정불량 사례로도 확산되었다. 1840년대 영국에서 언론이 식품에 대한 공포를 확산시키는 데 일조했던 것처럼, 1870년대 미국의 신문들은 당시의 모든 식품 공급이 안전하지 않고 잘못된 것처럼 기사를 실었다. 커피에 섞인 치커리, 사탕류에 첨가된 납, 차에서 발견되는 구리 성분과 같은 사기 행각을 장황하게 설명하는 것으로 식품을 향한 무차별적인 공격이 시작되었다. 1871년의 한 기사는 당대에 만연한 부정불량식품의 현실에 비추면 이전 시대의 사례들은 미미한 것이며, 이처럼 사태가 악화된 원인은 다름 아닌 배금주의 때문이라고 주장했다.[38] 1872년에 또 다른 언론인은 이렇게 썼다.

> 부정불량식품의 폐해는 너무나 널리 퍼져 있다. 가해자로서는 뿌리치기 힘든 유혹이고, 피해자는 감지하기가 너무 어렵다는 이유 때문에 사람들 대부분은 부정불량식품을 필요악으로 받아들이고 있다. 우리 모두가 분석적 화학자가 될 수는 없다. 아마 먹고 마시는 행위가 주는 기쁨을 생각한다면,

모두가 분석적 화학자가 될 수 없는 현실에 감사해야 할지도 모르겠다. 가장 어설픈 속임수를 알아챈 사람들은 자신들의 목구멍으로 끊임없이 넘어간 것이 혐오스러운 엉터리였음을 깨닫기만 해도 왕성한 식욕을 잃어버릴지 모른다.[39]

사람들은 시중에 공급되는 식품의 90퍼센트가 겉모습과 다를 것이라는 막연한 추측 때문에 두려워했다.[40] 이처럼 공포에 휩싸여 오가는 이야기들은 그 내용도 갑절로 부풀려졌다. 예를 들어, 가짜 식초에 들어 있는 황산은 시린 잇몸과 미각의 마비처럼 건강에 심각한 피해를 유발할 뿐 아니라, 딸꾹질이나 '에헴!' 하고 목을 가다듬는 것 같은 온갖 괴상한 소리를 내게 한다는 식이었다.[41]

이러한 주장들이 공황상태나 마찬가지로 끊임없이 되풀이되자 미국 사회에서는 영국의 경우와 비슷한 현상이 나타나기 시작했다. 부정불량식품에 맞서 싸울 준비를 채 갖추기도 전에 사람들이 이 말에 지쳐버린 것이다. 1881년, 찰스 스마트Charles Smart는 국가보건위원회National Board of Health의 요청으로 부정불량식품 사례를 조사했다. 그의 보고에 따르면, '자극적인 글'에 노출된 사람들은 (익히 알고 있던) 물 탄 우유 정도를 제외하고는 거의 모든 식품을 불신하게 되었다.[42] 그는 많은 저자들이 하살이 활동하던 당시 영국의 상황을 미국에 그대로 적용하는 경향이 있는데, 이는 미국 사회의 특징을 무시한 처사라고 주장했다. 예를 들어, 미국인들은 집에서 직접 커피 원두를 가는 경향이 있으므로(식료품 가게가 적은 데다 집에서 멀리 떨어져 있던 시절에는 더욱 그러했다), 커피를 가루 형태로 판매하는 영국보다 미국의 커피에 불순물이 첨가되는 경우가 훨씬 적다는 것이 그의 설명이었다. 그는 또한 미국의 옥수수 가루와 굵게 빻은 밀가루 역시 영국보다 순수하다고 태평한 어조로 주장했다.

그러나 스마트가 분석한 자료에 따르면, 미국의 식품은 영국의 경우보다 더 나쁘지는 않더라도 적어도 그만큼은 불량한 상태였다. 스마트가 예시한 것은 육계와 사탕, 빵가루, 올스파이스allspice[서인도제도산 나무 열매를 말린 향신료] 등이었다. 육계에는 계피와 아몬드 껍질, 옥수수, 밀, 올스파이스, 콩이 혼합되었다. 노랗게 착색된 사탕은 납으로 중독되어 있었으며, 올스파이스 가루에는 빵가루, '나무 같은' 가루, 강황이 섞여 있었다. 올스파이스의 경우, 영국에서는 불순물이 발견된 예가 거의 없었다. 설탕에는 흔히 글루코스가 첨가되었는데, 이것 역시 영국에서는 없었던 사례이다. 당국이 나중에 실시한 또 다른 분석에 따르면 라드에는 가성 석회와 명반이 보존료로 첨가되었고, 치즈에는 수은 소금이 첨가되었으며, 통조림에 구리, 주석, 보존료가 들어간 사례도 있었다.[43] 이러한 첨가물이 들어간 배경은 대부분 탐욕이었다. 그러나 스마트에 따르면 간혹 '판매자가 순수한 상태가 어떤 것인지 아예 몰라서 비롯된' 애매한 상황이 연출되기도 했다.[44]

갈수록 당국에 대한 불신이 깊어졌고, 세간의 공포는 최악으로 치달았다. 이 와중에 안전하고 순수한 식품을 둘러싼 갑론을박의 책임은 미국 여성들의 손에 넘겨졌다. 한 가지 특이한 점은 부정불량식품을 판단하는 여성들의 기준이 당시 현실적으로 실행 가능한 수준보다 훨씬 엄격했다는 점이다. 1880년대, 미국 전역에서 식품 운동을 이끈 여성들은 주부들을 상대로 식품으로 인한 중독으로부터 가족의 건강을 지킬 수 있는 방법을 계몽했다. 콜로라도 주 덴버에서 클럽 활동을 한 이저벨 처칠Isabel Churchill은 식품의 품질은 모든 주부들에게 가장 중요한 문제여야 하며, 클럽 여성들은 순수식품 법제화를 위해 모두 힘을 모아야 한다고 주장했다.[45] 이 여성들은 주로 교회 강당과 강의실, 클럽하우스와 집에서 모임을 가졌다. 1884년, 뉴욕 43번가에서 44번가에 걸쳐 위치한 도살장들 밖에 쌓여 있던 거름이 썩으며 견딜 수 없이 심한 악취를 풍기던 어느 날, 이를 치우는 운동을 펼친 사람들 역시 15명의 '숙녀들'로 이루어진 한 단체였다.

같은 해, 뉴욕의 서쪽에 있는 미시건 주 배틀 크릭에서는 엘라 이튼 켈로그Ella Eaton Kellogg가 미시건 기독교부인 교풍회Michigan Women's Christian Temperance Union를 조직해 순수식품 운동을 펼쳤다. 엘라의 남편 제임스 하비 켈로그James Harvey Kellogg는 그 지역에서 잘 알려진 요양소를 운영하고 있었다.[46] 엘라 켈로그는 여성들이 돌팔이 약을 사러 몰려다닐 것이 아니라 부정불량한 방법으로 제조되거나 오염되지 않은 식품을 고르는 법을 배워야 한다고 주장했다. '질병이 가장 흔히 습격하는 곳은 바로 여성이 지켜야 할 요새인 가정'이기 때문이었다. 절제를 미덕으로 삼았던 당대의 많은 여성들처럼, 엘라 역시 술을 멀리하는 사람이라면 인공적으로 제조한 식품 또한 금할 수 있다고 믿었다. 그녀가 부정불량식품으로 지목한 식품의 범위는 매우 광범위했다. 가짜 수프뿐 아니라 정제 설탕은 물론 후추와 머스터드처럼 심리적으로 안정감을 준다고 알려진 양념도 그녀의 시선을 피하지 못했다.[47] 머스터드를 진정제처럼 취급했다는 사실이 조금은 놀라워 보일지 모른다. 하지만 당시 미국에서는 일반적으로 가정에서 직접 진정제나 특효약을 만들어 사용했는데, 보채는 아이를 달래준다는 '진정 시럽'이 나중에 아편으로 밝혀지기도 했다(1888년에 이와 관련된 한 사건이 발생했다. 아이들이 쉽게 잠들 수 있게 도와준다는 미세스 윈슬로우Mrs Winslow의 진정 시럽은 '아이들을 위해 꼭 갖춰야 할 제품'으로 교회 잡지에 광고되기도 했는데, 결국 아편 성분이 포함된 것으로 밝혀졌다).[48] 당시 여성들의 순수식품 운동은 이처럼 다양한 방식으로 나타난 식품 현실에 대한 반응으로 이해할 수 있다.

엘라 켈로그의 이처럼 지극히 금욕적인 태도는 당시 순수식품 운동을 펼쳤던 여성들이 열렬히 추구했던 도덕적 절대주의에서 비롯되었다. 이러한 태도는 부정불량을 종교적 의미에서 죄악으로 보는 시각에 바탕을 두고 있었는데, 이 도덕적 절대주의에 따르면 오염은 곧 육체의 타락을 이끄는 것이었다. 부정불량식품에 대한 이들의 공격성은 아큠이나 하살의 경우보다 훨씬 강한 면모를 보였다. 1885년, 한 클럽에서 활동했던 엘라 호스 네빌Ella Hoes Neville은 이렇게 적었다. "식품을 부정불량하게 제조하는 것은 사악한 거래이다. 무게를 속여 팔거나 부정직하게 직물을 파는 짓보다도 나쁘다. 직물의 길이를 속여 팔면 기껏해야 옷이 맞지 않은 정도겠지만, 부정불량식품을 판다는 것은 사람들을 죽일 수도 있다는 것과 마찬가지 아닌가."[49] 같은 의미로, 1890년대 『클럽 우먼Club Woman』이라는 잡지의 한 편집자는 식품 사기꾼들은 반드시 모두 제거되어야 한다고 주장했다. "사기꾼들은 '개조 버터'나 가짜 설탕을 판매하면서 '상업의 거리'를 중독시키고 있다. 단 한 방울의 독이 우유 1쿼트를 통째로 오염시키듯이 부정직한 상인이나 제조자가 한 명만 있어도 산업은 모두 부패한다."[50]

부정불량식품 문제를 죄악과 속죄라는 개념으로 해석하는 것이 너무 냉혹하게 들릴지도 모른다. 그러나 바로 이러한 태도가 당시 부정불량식품과의 싸움을 이끈 힘이었다. 채식주의자이자 순수식품 운동가로 매사추세츠 동물보호협회 회장이었던 조지 손다이크 에인절George Thorndike Angell은 미국 국민을 불량식품으로부터 보호하기 위해서는 포괄적인 국가법을 제정해야 한다고 주장했던 인물이다.[51] 에인절은 자신이 해야 할 일은 단상의 설교자와 다르지 않다고 봤다. 그는 다음과 같이 주장했다. "노예제도가 폐지된 이 시대를 살아가는 선량한 사람들이라면, 비인간적 조건 속에서 노예처럼 가두어 기른 가축을 재료로 식품을 만들며 강도질하고 살인하는 노상강도들보다 그리 나을 것이 없는 제조자들과, 그들이 대중을 대상으로 저지르고 있는 중독 행위에 맞서 싸워야 한다."[52] 에인절이 목격한 것은 '헤아릴 수 없을 만큼 깊은 부정불량의 바닷속'으로 빠르게 침몰하는 인간성이었다. 그는 사람들을 일깨워 스스로 구원하도록 하는 것이 자신의 임무라고 믿었다. 그의 눈에 비친 당대 식품산업의 문제점은 단지 교정 차원에서 해결될 일이 아니었다. 모든 식품문제는 사악했고 악마의 거대한 음모가 도사리고 있었다. 그런데 이런 에인절의 비판에 업계는 어떻게 대응했을까? 일단 그에게 일일이 응수할 필요는 없었다. 그의 입에서 나오는 모든 주장은 한 괴짜의 절규일 뿐이었기 때문이다. 이처럼 부정불량식품을 둘러싼 논쟁은 결국 현실적인 의사소통의 부재 속에서 교착상태에 빠지고 말았다.

식품거래 규제법안을 보완할 필요성을 지지한 업계와 정부의 관계자들조차 급진 과격파의 으르렁거림이 당혹스러울 정도로 과장되고 자극적이며 그저 성가시다고 봤다. 에인절이나 금욕주의 여성들 같은 순수식품 운동가들은 광신자나 사회주의자 혹은 괴짜로 낙인찍히는 경우가 많았다.[53] 그러나 19세기 말에 마침내 식품 품질 보호법안 통과를 촉구하는 목소리가 많은 주에서 제기되기 시작했다. 1874년, 일리노이 주는 개별 식품이 아닌 일반적인 순수식품에 적용할 수 있는 주의 법을 최초로 통과시켰다. 뉴욕주는 1881년에 순수식품 및 의약품에 관한 일반법을 제정했고, 1882년에는 에인절의 노력에 힘입어 매사추세츠 주가 그 뒤를 이었다. 그러나 정작

가시화되지 않았던 것은 이러한 문제를 공론화하기 위한 국가 차원의 노력이었다. 당시 필요했던 것은 미국 정부가 이 바람직하지만 해묵은 논란을 받아들이는 것이었다. 순수식품에 대한 국가적 관심은 유럽의 실험실에서 비롯된 흥미로운 (또는 관점에 따라 매우 사악한) 신제품이 미국에 등장했을 때 비로소 수면 위로 떠올랐다. 바로 1886년의 마가린 논쟁이었다.

마가린 전쟁

2006년, 매리언 네슬Marion Nestle 교수는 다음과 같이 지적했다. "마가린은 기본적으로 콩기름에 식품 첨가물을 섞은 것이다. 재료만 본다면 극장 무대용 화장품과 다를 바가 없다." 무가공 식품주의자인 네슬이 마가린이나 콩기름 대신 선호한 것은 버터나 올리브유였다. "도대체 왜 빵에 콩기름을 얹으려 하는가?"[54]

지금도 많은 사람이 콩기름을 찾는다. 야자 기름이나 해바라기 씨 기름을 찾는 이들도 있다. 1997년 미국의 1인당 마가린 소비량은 버터 소비량의 2배를 웃돌았다(버터 소비량이 4.2파운드였고, 마가린은 8.6파운드였다).[55] 사람들은 버터보다 저렴하다는 이유로, 혹은 특정 업체가 광고하는 것처럼 건강을 영원히 지켜줄 것이라는 기대감으로, 그것도 아니면 최소한 콜레스테롤 수치를 낮추고 몇 파운드 정도 살을 뺄 수 있을지도 모른다는 생각에 마가린을 선택한다(마치 불로장생약이나 되는 양 광고하는 이러한 마가린은 당연히 버터보다 훨씬 비싸다). 이렇게 마가린은 저렴한 대체식품이나 우월한 대안식품으로 인식되고 있다. 물론 단지 버터에 포함된 우유 성분을 소화할 수 없기 때문에 마가린을 택하는 이들도 있다. 그러나 어떤 경우에서든 마가린을 선택하는 소비자들에게 중요한 점은 이것이 분명 버터가 아니고, 버터를 가장한 것도 아니라는 사실이다. 따라서, 마가린을 선호하지 않는다고 해서 슈퍼마켓 선반에 놓인 마가린 때문에 심사가 불편해질 일도 없다. 적어도 마가린이 정체를 숨긴 채 소비자를 현혹하는 제품은 아니라는 점에 공감하기 때문이다.

그런데 이렇게 이해하고 넘어가는 것이 정말 옳은 일일까? 마가린이 존재한다는 사실 자체가 소비자와 버터 양쪽 모두를 겨냥한 일종의 사기일 수도 있지 않을까? 무색소 마가린만을 허용한 캐나다 퀘벡에서는 빵 위에서 녹아내릴 때의 색을 보면 마가린인지 아닌지 금세 알 수 있었다. 녹아내린 물질이 흰색을 띤다면 분명 버터가 아니었다. 2000년, 거대 식품업체인 유니레버Unilever는 이렇게 엄격한 퀘벡의 규제를 뒤엎으려 했지만 실패했다.[56] 미국에서도 이와 비슷한 규제가 최근까지 존재했다. 낙농업이 주 산업인 위스콘신 주에서는 버터업계의 강력한 로비 때문에 1967년까지 노란 마가린의 판매가 금지되었다. 마가린이 노란색을 띠는 것 자체가 눈속임을 의미한다고 여겨졌기 때문이다(위스콘신 주의 기준에 따르면 이 법은 상대적으로 온건한 편이었다. 1925년부터 1927년까지 적용되었던 초창기의 주법에서는 어떤 형태로든 마가린을 제조 또는 판매할 수 없었고, 심지어 소지하는 것까지 금지되었다).[57] 이러한 규정에 따라 1950년대의 위스콘신 주에서는 흰 마가린만 구입할 수 있었다. 사람들은 이 색상만으로도 마가린이 천연 유제품과는 다른 종류임을 알 수 있었다. 그 대신, 하얀 마가린을 구매하는 주부의 손에는 가정용 노란 식용 색소도 함께 들려졌다. 마가린을 버터처럼 보이게 하고 싶으면,

버터인 줄 알고 속아서 사는 대신 집에서 이 색소를 직접 섞으면 그만이었다. 그러나 노란 마가린을 먹고 싶어 했던 이들 중에는 이 정도로는 성에 차지 않는 경우도 있었다. 위스콘신의 변호사 배리 레벤슨Barry Levenson은 다음과 같이 기술했다. "위스콘신의 토박이들이라면 1950년대와 1960년대 초에 노란 마가린을 몰래 사러 일리노이로 달려간 적이 있음을 기억할 것이다."[58] 얼마나 황당한 일인가. 가짜에 속지 않겠다고 진짜 가짜 식품을 구하기 위해 주의 경계를 넘어야 했다니.

20세기에 노란 마가린 생산을 금지했던 위스콘신 주의 법은 1886년의 유산이었다. 당시 처음으로 등장한 새로운 개념의 식품이었지만 진짜 식품으로 대접받지는 못했던 마가린을 두고 의회에서는 격렬한 논쟁이 벌어졌다. 논란의 중심은 이 새로운 제품이 일부에서 비난하듯 '기름기 있는 모조품'인지 규명하는 것이었다. 한 하원의원은 마가린을 "19세기의 독보적인 기념비적 사기"라고까지 불렀다.[59] 또한 어떤 이는 새로운 것처럼 보이게 만든 위조품, 혹은 자연에 없는 향이나 맛을 흉내 내고 정체를 속여 팔아먹기 위해 다른 물질을 혼합한 교활한 속임수에 불과하다고 분개했다.[60]

마가린의 등장에 미국인들이 보인 적대감은 대부분 이 식품이 발명된 당시의 시대 환경에서 비롯되었다. 미국인들은 마가린이 프랑스에서 넘어온 것인 데다 가난과 연관 있다고 생각했기 때문에 미더워하지 않았다. 1886년 상원의원 토머스 W. 파머Thomas W. Palmer에 따르면, 마가린의 역사는 1870년의 파리 포위[1870년 9월 프로이센-프랑스전쟁 중 프로이센군은 파리를 포위했고, 이듬해 프랑스 정부의 항복을 받아냈다] 시절로 거슬러 올라간다. 당시는 가정의 애완동물까지 음식으로 시장에서 팔린 절망적인 시기였다.[61] 마가린은 바로 파리 포위 전해인 1869년에 프랑스에서 특허를 받았다. 1860년대 유럽에서 식용 지방이 부족해지자 나폴레옹 3세는 더 저렴한 버터를 공급할 수 있는 방법을 찾고자 했다. 결국 프랑스 화학자 이폴리트 메주무리에 Hippolyte Mege-Mouries가 답을 찾아냈다. 바로 쇠기름을 유화하는 방법이었다. 그는 먼저 쇠기름을 가축의 위와 함께 잘게 썰어 용해시켜 얻은 기름을 중탄산나트륨을 첨가한 잘게 썬 소 젖통과 함께 섞어 다시 유화시켰다. 메주무리에는 이렇게 만들어진 소의 지방을 펴 바르면 매우 귀한 오팔색처럼 보인다는 것을 발견했다. 그는 여기에 진주를 뜻하는 그리스어 마가론 margaron에서 따 온 올레오마가린oleomargarine이라는 이름을 붙였다.

그러나 미국의 낙농인들에게 이 기름진 신제품은 이름의 이미지만큼 매력적이지 못했다. 미국에서 마가린 제조법이 처음으로 특허를 받은 때는 1873년 12월 30일이었다. 1870년대 미국 농업은 침체의 늪에 빠져 있었다. 이러한 상황에서 싸구려 버터 대체물이 유입된 사실은 경제적 손실에 허덕이던 낙농인들에게 모욕감까지 더한 꼴이었다. 게다가 메주무리에의 특허를 이용해 만들어진 올레오마가린 중 상당수는 노골적으로 버터 모양을 흉내 내 수선화처럼 짙은 노란색으로 착색되고 전통적으로 버터 포장에 쓰인 것과 같은 종류의 통에 포장되었다. 이 제품들은 돼지기름이나 쇠기름, 또는 혼합 기름 등 쓰인 재료에 상관없이 '버터린butterine'이라는 산뜻한 이름으로 불렸다. 1877년, 뉴욕 주와 펜실베이니아 주는 정직한 상표를 붙일 것을 의무화하는 법을 통과시켰지만 마가린의 무서운 부상을 막을 수 없었다. 미국이 수출한 버터와 마가린의 양은 1880년에 각각 약 4천만 파운드[약 18,144톤]와 2천만 파운드[약 9,072톤]였지만, 1885년에는 이 수치가 역전되었다. 당시 버터 수출량은 2,150만 파운드[약 9,752톤]에 그쳤고, 마가린 수출량은 3,800만 파운드[약 17,237톤]를 기록했다. 1885년의 경우 어떤 지역에서는

올레오마가린의 총 생산량이 5,000만 파운드[약 22,679톤]에 이르렀다.[62]

마크 트웨인은 이러한 변화를 돈벌이에 혈안이 된 부도덕한 마가린 판매자들의 대두와 연관 지었다. 그는 신시내티로 향하던 미시시피 배에서 우연히 한 판매원의 말을 엿듣게 되었다. 이 판매원은 자신이 버터를 전문으로 취급한다고 했지만, 사실 그가 취급했던 것은 마가린이었다. 늦은 아침식사를 하며 그는 다른 판매원에게 일장연설을 하고 있었다. '버터처럼 보이는 덩어리' 하나를 꺼내들고 그는 이렇게 외쳤다.

> 이걸 버터와 구별할 수 있는 사람은 없어. 정말이야. 전문가라도 못해! 이건 우리 회사에서 만든 거야. 우리 회사는 서부 지역을 오가는 선박에 공급하는데, 버터를 1파운드라도 싣고 있는 배는 거의 없어. 조만간 대도시 외곽, 미시시피와 오하이오 계곡의 어떤 호텔에서도 음미할 만한 버터 1온스를 못 보게 될 날이 올 거야. 게다가 우리는 아주 싸게 팔기 때문에 온 나라가 이걸 사지 않고는 못 배길 거야. 버터도 한때 잘 나갔지만, 그 시절은 갔어. 버터는 벽에나 걸리겠지.[63]

이쯤 되면 낙농가들이 얼마나 마가린에 적대감을 품었을지 알 만하다.

1886년 봄과 여름에 상·하원에서 올레오마가린을 둘러싸고 논란이 일자, 위스콘신 주 하원의원 로버트 M. 라폴레트Robert M. LaFollette는 이 제품을 "불법적으로 돈을 벌고 우리 몸의 피 같은 정부 산업의 심장을 서서히 좀먹기 위한 악랄한 계책"으로 규정했다.[64] 그가 보기에 마가린은 농업뿐 아니라 미국 사회 전체를 공격하고 있었다. 낙농업이 주요 산업인 주의 의원들 역시 생각이 같았다. 뉴욕 주의 하원의원은 낙농산업을 연방법으로 보호하지 않으면 궤멸 위기에 놓일 것이라고 성토했다. 주법만으로 지키기에는 역부족이었기 때문이다.

마가린은 농업뿐 아니라 공중보건에도 악영향을 미친다고 여겨졌다. 낙농가들에게 마가린은 곧 독이었다.[65] 일리노이 주의 하원의원 존 R. 토머스John R. Thomas는 연방법을 근거로 스스로 구제할 길이 없는 농민들이나 소비자들을 마가린으로부터 보호해야 한다고 주장하며 이렇게 언급했다. “미국인들은 사기당하기를 좋아하고, 속아 넘어가면서도 끊임없이 불평하는 것 같다.”[66] 다른 주의 하원의원들도 마가린은 산패한 물질이나 병든 동물 또는 양조장에서 꿀꿀이죽을 먹인 가축에서 나온 더러운 지방으로 제조된다고 주장했다(그들은 이러한 비난이 대중의 부정적 반응을 일으키는 데 얼마나 효과적인지 잘 알고 있었다). 『워싱턴 포스트Washington Post』는 마가린 제조자를 불량 쇠기름과 못 쓰게 된 비누를 다루는 자로 그렸다.[67] 버지니아 출신의 한 의원은 마가린을 이렇게 설명했다. “산으로 축소시킨 돼지와 양, 송아지의 위장이다. 또한 부패한 덩어리의 검출을 막기 위해 냄새를 없앨 때 사용되는 브로모-클로랄럼bromo-chloralum[알루미늄 염화물chloride과 알루미늄 브롬화물bromide of aluminium로 이루어진 용액으로서 흔히 살균제로 쓰인다]이다. 그렇다, 가난한 사람의 뱃속이 약재상이라도 되는 양 온갖 약물을 늘어놓는 싸구려 식품이다.”[68]

사람들은 온통 마가린의 가치를 깎아내리는 데 혈안이 된 듯했다. 그 와중에 어떤 이들은 마가린이 인체뿐만 아니라 영혼에까지 해악을 미친다고 생각했다. 마가린은 ‘신이 우리에게 부여한 네 가지 감각’을 무색하게 함으로써 신의 섭리를 역행하기 때문이다.[69] ‘난잡한’ 혼합물인 마가린을 먹는 이들은 도덕적으로 난잡해질 것이었다. 한마디로 마가린은 버터보다 저급한 삶을 상징했다. 버몬트 주의 하원의원 윌리엄 그라우트William

Grout는 마가린을 먹는 것은 미국의 문명화 과정을 뒷걸음질 치게 한다고 주장했다. 그것은 마치 버터를 먹던 존재에서 "독일의 숲속에 살았던 우리의 색슨족 조상들이 즐긴 날수지와 돼지기름"을 먹는 존재로 퇴행하는 것과 같았다.[70]

물론 워싱턴 D.C.에는 마가린을 옹호하는 이들도 있었다. 이들은 갈수록 신경질적인 비난을 퍼붓는 버터 로비스트들에 신중하고 이성적으로 맞섰다. 버터의 입지를 사수하려 했던 이들은 마가린을 한밤의 암살범이라고 불렀지만, 토머스 브라운Thomas Browne은 의회에서 이렇게 응수했다. "올레오마가린을 먹고 죽었다고 새겨진 비석이 어디 하나라도 있습니까?" 마가린에 나쁘거나 더러운 지방이 사용됐다는 설에 대해 한 과학자는, 마가린에는 깨끗한 지방이 사용되었으며, 그러한 주장은 완전히 쓸모없는 말이라고 주장했다. 마가린을 지지한 이들은, 버터가 자연적이거나 건강식품인 것처럼 내세우는 로비스트들의 주장이 사실과 다르다고 맞섰다. 버터 역시 산업식품 중 하나로서 다른 식품이 안고 있는 위험요소를 똑같이 갖고 있다는 것이 그들의 주장이었다. 펜실베이니아의 한 하원의원은 버터 제조 과정에 당근, 사탕무, 감자가 섞이는 예가 많다고 지적했다. 산패한 버터의 경우 판매 직전에 '회복' 과정이나 탈취를 거쳐 소비자들이 눈치 채지 못하는 사이에 팔려나간 사례가 거론되었다.

이러한 논쟁의 핵심은 올레오마가린이 정말 독성이 있느냐보다는 이것을 기만적인 식품으로 볼 것인가 하는 문제에 있었다. 낙농가들은 주로 이 '가짜 버터'가 진짜 버터로 둔갑하는 경우가 잦았다는 점을 문제 삼았다. 가짜 버터인 올레오마가린의 생산가가 버터 생산가보다 훨씬 낮다는 점을 생각하면 기본적으로 눈속임이라고 볼 수 있을 것이다.[71] 일례로 1879년의 한 자료에 따르면 소비자들에게 내용물의 진짜 정체는 사실 뒷전이었다. 소비자들은 가격이 저렴하다면 예외 없이 버터 대신 마가린을 구매했다.[72] 한편 낙농가들은 일일 우유 반입량이 턱없이 적은데도 엄청난 양의 버터를 계속 만들어내는 미심쩍은 유제품 제조사들에 대해서도 증언했다.[73] 도대체 어떤 일이 벌어지고 있었던 것일까? 유제품 제조사들은 사실 '올레오버터'를 통해 엄청난 이윤을 챙기고 있었다. 상당히 많은 '올레오버터'가 가정과 식당에 파고들었던 듯하다. 당시 소비자들은 식사에 곁들일 버터를 주문하고 높은 가격을 지불했지만 실제로 받은 것은 올레오마가린이었다. 1886년 『뉴욕 타임스』에 실린 한 기사 제목은 다음과 같았다. "철도 식당에서 버터를 주문하고 올레오마가린을 받다."[74]

올레오마가린 판매에 이처럼 사기성이 잠재해 있다는 사실에 대해서는 누구나 동의했을 것이다. 그렇다면 올레오마가린이 절대로 판매되어서는 안 되는 것이었을까? 버터를 비호하는 사람들이 끊없이 읊어대는 지루한 하소연에 신물이 난 『워싱턴 포스트』는 제조자의 이름과 정부 소인이 포장에 분명히 나타나 있다면 올레오마가린 판매가 문제될 일은 없다며 일침을 가했다.[75] 소비자들은 어차피 버터는 버터고 올레오는 올레오라는 것 정도는 알고 있기 때문이다. 낮은 가격만 보더라도 올레오마가린이 버터가 아니라는 사실은 명백했다. 다시 말해 버터의 진위를 증명하는 시금석은 바로 가격이었다.

버터를 비호한 사람들은 당연히 이에 동의하지 않았다. 이들은 마가린이 버터처럼 노랗게 착색되는 것이 허용되면, 소비자들은 버터로 둔갑한 마가린을 계속 구입하거나 버터로 오해할 것이라고 주장했다. 1886년 상원 농업위원회Committee on Agriculture에서 버터 로비를 펼쳤던 상원의원 파머는 버터의 풍부한 버터컵buttercup 색조[버터컵은 미나리아재비꽃으로, 이 꽃의 밝고 맑은 황색을 가리킨다]는 성경이 부여한 만큼, 마가린을 아나토로 노랗게 착색하는 것은 잘못이라고 주장했다.[76] 뉴햄프셔 주 상원의원 헨리 블레어Henry Blair가 주장했던 요점도 이와 비슷했다. "무지개에서 다른 색들을 얼마든지 취할 수 있을 것이다. 버터만큼은 원래 주어진 색을 갖게 하라." 하지만 마가린 편에 선 이들은 버터의 '원래 주어진 색'이라는 것 자체가 매우 애매하다고 반격했다. 연중 시기에 따라, 그리고 소가 무엇을 먹었는지에 따라 버터는 다양한 색을 띠었다. 진한 노란색일 때도 있었고, 창백한 흰색일 때도 있었다. 만약 노란 색소를 첨가하는 행위가 사기라면, 버터 제조자들도 그러한 혐의에서 자유롭지 못했다. 왜냐하면 거의 모든 버터가 이제 소비자의 기호에 맞추기 위해 노랗게 착색되었기 때문이다. 시카고에서 새로이 떠오른 마가린 수출업자 중 한 사람인 힌쇼Hinshaw는 노란색의 우선권을 가진 쪽은 사실 마가린 제조자들이라고 상원의원들에게 주장했다. 버터 제조자들이 마가린 제조자들을 보고 노란 색소를 사용하는 아이디어를 얻었을 것이기 때문이다. 힌쇼의 주장에 따르면, 마가린 제조자들이야말로 낙농업자들에게 노란색이 아닌 다른 색을 사용할 것을 요구해야 할 상황이었다. 버터 제조자들은 다른 무지개 색들을 찾아보라!

마가린 제조자들의 이러한 항변에도 불구하고 버터 로비의 힘은 막강했다. 1886년에 제정된 연방 올레오마가린법Oleomargarine Act은 마가린 1파운드에 2센트의 세금을 부과했다. 이것은 업자들의 숨통을 조일 정도로 높은 1파운드당 10센트의 세금을 요구한 원래 법안에 비해 줄어든 액수였지만, 판매가를 버터보다 훨씬 저렴하게 책정해야 했던 마가린 제조자들에게는 여전히 가혹했다(당시 버터 가격은 1파운드당 약 14센트였다).[77] 게다가 마가린 제조자와 판매자들은 이 법에 따라 값비싼 면허도 취득해야 했다.

그러나 낙농장 주인들은 이 정도 법에 만족하지 않았다. 그들은 주정부에 더 많은 보호조치를 요구했다. 신이 부여한 버터의 색을 보호하고자 했던 의원들의 바람에 따라 뉴햄프셔 주에서 모든 마가린을 밝은 분홍색으로 착색해야 한다는 법이 통과되었다.[78] 낙농업에 기반을 둔 또 다른 주인 미네소타 또한 그 뒤를 따랐다. 듣기에도 이상한 이 '분홍법Pink Laws'은 1898년에 대법원에서 번복되었다. 이 법에서 제한하는 내용이 매우 극단적이어서 사실상 마가린 금지법이 될 수도 있으므로 헌법에 위배된다는 것이 판결의 근거였다.[79] 이로써 마가린의 합법성은 상위의 헌법적 정치 문제가 되었고, 이는 양측 모두가 원하던 바였다. 그러나 어느 쪽도 결과에 만족하지 못했다.

하비 워싱턴 와일리

1886년에 버터가 마가린을 상대로 거둔 일시적 승리는 순수식품이 가짜식품을 상대로 거둔 것이 아니라, 특정 집단의 이해관계와 유언비어 퍼뜨리기가 이성적 논쟁을 상대로 거둔 승리였다. 이 과정에서 정부는 양쪽의 이해관계를 절충하는 역할을 하는 데 실패했다. 또한 식품산업의 미래를 위한 어떤 청사진도 제시하지 못했다. 그저 입장이 다른 당사자들이 목소리를 낼 수 있는 가두 연단을 마련했을 뿐이었다. 1890년 무렵, 미국의 식품 정책은 여전히 광적인 사람들과 당파적 이해로 나뉘어 있었고, 연방정부는 그 가운데서 옴짝달싹 못하는 형국이었다. 그러나 부정불량식품의 역사에서 우리가 자주 목격한 것처럼, 미국의 이러한 상황도 한 인물의 등장으로 인해 달라지기 시작했다. 그는 확연히 다른 유형의 인물이었다. 외향적이었지만 때로는 융통성이 없었고, 개혁에 대한 열정을 지녔으나 변화를 열렬히 추구하지는 않았으며, 과학과 거대 산업 양쪽 세계 모두를 이해했으나 어느 쪽에도 연연할 것이 없는 사람이었다. 아큼과 하살처럼 그는 자신이 해야 할 역할이 얼마나 중요한지 잘 이해하고 있었다. 말년에 집필한 자서전에서 그는 미국의 식품뿐 아니라 정치 국면을 변화시키는 데 자신이 얼마나 중요한 역할을 했는지를 명확히 기술했다. 그는 아큼과 같은 재간 외에 하살의 지칠 줄 모르는 투지도 겸비하고 있었다. 그는 자신이 운명적인 책임을 짊어진 인간임을 믿었고, 많은 위인들이 그러하듯 자존심을 자극하는 상황에 간간이 맞닥뜨렸지만 그러한 위기마저도 자신의 목적을 이루기 위해 중요하게 받아들였다. 19세기 말, 순수식품 운동사에 필요한 인물은 괴짜도 영리주의자도 아니지만 양쪽의 특성을 모두 가진, 새롭고 독립적인 심성의 전사였다. 하비 워싱턴 와일리가 바로 그런 인물이었다.

육체노동자 같은 근육질의 건장한 체격에 키가 크고 지적인 신사였던 와일리는 1844년 인디애나 주 시골의 한 통나무집에서 태어났다.[80] 농부이자 평신도 설교자였던 그의 아버지는 제퍼슨 카운티에서 유일무이한 노예폐지론자였다고 한다. 덕분에 와일리가의 사람들은 반노예제도 교육을 철저히 받았다.[81] 유년 시절, 하비는 1840년에 그의 아버지가 자유 토지와 반노예제도를 주장한 마틴 밴 뷰런Martin van Buren[민주당 후보로 1836년에 출마해 미국의 제8대 대통령으로 선출된 뷰런은 1840년 대선에 자유토지당Free Soil Party의 대통령 후보로 출마했지만 낙선했다. 자유토지당은 노예제 확산을 반대하는 한편, 노예제로부터 해방된 이들이 자유롭게 토지를 소유하는 것이 도덕적, 경제적으로 이롭다고 주장했다]에게 투표하기 위해 투표장에 들어섰을 때의 이야기를 들으며 자랐다. 그 선거구에서 뷰런에게 표를 던진 사람은 하비의 아버지가 유일했다. 당시 투표는 구두로 진행되었기 때문에 정치적 성향이 그대로 드러날 수밖에 없었다. 그 때문에 하비의 아버지가 투표소로 힘차게 향하는 동안 주변에 모여 있던 사람들은 "깜둥이! 깜둥이!"라고 외치며 야유하고 위협했다. 하지만 이런 야유는 그의 신념을 더 굳건하게 할 뿐이었다. 아버지는 어린 하비에게 그것이 와일리가의 사람들이 걸어야 할 길임을 잊지 말라고 당부했다.[82]

하비 와일리는 아버지의 종교를 따르지는 않았지만, 어떤 조롱을 받더라도 자기의 관점을 지키라는 가르침은 깊이 간직했다. 그는 훗날 남북전쟁에서 북군 측에 잠시 복무한 후 인디애나대학과 하버드대학에서 의학을 공부했다. 1874년에는 인디애나 주 라피엣에 신설된 퍼듀대학의 초대 교수진 중 한 사람으로 자리 잡게 되었다. 이후 9년 동안 이 학교에서 학생들을 가르쳤는데, 관례를 거스르는 행동을 곧잘 했기 때문에 이사회와 사이가 좋지 않았다. 그는 자신의 직책에 어림도 없는 니커보커kinckerbocker[무릎 아래에서 졸라매는 짧은 바지] 차림으로 자전거를 타고 돌아다녔다. 앞바퀴가 작고 뒷바퀴는 크고 높은 벨로시페드velocipede로, 티페카누 카운티에서 처음 선보인 두발 자전거였다. 언사뿐 아니라 행색이 독특했던 와일리는 당연히 이사들의 눈 밖에 났다. 어떤 이는 그를 수레바퀴에 올라탄 원숭이에 비유하며 달가워하지 않았다.[83] 한마디로 대학 교수다운 품행이 아니었다. 학생들과 야구를 하고, 아침 기도 참석을 무시했던 것 또한 구설에 올랐다. "요컨대 나는 무교에, 경솔하고, 품위 없는 인물이었다." 와일리는 훗날 인터뷰하는 자리에서 자기만족적인 어투로 당시를 이렇게 회상했다.[84]

광대 행색의 와일리가 부정불량식품과의 싸움에 진지하게 눈을 돌리기 시작한 때는 퍼듀대학에 재직하던 시기였다. 1878년, 독일에 체류했던 그는 저명한 화학자 아우구스트 빌헬름 폰 호프만August Willhem von Hofmann의 화학 강의와, 루트비히 비트마크Ludwig Wittmack의 부정불량식품 관련 강의를 들었다.[85] 그리고 독일화학회의 회원으로 선출된 후 당糖화학에 관한 연구를 시작했다. 어린 시절 와일리는 집안 소유의 단풍나무 숲에 있던 125그루의 나무에서 메이플 시럽을 얻는 과정을 배웠고, 이 경험으로 인해 단맛은 항상 그의 관심거리가 되었다. 1850년대에는 풀처럼 생기고 줄기에서 달콤한 즙이 나오는 수수sorghum가 인디애나 남부지역에 소개되었다. 와일리의 가족 역시 수수 씨를 구해 기르기 시작했다. 그의 가족은 추수한 수수로 색이 짙은 수수 시럽을 만들었다.[86] 남북전쟁 이후 뉴올리언스 설탕과 당밀의 공급이 중단되었지만, 와일리가는 집에서 기른 수수로 감미료를 자급자족할 수 있었다.

와일리가 들려준 1870년대의 기억 한 편을 들어보자. 당시 그는 독일에서 구한 편광기polariscope로 설탕을 분석하기 시작했다. 편광기 프리즘에 투과되는 광선을 이용하면 다양한 설탕 용액의 화학적 성분을 검사할 수 있었다. 설탕을 검사하던 와일리는 매년 사탕수수 설탕을 수입하는 데 수백만 달러를 쓰기보다는 자신의 가족이 그랬던 것처럼 미국 국민들이 설탕을 자급자족하면 어떨지 생각했다. 그리고 이 상상은 그에게 큰 동기가 되었다.[87] 와일리는 어린 시절의 감미료였던 메이플 시럽과 수수 시럽을 분석하기 시작했고, 이후 그의 연구는 새로운 당의 일종으로 논란을 불러일으킨 글루코스로 옮겨갔다.

미국에서 인디언옥수수를 이용한 글루코스가 개발되자 많은 사람들이 마가린과 마찬가지로 이것도 사악한 식품이라며 맹렬히 비난했다. 에인절은 글루코스 산업이 몇 해 만에 엄청나게 성장한 것에 대해 격한 반응을 보였다.[88] 갑자기 불어난 규모가 의혹을 불러일으킨 것은 사실 피할 수 없는 일이었다. 1870년대에 글루코스 생산은 2백만 달러 규모의 산업으로 성장해 있었다.[89] 에인절이 글루코스를 비판한 또 다른 논점은 건강에 미치는 해악이었지만, 가파른 성장 규모에 대한 의혹에 비해 건강 문제는 근거가 명확하지 않았다. 글루코스를 바라보는 와일리의 시선은 훨씬 복잡했다. 기본적으로 와일리는 글루코스가 건강에 미치는 영향을 긍정적으로 평가했고, 집에서 재배 가능한 작물에서 얻을 수 있다는 사실을 반겼다. 1881년 『파퓰러 사이언스 먼슬리Popular Science Monthly』에 기고한 글에서 그는 "미국의 새로운 왕인 옥수수는 이제 우리에게 빵과 고기, 설탕은 물론, 없어서는 안 될 위스키까지 선사한다" 고 평했다.[90] 반면, 당 연구자의 입장에서 보면 글루코스는 광범위하게 사용될 수 있는 불순물이었다. 같은 기사에서 그는 꿀을 예로 들었다. 당시 액상 꿀은 실제로는 교묘하게 위장된 글루코스였다. 진짜 꿀은 조금만 들어 있었고, 꿀 냄새가 나도록 글루코스가 첨가되었다. 와일리는 꿀 위조자들이 눈속임을 악착같이 숨기려 했다는 사실에 주목했다. "그들은 '벌의 날개나 다리 부스러기를 넣는 사기 행각' 을 벌이며 글루코스의 부자연스러운 청정도의 실체를 감추곤 했다."[91] 또한 "파렴치한 사기꾼들은 인공 벌집을 만들고 벌집 방 하나하나에 글루코스를 채운 후 파라핀으로 덮기까지 했다."[92] 이 글에서 와일리는 '기발한 양키들' 이 이 기만적인 방식으로 특허까지 얻었다며 개탄했다.

그러나 양봉가들은 와일리의 글이 본질적으로 비판하고자 한 흥미로운 부분은 간과한 채 그가 꿀이라는 식품의 가치 자체를 중상모략했다고 받아들였다. 양봉업계 잡지들은 인공적인 글루코스 벌집에 대한 묘사는 와일리의 거짓말일 뿐이라고 주장했다. 양봉가들로서는 무엇보다 와일리의 폭로로 인해 전체 양봉 산업이 피해를 입지 않을까 하는 두려움이 무척 컸다. 와일리 역시 "수년 동안 미국 전역의 양봉가들의 맹렬한 공격 대상이 되었다"고 회상했다.[93] 하지만 와일리는 자신이 양봉가들의 편임을 설득하며 그들을 안심시키려 애썼다. 그는 자신의 의도가 부정불량한 벌꿀 생산을 조장하는 것이 아니라 막는 데 있었다는 점을 양봉가들에게 전하려 했다. 그는 꿀을 비롯해 시판 중인 설탕과 시럽을 검사했고, 이러한 제품들의 불순물 실태를 작성한 보고서를 인디애나 주 보건위원회에 제출했다. 글루코스를 첨가하여 양봉산업에 막대한 손실을 입힌 사례로 와일리가 제시한 증거를 확인한 양봉가들은 드디어 그의 편으로 모여들었다. 그리고 와일리가 자서전에서 행복한 어투로 기록했듯이 그렇게 모여든 양봉가들 중 일부는 와일리의 가장 열렬한 지지자가 되었다.[94]

와일리의 당 분석에 관심을 보인 이들은 양봉가들만이 아니었다. 세인트루이스에서 열린 수수 재배가들의 회의에 참석한 와일리는 당시 농무부 장관이었던 조지 로링George Loring을 만났고, 그에게 좋은 인상을 남겼다. 1883년 4월, 와일리는 워싱턴 D.C.에서 걸려 온 한 통의 전화를 통해 농무부의 책임 화학자 자리를 제안받았다. 와일리는 이 제안을 흔쾌히 받아들였다. 그는 곧 수도 워싱턴 D.C.에서 집중적인 정치 활동을 펼치기 위해 퍼듀대학의 교수직을 사직했다. 이후에도 당에 관한 연구를 지속한 그가 우선적으로 시작한 일은 미국 내 사탕무 산업 확립을 지속적으로 요구하는 것이었다. 그 과정에서 다양한 이해집단의 반대를 무릅써야 했음은 물론이다. 훗날 그는 이러한 노력을 자평하며 스스로를 사탕무설탕 산업의 아버지라고 칭하기도 했다.[95] 이후 실험실에서 다양한 식품을 체계적으로 분석한 그의 관심사는 종류를 막론한 모든 부정불량식품에 대한 연구로 확대되었다. 이러한 연구활동을 통해 그는 낙농 제품(1887), 양념과 소스(1887), 발효성 알코올 음료(1887), 라드(1889), 베이킹 파우더(1889), 설탕(1892), 차와 커피, 코코아(1892), 그리고 통조림 야채(1893) 등에 대한 다양한 보고서들을 발표했다. 그는 부정한 방법으로 제조된 의약품의 '끔찍하고 수치스러운 해악'도 강도 높게 비판했다. 이 과정에서 그는 특허 약물을 비롯하여 '온갖 엉터리 약과 엉터리 연고, 엉터리 의료기, 독성 물질, 인간성을 좀먹는 이 악귀ghoul[사람의 시체를 먹는다는 전설 속의 존재] 집단들이 자행하는 마술과도 같은 사기 행각'을 공격했다. 와일리가 보기에 이러한 사기 행각들은 결국 인간성을 좀먹었다.[96] 와일리가 또한 싫어한 것은 두뇌 혹은 신경을 살찌우고 심지어 피부까지 살찌운다고 주장하는 허위 식품 광고였다.[97] 1892년 그는 그간의 활동에 힘입어 미국화학협회American Chemical Association 회장으로 선출되었다. 이처럼 그는 미국에서 부정불량에 맞서 싸우는 주도적 인물로서 자신의 입지를 성공적으로 굳혀나갔다.

워싱턴 D.C.에는 와일리 외에도 순수식품에 관심을 둔 인물이 있었다. 1889년, 네브래스카 주의 상원의원 패덕은 약 2년에 걸쳐 벌어졌던 마가린 전쟁의 결과는 물론 와일리의 연구 결과도 활용할 수 있기를 기대하며 의회에 순수식품법안을 상정했다. 그러나 성과는 좋지 못했다. 그가 제출한 법안은 다른 의원들 사이에서 조롱거리가 되었고, 결국 의회를 통과하지 못했다. 이후 10여 년 동안 상정된 비슷한 법안들도 같은 전철을 밟았다.

그러나 와일리는 낙담하지 않았다. 그는 도덕적으로 올바른 싸움을 선택하는 것이 중요하다고 생각했다. 그는 주장의 정당성을 뒷받침하기 위한 효과적인 출판활동에 관해서도 특별한 요령이 있었다. 싸움에 대한 투지 또한 남달랐다. 한때 프로권투 선수를 꿈꾸기도 했던 그는 결코 청년 시절의 승부사 기질을 잃지 않았다. 싸움에서 승리하기 위해 자신의 힘을 키우는 데도 적극적인 관심과 노력을 기울였다. 최근 역사가들의 평가에 따르면, 와일리는 연방정부의 관료로서 정치적 지위와 권력을 키우는 데 있어 워싱턴 D.C.의 다른 인물들 못지않게 큰 관심을 갖고 있었다.[98] 그러나 이러한 권력의 틈바구니에서도 와일리는 자신이 맞서야 할 진정한 적이 누구인지, 그리고 그들을 물리치고자 하는 자신의 호전적 열망이 얼마나 강렬한지를 분명히 알고 있었다. 그가 싸워야 할 적은 바로 식품을 보존하는 데 화학을 이용하는 자들, 내용이 부정직한 상표를 붙이는 자들, 불순물 제조자들, 그리고 특허의약품 판매자들이었다. 그는 이러한 이해집단들은 자신들을 공격하는 자가 누구든 '괴짜' 또는 '사업적 감각이라고는 없는 개혁가'로 치부해버린다는 사실도 잘 알고 있었다.[99] 와일리는 그들이 그렇게 유유히 빠져나가도록 내버려두지 않겠다고 결심했다.

강심장인 와일리가 조롱에 요령 있게 대처할 수 있었다는 점도 그가 지난한 싸움을 이어가는 데 도움이 되었다. 그는 가능한 한 이성적이고 냉철한 방법으로 정당성을 주장하며 자신을 비호할 줄 알았다. 다른 순수식품 운동가들에 비해 그가 구사한 언어는 세상을 다 바꾸려는 듯 젠 체하지 않았고, 재미있으면서도 상식적이었다. 부정불량 사례는 사람들 사이에서 언급되는 과정에서 부풀려지는 경우가 많았고, 실제로 부정불량식품이 전체 식품 공급에서 영향을 미치는 비율은 5퍼센트 정도였다. 와일리는 이러한 사실을 상기하며 자신은 그처럼 과장된 주장을 펼치는 실수는 하지 않겠다고 다짐했다. 식품 문제와 관련하여 그는 순수주의자도 아니었고 금지론자도 아니었다. "내 이웃에게 무엇을 먹거나 마셔야 하는지, 어떤 종교를 택하고 정치적 성향은 어느 쪽을 따라야 할지 말해주는 것은 내가 할 일이 아니다. 이러한 문제들은 각자의 판단에 맡겨야 한다. 하늘 아래서 내가 기꺼이 실천해야 할 일이 있다면, 그 일을 수행할 수 있는 특권을 갖게 되기를 바란다. 그 일이 림버거limburger 치즈(특유의 냄새로 유명한 치즈)를 먹는 것이라도 말이다."[100]

그는 이처럼 이성적 태도를 견지했지만, 일단 공격 목표를 발견하면 치밀한 계획 아래 전력을 다해 추적했다. 자신을 조롱하는 이들이 있다면 와일리는 대담하게 그들을 비웃었다. 그의 큰 골칫거리는 가짜 꿀과 표백 밀가루, 효과라고는 없는 두통 가루약과 황당무계한 만병통치약, 숨겨진 카페인, '수정' 되거나 인공적으로 만들어진 위스키 등이었다. 그러나 무엇보다 가장 유명한 싸움은 시간의 흐름을 마음대로 늦출 수 있다고 주장했던 제조자들을 상대로 진행되었다. 바로 새로운 유형의 보존료를 만든 이들과의 싸움이었다.

보존료와 독약 구소대

"식품을 잘 보존할 수 있는 방법은 단 하나입니다." 1897년 워싱턴 D.C.에서 열린 한 강연에서 와일리는 이렇게 말했다. "바로 살균 과정을 거친 후 용기에 담고 단단히 밀봉하는 것입니다."[101] 그러나 제조자들이 실제로 선택한 방법은 와일리의 설명과는 달랐다. 20세기가 다가올 무렵 등장한 놀라운 물질 덕분에 제조자들은 불가피하게 겪을 수밖에 없는 식품의 부패라는 자연적 과정을 마음대로 억제할 수 있게 되었다. 제조자들은 프리진 Freezine이나 프리즘Freezem, 로잘린Rosaline 또는 프리저벌린Preservaline을 구입하면 우유와 크림, 아이스크림, 소시지, 햄버거 스테이크, 생선과 생굴, 또는 쉽게 상하는 식품의 변질을 대부분 지연시킬 수 있었다.[102] 와일리는 한 강연에서 살리실산salicylic acid[일부 식물에서 발견되는 신맛이 나는 물질로 아스피린 제조에 쓰임] 사용량이 증가하고 있음을 언급하며, 이 물질은 유기체 활동을 마비시킬 뿐 아니라 소화에 유해하다고 주장했다.[103] 옥수수에서 단맛이 나게 하는 사카린, 완두콩의 초록색을 더 진하게 해주는 구리, 그리고 육류의 부패를 막아주는 온갖 종류의 보존료 같은 첨가물도 마찬가지였다. 와일리는 이러한 첨가물에 본능적인 거부감이 있었다. 첨가물이 존재하는 목적은 오로지 소비자를 속이기 위해서라고 생각했기 때문이다.

일각에서는 새로운 보존료가 설탕, 소금, 향신료 같은 전통적인 보존료와 다르지 않다고 주장했다. 물론 와일리는 이러한 견해에 격렬히 반대했다. 자연적인 향신료는 특유의 맛 때문에 첨가 여부를 쉽게 알 수 있다. 그러나 맛과 향이 전혀 없는 화학보존료는 식품에 첨가되어도 알 길이 없었다. 와일리의 말을 빌리자면, 예전의 보존료는 보존을 돕는 역할보다는 음식에 넣음으로써 조미료의 기능을 했지만, 새로운 첨가물들은 단지 '화학작용'을 할 뿐이었다. 와일리는 자신의 요점을 더욱 명확히 하기 위해 다음과 같이 질문을 던졌다. 어차피 보존료의 역할이 예전의 조미료들과 같다면, 식탁 위에 소금이나 후추와 나란히 붕사borax(광범위하게 쓰이는 산업 보존료로, 나트륨 붕산염sodium borate이라고도 한다. 와일리는 이 물질을 '발효 작용 억제'를 위한 '살균제'로 기술했다)를 놓고 입맛대로 골라 넣으면 될 것 아닌가? 그런데 붕사를 식탁에 올릴 수 없는 이유는 무엇일까?[104]

1898~1899년에 '방부 처리 육류' 사건이 발생하자, 미국 사회는 보존료의 잠재적 문제점을 인식하기 시작했다.[105] 1898년 미국-스페인 전쟁 동안 푸에르토리코와 쿠바에 주둔한 미군 병사들은 집으로 편지를 보낼 때 부대에서 배급되는 소고기의 질에 대해 자주 불평했다. 병사들은 통조림 고기뿐만 아니라 신선한 고기에 대해서도 불만을 표했다. 병사들은 이 소고기가 불쾌하고 톡 쏘는 맛이 나며, 씹기 어렵고 연골 같다고 표현했다. 이전에 남북전쟁 같은 전쟁을 치를 때는 군이 직접 가축을 잡아 도축하여 필요한 육류를 충당했다. 그러나 1890년대에 이르러 미국 사회에는 훨씬 효율적인 육류 포장 가공 산업이 도입되었고, 이에 따라 군 역시 통조림 소고기와 함께 냉장 소고기를 공급받게 되었다. 그러나 어느 것 하나 병사들의 입맛에 맞지 않았다. 게다가 부대 내에서 질병 발생이 증가한 시점 역시 이러한 육류가 배급된 시기와 일치했다.

미국-스페인 전쟁은 사실 전방의 사상자가 거의 없었던 전쟁이다. 그런데 오히려 후방에서 사망자가 속출하자, 1898년 9월 윌리엄 매킨리William McKinley 대통령은 전략위원회를 만들어 전쟁 기간 동안 육군성War Department이 임무를 수행한 과정을 조사하도록 했다. 1898년 12월, 육군 소장 넬슨 A. 마일스Nelson A. Miles는 '방부 처리 소고기'라고 부를 수 있는 이른바 '냉장 소고기' 337톤이 여름철에 푸에르토리코의 부대에 보급되었다고 증언했다.[106] '방부 처리'라는 말은 매우 충격적이었다. 인간의 시체를 처리할 때 적용되는 것과 같은 방법으로 소고기를 처리했음을 암시했기 때문이었다. 또 다른 증인으로 나선 군의관 W. H. 달리W. H. Daly 소령은 푸에르토리코에서 항해한 군함에서 '신선육'을 본 적이 있는데, 방부 처리한 시체 같은 냄새가 났고, 맛은 분해된 붕산boric acid 같았다고 말했다. 그는 또한 소 한 마리를 네 등분한 양의 고깃덩이가 60시간 동안 햇볕 아래 매달려 있는 것을 본 적이 있는데, 조금도 상한 흔적이 보이지 않아 이상했다고 증언했다. 그 밖의 수많은 보고서에는 통조림 소고기를 배급받은 전투병들이 역겨워했다고 기록되었다. 기록에 따르면, 배급된 소고기를 먹고 매우 심한 통증을 겪은 병사들이 생겼고, 고기를 먹지 않고 던져버리는 예도 허다했다고 한다. 이러한 현실이 알려진 만큼 보존료 때문에 불안해한다고 해서 더 이상 괴짜로 몰릴 일은 없을 것 같았다.

하지만 세상사가 간혹 그러하듯이 애매한 상황이 발생했다. 미국 정부는 곧 군에 납품되는 육류에 대한 품질 조사를 요청했는데, 보존료 적발에 혈안이 되어 있던 와일리는 모순되게도 군부대 납품 소고기의 경우만큼은 보존료의 문제가 아니라는 사실을 발견했다. '방부 처리 소고기'를 둘러싼 이야기들은 대개 헛소문이었던 것이다. 군부대에 납품된 소고기 통조림을 분석한 와일리와 그의 조수 W. D. 비글로W. D. Bigelow는 옛 방식대로 사용된 천연 보존료 외에 붕사, 붕산, 아황산염, 살리실산, 벤조산benzoic acid 같은 어떤 화학물질의 흔적도 발견하지 못했다.[107] 이에 반해, 몇 년 후 시중에 유통되는 육류 통조림 견본을 검사했을 때는 6퍼센트의 표본에서 화학적 보존료가 발견되었다.[108] 화학적 보존료의 흔적을 발견하지 못한 와일리는 병사들이 소고기를 먹으며 그토록 메스껍게 느낀 데는 두 가지 원인이 있다고 결론내렸다. 첫째, 군의 식단 구성이 열악했다. 영양적 균형을 맞출 감자나 쌀을 곁들이지 않은 채 매일 끈적한 통조림 소고기만을 제공했기 때문이다. "인간의 위는 매일 똑같은 음식이 들어오는 것을 잘 견디지 못한다. 인간이 30일 동안 매일 메추라기 고기만 먹을 수 없는 것과 마찬가지이다. 단 하루만이라도 와인 한 병을 곁들일 수 있다면 매우 흡족한 배급이 될 것이다."[109] 두 번째 이유로 와일리는 쿠바와 푸에르토리코의 열기에 육류가 쉽게 상했을 것이고, 이로 인해 역겨운 악취가 풍겼을 것이라고 설명했다. 그런데 그가 미처 덧붙이지 않은 말이 있다. 메추라기 고기는 그나마 양질의 저녁거리인 편이지만 군부대의 통조림 소고기는 지극히 저급한 데다 지방 덩어리이고 질기며 거칠었다는 사실이다.

'방부 처리 소고기' 소문은 사실이 아니었지만, 와일리는 이 사건 역시 식품 운동을 펼치는 데 유용할 것으로 기대했다. 일단 대중에게 충격적으로 각인된 사건인만큼, 시민들이 구매하는 식품의 화학적 보존료에 초점을 맞출 수 있는 절호의 기회라고 생각했던 것이다. 다만 화학적 보존료가 인체에 해롭다는 사실을 증명하는 것이 관건이었다. 와일리는 물론 위해성에 대해 어느 정도 확신하고 있었다. 1899~1900년에 걸쳐 열린 메이슨청문회에서 상원위원회가 부정불량 식음료의 규모를 조사했을 때, 와일리는 수석화학자로서 이렇게 증언했다. "부패를 초래하는 균을 마비시키는 보존료라면 소화를 촉진하는 균도 똑같은 정도로 마비시킬 것입니다."[110] 달리 말해, 그러한 보존료는 틀림없이 뱃속에 좋을 리가 없었다. 그러나 같은 청문회에서 앨버트 헬러Albert Heller라는 시카고의 한 보존료 제조자는 반대 의견을 주장했다. 그는 화학적 보존료는 결코 해롭지 않으며, 포름알데히드와 같은 보존료는 유제품 섭취 시 콜레라에 걸릴 가능성을 막아주므로 오히려 건강에 좋다고 볼 수 있다고 주장했다.[111] 또한 그는 이러한 보존료의 인위성은 부패한 식품과의 싸움에서 유용한 무기라고 말했다. 그에 따르면, 붕산은 부패 직전의 베이컨 상태를 재건할 수 있는 유익한 재료였다. "조만간 우리 모두는 방부 처리한 육류를 먹게 될 것입니다. 아마 모두들 방부 처리 사실을 알고 그 효과에 흡족해하며 먹겠지요."[112]

이러한 주장에 맞서 화학적 보존료의 위해성을 계속 설파하려면 그만큼 확고한 증거가 있어야 했다. 1902년, 순수식품과 관련된 증거를 수집하는 과정에서 와일리는 가장 도발적이라고 할 만한 계획을 제시했다. 바로 '독약 구조대' 창설이었다. 그는 이 구조대의 활동비 명목으로 의회로부터 5,000달러를 지원받았다. 자서전에서 그는 "개를 상대로 실험해보면 확실하다"[113]며 사례 실험에 대한 확고부동한 믿음을 내비치기도 했다. 하지만 이 '과학 기숙사' 계획에서 실제로 숙식하며 와일리의 기준을 엄격하게 반영한 보존료 첨가 식단을 따르기로 지원한 독약 구조대를 구성한 것은 실험용 개가 아닌 12명의 건장한 젊은이들이었다. 이 계획의 단순성만큼은, 영화감독 모건 스펄록Morgan Spurlock이 자신의 몸을 실험용으로 삼아 한 달 동안 맥도날드 햄버거와 감자튀김만 먹으며 패스트푸드 식단의 위해성을 증명하려 했던 영화 〈슈퍼사이즈 미Supersize Me〉에 비견될 정도로 기발했다.

와일리의 독약 구조대가 실험한 내용 역시 스펄록의 영화와 매우 비슷했다. 다른 점이라면, 와일리 자신의 몸이 아닌 자원자의 몸을 이용했다는 것 정도였다. 자원자들 중 절반에게는 보존료를 첨가하지 않은 정상적이고 건강한 식단이 제공되었다. 이 식단은 요리사가 과일과 야채를 많이 포함하여 조리했고, 술은 포함되지 않았다. 다른 절반의 식이요법에는 일정량의 보존료가 추가되었다. 실험 대상자들의 건강 상태는 모든 면에서 엄격하게 감시되었다. 구조대 대원들은 자신의 몸무게, 체온, 맥박을 매 식사 전에 기록하고, 먹은 것을 꼼꼼히 기록했다. 그리고 소변과 대변 표본을 병에 담아 정부의 화학자들에게 보냈다.[114] 대원들은 다른 부가적인 식이요법도 엄격히 따라야 했다. 대원 중 커피를 마시도록 계획된 실험군은 일일 카페인 섭취량에서 결과를 왜곡할 만한 변수가 없도록 매일 정확히 두 잔씩을 마셔야 했다. 지시 사항에는 이렇게 적혀 있었다. "비록 마음을 달래주는 커피 한 잔이 싫증나더라도 감정은 뒤로 미뤄두고 어쨌든 규칙에 따라 마셔야 한다."[115]

이 실험은 즉각 대중의 상상력을 사로잡았다. 생생한 언론 보도 덕분이기도 했다. 당시 언론은 본질적으로 이 실험을 흥미로운 사건으로 조명했다. '독약 구조대'라는 명칭은 『워싱턴 포스트』의 젊은 기자인 조지 로스웰 브라운George Rothwell Brown이 처음 붙였다. 와일리는 구조대의 목적에 대한 편견을 심어줄 수 있다고 생각해서 이 이름을 마음에 들어 하지 않았다. 그는 이 실험을 기획한 근본적 목적은 붕사의 유독성을 알아보기 위함이었기 때문에 독약 구조대라는 명칭이 어울리지 않는다고 생각했다. 그러나 언론이 보여주는 관심과 보도 내용에 일일이 불평할 이유는 없었다. 브라운은 이 집단에 대한 실험 과정을 곁에서 미련해 보일 정도로 하나하나 지켜봤고, 와일리가 식품을 계량할 때 정확한 배율 조절이 유지되는 것을 확인하기 위해 콩 하나도 반으로 베어낼 만큼 철저했음을 자세히 묘사했다.[116] 당시 와일리는 독약 구조대를 묘사한 시들을 직접 인용하기도 했다. S. W. 길리언S. W. Gillian의 「파이즌 구조대의 노래Song of the Pizen Squad」도 그중 하나였다.

우리는 파이즌 구조대
우리는 청산으로 아침을 시작하고
점심에 모르핀 스튜를 먹네
저녁에 성냥 머리 콩소메consomme[맑은 수프]를 먹고
석탄산을 우려낸 차를 마시네

……

그렇게 갑절로 각오해야 하는 이 모든 '치명적인 것들'은
우리를 형편없는 존재로 끌어내리네
우리는 죽음에 면역되고 자부심을 갖네
파이즌 구조대 만세![117]

와일리가 첫 번째로 검사한 화학물질은 붕사였다. 첫 실험은 1902년 11월에 진행되었다.[118] 붕사는 당시 가장 보편적으로 이용되는 보존료였는데, 와일리는 그 이유가 '불쾌한 정도가 가장 약하기 때문'이라고 생각했다. 그가 12명의 젊은이를 대상으로 처음 실험한 소재가 붕사였던 이유는, 불쾌한 정도가 약한 만큼 인체에 미치는 위험성을 최소화할 수 있을 것이라고 생각했기 때문이었다. 이러한 계산 외에 정치적 이유도 영향을 미쳤다. 오랫동안 육류 전쟁을 지속한 독일은 붕사를 포함한 미국산 식품이 안전하지 않다는 이유로 수입을 금지한 상황이었다(독일은 4명에게 실험을 했고, 1902년에 붕사는 실제로 안전하지 않고 체중 감소를 가져온다고 결론을 내렸다).[119] 와일리는 독일보다 훨씬 규모가 큰 실험을 진행함으로써 미국의 체면을 회복하는 데도 기여하고자 했다. 이렇게 하면 만약 결과가 부정적으로 나오더라도 최소한 미국이 더 철저히 실험을 했다고 주장할 수는 있을 것이었다. 와일리는 실험을 시작하며 붕사에 대해 '열린 마음'을 유지했노라고 회고했다.

하지만 실험을 기획한 이후 몇 주 동안 와일리는 교착상태에 빠졌다. 브라운이 흥미로운 관심을 보이며 기술했듯이, 체중이 적당한 '인간 기니피그'를 쉽게 구하지 못했기 때문이었다. 1902년 12월 16일 『워싱턴 포스트』는 "한 사람은 너무 뚱뚱하고 한 사람은 너무 말랐다"는 표제를 실었다. 와일리는 체중이 정상이고 건장한 젊은이들을 구해야 한다는 생각에 집착했

다. 붕사가 정말 피실험자들에게 해를 입힐 경우, 대상자가 어린아이들과 노약자들이라면 결과가 더 해로울 것이라고 가정했기 때문이다. 하지만 그렇게 모은 실험 대상자들 중 한 명은 안타깝게도 계속 체중이 늘었다. 와일리는 그 사내가 2명 몫은 족히 먹어댄다고 불평했다. 반면, 어떤 젊은이는 기숙사에 들어온 것 자체가 너무 무서웠던 나머지 식욕을 모두 잃고 말라가기 시작했다.[120] 마침내 붕사 투여를 시작한 뒤에도 와일리가 신경 써야 할 문제는 사라지지 않았다. 와일리는 실험 대상자들이 정신적인 영향을 받지 않도록 붕사를 몰래 지급하기로 했다. 처음에는 버터에 가루 붕사를 뿌렸으나 실험 대상자들이 곧 알아채고는 버터를 덜 먹기 시작했다. 우유, 고기, 커피에 붕사를 몰래 넣었을 때에도 비슷한 일이 벌어지자 그는 방향을 바꿔 식사 중간에 캡슐 형태로 제공하거나 식사에 뿌려 투여하는 방식으로 붕사를 공개적으로 관리하도록 했다.[121] 마침내 붕사 식이요법이 시작되었다.

며칠 지나지 않아 붕사 식이요법을 시작한 사람들의 체중이 줄기 시작했다. 차차 붕사 식이요법의 악영향이 나타나기 시작했고, 브라운은 독약 구조대의 우울한 크리스마스 축하파티를 전하며 기숙사에 있는 사람들의 비참함을 보도했다. 1902년 12월 25일, 와일리는 크리스마스 휴가를 즐기기 위해 인디애나로 떠났고, 그의 실험집단은 감상적인 상태에 남겨졌다. 실험 대상자들 중 한 사람은 브라운에게 이렇게 말했다. "붕사와 크리스마스를 동시에 즐길 수는 없지요." 또 다른 이는 '기념일'의 메뉴를 다음과 같이 전했다.

애플소스
붕사

수프

붕사, 칠면조, 붕사

붕사

깍지콩 통조림

고구마, 감자

순무

붕사

다진 소고기 크림 그레이비gravy[고기를 구울 때 나오는 육즙에 후추, 소금, 밀가루 등을 섞어 만든 소스]

크랜베리 소스, 셀러리 피클

라이스 푸딩

우유, 빵과 버터, 차, 커피

붕사 약간[122]

여기에는 분명 과장된 면도 있을 것이다. 그렇다 하더라도 기숙사 생활이 그리 재미있지 않았으리라는 점은 짐작할 수 있다. 괴팍한 요리사였던 페리Perry 주방장은 근무 여건에 대해 계속 투덜댔다. 한때 바이에른 여왕의 요리를 책임졌던 그로서는 냄비에 소금 대신 붕사를 넣는 일이 행복할 리 없었다. 그런 이유로 페리는 임금 인상을 요구하며 와일리를 성가시게 했다.[123] 한편, 단조로운 일상에 점점 지쳐간 이들도 있었다. 실험에 참여한 젊은이들 중 몇몇은 삶은 달걀이나 빵 조각처럼 와일리가 철저히 단속한 음식을 밤에 슬쩍 가져가기도 했다.[124]

와일리의 실험을 비판하는 사람들은 정교하게 계획된 이 실험의 요점이 오히려 명확하지 않다고 주장했다. 『워싱턴 포스트』는 단도직입적으로 이렇게 물었다. "와일리 교수는 어떻게 증명할 수 있다는 것인가?" 이 비판에 따르면, 와일리는 자기 주장을 뒷받침하는 결과를 이끌어내기 위해 특별 식이요법을 중독시킴으로써 오히려 실험 결과를 왜곡하고 있었다. 이어서 『워싱턴 포스트』는 우리가 정말 의문을 품어야 할 것은 붕사가 일반적인 개인들에게 미치는 영향이어야 한다고 지적했다. 그처럼 건장한 젊은이들보다는 말이다.[125] 『뉴욕 이브닝 포스트』는 다음과 같은 사설을 실어 와일리의 실험을 비난했다.

> 와일리 박사는 그렇게 건강하고 건장한 젊은 남성들을 대상으로 한 실험이 자신에게 크게 도움 될 것이 없다는 생각을 못한 듯하다. 붕사가 비소나 스트리크닌strychnine[극소량이 약품으로 이용되는 독성 물질]처럼 강렬하고 즉각적인 독이 아니라는 사실은 누구나 알고 있다. 붕사의 위험은 그저 소화기능을 방해해 결국 위가 건강하지 않은 사람들의 건강을 해칠 것이라고 의심되는 정도이다. 학생 나이의 젊은이들은 위의 존재 자체를 깊이 인식하지 않는다. 심지어 끓인 벽돌 조각을 토스트에 발라 먹을 수 있다고 자랑하기도 한다. 붕사가 이들에게 미치는 영향은 가시적으로 확인하기 어렵다. 그러나 어린아이들과 성인들에게 소화불량(미국 성인 대부분이 소화불량을 겪고 있다)을 유발하고 소화기능을 더디게 하며, 육류와 생선의 발효 과정을 억제하여 부패를 위장하는 화학물질임에는 틀림없다.[126]

와일리의 실험에 대해 이러한 비판이 제기되자, 농무부의 한 고위 관료는 곧바로 병약자와 영아처럼 위험요소에 취약한 집단을 대상으로 실험 범위를 확대해 붕사의 효과를 가늠하자는 섬뜩한 제안을 했다.[127] '아기 대상 붕사 실험' 이라니, 『워싱턴 포스트』는 비명을 지르다시피 했다. 와일리는 이 제안의 효용성을 부인하며, 사전 의견 조율이 없는 상태에서 상사이자 농무부 장관인 제임스 윌슨James Wilson이 개인적으로 낸 의견이라고 주장했다. 하지만 한편으로 와일리는 병약자와 영아를 실험할 수 있다면 가설적으로 검사의 완전성을 높일 수 있을 것이라는 의견에는 동의했다. 한술 더 떠 와일리는 자칫 비인간적으로 보이는 논리를 펴기도 했다. "실험 대상자를 확보하는 것은 어렵지 않을 것이다. 우리는 영아 수용시설이나 고아원에서 아기들을 구할 수 있고, 병약자들도 많다."[128]

다행히 영아 독약 구조대라는 아이디어는 실현되지 않았다(대신, 1905년에 와일리는 모유 수유를 하는 젊은 여성들을 상대로 붕사 실험을 하여 이들의 모유에 붕사가 얼마나 함유되었는지 관찰했다). 그러나 관료들이 영아들에게 보존료를 먹이자는 제안을 할 수 있었다는 사실 자체가 이러한 기획의 무감각한 측면을 드러낸다. '인간 기니피그'를 경시하는 오싹한 시선 말이다. 어떤 이들은 독약 구조대가 비효율적이라고 비판한 반면, 다른 이들은 젊은 사람들의 생명을 위험에 처하게 했다며 이 실험의 무책임함을 비판했다. 1903년, 렌 덕스테이더Len Dockstader의 민스트럴 쇼minstrel show[19세기 중후반에 유행했던 코미디 쇼. 주로 백인이 흑인으로 분장하고 흑인 노예들의 노래와 춤을 선보였다]는 독약 구조대를 풍자하며 〈그들은 다른 사람처럼 보일거야〉라는 노래를 불렀다.

> 스미스소니언 박물관을 방문할 일이 있거든
> 와일리 교수 눈에 띄지 않도록 조심해
> 그 교수에게는 이러쿵저러쿵 자기 느낌을 알려주는 사람들이 아주 많아
> 이 친구들은 식사할 때마다 독을 한 사발씩 먹어
> 아침에는 관 모양의 청산가리 간을 받지
> 정찬에는 크레이프crepe[검은 상장喪章]로 장식한 장의사의 파이를 받지
> 저녁에는 입맛 돋우는 모양으로 빚은 비소 튀김을 먹지

그리고 늦은 밤에는 청산 레모네이드를 마신다네!
아, 어쨌든 이 모든 것을 견딜지는 모르지, 하지만 결국에는 전혀 다른 사람처럼 보이고 말 거야
이런 메뉴라면 사람들은 거의 미쳐버리고 말겠지.[129]

와일리는 대상자들의 건강이 위험해질 정도로 실험을 진행한 적이 없다고 부인했지만,[130] 솔직하지 못한 반응이었다. 그는 실험을 시작하기 전에 보존료의 위해성이 얼마나 큰지 정확히 알지 못했다고 고백하기도 했다. 사실 정확히 알았다면 그러한 실험을 할 필요가 있었겠는가? 더욱이 1903년에 브라운이 보도한 바에 따르면 "사람이 견딜 수 있는 최대치"가 투여되었다고 한다.[131] 1904년에 벤조산염 실험이 진행될 때 구조대에 남아 끝까지 참여한 인원은 3명에 불과했다. 나머지는 식도염, 극심한 복통, 현기증, 체중 감소 등의 증상을 보이며 건강상태가 너무 악화되어 철수해야 했다.[132]

와일리 입장에서 꼭 필요했던 것은 목적이 수단을 정당화했다는 세간의 평가였다. 그래야, 독약 구조대 활동이 끝날 무렵 틀림없이 분명한 교훈을 얻었노라고 주장할 수 있었을 것이다. 바로 식품에 사용된 보존료는 건강에 해롭다는 사실 말이다.[133] 실험 과정에서 일부 젊고 건장한 남성들이 복통과 인후염을 앓게 된 것을 보면 이는 분명 사실일 것이다. 바로 '화학 카페'에서 벌어진 한 편의 드라마가 얻은 성과였다.

이후 여러 해에 걸쳐 많은 주에서 새롭고 더욱 효과적인 순수식품법안이 통과되었다. 그리고 미국 전역에서 마침내 식품 기준을 규제하는 옴니버스식 연방법을 제정하고자 하는 꿈이 현실적이고 피할 수 없는 일로 다가오기 시작했다. 이러한 분위기에 힘입어 하원은 두 차례에 걸쳐 순수식품 및 의약품법을 통과시켰지만 모두 상원의 문턱을 넘지 못했다. 한편, 와일리

는 대중에게 의약품 문제의 심각성을 일깨우는 데도 일조했다. 이를 위해 와일리는 언론인인 새뮤얼 홉킨스 애덤스Samuel Hopkins Adams와 협력했다. 애덤스는 1905년 『콜리어스 위클리Collier's Weekly』에 의약품업계의 사기 행각을 폭로하는 글을 연재한 인물이다. 그가 밝힌 내용에 따르면, 값비싸게 팔리는 리퀴존Liquozone은 일반 소독약이라고 표기되었지만 사실은 물이 99퍼센트를 차지하고 있었다.[134] 또한 1905년에 와일리는 믿을 수 있는 정보를 바탕으로 안전한 식품을 선택할 수 있고 그러한 권리를 정부에 의해 보호받는 소비자 기본권을 천명한 전국소비자연맹National Consumers' League의 여성들과도 손을 잡았다.[135]

1906년 6월 30일, 마침내 미국 순수식품 및 의약품법이 통과되자 와일리는 의기양양했다. 자서전에서 그는 자신을 대전에 승리하고 적들에게 종말을 가져다준 장군에 비유했다.[136] 그러면서도 그는 시어도어 루스벨트Theodore Roosevelt 대통령이 이 법의 미래를 지나치게 낙관하고 관망만 했다고 비판했다. 그의 지적은 옳다. 루스벨트는 이 법안을 승인했지만, 의회 통과 과정에서 격렬한 논쟁이 벌어질 때 이 법안을 적극적으로 옹호하지는 않았다. 와일리처럼 선전善戰을 펼치지는 않았던 것이다. 이 사실을 부각시키며 와일리가 암시하고자 했던 것은 자신이야말로 새로운 법 제정의 유일한 공헌자로 칭송받아 마땅하다는 사실이었다. 하지만 어느 누구도 감히 하비 워싱턴 와일리를 거만하다고 비난할 수는 없었을 것이다.

부정불량식품 추방에 와일리 못지않게 앞장섰던 이가 또 있었다. 하지만 와일리는 이 동지의 존재를 너무나 가볍게 무시했다. 1906년에 새로운 법이 제정되기까지 와일리가 많은 초석을 놓은 것은 사실이지만, 즉각적인 추동력은 더 생소한 곳에서 시작되었다. 바로 예민하고 젊은 사회주의자

업턴 싱클레어Upton Sinclair가 쓴 전례 없는 한 편의 소설이 진원지였다. 그런데도 와일리의 자서전에는 싱클레어의 이름이 단 한 번도 등장하지 않는다. 와일리의 성격상 그리 놀라운 일도 아니다. 와일리에 대한 이야기는 아직 끝나지 않았다. 이 장의 후반에서 한 번 더 와일리의 이야기를 짚어볼 것이다. 그러나 1906년의 사나이는 누가 뭐라 해도 업턴 싱클레어였다. 식품 산업에 정부가 개입하는 것을 가장 강하게 반대했던 이들조차 두 손 두 발을 다 들었던 원인은 바로 그의 소설 『정글The Jungle』이 미국 사회에 던진 전대미문의 충격 때문이었다. 싱클레어는 식품에 관한 대중적 논쟁에서 불안과 역겨움을 최고조로 끌어올렸고, 결국 연방법만이 유일한 답이라는 인식을 이끌어냈다.

업턴 싱클레어, 시어도어 루스벨트, 그리고 『정글』

『정글』은 유르기스Jurgis의 이야기이다. 그는 가족과 함께 '자유로운 인간'을 꿈꾸며 미국으로 건너 온 리투아니아인이다. 한때 부자였던 그는 끔찍한 정육회사에서 형편없는 임금을 받는 노동의 노예가 된 채 시카고 축사 구역에 산다. 유혈이 낭자한 바닥에서 동물의 내장을 씻어내는 동안 유르기스가 애초 품었던 낙관주의는 암울한 빈곤으로 바뀌어갔다. 이 소설이 출간된 지 한 세기가 지난 지금에도, 피투성이의 '도살 침대'를 에밀 졸라와 같은 필체로 그린 싱클레어의 묘사는 여전히 충격적이다. 싱클레어는 '패킹타운 사기'의 끔찍함과 노동자들이 어쩔 수 없이 여기에 공모하게 되는 열악한 상황을 독자들에게 일깨웠다. 소시지에 들어가는 재료에 대한 그의 묘사는 나라 전체를 오싹하게 만들었다.[137]

> 소시지로 만들어지는 재료에서는 최소한의 관심도 찾아볼 수 없었다. 유럽에서 기준을 통과하지 못해 되돌아온 주재료는 곰팡이가 피어 허옇게 변한 오래된 소시지였다. 여기에 붕사와 글리세린을 첨가하여 호퍼hopper에 퍼 담은 후 국내 소비를 위해 다시 한 번 가공했다. 바닥에는 먼지와 톱밥 범벅이 된 고깃덩어리가 뒹굴었다. 이 바닥 위를 일꾼들이 터벅터벅 걸어 다녔고, 수십억 마리의 폐결핵균을 뱉었다. 저장고에 쌓아둔 고기 위로는 지붕에서 새는 물이 뚝뚝 떨어졌고, 수천 마리의 쥐들이 그 위를 돌아다녔다. 저장고 안은 너무 어두워서 잘 보이지 않았지만, 손으로 고기 더미 위를 훔치기만 해도 마른 쥐똥을 몇 움큼씩 쓸어낼 수 있었다. 노동자들은 이 골칫거리인 쥐들을 잡으려고 독이 든 빵을 놓았다. 빵을 먹고 죽은 쥐들은 빵, 고기와 함께 호퍼에 들어갔다. 이것은 동화도 아니고 농담도 아니다. 노동자들은 이 고기 더미를 삽으로 퍼 카트에 담았다. 삽질을 하던 중 쥐를 봐도 들어내려는 수고조차 하지 않았다. 하지만 소시지에 들어가는 다른 것들에 비하면 독 먹은 쥐는 약과였다.[138]

이 이미지가 사람들의 뇌리에서 그토록 잊히지 않은 이유는 바로 이것이 허구가 아니기 때문이었다. 싱클레어는 막강한 '소고기 부호들beef barons'의 거대한 시카고 육류 공장을 7주에 걸쳐 직접 관찰했고, 그가 묘사했던 소시지 제조 과정을 두 눈으로 목격했다. 1904년, 패킹타운 파업이 실패한 후 싱클레어는 시카고에 갈 기회를 얻었다. 당시 가난하고 불행한 기혼 작가이며 열정적인 사회주의자였던 싱클레어는 25세에 불과했고 『이성에 고함Appeal to Reason』이라는 사회주의 신문에 파업 노동자들을 대변하는 기사를 쓰고 있었다. 싱클레어의 글을 읽은 파업 노동자들은 곧 그를 시카고로 초대해 자신들의 삶을 직접 관찰해줄 것을 부탁했다. 당시 공장들은 노동자 개개인에게는 거의 관심을 두지 않았기 때문에 싱클레어가 내부에 잠입하는 데는 어려움이 없었다. 한 노동자는 그에게, 낡은 옷을 입고 도시락 통을 들기만 하면 모두 그를 노동자로 생각할 것이라고 말했다. "보고 싶은 것은 뭐든 볼 수 있을 겁니다."[139]

싱클레어는 곧 그의 인생에서 가장 암울하고 기괴한 장면들을 목격했다. 그곳은 속이 거북하고 쉽게 공황에 빠지는 불안한 젊은이가 감당할 수 있는 곳이 결코 아니었다. 알코올 중독자 아버지와 청교도적인 어머니 사이에서 태어난 싱클레어는 술, 섹스, 온갖 종류의 불순에 대한 강박적 공포가 있었다고 한다. 훗날 스스로 묘사한 대로 '창백한 얼굴에 비쩍 마른' 그는 그동안 용케 핏물과 악취를 견뎌냈다. 그리고 자신이 목격한 공포를 폭로하기로 결심했다. 시골 오두막에 들어가 은둔하며 집필을 시작하기 전에 그는 패킹타운에서 벌어지는 일을 알고 있는 노동자, 의사, 간호사, 복지관 노동자 등을 인터뷰했다. "생이 나에게 부여한 모든 고통을 지면에 쏟아내며 눈물과 번민으로 써내려갔다."[140] 와일리와 그가 공유했던 몇 안 되는 사실 중 하나는 싱클레어 또한 부정불량식품과의 싸움을 전 세대가 겪었던 노예제도에 맞선 싸움의 연속선상에서 이해했다는 것이다. 이 때문에 일부 예민한 독자들은 『정글』이 미친 정치적 영향을 『톰 아저씨의 오두막집 Uncle Tom's Cabin』의 경우와 비교했다.

싱클레어가 이 글을 쓴 이유는 미국인의 식습관을 개선하기 위해서가 아니었다. 그가 채식주의 운동처럼 더 극단적인 비주류의 선봉에 서게 된 것은 나중의 일이었다. 26세의 싱클레어는 여전히 '흰 밀가루와 설탕을 비롯한 변질된 식품'을 먹고 있었다. 이러한 식습관으로 인해 그는 충치와 소화불량에 시달려야 했다.[141] 싱클레어는 이처럼 영양학적으로는 결핍되어 있었지만, 오히려 이 결핍이 빈곤과 붉은 핏자국을 예리한 시각으로 바라보게 해주었다. 『정글』은 다섯 군데의 출판사로부터 출판을 거절당했다. 맥밀런의 한 독자가 불평했던 것처럼 피비린내 나는 충격적인 묘사가 너무 많다는 이유 때문이었다. 이 소설이 사회주의 성향의 신문인 『이성에 고함』에 연재되었다는 사실도 이 출판사들이 선뜻 나서지 않은 이유였는지 모른다. 더블데이Doubleday만이 이러한 위험을 감수하며 출판을 결정했다. 모순적이게도 결국 『정글』의 성공을 이끈 것은 다른 출판사들이 거절의 이유로 들었던 충격적이고도 상세한 묘사였다. 싱클레어의 글에 담긴 표현은 과장되었을 수도 있고 리투아니아 노동자에 대한 인물 묘사는 다소 어색할 수도 있다. 그렇다 하더라도 잭 런던Jack London이 말했듯이 『정글』은 여전히 위대했다. 그 책이 조망했던 것은 바로 엄연한 현실이었기 때문이다.[142]

싱클레어의 충격적인 묘사는 이러했다. 큰 통 주변에서 작업하던 노동자들은 간혹 통 속으로 떨어지기도 했다. 하지만 떨어진 노동자 몇 명쯤은 아무도 개의치 않았다. 결국 "뼈를 제외한 그들의 육신은 더럼의 순수 리프 라드Durham's Pure Leaf Lard[제품명. 리프 라드는 돼지의 신장 주변에서 추출한 지방으로, 중성 라드의 아래 등급에 속한다]에 섞여 세상으로 나가게 된다." 그뿐인가. 육류 검사관은 병들어 죽은 고기를 보고도 못 본 척 지나가기 일쑤였고, 작업장에는 "소시지 마디마디를 꼬아 엮는 일을 쉬지 않고 하다 결국 송장처럼 창백해져버린" 늙은 여인들도 있었다. 그런가 하면 썩은 돼지고기는 '병 포장 닭고기'로 둔갑했다. 이렇게 끔찍한 묘사를 통해 싱클레어가 말하고자 했던 것은 개별적인 것처럼 보이는 이 사건들 모두가 거대 산업의 결탁에서 비롯되었다는 사실이다. "당신을 고용한 이 위대한 회사는 당신에게, 그리고 국가 전체에게 거짓말을 했다. 처음부터 끝까지 하나의 거대한 거짓말에 지나지 않았다."[143] 『정글』이 묘사한 것은 부정불량식품이 양산될 수밖에 없는 식품 생산 체계였다. 유르기스와 그의 가족의 삶은 썩은 고기를 둘러싸고 패킹타운에서 벌어지는 이러한 온갖 사기를 투영하고 있었다.

> 조나스Jonas는 간물에서 꺼낸 고기에서 시큼한 맛이 나는 경우가 얼마나 많았는지, 그리고 그 냄새를 없애기 위해 얼마나 많이 소다로 문질러 무료 급식소용으로 팔았는지 이야기했다. 또한 그들이 사용했던 화학적 기적에 대해서도 이야기했다. 생고기나 염장고기, 통째로 손질하거나 잘게 자른 것 등 어떤 종류의 육류에라도 화학적 기적을 통해 특정한 색이나 맛을 만들어 낼 수 있었다. 이 기적은 햄을 간하는 시간을 절약하고 공장 생산율을 증가시키는 데 특히 기발한 역할을 했다. 작업자가 기계 펌프에 부착된 속이 빈 바늘을 고기에 꽂아 발로 작업하면 몇 초 안에 햄을 간수로 채울 수 있었다. 이러한 공정에도 부패한 햄이 쓰이기 일쑤였는데, 그중 일부는 너무 냄새가 역해서 작업자가 견딜 수 없을 정도였다. 이처럼 부패한 햄에 간물을 주입할 때에는 작업자들 사이에서 '30퍼센트 주입'이라고 통용되는 방식이 쓰였다. 역한 냄새를 없애기 위해 훨씬 강한 간물을 이차적으로 주입할 수 있도록 공간을 남기기 위해서였다. 훈제된 햄 역시 일부는 상했다. 이전에 이것들은 3등급으로 팔렸는데, 후에 천재적인 한 사람이 새로운 도구를 생각해냈다. 보통 뼈 부근이 부패하기 쉬웠으므로 그가 개발한 도구를 이용해 뼈를 추출하고 그 자리에 달궈진 백주철을 삽입하여 뼈를 대신했다. 이 방법이 개발된 후에는 1, 2, 3등급의 구분이 사라지고 1등급만 남게 되었다.[144]

그러나 노동자들이 이러한 속임수를 알고 있다고 해서 다른 식품 사기꾼들의 기만을 피할 수는 없었다.

그들이 무슨 수로 동네에서 산 묽고 푸른 우유가 물로 희석되고 포름알데히드가 섞였다는 것을 알 수 있을까? 그들이 어떻게 자신들이 먹고 마시는 차와 커피, 설탕과 밀가루에 불순물이 섞이고, 콩 통조림은 구리염으로 착색되었으며, 과일 잼은 아닐린 염료로 물들여졌다는 것을 알 수 있을까? 그리고 설사 그들이 그 사실들을 알게 되더라도 수 마일 이내에 다른 것을 살 곳도 없는 마당에 그보다 더 나은 것이 뭐가 있을까? 더 많은 돈을 지불하면 겉으로 그럴싸하고 화려한 식품을 구할 수 있을지도 모른다. 그나마도 속임수일 수도 있지만 말이다. 아무리 해도 그들은 진짜 식품을 구할 수 없을 것이다.[145]

싱클레어는 이러한 문제는 매우 체계적인 과정을 통해 발생하기 때문에 해결책 역시 체계적이어야 한다고 믿었다. 이를테면 식자재 도매 방식을 자본주의로부터 사회주의로 전환하는 것이었다. 『정글』의 결말은 싱클레어 자신도 조악하게 쓰였다고 인정할 정도로 매우 투박하다. 논평가들 역시 미심쩍은 눈길을 보냈다. 이 책의 결말에서 유르기스는 사회주의로 전환함으로써 기대할 수 있는 더 나은 미래를 그리고 있다. "우리는 반대를 물리칠 것이다. 우리는 우리 앞을 가로막는 반대를 압도할 것이다. …… 시카고는 우리의 것이 될 것이다!"[146]

물론 그런 결말은 결코 실현되지 못했다. 싱클레어가 꿈꿨던 사회주의는 최소한 당시 갱들의 시대가 막 시작되었던 시카고에서는 어림없는 일이었다. 그러나 그의 책에 그려진 역겹고 기만적인 패킹타운의 육류 생산 방식은 곧바로 폭발적인 반응을 불러일으켰다. 『정글』이 폭로한 현실은 일인당 육류 소비량이 매년 179파운드[약 81.19킬로그램]에 이르고, 매일 일인당 약 2분의 1파운드[약 227그램]의 고기가 소비되는 나라 전체를 경악하게 했다.[147]

그러나 정작 싱클레어는 자신의 책이 가져온 사회적 파장을 보고 실망했다. 그가 독자들에게 기대했던 것은 노동자들이 처한 열악한 환경에 대한 연민이었다. 하지만 싱클레어가 보기에 독자들이 보인 반응은 이기적이었다. 즉, 결핵균에 오염된 육류에 중독될지 모른다는 부르주아적 공포일 뿐이었다. 그는 자신의 실망감을 유명한 재담으로 표현했다. "나는 대중의 마음을 겨냥했는데, 본의 아니게 그들의 위를 강타한 꼴이 되고 말았다."[148]

『정글』이 강타한 위에는 시어도어 '테디Teddy' 루스벨트 대통령의 두둑한 배도 포함되었다. 싱클레어의 책을 출간한 더블데이 출판사는 이 책 한 권을 미리 대통령에게 보냈다.[149] 루스벨트는 '방부 처리 소고기' 파동이 일어난 미국-스페인 전쟁이 한창일 때 쿠바에서 참전 중이었고, 이 일을 계기로 줄곧 육류 공급에 관심을 갖고 있었다. 루스벨트는 육류 통조림에 대해 불평하던 병사들을 기억했다. 배급받은 식사를 집어던지는 한 병사를 붙잡은 그는 전형적인 사나이의 무뚝뚝함으로 아기처럼 굴지 말라고 나무라며 소리쳤다. "사내답게 당장 먹어!" 그러나 그의 명령에 복종하고 고기를 삼켰던 병사는 곧 토하고 말았다. 루스벨트는 그제서야 직접 고기를 먹어봤다. 그는 그 경험을 이렇게 기록했다. "도저히 먹을 수 없는 음식이라는 것을 알았다. 끈적이고 질긴 데다 조악했다. 마치 힘줄 다발을 씹는 것 같았다."[150]

매킨리가 암살된 이후 1901년에 백악관에 입성한 루스벨트는 소고기 문제를 다시 들추기로 했다. 루스벨트의 국내 정책은 이른바 공평정책square deal에 근거했는데, 이는 '합리적인 제약'을 행사함으로써 독점 기업이나 트러스트trust[같은 산업 분야의 기업들이 시장 독점을 위해 결합한 형태]의 횡포를 제한하겠다는 약속이었다. 루스벨트는 재임 기간 동안 자만에 찬 회사들을 상대로

44건의 소송을 제기함으로써 '반트러스트 단속관trust buster'으로 이름을 떨쳤다. 『정글』이 등장하기 몇 년 전에 소고기 트러스트는 이미 가장 강력한 상업적 과두제 또는 소수 독점을 형성하고 있었다. 당연히 소고기 트러스트는 루스벨트의 사정권에 들어와 있었다. 1902년, 소고기 트러스트가 통제하고 있던 육류 가격이 치솟자 폭넓은 대중적 저항이 일어났다. 6개월에 걸쳐 등심 스테이크의 가격은 1파운드당 18센트에서 22센트로 올랐고, 양 어깨살은 8센트에서 12센트로, 돼지 갈비 살은 12센트에서 15센트로 올랐다.[151] 이러한 인상은 소비자들뿐 아니라 소매육 상인들에게도 달갑지 않았다. 육류 도매가의 인상 때문에 일부 상인들이 사업을 더 이상 유지할 수 없었기 때문이다. 뉴욕 워싱턴 마켓의 한 육류 담당자는 이렇게 말했다.[152] "값이 너무 비싸면 가난한 사람들이야 안 사면 그만이지만, 소매상인들은 어쨌든 사들여야 하니까요." 이러한 가격 폭등이 추문에 휩싸일 수밖에 없었던 이유는, 바로 대규모 정육업자들의 주도하에 시장에서 가축 가격이 폭락했던 때와 시기가 일치했기 때문이었다.

곧 정육업자들이 터무니없는 폭리를 취해왔다는 의혹이 제기되었고, 법무성은 조사에 착수했다. 1902년 5월, 루스벨트는 정당한 시장 경쟁을 무시하고 육류 소매가를 담합한 시카고 정육업자들을 기소할 수 있도록 법안을 상정하라고 법무장관에게 지시했다.[153] 맥 빠질 만큼 길고 긴 재판을 거친 후 1905년이 되어서야 판결이 내려졌다. 1903년, 루스벨트는 기업국Bureau of Corporation을 창설하고 제임스 가필드James Garfield를 수장으로 임명했다. 루스벨트는 이 기구를 통해 소고기 트러스트를 조사하도록 지시함으로써 자신이 내세웠던 반독점 공약을 서둘러 시행하려 했다. 그러나 실망스럽게도 가필드는 소고기 가격이 합리적이라는 결론을 내렸다. 더욱이 그는 조사를 진행하는 과정에서 정육업자들의 이해집단인 '패킹타운의 새들 앤드 설로인 클럽Saddle and Sirloin Club'에도 가입한 것으로 알려졌다.[154]

소고기 트러스트의 세력은 더욱 커지고 있었다. 1905년 8월, 『만인의 잡지Everybody's Magazine』의 연재 기사에서 찰스 에드워드 러셀Charles Edward Russell은 이 세력을 "세계에서 가장 위대한 트러스트"라고 부르고, 4대 정육업자가 인류 역사상 왕이나 황제 또는 무책임한 과도정부가 행사했던 것보다 더 큰 권력을 갖고 있다고 비꼬았다.[155] 러셀은 정육업자들이 가축 시장의 자연스러운 경쟁을 회피함으로써 수많은 낙농가는 물론 32개 은행을 파산에 이르게 했다고 비판했다.[156]

1906년 초, 드디어 루스벨트의 책상에 『정글』이 놓여졌다. 이 책과의 만남을 계기로 루스벨트는 호시탐탐 기다리던 기회를 잡게 되었다. 당시 루스벨트의 두 번째 재임 기간이 2년 정도 남았기 때문에 소고기 트러스트를 제압할 시간이 많지 않았다. 이제야 루스벨트가 만나게 된 『정글』은 그가 그토록 원했던 무기였지만 신중할 필요가 있었다. 6주 동안 25,000부가 팔려나간(그리고 9월까지 100,000부가 팔렸다) 이 책은 대중적 경각심을 불러일으켜 정치적 변화를 이끄는 데 충분한 원동력으로 보였다. 하지만 루스벨트가 판단하기에 이 무기를 선불리 휘두르기에는 두 가지 문제가 있었다. 첫째, 이 책에 담겨 있는 충격적인 폭로가 사실인지 공식적으로 확인해야 했다. 둘째, 사회주의자로서 싱클레어가 갖고 있는 개인적인 정치적 태도를 최대한 무시해야 했다.

1906년 3월 15일, 루스벨트는 워싱턴 D.C.에서 싱클레어에게 편지를 보냈다. 그는 "모두는 아니지만 당신 책의 상당 부분"을 읽었다고 말하고, 싱클레어에게 4월 첫째 주에 워싱턴 D.C.를 방문해줄 것을 요청했다. 그리고 편지의 나머지 부분에서 루스벨트는 사회주의의 어리석음에 대해 훈계하는 투로 장문의 글을 써내려갔다. "개인적으로 나는 사회주의를 실천하는 과정에서 일찍이 주효했던 효과들 중 하나는 기근을 없앤 것이라고 생각하오. 사회주의가 적용되려면 그와 똑같은 상황의 공동체가 존재해야 할 것이오."[157] 그는 자본주의가 안고 있는 오만하고 이기적인 탐욕에 맞서 '급진적 조치'를 취해야 한다는 점에서는 싱클레어에 동의했지만, 싱클레어식의 신경질적 반응으로는 노선을 유지할 수 없다고 생각했다.[158] 루스벨트는 이렇게 주장했다. "사반세기에 걸쳐 정치-사회학적이라고 부를 수 있는 문제들을 다루면서 나는 기질이 신경질적인 사람들을 불신하게 된 것 같소."[159] 편지의 마지막에 덧붙인 친필 추신에 가서야 루스벨트는 싱클레어가 기다려마지 않았을 내용을 확언했다. "당신이 지적한 특정한 악마들이 정말 존재한다는 것을 증명할 수 있다면, 그리고 내게 그럴 만한 권력이 있다면, 그들은 마땅히 제거되어야 할 것이오."[160]

싱클레어는 루스벨트의 초대를 받아들여 워싱턴 D.C.로 향했다. 그는 백악관에서 루스벨트를 비롯한 일부 '테니스 각료tennis cabinet'[루스벨트와 테니스 등의 운동을 즐기며 친교를 나누고 정책에 관하여 토론한 인물들]와 오찬을 함께했다. 싱클레어는 대통령이 간담을 서늘하게 만드는 사람이기는 하지만 일면 재미있는 인물이라고 생각했다. 강세가 들어가는 음절마다 테이블을 쳐가며 주먹을 불끈 쥐고 다른 의견을 내세우는 사람을 무차별적으로 소리 높여 비방하는 루스벨트의 모습이 싱클레어에게는 매우 충격적이었다. 싱클레어가 보기에 루스벨트는 자신을 신경질적이고 편파적이며 신뢰할 수 없는 인물이라고 확신하는 것 같았다.[161] 그러나 아무려면 어떤가? 이처럼 괴상한 조합을 이룬 두 사람은 이제 함께 정육업자들에 맞선 싸움을 이끌 참이었다. 루스벨트는 훗날 한 친구에게 이렇게 썼다. "나는 개인적으로 비호감이라는 이유만으로 이 혐오스러운 현실을 제대로 인식하고 있는 인물을 무시하고 넘어갈 수 없었다네."[162]

루스벨트는 두 명의 위원을 임명하고 시카고로 보내 『정글』에 묘사된 내용들이 사실인지 조사하도록 했다. 루스벨트의 지시를 받은 찰스 P. 닐Charles P. Neill과 제임스 브론슨 레이놀즈James Bronson Reynolds는 싱클레어에게 동행을 부탁했지만, 싱클레어는 이를 거절하고 대신 사회주의자인 두 친구 엘라 리브Ella Reeve와 리처드 블로어Richard Bloor를 보냈다.[163] 리브는 이 조사에서 '어떤 단어로도 정육 포장 공장들의 공포를 제대로 그려낼 수 없다'는 사실을 확인했다.[164] 그녀는 '닐-레이놀즈 보고서'는 사실 정작 불쾌한 사실은 밝히지 않고 눈가림한 것 같다며 싱클레어에게 우려 섞인 말을 전하기도 했다. 위원들은 비밀리에 조사를 진행하려 했지만, 정육업자들이 곧 그들의 존재를 눈치 챘다. 4월 10일, 정육업자들에게 극도로 호의적이었던 신문인 『시카고 데일리 트리뷴Chicago Daily Tribune』은 "대통령, '정글'에서 사냥하다"라는 제목의 머리기사로 비아냥거리며 루스벨트가 파견한 위원들이 "그 책에 묘사된 내용을 단 한 가지도 증명하지 못했다"고 주장했다.[165] 이 기사는 대통령이 "대중의 반감을 선동하여 자신의 발목을 잡으려 한 저자를 강력히 질책하게 될 것"이라고 예견했다.[166] 다음 날 또 다른 기사는 『정글』에 묘사된 내용 중 95퍼센트가 거짓말이라고 주장했다.[167] 이 같은 막무가내식 보도로 정신적 고통에 시달리던 싱클레어는 대통령에게 보낸 편지 두 통과 전보 두 통에서 불만을 토로했다. 이 신문이 거짓말을 늘어놓도록 루스벨트가 내버려두었다는 것이 그의 주장이었다. 이에 대해 루스벨트는 전형적인 호기로움으로 차분하게 답했다. 그는 우선 워싱턴의 공식 보고에는 눈가림 식의 내용이 없다며 싱클레어를 안심시켰다. 그리고 추신에 이렇게 덧붙였다. "싱클레어 선생, 부디 침착해야 하오."[168]

아니나 다를까 5월에 시카고 가축수용소의 상황을 대통령에게 구두 보고하는 자리에서 닐과 레이놀즈는 『정글』에서 폭로된 혐오스러운 진실을 대부분 확인했다고 전했다. 싱클레어가 회상했듯, 그들이 유일하게 입증하지 못한 것은 큰 통에 빠져 순수 리프 라드가 돼버린 사람들에 관한 이야기였다. 몇 가지 사례가 있었지만, 정육업자들은 언제나 그런 사고로 남편을 잃은 부인들을 시골로 돌려보내는 정도로 입막음했다.[169] 루스벨트와 싱클레어는 닐과 레이놀즈의 보고에 따른 사후 조치에 대해 다른 견해를 고수했다. 싱클레어는 보고서의 내용을 출판해야 한다고 주장했다. 그러나 루스벨트는 그러한 방식으로 공론화하는 것은 선정주의자들과 영합하는 일이라고 생각했다. 그는 더불어 도매가가 낮아져 '부당 경영을 하지 않은 죄' 밖에 없는 정직한 목장주들과 농민들에게 피해가 갈 것을 염려했다.[170] 그러나 사실, 루스벨트는 이 보고서를 한 손에 쥐고 유용한 정치적 협상 카드로 활용하려 했다. 1906년 5월, 상원의원 베버리지Beveridge가 육류 검역법안을 제출했는데, 루스벨트는 정육업자들을 협상 테이블로 끌어들이는 미끼로 보고서의 공개 여부를 이용하려 했던 것이다. 한마디로, 루스벨트에게 이 보고서는 법안을 통과시키기 위한 무기와 같았다.[171] 하지만 싱클레어는 이 같은 루즈벨트의 계획에 동의하지 않았다. 진정한 개혁은 오로지 계몽된 여론에서 비롯된다고 믿었기 때문이었다.[172]

결국 두 사람은 각자의 길을 택했다. 싱클레어는 루스벨트에게 닐-레이놀즈 보고서를 공개하도록 압력을 가하기 위해 언론을 이용했다.[173] 그리고 루스벨트는 의회에서 육류 검역법안을 통과시키는 과정에서 정육 사업 관련 이해 관계자들과의 충돌을 피할 수 없었다. 5월 26일, 베버리지 육류 검역법안은 상원을 통과했다. 이 법은 인간의 소비를 위해 도축되는 모든 소, 양, 돼지에 대한 검역을 의무화하는 내용을 담고 있었다. 먹기에 부적합하다고 밝혀진 가축의 사체와 인위적으로 착색된 육류는 모두 폐기 처분하도록 했다. 검사관들에게 뇌물을 주려는 자는 누구든 최고 1만 달러까지 벌금형에 처할 수 있었다. 라드를 만드는 모든 지방은 당국 관계자들이 면밀히 감독하도록 했다. 이러한 조항에 숨은 의도는 '인간이 라드로 탈바꿈하는 일이 없도록 하라'는 것이었다.[174] 『워싱턴 포스트』는 다음과 같이 보도했다. "법안이 통과되기 15분 전까지도 이 안이 통과될 것이라고 조금이라도 생각한 상원의원은 한 사람도 없었다. 확실히 이번 회기에는 어려워 보였다. 이러한 분위기 속에서 이 법안이 통과된 데는 결국 업턴 싱클레어의 소설 『정글』의 폭로가 직접적인 영향을 미친 것으로 보인다."[175] 6월 30일, 루스벨트는 베버리지 육류 검역법안을 승인했다.

그러나 싱클레어 편에서 보면, 베버리지 법안 정도로는 결코 현안을 해결할 수 없었다. 마치 '댐에 난 틈 하나를 메우고서 온갖 요란을 떨며 다른 열두 개의 틈은 나 몰라라 하는 것'과 같았다.[176] 그가 생각하기에 필요한 것은 검역뿐 아니라 유럽의 경우처럼 정부가 소유하고 관할하는 도축장이었다. 근대 병원처럼 청결한 유럽의 도축장은 미국이 감내하는 더러운 난장판과는 비교도 되지 않았다.[177] 이것이 전형적인 싱클레어의 방식이었다. 지방자치 정부가 관할하는 도축장이라는 개념은 루스벨트의 미국 사회가 추구하는 것과는 완전히 다른 정책이었다. 국가가 어느 정도까지 공중보건에 개입해야 하느냐에 관한 두 사람의 시각은 근본적으로 달랐다. 원래 지방 자치 정부가 관할하는 도축장은 나폴레옹의 위대한 구상 중 하나였지만, 파리의 첫 번째 공공 도축장은 그가 패망한 후인 1818년에야 문을 열 수 있었다.[178] 영국에서는 1875년에 공중보건법Public Health Act이 제정된 후 맨체스터와 글래스고를 포함한 여러 도시에 자체적인 도축장이 세워졌는데, 이러한 움직임은 점진적인 방식의 온건 사회주의와 결합되어 있었다.[179] 싱클레어의 경우처럼 의회에 건의하여 만드는 방식은 아니었던 것이다.

반면, 말 그대로 실용적이었던 루스벨트는 베버리지 법안에 만족했다. 그의 말을 빌리자면, 육류 검역법은 "패킹타운의 '수치스러운 폐습'을 일소할 수 있는 중요한 치유책"이었다. 자서전에서 그는 이 법이 야기한 흥미로운 효과를 기록했다. 새로운 법에 대해 대다수 소고기 업자들이 격렬하게 반대했지만, 3~4년이 지나자 정직한 소고기 사업가라면 누구나 이 법이 실제로 그들의 입지를 해치는 것이 아니라 오히려 도움이 된다는 점을 알게 되면서 우호적인 태도를 보이기 시작했다.[180] 일단 법규정을 따르려 한 이들의 경우, 검역이 강화될수록 수익이 커지면 커졌지 줄어들지는 않았던 것이다. 이는 같은 해 여름에 상정된 순수식품 및 의약품법에 포함된 식품 표시법을 규제하는 새로운 규정 제정에서도 마찬가지로 나타났다.

정직한 상표와 순수 케첩

와일리는 잘못된 정보를 전달하는 상표에 대해 매우 고지식한 반감을 보였다. 오죽하면 '숙녀의 손가락 비스킷'이라는 상표가 붙은 과자에 대해, 실제로 절단된 여성의 손가락이 포함되어 있음을 증명할 수 없으면 그런 상표를 붙여서는 안 된다고 반대할 정도였을까. 하지만 정직한 상표를 추구하는 이러한 정신이 바로 1906년의 순수식품법을 이끈 힘이었다. 이 법은 정확한 라벨 표기를 특히 강조함에 따라 가짜 상표와 관련한 규제 조항의 수가 부정불량식품의 경우보다 2배에 이르렀다(부정불량식품 관련 규제가 7가지였던 반면 가짜 상표 관련 규제는 14가지였다).[181] 이러한 라벨 관련 조항이 가장 중요하게 추구한 목적은 소비자 보호였다. 규제조항 17은 잘못된 정보 또는 오해를 불러일으킬 수 있는 라벨 표기를 금지했고, 규제조항 24는 인식 가능한 물질을 라벨에 표기하지 않은 채 다른 물질의 대체물로 사용하는 것을 금했으며, 규제조항 26은 폐기 물질이나 파편 또는 부속물이 사용되었을 경우 라벨에 그 내용을 정확히 명시해야 한다고 규정했다. 이 모든 조항은 식품에 대한 와일리의 다음과 같은 정의를 따르고 있었다. "나는 '순수'라는 단어를 한 가지 의미 외에는 결코 사용하지 않았다. 순수식품은 보이는 것 그 자체이다."[182]

그러나 이러한 라벨 표기 규제는 또 다른 차원의 의미를 담고 있었다. 즉, 라벨 표기를 규제함으로써 소비자를 보호할 뿐 아니라 상거래 질서 또한 관리할 수 있을 것으로 기대되었다. 하지만 제조자의 입장을 반영하는 조항이 반드시 소비자 보호와 연관 있는 것은 아니었다. 일례로, 제20항, 제21항, 제27항은 식품의 '독특한 이름'에 대한 규정을 제시했다. 조항의 내용에 따르면 "독특한 이름이란 어떤 식품, 혼합물 또는 화합물을 다른 식품, 혼합물, 화합물로부터 분명히 구별 짓는 별도의 상업적이고 임의적인 복합적 명칭이다."[183] 이에 따라 이러한 '차별화된 독특한 이름'을 가진 제품을 위조하여 파는 것은 불법으로 간주되었다. 이제 더 이상 마가린을 '진짜 버터'라는 이름으로 판다거나 병에 담은 돼지고기를 '닭고기'라는 이름으로 팔기 어렵게 되었다. 와일리의 관점에서 본다면, 이러한 차원의 규제는 소비자 보호가 목적인 순수식품의 문제가 아니라 제조자의 등록상표trademark를 보호하는 문제로 보는 것이 타당했다.

근대적 의미의 등록상표는 1870년대에 등장했는데, 과거 길드 사회에서 부여하던 마크와 같은 의미를 상표에 부여한 것이다. 한마디로, 소비자를 안심시키는 품질 표시의 일종으로서 상표가 갖는 고유의 의미를 제품에 부여하는 것이었다. 소비자는 이 등록상표를 보고 안전성을 확인하게 된다. 소비자가 등록상표를 확인하고 품질에 대해 안심하게 되면 더 비싼 가격이라도 기꺼이 지불할 것이다. 따라서 안전성은 제조자에게도 역시 중요한 문제였다. 최소한 등록상표가 부착된 제품이라면 속임수에 대한 의심을 잠시 접어둘 수 있기 때문이다. 그러나 1906년에 미국에서 발생한 사건이 보여주듯이 이런 상표 자체가 사기의 온상이 되기도 했다.

순수식품 및 의약품법이 표방한 목적은 식품의 표기를 정확히 하기 위함이었지만, 동시에 등록상표에 새로운 차원의 의미를 부여하는 계기도 마련했다. 미국에서 상표를 출원하려면 상무성에 소속된 특허청의 허가를 받아야 했다. 이를테면, 앤트 제미아Aunt Jemima의 팬케이크 가루나 캠벨Campbell의 수프, 또는 브러 래빗Brer Rabbit의 당밀을 시판하고 싶다면 특허청에 상표를 등록해야 했다. 그런데 수백 명에 이르는 정육 도매업자들은 새로운 법에 따라 특허청의 인증을 받은 상표를 붙이면서 "1906년 6월 30일 발효 순수식품 및 의약품법에 의거"라는 문구를 넣어 마치 정부가 식품 생산 공정을 직접 감독한 것처럼 소비자를 현혹했다. 결국 1908년 11월, 특허청장은 이러한 사례를 겨냥하여 단호한 조치를 단행했다. 특허청장은 이러한 문구를 라벨에 삽입하는 행위를 더 이상 용인하지 않겠다고 발표하며, 새로운 법에 의해 발급되는 상표가 '순수함을 보증'하는 표식으로 보여서는 안 된다고 주장했다.[184]

그러나 많은 식품업자들은 여전히 그 틈새를 엿보고 있었고, 계속해서 새로운 법이 순수성을 담보하는 것처럼 이용하여 이윤을 챙겼다. 와일리는 거대한 사업을 주무르는 사기꾼들을 상대로 정부와 과학이 승리를 거뒀다며 새로운 법을 치켜세웠다. 하지만 그도 잘 알고 있었듯이 현실은 훨씬 복잡한 구도로 전개되고 있었다. 순수식품법 탓에 생계의 위협을 받게 된 업자들은 1906년 6월 무렵에 강력히 반대 의사를 표명했다. 당시 반기를 들었던 이들은 이산화황을 주로 사용하는 과일 건조업자들, 말린 대구에 붕사를 덧바르는 방식으로 화학 보존료를 사용한 식품 가공업자들, 그리고 위스키 개정자rectifier들이었다. 와일리가 지적했듯이 '개정자'라는 이름에는 어폐가 있었다. 어떤 의미로든 이들이 했던 작업은 알코올 원료에 향료, 색소, 숙성 오일을 혼합하여 위조 위스키를 만듦으로써 불쾌한 물질을 숙성된 고급 위스키로 둔갑시키는 일이었기 때문이다.[185] 어쨌든, 1906년 당시 시중에 유통된 증류주의 85~90퍼센트는 바로 이들의 손을 거쳤다. 와일리는 위스키를 즐겨 마시지 않았지만, 위스키 주조 과정에서 벌어지는 이 같은 사기를 극도로 혐오했다. "인간은 누구나 자신이 주문한 것과 같은 특성과 품질, 그리고 기대한 것과 같은 종류의 물건을 받을 권리가 있다. 위스키를 주문하고 구정물 한 병을 받아서는 안 된다."[186] 켄터키 주의 한 의원(당시까지 켄터키에서는 진짜 위스키가 주조되고 있었다)은 와일리의 견해에 전적으로 동의하며, "그렇게 정류된 위스키라면 코요테의 장이라도 부식시킬 것이다"라고 성토했다.[187] 상황이 이렇다보니 위스키 개정자들 역시 새 법에 맞서 불가피하게 목소리를 높여야 했다. 그리고 이들은 어느 정도 성과를 거두었다. 최종 법안에서는 개정된 위스키의 판매를 전면 금지한다고 규정했던 조항이 '화합물', '모조품' 또는 '혼합물' 표기를 의무화하는 선으로 조정되었다.[188]

그러나 또 다른 상업적 이해관계로 인해 이 법을 지지하는 분위기가 더 강하게 형성되고 있었다. 1907년 2월 16일, 『뉴욕 타임스』는 "순수식품을 지지하는 통조림 제조업자들"이라는 제목의 머리기사를 실었다. 이 기사에 따르면 '통조림 및 정육업자 전국연합회National Association of Canners and Packers'는 새로운 법을 적극 지지한다고 천명했다.[189] 법이 집행되는 과정에서 식품산업 관련자들은 이 법이 결코 자신들의 사업을 위협하는 것이 아니라 오히려 높은 수익을 올릴 수 있는 기회라는 점을 인식하기 시작했다. 패킹타운의 사기꾼들조차 그러한 기회를 포착했다. 불과 1년 전에 싱클레어를 혹평했던 『시카고 데일리 트리뷴』 역시 1907년 2월 25일자 지면에 "세계의 순수식품 중심지"라는 장문의 기사를 실었다.[190] 이 점 때문에 일부 역사가들은 이 법에 부도덕한 측면이 있다고 지적하기도 한다. 예를 들어, 가브리엘 콜코Gabriel Kolko는 사업이 정치를 통제하게 되는 상황이었다고 지적했다. 그에 따르면 1906년의 법은 경쟁 상대에 대해 우위를 선점하고자 했던 대형 식품 제조업체에게 정부가 기회를 제공한 셈이었다.[191] 이러한 해석에 비추어 보면, 루스벨트 시대의 이른바 진보주의자들은 사실은 모습을 달리 한 보수주의자들로서 어떤 희생을 치르더라도 거대한 상업적 이해세력을 보호하려 했을 뿐이었다. 하지만, 이러한 비판은 이 법의 의미를 지나치게 평가절하하고 있다. 루스벨트 정부에는 사실 소비자 권익 보호의 필요성을 제대로 인식한 관료들이 많았다. 일례로, 정부 화학자였던 로버트 앨런Robert Allen은 식품의 라벨 표기를 더욱 개선할 필요가 있다고 주장했다.

"상품의 제조 장소와 제조 시기, 제조자, 그리고 사용된 재료의 실제 종류와 특성에 대한 정보가 소비자들에게 제공되면, 소비자가 아무리 무지하고 부주의하더라도 속이는 행위가 불가능해지기 때문" 이었다.[192]

그러나 순수식품을 둘러싸고 새로이 싹트고 있던 소비자들의 인식은 두 갈래로 이해되고 있었다. 즉, 소비자의 이해는 기업의 이해에 반대되기도 했지만, 소비자의 우려는 기업에 더 많은 이윤을 추구할 수 있는 기회를 제공하기도 했다. 이러한 양면성을 성공적으로 활용한 사례는 바로 가장 유명한 미국 식품 상표 중 하나인 하인즈 토마토케첩이었다. 20세기를 전후한 시기에는 시판용 케첩의 대부분이 벤조산으로 처리되었다. 벤조산은 무색무취의 방부제로 크랜베리에서 자연적으로 발생하는 성분이다. 19세기의 케첩은 현대의 케첩보다 설탕과 식초 첨가 비율이 훨씬 적고 묽으면서도 토마토의 질감이 더 강했다. 케첩 제조자들은 개봉 후의 변질을 막기 위해서는 약간의 벤조산이 필요하다고 주장했다. 헨리 J. 하인즈의 연구소 실험실 책임자였던 G. F. 메이슨G. F. Mason 역시 벤조에이트benzoate 무첨가 케첩을 만들려고 했지만, 결국 변질되어 코르크 마개가 병에서 튕겨져 나갔다고 한다.[193]

하지만 벤조에이트의 안전성에 대한 의혹이 조금씩 제기되기 시작했다. 1904년, 와일리는 독약 구조대에게 벤조에이트를 실험했고, 우두염부터 현기증, 체중 감소, 심각한 복통 같은 증상이 일어날 수 있음을 발견했다.[194] 그럼에도 벤조산 사용을 옹호한 측은 "하나님이 크랜베리에 벤조산을 넣은 것만 봐도 알 수 있잖은가!" 라며 적은 양을 쓰면 무해하다고 주장했다. 하지만 와일리의 생각은 달랐다. 하나님이 자연 상태의 크랜베리에 벤조산 성분을 부여한 것은 사실이다. 그러나 어찌되었든 "자연의 조합을 흉내 낼 수 있는 화학자는 없었다."[195] 와일리가 벤조산을 혐오했던 이유는 단지 벤조산 자체가 유해했기 때문이 아니었다. 부작용과 더불어 그가 우려했던 것은 밑바닥에서 쓸어 담은 저질 토마토로 케첩을 만드는 데에도 이 화학물질이 사용될 수 있기 때문이었다.

여기 한 가지 문제가 있다. 시중에 판매할 수 있는 양질의 케첩을 벤조에이트 없이 만들 수 있을까? 케첩 제조자들은 대부분 불가능하다고 주장했다. 벤조에이트를 넣지 않고 기존 방식대로 만든 케첩은 개봉 후 곧 발효되는 예가 많았기 때문이다. 그러나 이러한 지적에 대한 와일리의 입장은 단호했다. 케첩이 쉽게 발효되는 원인은 대부분 소비자들이 사용 후 용기를 제대로 관리하지 않기 때문이라는 것이었다.

> 용기 가장자리에 케첩이 진득하게 눌어붙어 파리들이 들끓게 한 채로 테이블 위에 내버려두면 부엌을 아무리 아름답게 장식한들 매력적으로 보일 리 없다. 케첩이 묻지 않게 조심스럽게 열어 사용하고, 사용한 후에는 얼음 상자에 보관하면 발효되는 일 없이 여러 날 동안 보존할 수 있다.[196]

하지만 이런 설명은 케첩 보존에 대한 모든 책임을 선의의 소비자에게 떠넘기는 것 같아 약간 가혹하게 들린다. 무엇보다 얼음 상자가 없다면 어쩔 것인가?

『식품법 회보Food Law Bulletin』에서 와일리의 글을 논평한 익명의 한 비평가는, 보존료 없이 케첩을 만들 수 있는 방법이 개발되기도 전에 벤조에이트 강화 케첩을 규제하는 것은 불공평하다고 주장했다.[197] 자신을 향한 도전을 결코 마다하는 법이 없던 와일리는 이러한 비판에 대해, 실제로 안전하고 과학적인 벤조에이트 무첨가 케첩을 만들 방법을 찾기 위해 연구 중이라고 반박했다. 실제로 와일리는 애브릴 비팅Avril Bitting과 캐서린 비팅Katherine Bitting을 영입해 연구를 진행하고 있었다. 1907년 여름, 20여 군데 이상의 케첩 공장을 답사한 이들은 테러호트[인디애나 주의 도시]에 위치한 라우돈Loudon[1885년에 케첩 사업에 뛰어든 찰스 F. 라우돈Charles F. Loudon이 같은 해부터 무발효 케첩을 만들기 시작했다]의 케첩 공장에서 수많은 무보존료 케첩을 만들었다. 이 과정에서 연구자들은 가장 잘 익은 빨간 토마토만을 사용했고(와일리는 벤조에이트를 사용하는 목적 중 하나가 저질 토마토를 위장하기 위함이라고 믿었기 때문이다) 위생에도 빈틈없이 주의를 기울였다. 그들은 케첩 혼합물에 포함된 식초와 설탕의 양을 늘리면 벤조에이트를 첨가하지 않고도 맛있는 케첩을 만들 수 있다는 사실을 알아냈다. 애브릴 비팅은 1909년에 「토마토 케첩 부패 실험Experiments on the Spoilage of Tomato Ketchup」이라는 재치 있는 제목의 글로 실험 결과를 발표했다.

이 글이 발표될 즈음 벤조에이트 논쟁은 이미 학문적 영역으로 옮겨가고 있었다. 이제 시판용 케첩을 벤조에이트 없이 만들 수 있다는 점에 대해서는 이론의 여지가 없었다. 1905년 이후 피츠버그의 하인즈 역시 벤조에이트 없이 케첩을 만들고 있었다. 그러나 와일리가 벤조에이트 연구를 시작하기 전에는 하인즈 케첩도 다른 케첩들과 별반 다르지 않았다. 하인즈 케첩은 콜타르 파생물로 착색되고 살리실산이나 벤조산으로 보존되고 있었다. 하인즈 연구소의 메이슨은 벤조에이트 없이 케첩을 제대로 만드는 것은 불가능하다고 주장했다. 또한 소비자들도 구질구질하고 쉽게 발효되는 케첩보다는 보존료 덕에 깔끔하고 깨끗해 보이는 벤조에이트 첨가 케첩을 선호했다.[198] 벤조산나트륨은 독이 아니라고 여겼던 메이슨의 입장에서는 벤조에이트 첨가가 잘못이라고 인정할 수 없었다. 1904년 9월, 하인즈사의 중역인 세바스찬 뮬러Sebastian Mueller 역시 세인트루이스에서 열린 순수식품회의에서 식품회사의 인공 보존료 사용을 옹호하는 발언을 했다. 뮬러는 보존료 사용은 모든 문명국가에서 인지되고 용인된다고 주장했다. 그러나 1년도 채 지나지 않아 그는 하인즈사가 보존료 없이 모든 식품을 만들 수 있다면 이는 제조 과정의 대변혁을 의미한다고 논평하며 기존의 입장을 완전히 바꿨다.[199] 1905년, 하인즈사는 총 케첩 생산량 중 절반에 보존료를 쓰지 않았다. 그렇게 생산된 케첩은 180만 병에 이르렀다. 1906년 6월, 순수식품법이 통과되자 하인즈사는 모든 케첩에 보존료를 쓰지 않았고(새 법에는 벤조에이트 금지 조항이 없었다), 이후에도 이 행보를 멈추지 않았다.

하인즈사가 이처럼 급격하게 입장을 바꾼 배경은 논란의 여지가 있다. 케첩을 제조하는 최선의 방법을 추구한 결과였을까, 아니면 걱정 많은 소비자들을 안심시키고 그들의 지갑을 열게 하는 방법을 찾은 결과였을까? 아마 둘 다였을 것이다. 하인즈사의 공식 역사자료에 따르면, 헨리 J. 하인즈는 줄곧 순수식품 생산에 열정을 쏟아왔다고 한다. 이 자료는 또한 어렸을 때 어머니가 신선한 양고추냉이를 병에 담아 저장하는 것을 보며 자란 하인즈가 반벤조에이트 입장을 고수한 것이야말로 고결하고 명예로운 선택이었다고 설명하고 있다.[200] 그러나 하인즈가 순수식품 운동의 가장 영향력 있는 지지자로 변모한 것은 새롭게 출시한 무보존료 제품의 높은 판매고를 확인한 이후의 일이었다. 이 역사자료는 또한 하인즈가 화학물질을 매우 싫어했고, 이러한 제2의 천성 덕분에 케첩에서 벤조에이트를 추방할 수 있었다고 설명한다. 하지만 이러한 설명은 그가 처음 케첩을 생산할 때 벤조에이트를 넣었다는 사실을 생각하면 완전히 납득하기는 어렵다.[201] 정부의 입법 조치가 가시화될 때쯤에 순수식품회사로 전환한 하인즈의 행보는 너무 편리해 보이는 감이 있다. 일각에서는 와일리와 하인즈사가 공모 관계가 아니었는지 의심하기도 한다. 그들이 같은 편이었던 것만큼은 분명하다. 하인즈사는 개선된 벤조에이트 무첨가 케첩을 출시하면서 와일리의 승인 사실을 광고했고, 이를 통해 와일리의 경력도 힘을 얻을 수 있었다.[202]

이처럼 상호 보탬이 된 우애 관계를 냉소적으로만 볼 필요는 없을 것이다. 그만큼 불가피한 측면이 있었기 때문이다. 두 사람은 원하는 바를 얻기 위해 서로 타협할 의사가 있었을 뿐 아니라, 상대방에게 필요한 것이 무엇인지도 분명히 인식하고 있었다. 그즈음 순수식품 노선을 취한 여느 제조업자들과 마찬가지로 하인즈의 동기 역시 복합적이었다. 와일리의 경우도 다르지 않았다. 하인즈의 전기 작가인 로버트 C. 앨버츠Robert C. Alberts는 하인즈의 사례는 개인적 이익 추구와 결합된 고귀한 목적, 즉 인간 진보의 진면목을 보여주는 것이라고 평가했다.[203] 실제로 헨리 J. 하인즈는 이러한 고귀한 목적이 보존료에 흉하게 집착하는 것보다 이윤을 증대하는 데도 훨씬 효과적으로 기여할 수 있다는 사실을 증명했다. 한 동료의 회상에 따르면 "그는 결국 그것이 식품산업의 선善을 위한 것이기도 하다는 점을 인식했다."[204]

그러나 문제는 벤조에이트 무첨가 하인즈 케첩의 가격이 이전의 제품들보다 훨씬 비쌌다는 점이다. 케첩 역사가인 앤드루 스미스Andrew Smith는 이렇게 기록했다.

> 전국적으로 생산되는 다른 벤조에이트 첨가 케첩의 소매가가 10~12센트일 때 하인즈 케첩은 25~30센트였다. 신선하고 잘 익은 토마토를 확보하기 위해 하인즈사가 분명히 더 많은 원가를 들였을 테지만, 토마토 가격

자체는 전체 소매가 중 15퍼센트에 미치지 못했다. 기타 원재료(향신료, 설탕, 식초), 임금, 포장비(유리병, 라벨, 포장지, 봉투 등 포장 재료), 간접비 및 운송비와 같은 다른 비용들은 짐작컨대 다른 제조사들과 비슷했을 것이다. 하인즈사가 새로이 지출한 비용은 대부분 저렴한 벤조에이트 첨가 케첩보다 가격대가 높은 보존료 무첨가 케첩의 특성을 소비자들에게 대대적으로 광고하는 데 쓰였다. 과거 하인즈사는 케첩을 광고하는 데 비용을 지출한 적이 거의 없었다. 순수식품법 통과 이후 잡지와 신문에 등장한 하인즈 케첩의 광고 수는 다른 모든 제조사들의 광고를 합친 수를 웃돌았다.[205]

"보존료는 가라!" 하인즈사는 한 광고에서 이렇게 외쳤다. 또 다른 광고는 다음과 같이 목소리를 높였다. "모든 여성은 식품에 첨가된 벤조산나트륨에 대해 알아야 합니다!" 하인즈사의 홍보 전략은 영리했다. 오늘날의 눈높이로 보더라도 그럴싸해 보인다. 하인즈사의 광고는 자신도 모르게 아이들에게 독을 먹이고 있었다며 겁에 질려 있던 주부들과, 새로운 법 때문에 손해를 입을까 염려하던 식료품상들의 마음을 동시에 움직였다. 당시 한 머리기사 제목은 이렇게 물었다. "당신의 식품은 약물에 중독된 것인가 아닌가?"[206] 1909년 『미국 식료품상American Grocer』에 실린 한 광고는 이렇게 경고했다. "와일리 박사, 보존료를 비난하다. 보존료 판매 금지 현실화 가능성과 우리의 대비 전략은?"[207] 하지만 보존료가 통째로 금지되는 일은 일어나지 않았다. 제조자들은 끈질긴 투쟁을 벌인 끝에 벤조산나트륨을 합법적인 보존료로 계속 사용할 수 있었다. 그러나 이 시기를 기점으로 대부분의 다른 제조업체들도 하인즈사의 뒤를 좇아 보존료를 사용하지 않기 시작했다. 대세를 거스르고 벤조에이트를 계속 첨가했던 커티스 브라더스Curtice Brothers의 '블루 라벨 토마토케첩'은 결국 쇠락의 길을 걷고

말았다.[208]

하인즈 케첩이 순수식품 제국을 건설하는 과정에는 상당히 모순적인 면이 있다. 당시 하인즈사의 경쟁사들이 인정했던 것처럼 벤조에이트를 쓰지 않고 토마토케첩을 만드는 유일한 방법은 설탕과 식초를 다량으로 첨가한 혼합물을 만들어내는 것이었다.[209] 그런데 이 과정에서 실제로 하인즈 케첩을 만드는 새로운 공식을 따르려면 전보다 두 배가량 많은 양의 설탕과 식초는 물론 소금도 첨가해야 했다. 이 때문에 벤조에이트 첨가를 주장한 이들은 토마토의 전체적이고 자연스러운 향미를 유지하기 위해서는 벤조에이트가 필요하다고 주장했다.[210] 실제로 벤조에이트를 넣지 않은 토마토케첩은 농도와 당도가 더욱 높아서 쉽게 물려하는 소비자들도 있었다.

이러한 주장에 대해 하인즈사는 단맛이 더 강한 이유는 설탕 때문이 아니라 설익은 토마토나 토마토 폐기물 대신 빨갛게 잘 익은 토마토를 사용하기 때문이라고 주장했다. 와일리는 이렇게 물었다. "같은 가격에 더 많은 케첩을 얻을 수 있는데, 가난한 사람들이 토마토 공장의 쓰레기로 만든 케첩 한 병을 거의 같은 가격을 지불하고 살 이유가 있겠는가?" 하지만 와일리의 말은 사실과 달랐다. 앞에서 살펴봤듯이 가격은 비슷하지 않았다. 다른 문제에 대해서는 그토록 무차별적으로 꼼꼼하게 사실관계를 따졌던 와일리가 보존료로 처리한 예전 케첩에 비해 설탕을 과다하게 첨가하고 가격 또한 차별적으로 매긴 사실에 대해서는 관대하게 넘어간 것은 조금 놀랍다.

와일리가 예견하지 못했던 것은 설탕 소비의 잠재적 상승이었다. 그리고 이러한 설탕 소비의 증가는 20세기 말까지 서구의 비만 인구 증가를 이끈 주요 원인이 되었다. 그러나 그가 활동하던 시절에도 의사들은 이미 과다한 설탕 소비가 당뇨병을 유발할 수 있음을 경고하고 있었고, 건강 전문가들 역시 미국 어린이들의 설탕 중독을 공공연히 염려했다. 결국 와일리는 식품 문제를 다목적으로 해결하고자 '순수'에 대한 신념을 과하게 내세웠던 것으로 보인다. 단지 벤조에이트가 첨가된 케첩이 완벽한 제품에 미치지 못했기 때문에, 벤조에이트를 넣지 않는 대신 설탕을 과다하게 첨가한 하인즈 케첩에 건강식품의 자격을 마땅히 부여해야 하는 것일까? 이 같은 딜레마는 이후 순수식품의 문제를 줄곧 따라다녔다.

또한 와일리의 다른 글을 보면 과다한 설탕 섭취가 가져올 수 있는 폐해를 그가 몰랐을 리 없다. 그래서 그의 태도는 더욱 의아하다. 영양 성분에 관한 한 책에서 그는 다음과 같은 이야기를 전했다. 그에 대해 우리가 짚어본 내용보다 더 많은 것을 암시하는 일화이다.

> 설탕을 가까이 하는 습관이 생길 가능성을 피하라. 바로 어제, 어른들과 아이들을 위해 케이크가 마련된 한 모임에서 나는 나의 아들이 무척 자랑스러웠다. 세 살 난 아들은 케이크가 나오자 나에게 달려오며 들뜬 목소리로 외쳤다. "아빠, 난 저 케이크 먹지 않을 거예요. 나한테 좋지 않은 거예요." 며칠 전에는 아이 엄마가 앞뜰에서 아들이 다투는 소리를 듣고 창가로 달려갔다. 그리고 이 어린 영양학자가 항복이라도 할 태세인 동갑내기 친구 디키 위에 걸터앉아 제스 윌라드Jess Willard[당시의 유명한 헤비급 권투선수]라도 되는 듯 갖은 동작을 취하며 옴짝달싹 못하게 하고 있는 광경을 봤다. "뭐하고 있는 거니, 하비?" 엄마가 소리쳤다. 하비가 대답했다. "디키가 사탕을 먹으려고 하는데, 얘한테 안 좋은 거예요."[211]

1906년 이후 수년이 흐르는 동안 와일리는 그의 세 살 난 아들을 닮아갔다. 제멋대로인 국가를 위해 약을 처방하며 중독 문제에 너무 집착한 나머지 더 큰 그림을 놓친 것이다.

사카린과 카페인—1906년의 영향

순수식품법이 통과되면서 화학국Bureau of Chemistry 내부에서 와일리의 영향력도 시들해졌다. 이 틈을 타 F. L. 던랩F. L Dunlap 교수가 와일리의 뒤를 이을 새로운 책임자로 임명되자 와일리는 자신의 권위가 훼손되었다고 여겼다.[212] 1908년의 신문 기사를 보면 그는 '미움 받는 이'로 그려져 있다. 농무부의 간부들은 와일리를 곱지 않게 봤는데, 특히 관계가 좋지 않았던 윌슨 장관은 그를 '불복종죄'로 낙인찍은 상태였다(윌슨은 사석에서 와일리를 완벽한 위선자라고 부를 정도였다).[213] 이러한 문제가 가장 불거진 계기는 윌슨이 벤조산나트륨과 사카린 산업을 대표하는 식품 제조자들을 백악관으로 초대했을 때였다. 와일리도 그 자리에 참석했다. 회의의 시작은 와일리의 편에서 순조롭게 진행되었다. 와일리가 루스벨트에게 벤조산나트륨의 위험성을 전하자 루스벨트는 주먹으로 테이블을 치며 제조자들에게 외쳤다. "절대 이 물질을 식품에 넣지 마시오!"[214]

하지만 풍채 좋은 루스벨트가 체중 감량을 위해 규칙적으로 섭취했던 사카린으로 화제가 돌아서자 분위기는 반전되었다. 한 청과물 업자가 일어서서 사카린을 옹호하는 발언을 시작했다. 그는 대통령에게 스위트콘 통조림에 설탕 대신 사카린을 이용함으로써 전해의 생산 비용 절감 효과가 4천 달러에 이르렀다고 설명했다. 그때 와일리가 끼어들었다.

> "그렇습니다, 각하. 사람들은 모두 그 옥수수를 먹을 때 설탕을 먹고 있다고 생각하겠지요. 사실은 건강에 상당히 해로운 물질을 먹고 있으면서 말입니다."

내가 이렇게 말하자 루스벨트 대통령은 나를 돌아보며 붉으락푸르락해진 얼굴로 주먹을 불끈 쥐고는 씩씩대며 이렇게 말했다. "사카린이 건강을 해친다고 말했소? 릭시 박사가 내게 매일 사카린을 주고 있단 말이오. 사카린이 건강에 해롭다고 말하는 사람은 누구라도 바보일 거요."[215]

이것으로 이미 삐걱거리고 있었던 루스벨트와 와일리의 관계는 완전히 끝나버렸고, 워싱턴 D.C.에서 그의 입지는 결코 회복되지 않았다.

순수식품에 대한 와일리의 직관력만으로 이러한 상황을 돌이킬 수는 없었다. 상업적 이해관계와 순수식품을 외치는 괴짜들 사이에 존재하는 크나큰 간극을 메우며 교량 역할을 했던 와일리는 이제 분명히 괴짜처럼 보이고 있었다. 1911년, 그는 코카콜라사를 상대로 소송을 제기했다. 그가 이 음료를 겨냥했던 근거는 여러 가지로 추측할 수 있는데, 그가 명시한 이유 중 하나는 코카콜라가 잘못된 라벨을 부착했다는 것이었다. 코카콜라는 코카인을 함유하지 않았고, 콜라도 거의 함유하지 않았다.[216] 코카콜라가 함유한 것은 카페인이었지만, 이 성분은 정작 라벨에 표기되지 않았다. 와일리에게 카페인은 코카인만큼이나 부당한 물질이었다. 그는 이렇게 주장했다. "나는 영국에서 4시에 차를 마시지 못하면 거의 미쳐버리는 여성들을 본 적이 있다." 코카콜라의 성분을 분석한 와일리는 이 음료가 그와 마찬가지로 '습관성이 되고 신경을 건드린다'고 결론지었다.[217] 코카콜라를 상대로 한 소송은 1911년 3월에 시작되었다. 당시 와일리는 신혼여행 중이었다(그는 말년에 30살 연하의 여성과 결혼했다).[218] 이 소송에서 그는 결국 패소했고, 1년 뒤 공무에서 은퇴했다. 이후 그는 『굿 하우스키핑Good Housekeeping』이라는 잡지에 몸담았다. 이곳에서 그는 굿 하우스키핑 인증 실을 만들었고, 강연을 할 때면 "공중보건이야말로 우리가 지닌 가장 훌륭한 국가적 자산"이라고

자주 주장했다.[219]

1924년 와일리의 80번째 생일에는 특별한 메뉴가 만들어졌다. 메뉴에는 다음과 같이 적혀 있었다.

> 구리를 곁들인 명반 피클
> 붕산염으로 구운 전갱이
> 사카린으로 드레싱한 루스벨트 아스파라거스
> 개선된 크림 버터
> 모든 식품에 쓰인 색소는
> 인증받지 않은 콜타르 제품임을 보증함.[220]

와일리는 분명 시대를 앞서갔던 인물이다. 하지만 80번째 생일 파티에 그가 즐겼던 농담을 보면, 그는 과거의 인물이기도 했다. 이 메뉴에는 앞선 시대에 대해 그가 가졌던 일종의 강박관념이 엿보인다. 그러나 이후 20세기의 상황은, 보존료 무첨가와 정확한 상표 표기를 정착시키기 위해 그가 이룬 영웅적 업적이 시작에 불과했음을 보여줄 것이다.

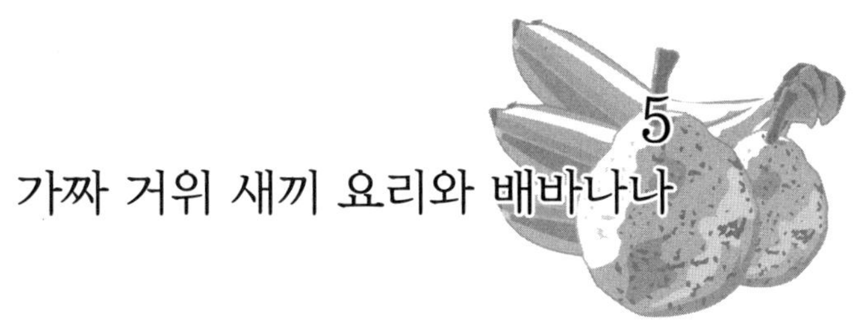

5
가짜 거위 새끼 요리와 배바나나

온전히 제 모습인 것은
이제 첨가물, 개량제, 영양소 같은 불순물밖에 없는 것 같다.
—엘리자베스 데이비드, 『영국 빵과 이스트 요리사English Bread and Yeast Cookery』(1977)

조지 오웰George Orwell은 제1차 세계대전이 한창일 때 어린 시절을 보냈다. 하지만 그 시절을 돌이켜볼 때 떠오르는 것은 죽음이 아니라 온통 마가린뿐이라고 그는 회상했다. 그 배경은 이러했다. 전쟁을 겪으며 버터가 부족해지자 없는 사람들이나 먹는 것으로 취급받던 마가린의 위상이 오웰 같은 이튼 칼리지 출신의 사회특권층 식자들까지 보편적으로 찾는 대용식품으로 바뀌게 되었던 것이다. "1917년에 이르자 전쟁이 일상생활에 직접 영향을 미치는 경우는 사라졌다. 다만 뱃속에 미치는 영향은 예외였다."[1] 명민했던 오웰의 독특한 시각은 식품이 비식품으로 전락해가는 과정을 정확히 간파했다. 그는 이 '기계화의 세기'를 혐오했다. 오웰은 이 새로운 세기가 '훌륭한 음식에 대한 취향'을 좀먹고 있다고 믿었다. 깡통 식품과 합성

향미료 등이 등장하면서 미각은 사실상 기능을 거의 상실하고 말았다.[2]

오웰의 소설 『숨 쉬러 나가다Coming up for Air』에 등장하는 영웅 조지 볼링George Bowling은 생선으로 만든 프랑크푸르트 소시지나 인공 마멀레이드 같은 가짜 음식을 먹는 처지가 되자 이렇게 불평한다. "먹을 것은 상자나 깡통에서 꺼낸 것이거나, 오랫동안 냉장된 것이거나, 수도꼭지에서 분사되는 것이거나, 튜브에 압착된 것들뿐이다."[3] 『위건 부두로 가는 길Road to Wigan Pier』에서 오웰이 안타까워한 것은 영국 사과의 쇠락이었다.

> 어느 청과물 가게를 보더라도 알 수 있듯이, 영국인들이 사과라고 부르는 것은 대개 미국이나 오스트레일리아에서 건너와 화려하게 착색된 솜뭉치에 불과하다. 사람들이 이 솜뭉치를 좋다며 허겁지겁 먹는 사이에 나무 밑을 굴러다니는 영국 사과는 썩어가고 있다. 영국인들의 마음을 사로잡은 것은 기계로 찍은 듯 표준화되고 반짝거리는 미국 사과의 겉모습이다. 그들이 정작 돌아보지 않는 것은 영국 사과의 탁월한 맛이다. 그뿐인가. 식료품 가게에는 공장에서 만들어 호일로 싼 치즈와 혼합 버터가 즐비하다. 식료품 가게라면 어디에서든, 심지어 유가공 식품 가게에서도 갈수록 진열대를 잠식하고 있는 흉측한 깡통들을 보라. 6펜스짜리 스위스롤이나 2펜스짜리 아이스크림은 또 어떠한가. 사람들이 맥주라고 부르며 목구멍으로 삼키는 역겨운 화학물질을 보라. 눈길 닿는 곳마다 옛 방식으로 만들어진 식료품들이 설 자리를 잃고 있다. 대신 기계로 찍어낸 식료품 더미가 그 자리를 차지한다. 톱밥보다야 맛은 좀 나을지 모르겠다.[4]

오웰이 이 글을 쓴 시기는 1937년이었다. 다른 많은 작품처럼 이 소설 역시 거의 예언서나 마찬가지였다. 하지만 그가 극히 격앙된 목소리로 그렸던 합성 식품의 세계는 시작에 불과했다. 그의 예견이 정확히 맞아떨어진 것은 바로 20세기 들어 가짜 식품이 일상적인 식품으로 받아들여질 것이라고 묘사한 부분이었다. 또한 대용식품—제1차 세계대전 당시 등장한 마가린 등—이 이후에는 애초에 흉내 내려던 진짜 식품보다 오히려 우월한 대안으로 받아들여지게 될 것이라고 본 점에서도 오웰은 옳았다. 구시대의 기준으로 보면, 기계로 짜내거나 압착하여 일률적으로 용기에 포장된 식품은 순수하지 않았다. 그러나 세기가 바뀌면서 입맛과 기준도 변화했다. 이제는 반짝이고 표준화된 것이 진짜 식품보다 귀하다고 여겨졌다.

대용식품과 전쟁통의 가짜 식품

오웰이 전쟁 속에서 궁핍한 일상을 겪은 곳은 영국이었다. 말할 것도 없이 전시 영국에서의 생활은 즐거움을 찾아보기 어렵고 역할 정도로 고통스러웠지만 독일의 상황에 비할 바는 아니었다. 독일 국민들의 뱃속은 가짜 식품의 생체실험장으로 전락하고 있었다. 이곳에서 가짜 식품은 대용ersatz 식품이라는 새로운 이름으로 불렸다. 제1차 세계대전 당시 독일에서만 가능했던 특별한 경험 중 하나가 바로 이 새로운 식품의 등장이었다. 전쟁 발발 직후 영국 해군이 해상로를 봉쇄하여 독일로 공급되는 물자를 차단하자, 독일 국민들은 곧 만성적인 굶주림에 시달려야 했다.

모든 기초 식량 공급이 부족해지자 독일은 어떻게든 새로운 식품을 만들어내기 위해 기발한 재간을 발휘해야 했다. 대용식품으로 목숨을 부지하고자 한 이 몸부림은 알고 보면 고대부터 농부들이 만들어온 기근 식품과 매한가지였다(2장을 보라). 다만, 당시 독일의 대용식품들은 근대성이라는 허울을 쓴 채 정부의 정치적 선전하에 적극 장려되었다는 점이 달랐다. 독일 정부는 처음에는 감자가 빵과 똑같은 포만감을 준다고 주장하더니, 나중에는 스웨덴순무swede가 감자와 비슷한 영양소를 갖고 있다고 선전했다. 당시 제시된 대용식품의 규모는 실로 방대했다. 어차피 피할 수 없는 현실이라면 제대로 득이 되는 방향으로 해보자는 분위기가 확산되면서 대용식품 선전이 전국적으로 펼쳐졌다. 당시 대용 소시지로 인증된 식품은 837가지였다. 한 미국인 기자의 묘사에 따르면, 독일의 어느 가게 주인은 아무 거리낌 없이 대용식품을 내 보이며 "진짜와 마찬가지로 좋은 겁니다"라고 말했다. 그 주인은 이렇게 덧붙였다. "이건 독일에서만 살 수 있습니다."[6] 어찌 보면 이런 상황은 눈속임이라는 말이 적절하지 않은 듯 하다. 오늘날 구할 수 있는 진짜 식품이 당시 독일에서는 모두 희귀했으니 말이다.[6]

옥수수와 감자로 만든 '달걀'이 있었는가 하면, 쌀로 만든 대용 '양고기 토막'도 있었으며, 시금치, 감자, 견과류 그리고 (가장 모욕적인 형태인) 대용 달걀로 만든 대용 '스테이크'도 있었다. 대용식품으로 만든 대용식품인 셈이었다. 심지어 베를린 시내의 휘황찬란한 카페들도 대용 커피를 팔았다.[7] 전쟁이 시작되자 커피(그렇지 않아도 사탕무를 섞은 치커리가 태반이었던)는 콜타르로 맛을 낸 구운 견과류로 제조되었다. 나중에 이마저도 가격이 치솟자 너도밤나무 열매와 도토리를 구운 것으로 대체되었다. 1916~1917년의 '순무 겨울'[이 기간 동안 겨울에 부족한 감자를 대신해 순무가 대량으로 배급되었기 때문에 붙은 이름]에는 그나마 비축해두었던 도토리가 모두 돼지 먹이로 쓰였고, 급기야 당근과 순무로 만들어진 '커피'가 출현했다. 이렇게 만들어진 커피는 순무 스튜와 순무 빵에 곁들여졌다. 한 논평가는 절망감에 싸여 이렇게 탄식했다. "살 만한 가치가 있는 것 대신 대용품을 써야 하는 암울한 현실이다. 더 암울한 것은 그중에서도 나쁜 대용품을 써야 할 때다."[8] 전쟁 동안 라이프치히에서 살았던 에델 쿠퍼Ethel Cooper는 쥐를 먹는 것은 참을 만했다고 말했다. 정작 견딜 수 없었던 것은 쥐 대용식품이었다.[9]

초기에 등장한 대용식품 중 일부는 이후 대중적인 식품으로 발전했다. 잼이 바로 그중 하나였다. 1915년과 1916년 당시에는 잼이 혐오의 대상이었다. 당시 정부가 잼을 육류 지방과 버터의 대체식품으로 권고했기 때문이었다. 주요리로 빵과 잼을 먹으라니! 주식으로 고기를 먹던 사람들로서는 받아들이기 힘든 상황이었다. 그렇다 보니 빵과 잼을 가족과 함께 식탁에서 기꺼이 나누려 한 사람들은 많지 않았다. 1916년 8월, 카토비체에서는 여성들이 들고일어나 이렇게 외쳤다. "빵! 베이컨! 지방! 감자! 잼은 물러가라!"[10] 그러나 생활이 더욱 궁핍해지자 사람들은 두 말 없이 잼을 먹기 시작했다. 잼은 더 이상 대용식품이 아니라 그 자체로 가치 있는 식품으로 받아들여지게 되었다.

당시 독일에서 무엇보다 큰 문제는 육류와 지방의 부족이었다. 돼지고기와 버터빵Butterbrot은 독일인들의 주식이었다. 전쟁 중에 정육점 앞에서는 마지막 남은 돼지고기 조각을 두고 주부들이 실랑이를 벌이는 유쾌하지 않는 장면들이 펼쳐지곤 했다. 이렇게 고기가 부족해지자 온갖 혐오스러운 방법으로 대용 지방을 만들려는 노력이 시작되었다. 마가린은 그중에서 가장 나은 예였을 것이다. 라드와 기름을 구하지 못해 시름이 깊어진 독일인들은 다른 동물에서 지방을 얻는 방법을 찾아 헤매기 시작했다. 쥐, 생쥐, 햄스터, 까마귀 그리고 심지어 바퀴벌레로부터 지방을 얻으려는 실험들이 이어졌다. 잠자리 날개에서 단백질을 추출하려는 계획도 나타났다.[11] 〈블랙애더 4Blackadder Goes Forth〉[영국 BBC의 TV 코믹 시리즈물]에서 등장인물 볼드릭은 참호 속에서 대용식품을 요리한다. 우유(침)와 설탕(비듬)을 넣은 커피(진흙), 또는 베어네이즈bearnaise 소스[달걀 노른자위와 백포도주, 타라곤, 버터 등으로 만든 프랑스 전통 소스]를 곁들인 필레미뇽filet mignon[스테이크용 안심이나 등심 소고기를 가리키는 프랑스 용어](접착제를 바른 개똥) 같은 것들 말이다. 아무래도 정신이 나간 것 같은 이러한 행동의 배경에는 지금으로서는 상상하기 힘든 전쟁의 참혹한 현실이 숨어 있다. 사실 독일의 현실은 볼드릭의 기이한 행동보다도 비참했다. 독일에서는 대용식품이 진짜로 존재했고, 참호 속뿐만 아니라 평범한 가정의 식탁에도 올랐다.

전시 정부의 허용하에 온갖 재료를 섞어 만든 대용식품들은 가장 환상적인 형태의 부정불량식품이었다. 이 식품들은 합법적이었을 뿐 아니라, 자원 보존 차원에서 애국적 수단으로 장려되었다. 멋진 용기에 담긴 재는 '대용 후추'라는 상표를 달았다. 빻은 호두 껍질을 우려내 커피라고 부르며 마셔도 아무도 미치광이라고 놀리지 않았다. 오히려 이러한 소비는 훌륭한 시민의 자질을 증명하는 것이었다. 이윽고 '대용 질환'이라는 신종 질환이 발생하기에 이르렀다. 배고픔을 달래려 대용식품을 섭취한 사람들은 끔찍한 재료를 삼킨 탓에 부작용에 시달려야 했다. 당시 일부 대용식품에는 제대로 소화되지 않는 동물 찌꺼기가 섞여 있었다고 한다. 모두들 전쟁 종식을 고대하며 숨죽여 지내던 시절, 대용식품은 전시 베를린의 공허함을 보여주는 상징물이기도 했다. 대용이라는 단어가 붙지 않는 곳은 없었고, 심지어 사람을 묘사하는 데도 쓰이기 시작했다. 대용 인간은 인간 대체품이나 인간 복제품을 뜻하는 것으로, 대용 수프에 넣는 대용 버터만큼이나 진짜와는 거리가 먼 사람을 가리켰다.

이러한 가짜 문화는 바이마르 공화국[1919년에 성립하여 1933년에 해체된 독일 공화국]의 궁핍한 시절에서 시작해 제2차 세계대전 발발 이전의 나치 정권까지 이어졌다. 나치 정권은 선전을 통해 대중의 구미를 당기는 청사진을 약속했지만, 정작 가게의 진열대는 텅 비거나 대용 쓰레기로 채워졌다. 설탕은 계속해서 지방의 대체물로 행세했다. 한때 혐오의 대상이었던 잼의 생산량은 1933년과 1937년 사이에 세 배로 증가했다. 당시 유통되었던 대용 비누는 제대로 씻기지도 않았다. 커피와 케이크를 즐겼던 독일인들은 이런 취향을 진작 포기해야 했다. 1938년에는 모든 크림 케이크가 낭비라는 이름으로 금지되었다. 커피는 어쩌다 한 번씩 맛볼 수 있었다. 괴벨스 Goebbels[독일 나치 정권의 선전장관]는 커피가 부족하다며 불평하는 소비자들의 나약함을 꾸짖었다. 그는 이들을 "애처로운 늙은 아기들"이라고 부르곤 했다. 그의 생각은 이러했다. "품위 있는 사람은 커피가 부족할 때 덜 마시거나 아예 찾지 않는다."[12]

나치 정부가 새로운 식재료라고 제시한 것들은 사실 이전의 환상적인 대용물들과 다를 것이 없었다. 그러나 터무니없는 선전의 내용만큼은 확실히 발전했다. 레몬 공급이 고사 직전이 되자 나치 정부는 대황rhubarb으로 레몬을 대체할 것이라고 발표했다. 대황은 신맛이 조금 난다는 것 외에는 레몬과 닮은 점이 전혀 없었다. 생선 토막 위에 대황 가지를 짤 수는 없지 않은가. 대황을 얇게 썰어 음료에 띄울 수도 없는 노릇이었고, 레모네이드처럼 만들 수도 없었다. 대황에는 레몬의 풍미를 대신할 만한 것이 전혀 없었고, 레몬을 대신해 쓰일 수 있는 곳도 전혀 없었다. 그래도 신경 쓸 것 없었다. 나치 정보기구는 레몬 대신 대황을 택한 것이 큰 승전보라도 되는 것처럼 발표했다. 레몬은 수입품이지만 대황은 그렇지 않다는 것이 이유였다.

"독일의 토양에서 자란 작물이어야 독일인의 혈통에 가장 훌륭한 효과를 발휘할 수 있다. 그러므로, 잘 가라, 레몬이여, 우리는 그대가 필요 없느니. 독일 대황은 그대의 자리를 언제나 영원히 대신할 것이다."[13] 이렇게 지속적으로 대용식품에 의존했던 상황은 곧 히틀러가 이끈 독일이 제1차 세계대전의 참사에서 벗어나지 못한 현실이 일반 가정에서 생생히 재현된 것이었다.

전쟁 중의 영국은 독일과 달랐다. 마가린이 흔히 사용된 점을 제외하면 독일보다는 상대적으로 넉넉했다. 그러나 상황이 나았다 하더라도, 요리사들이 다른 시절보다 훨씬 보잘 것 없는 재료들을 택할 수밖에 없었던 현실은 다르지 않았다. 그나마 양도 적게 쓸 수밖에 없었다. 당시 한 유행가는 이렇게 노래했다. "나의 화요일은 고기가 없고, 나의 커피는 달지 않다네." 당시 요리책들은 가짜 요리를 만드는 법으로 가득했다. 특히 사치스러운 고급 요리의 도플갱어는 가짜 요리의 절정을 이루었다. 17세기 이후 영국 주방에 등장한 가짜 식품 중 가장 유명했던 것은 가짜 거북 수프였다(『이상한 나라의 앨리스』에 가짜 거북이 등장한 것도 이 때문이다). 서인도제도의 거북을 이용한 진짜 거북 수프는 상당한 고가였다. 손님에게 내놓는 이 요리는 바로 최고 상류층 가정의 상징이었다. 중산층 사람들은 가짜 거북 수프를 먹으며 자신들보다 잘사는 사람들을 흉내 냈다.[14] 가짜 거북 수프는 송아지 머리를 삶은 후 진짜 거북 수프처럼 햄, 스위트 허브, 마데리아madeira[마데이라제도에서 만든 화이트와인으로, 주로 식전에 쓰인다], 카옌을 곁들여 만들었다.[15] 이렇게 하면 거북 수프 특유의 끈적한 식감을 흉내 낼 수 있었지만 맛이 똑같을 리 없었다. 하지만 한 번도 진짜를 먹어보지 않은 사람들이 어떻게 진짜 맛을 알았겠는가?

가짜 식품은 제1차 세계대전을 거치며 부활했다. 앨저넌 퍼시Algernon Percy가 1916년에 발간한 요리책인 『우리 할머니들의 비결Our Grandmothers' Recipes』은 강낭콩, 베이컨, 양파로 고기 파이를 만드는 법과, 세이지sage[약용 또는 향료용 허브]와 양파를 곁들인 간 요리인 가난한 자들을 위한 거위 조리법을 담았다.[16] 비슷한 시기에 발간된 또 다른 요리책에는 돼지 다리로 칠면조 맛을 내는 비법(칠면조는 돼지보다 고급 육류였다), 가짜 굴 패티(실제로는 크림에 담근 서양우엉salsify이었다)와 함께 가짜 토끼 고기(소고기와 돼지고기를 갈은 것), 그리고 가짜 게살 샌드위치(새우와 청어알을 혼합한 것)를 만드는 법이 소개되었다.[17] 당시에 소개된 가짜 요리법들을 읽다 보면 이런 의문이 든다. 그래서 이 요리법들이 무엇이 문제인가? 최소한 이 요리들은 먹는 사람들을 속이지 않았다. 어쨌든 가짜라는 단어가 이미 붙어 있어서 사기가 일어날 가능성을 예방한 셈이었다. 가짜 요리가 진짜처럼 보이려 했던 적도 거의 없었다. 식품 역사가 콜린 스펜서Colin Spencer에 따르면, 감자, 셀러리, 브뤼셀 스프라우트Brussels sprout[방울 양배추], 비트beetroot[검붉은 뿌리 부분을 먹는 채소]로 만든 빅토리아 시대풍의 삶은 샐러드를 먹는 이들은 '초인적인 상상력'을 발휘해 자신들이 먹는 것이 랍스터 샐러드라고 여겼다.[18] 가짜 식품은 상상으로 빚어낸 부정불량식품이다. 가짜 요리 애호가들은 마치 체리를 얹은 케이크를 상상하며 흙장난으로 진흙 파이를 만드는 어린아이들 같았다. 아이들은 그래도 대부분 진흙 파이는 먹지 않는 편이 낫다는 것 정도는 안다. 그리고 어른들처럼 그렇게 줄기차게 만들어내지도 않는다.

이처럼 온갖 상상력을 발휘해 창조된 식품들은 제2차 세계대전을 거치며 훨씬 보편화되었다. 식탁 위의 판타지를 고수하는 것이 사기 유지에 좋은 전략이었던 듯하다. 한 가지 변화는 이 창조의 과정에서 맛보다 시각적 효과가 더 중요하게 강조되었다는 점이다.[19] 감자, 콩, 양파를 갈아 만든 가짜 갈비 살, 젤라틴을 혼합한 연유인 가짜 크림, 튀김옷에 달걀을 넣지 않고 만든 가짜 토드인더홀toad-in-the-hole[튀김옷을 입혀 만든 소시지 요리] 등은 맛보다 겉모습을 비슷하게 만드는 데 더 많은 노력이 기울여졌다. 『다양한 주방 요리More Kitchen Front Recipes』의 저자인 앰브로즈 히스Ambrose Heath는 가짜 생선 만드는 법을 소개했다. 먼저 빻은 쌀, 우유, 약간의 양파나 리크leek[대파와 비슷하게 생긴 서양부추], 멸치액 등을 이용해 폴렌타polenta[이탈리아 전통 음식으로 옥수수 가루로 끓인 죽]처럼 만든다. 만들어진 재료를 생선 토막 모양으로 빚은 다음 노릇노릇해질 때까지 튀긴다. 마지막으로 파슬리 소스를 곁들여 내놓는다. 가짜 살구 플랜flan[달걀, 치즈, 과일 등을 넣어 만든 파이]은 당근과 자두 잼으로 조리하고, 가짜 굴 수프는 남은 생선으로 만든다.[20] 조지핀 테리Josephine Terry의 가짜 거위 새끼 요리도 소개되었다. 사실 이것은 감자 페이스트리에 얇게 썬 사과를 넣은 것에 불과했는데, 육수와 함께 식탁에 올랐다.[21]

가짜 요리는 진짜로 만들어 먹었던 예보다 이렇게 글로 소개된 예가 더 많았던 것 같다. 따라서 요리책에 나와 있다고 해서 사람들이 실제로 그대로 요리해 먹었을 것이라고 생각하면 곤란하다. 요리책이 일반인들이 실제로 먹는 것을 완벽하게 기록한 것이라면, 오늘날 모든 영국인들은 저녁마다 니젤라nigella[니젤라 씨로 만든 향신료]를 곁들인 생선 파이와 제이미 올리버Jamie Oliver[대영제국 훈장을 받은 요리사]의 로스트 비프로 차린 완벽한 식탁에 둘러앉아야 옳을 것이다. 하지만 현실은 그렇지 않다는 것을 우리는 너무나 잘 알고 있다. 그렇다 하더라도 기록으로 남겨진 조리법 자체가 우리에게 암시하는 내용은 명확하다. 최소한 당시 사람들이 무엇을 먹고 싶어 했는지 보여주고 있지 않은가. 또한 모든 사람들이 그토록 가짜 거위 요리를 먹고 싶어 했다면, 부엌에서 대용식품이 그만큼 일상적으로 만들어졌으리라는 것도 짐작할 수 있다.

1940년 1월, 식량배급이 시작되자 영국 대중은 또 다른 신세계를 만났다. 바로 분말 형태의 대용식품이었다. 식품부Ministry of Food의 잭 드러먼드Jack Drummond는 분유와 건조 달걀을 비롯한 다양한 건조 식품을 대중에 소개했다. 당시 런던에 살았던 한 소녀의 기억을 빌리면, 전시에 먹었던 아이스크림은 "작은 얼음알갱이들이 섞여 모래를 씹는 듯 서걱거렸고 스크램블 에그 같은 누런 덩어리가 보여 끔찍" 했다. 그 아이스크림은 아마도 분유와 건조 달걀로 만들어졌던 듯하다.[22] 이 같은 식량배급의 여파는 폭넓게 영향을 미쳤던 것 같다. 개인뿐 아니라 대형 식당도 예외가 아니었다. 아이비 인 코번트 가든Ivy in Covent Garden의 지배인 마리오 갈라티Mario Gallati는 자신이 전시에 밀가루와 물에 생강, 머스터드 그리고 약간의 분말 달걀을 넣어 고안한 조악한 마요네즈를 다음과 같이 회상했다. "마요네즈를 내놓기가 민망했어요. 모두들 이런 종류의 대용식품을 아무렇지도 않게 대하더군요."[23] 당시 영국에 존재했던 스팸 프리터spam fritter[프리터는 과일이나 고기를 튀긴 것이다], 당근으로 만든 잼, 달걀을 넣지 않은 케이크도 갈라티가 만들었다는 마요네즈만큼이나 만만치 않은 대용식품들이었다.

흥미로운 사실은 영국 소비자들이, 단백질 부족을 막기 위해 배급식품으로 거론된 자연식품에 대해서도 모든 대용식품에 못지않은 거부감을 나타냈다는 점이다. 말고기와 고래 고기 스테이크는 영양가 있고 몸에 좋은 음식으로서 많은 문화권에서 훌륭한 요리로 인식되고 있다. 하지만 영국에서는 혐오스러운 식품으로 여겨졌다. 가장 나쁜 인상을 준 것은 전후인 1947

년에 정어리 통조림의 대체식품으로 소개된 스누크snoek[검정통삼치]나 꼬치고기barracouta 등의 통조림이었다. 스펜서에 따르면, "버터와 육류 배급이 한꺼번에 줄어든 적도 있었다고 한다. 베이컨 배급은 절반으로 줄었다. 겨울과 봄의 곤궁기가 지난 후 모두들 저렴하고 배급되지 않은 생선 통조림을 학수고대했다."[24] 이러한 수요를 기대하고 수백만 톤의 스누크를 사들인 식품부는 여덟 가지의 조리법을 발표했다. 그중 가장 유명한 것은 봄 양파와 식초를 넣은 스누크 피컨트piquante[향신료를 많이 넣은 매운 요리]였다.[25] 하지만 스누크에 대한 영국인들의 눈길은 여전히 곱지 않았다. 1949년까지 시중에서 소비되지 않은 스누크는 공급량의 3분의 1 이상에 달했다. 결국 식품부는 남은 스누크를 고양이 사료용으로 조용히 팔아치워야 했다.

스누크 사건은 정부의 선택에 따라 국민에게 공급되는 식품이 전적으로 달라질 수 있다는 사실을 보여준다. 영양 면에서 볼 때 전쟁 중 영국인들의 식생활은 역사상 어느 때보다 건강했다. 몸에 좋은 빵과 야채를 더 많이 섭취했고, 사탕류를 덜 소비했으며, 적지만 일정한 양의 육류와 생선을 먹었다. 1946년, 의료수석은 전쟁 기간 동안 국가의 인구 동태 통계[한 국가 내의 신생아 수 및 사망자 수를 나타낸 수치]가 놀라울 정도로 양호했다고 보고했다. 아이들에게 오렌지 주스, 우유, 로즈힙rosehip[들장미 열매] 시럽이 배급되고 임신한 여성들의 식습관이 더욱 건전해지면서, 전쟁 중 대공습으로 사망한 7천여 명의 아동을 고려하더라도 전체적인 소아 사망률이 감소세를 보였다. 많은 여성과 아동의 빈혈 증상이 감소했고, 치아가 건강하고 고른 아동의 수도 늘었다. 논리적으로 보면, 전쟁이 끝난 후 사람들이 더 건강해지고 잘 먹어야 마땅했다. 하지만 현실은 정반대였다. 바스라진 비스킷을 먹으며 끝도 모를 암울한 상황을 근근이 견뎌내는 동안 영국인들은 더욱 궁핍해지고 음울해졌다. 음식 작가 마거리트 패튼Marguerite Patten이 말했듯이, 승전보를 기다리던 이들이 고대했던 것 중 하나는 바로 전쟁이 끝나면 다양한 음식을 먹을 수 있으리라는 희망이었다.[26]

그럼에도 불구하고 대용식품을 대하는 전후의 분위기는 혼란스러웠다. 한편으로, 영국인들은 숨막힐 듯한 식품부의 멍에에서 벗어나 다시 한 번 진짜 식품을 고르는 즐거움을 누리기를 열망했다. 특히 크림, 바나나, 신선한 토마토처럼 감칠맛 나고 이국적인 식품이 선호되었다. 반면, 많은 주부들이 식량배급이 시행되는 동안 조잡하다고 손가락질했던 대용식품에도 어느새 익숙해져 있었다. 전후에 영국의 집으로 돌아온 때 엘리자베스 데이비드Elizabeth David는(그녀는 이집트 카이로에서 맛있게 양념한 필래프pilaf[쌀에 고기나 채소를 넣고 볶은 음식], 올리브유, 잘 익은 살구 등을 먹었다) 친구가 저장해놓은 식품들을 보고 충격을 받았다. "누구나 분말 수프, 건조 달걀을 저장하고 있었다. 아무래도 이런 것에 익숙해져 있는 것 같았다."[27] 이러한 종류의 식품은 이제 무척 흔했고, 사기로 여겨지지도 않았다(반면 엘리자베스 데이비드는 대용식품이 자신이 사랑에 빠졌던 지중해 음식에 비해 생기와 정감이 없으며 질도 낮다고 생각했다). 전후 영국인들은 가공식품 및 대용식품들을 멀리하기는커녕 오히려 찾기 시작했다. 이 식품들이 낮은 가격으로 무장한 채 자유의 환상을 제공했기 때문이다. 1960년대, 신선한 과일을 파는 한 동네 가게 밖에 놓인 간판은 이러한 현실의 단면을 보여주었다. "잘 익은 배 있어요. 통조림처럼 맛있어요!"[28]

미국의 모방식품들

당시 미국은 유럽의 국가들처럼 궁핍한 상황을 겪지 않았지만, 유럽의 대용식품들은 대서양을 넘어 미국의 식료품 가게들 또한 점령했다. 물론 '진짜 식품' 제조자들과의 마찰이 없지는 않았다. 미국의 모방식품은 양적인 면뿐 아니라 법적 지위 면에서도 변화를 겪고 있었다. 새로운 가공식품이 등장하여 식품 시장의 경쟁이 치열해진 가운데, 미국 의회와 주정부가 20세기 중반까지 취했던 기본적인 태도는 미국 농산물을 법적으로 보호하는 것이었다. 1886년의 올레오마가린법(4장을 보라)도 바로 그러한 취지에서 등장했다. 이 법은 마가린이 낙농 버터 시장을 파괴하는 것을 막고 소비자를 현혹하는 것을 방지하기 위해 마가린 제품에 세금을 부과했다. 이와 비슷하게 1923년에 제정된 치환유법Filled Milk Act[치환유는 탈지유에 식물성 지방을 첨가한 것을 말한다]은 비유지방이나 오일이 첨가된 어떤 우유에 대해서도 주간통상interstate commerce[미국 연방헌법에 규정된 통상조항 중 각 주 간의 통상을 가리킨다]을 금지했는데, 그러한 상품의 판매가 "대중을 상대로 사기를 구성"한다는 근거 때문이었다.[29] 이러한 법 조항은 새로이 등장한 가공 대용물에 맞서 기본적이고 전통적인 상품들을 보호해야 한다는 매우 상식적인 입장을 대변했다.

그러나 시장은 20세기를 거치며 변화를 겪었다. 특히 대공황기를 거치며 상황이 급변했다. 한 소비자는 냉소적으로 이렇게 말했다. "살 만한 것이 없어요. 얼간이들이 형편없는 것을 만들어 헐값에 팔아치울 뿐이죠."[30] 정상 기준에 미달하는 제품이 범람하자 정부의 입장은 곤란해졌다. 1906년 법령하에서 이러한 식품은 원칙적으로 판매될 수 없었다. 그러나 그나마 이런 식품이 없으면 이미 허기져 있는 국민들이 더욱 굶주리게 될 것이 뻔했다. 1931년, 소위 통조림 제조업자 개정Canner's Amendment이 이루어지면서 타협안이 마련되었다. 이 수정안은 흠이 있거나 덜 익은 복숭아와 배처럼 기준에 미치지는 못하지만 영양적으로 가치가 있는 식품을 통조림으로 만들어 판매하는 것을 허용했다. 단, 장례식장에서나 볼 수 있는 검은 리본처럼 눈에 심하게 거슬리는 표식을 붙여 내용물의 품질이 낮다는 사실을 표시하도록 했다.[31] 이 법안은 허리띠를 졸라매야 하는 주부에게 '한량없는 도움'을 준다는 이유로 환영받았다.[32]

이제 기준 미달 식품을 단속함으로써 모방식품의 문제를 해결하기가 더욱 어려워졌다. 더욱이 1930년대 초에 무수히 등장한 새로운 식품들은 기발한 광고를 앞세우는 경우가 많았다. 당시 새롭고 저렴한 모방식품들은 교묘한 방식으로 유통되었다. 모방 식초는 샐러드 부케Salad Bouquet라는 이름으로, 과일에 들어 있는 다당류의 하나인 펙틴pectin이 대부분일 뿐 과일은 많이 들어 있지 않은 잼류 식품은 피넛 스프레드Peanut Spred(땅콩 함량이 얼마 되지 않았던 땅콩 버터 제품)나 브레드 스프레드Bred-Spred라는 이름으로 '환상적인' 옷을 입히는 식이었다. 진짜 홈메이드 잼처럼 모양을 제대로 내려면 과일에 펙틴을 첨가해야 했다. 새로운 기술이 개발되면서 제조자들은 정제된 펙틴을 사용할 수 있게 되었다. 이제 제조자들은 설탕과 물, 색소만으로 농도를 맞추어 과일이 들어가지 않은 잼 형태를 만들 수 있었다. 이렇게 만든 제품에 잼이라는 이름을 붙이는 것은 불법이었다. 문제는 1906년에 제정된 순수식품 및 의약품법에 따라 '독특한 이름에 대한 조건'을 충족시키면 무가치한 상품들이 유통되는 것을 근본적으로 막을 방도가 없다는 점이었다. 이러한 조건부 조항이 붙지 않았다면, 이 식품들은 분명 전통적인 식품을 부당하게 모방했다고 해석되었을 것이다. 어쨌든 브레드 스프레드가 '잼'이나 '젤리'라는 이름을 붙이지 않는 한 과일을 적게 함유한 것은 문제가 되지 않았다.

이러한 변화는 참으로 곤혹스러운 일이었다. 브레드 스프레드 옆에 두기에는 부자연스러울 정도로 고급스러워 보이는 진짜 잼을 제조하는 업자들은 물론이거니와, 위조 식품의 홍수 속에서 식품의 질을 고수하려는 의지가 박약해 보인 식품의약국FDA, Food and Drug Administration에도 마찬가지였다. 일반 구매자들은 그럴싸한 이름을 달고 화려하게 포장된 식품의 실체가 무엇인지 알았을까? 대공황이 절정에 이를 무렵, 프랭클린 루스벨트Franklin Delano Roosevelt 대통령은 다음과 같이 불만을 토로했다. "소비자들은 품질이 다양한 식품들의 차별적인 특징을 분별할 수 없습니다." 그는 이렇게 덧붙였다. "겉모습만 보면 실제 내용물의 실체를 혼동할 수밖에 없습니다."[33] 내용물의 진실은 루스벨트에게 매우 중요한 문제였다. 경제 회생의 일환으로 그가 펼친 뉴딜정책의 기조는 희망이었는데, 바로 이처럼 부정직한 사회적 분위기는 이 희망을 무너뜨릴 수 있기 때문이었다. 루스벨트가 입성한 후의 백악관은 맥없는 분위기로 유명했지만, 식탁에 오르는 음식만큼은 항상 소박하면서도 활기 넘쳤다. 루스벨트의 무서운 아내 엘리너Eleanor가 백악관 식탁에 오르는 음식을 감독했다고 한다.[34] 1935년 의회 연설에서 루스벨트는 이렇게 주장했다. "정직이 최선의 정책이어야 합니다. 한 개인이나 기업뿐 아니라 이 나라의 모든 국민과 모든 기업에 똑같이 적용되어야 할 원칙입니다."[35] 그의 말에 따르면, 정직이라는 정책은 바로 시장에서 해로운 부정불량식품을 엄격히 배제하고 식품 기준을 신중히 강화하는 것을 의미했다.

이러한 분위기하에서, 개별적인 식품의 품질을 규정하지 않으면 식품 시장이 무정부상태에 이를 것이라는 데 의견이 모아졌다. 6월 25일 루스벨트가 승인한 1938년의 연방 식품, 의약품 및 화장품법Federal Food, Drug and Cosmetic Act은 그의 12촌 친척인 시어도어 루스벨트가 조인했던 1906년의 법을 품질 규정 면에서 상당히 개선하고자 노력한 결과였다.[36] 이 새로운 법은 이른바 정직의 승리였다. 훨씬 엄격해진 제약회사 규제책을 제시하고 (이 조치는 1937년의 한 사건 때문에 취해졌다. 당시 어린아이들이 다수 포함된 100명 이상이 술파sulfa라는 새로운 특효약을 먹은 후 사망했다. 이 특효약의 실체는 부동액이었다), 식품 공급을 감시하는 연방정부의 권한을 더욱 분명히 명시했다. 연방 식품, 의약품 및 화장품법은 마침내 독특한 이름의 요건을 폐지하는 대신, 기본적인 식품 규격을 확립하기 시작했다. 이제 식품의 상표는 환상적인 이름을 쓰더라도 반드시 '평범하거나 일상적인 이름'을 의무적으로 포함하도록 했다. 이로써 브레드 스프레드는 잼을 가장하기 위해 만들어졌다는 사실을 숨길 수 없게 되었다. 이러한 원칙이 점차 확대 적용됨에 따라, FDA는 대다수 미국인들이 식품 저장실에 보관하는 일반적인 식품 중에서 가장 중요한 품목들을 중심으로 적용할 수 있는 규격을 확립하기 시작했다. 첫 번째 규격은 토마토 제품을 위해 만들어졌고, 뒤이어 우유와 크림, 과일 주스, 참치 통조림, 야채 통조림, 초콜릿, 밀가루와 곡물, 시리얼, 마요네즈, 마카로니에 대한 규격이 만들어졌다.

잼 또는 젤리 역시 초반에 규격이 적용된 식품들 중 하나였다. 새로운 식품 규격은 어떤 재료가 어떤 식품에 첨가되어야 하는지 명시하는 것이 골자였는데, 이러한 원칙은 본질적으로 옛날 방식의 요리법과 같은 것이었다. 이러한 원칙 덕에 어지간한 눈속임이나 조작은 쉽게 드러나게 되었고,

처벌하기도 쉬워졌다. FDA는 잼의 경우, 일반 가정의 요리법과 요리책의 자료에 근거한 정확한 요리법은 과일 대 설탕의 비율이 50 대 50이라고 결론 내렸다. 이에 따라 잼이 성립되기 위한 법적 최소 과일 함량은 45퍼센트로 정해졌다(이에 비해 현재 영국의 규제는 대부분 과일 함량 35퍼센트의 비율을 허용하고 있다). 제대로 된 공정을 거치고 과일을 45퍼센트 함유한 잼은 적절한 식품으로 인정받았다. 물론 대공황기에 등장했던 브레드 스프레드보다 훨씬 영양이 양호할 뿐 아니라 달콤하고 과일 맛도 강했다. 미국 정부는 함량의 기준을 이처럼 상당히 높게 규정함으로써 잼의 구성이 이제야 이름에 걸맞게 되었다고 확신했다.

미국의 새로운 식품 규격은 1940년대에 비교적 제 역할을 했다. 전쟁과 식량배급 시절을 거치며 만신창이가 된—물론 영국만큼 그 후유증이 심각하지는 않았지만—대중의 식습관을 보호하는 데는 어느 정도 효과적이었다. 정부가 식품 사기에 취약할 수밖에 없는 소비자들의 합법적인 방패막이가 되려면 법적 근거에 따른 규격을 갖춰야만 했다. 입법자들뿐 아니라 소비자들 모두가 쉽게 공감할 수 있는 접근 방식은 바로 전통적인 요리법에 기초하여 규격을 정하는 것이었다. 사법부 역시 같은 입장이었다. 결국 이러한 사회 분위기 속에서 1944년에 유제품 대용식품의 유통에 제동이 걸렸다. 대법원은 상표 표기 규제만으로는 식품 사기를 근절할 수 없다는 이유로 유제품 대용식품의 유통을 아예 금지해야 한다고 판시했다.[37] 1949년에는 퀘이커 오츠Quaker Oats[아침식사용 시리얼 상표]를 상대로, 비타민 D를 함유한 곡물가루 시리얼의 마케팅을 금지한다는 판결이 내려졌다. 법이 명시한 요건을 충족하지 않았다는 이유에서였다. 이처럼 법의 잣대가 엄격해졌지만 사각지대는 여전히 존재했다. 규제 준수를 내키지 않아 했던 일부 지역에서는 밀매가 일어나기도 했다. 한 예로, 필라델피아의 한 변호사는 저질 아이스크림을 실은 냉장차가 도시를 활보하며 불법적으로 운반하는 현장을 목격했다고 주장했다.[38] 한편으로, 이제는 모방식품 제조자들이 반격을 가하기 시작했다.

그러던 중 1952년에는 이정표로 기록될 만한 사건이 발생했다. 바로 모방 잼 사건이다. 1951년, FDA는 여러 가지 맛이 나는 딜리셔스 브랜드 이미테이션 잼Delicious Brand Imitation Jam 62상자를 압수했다. 콜로라도 주 덴버에서 운송된 이 '잼'은 뉴멕시코 주에서 압수되었다. 당시 불순한 제품의 주간통상은 법적으로 금지되어 있었다. FDA는 이 가짜 잼이 식품 및 의약품법에 근거해 상표를 잘못 붙였다고 규정했다. 25퍼센트의 과일 함유량은 법적으로 부족한 양이었기 때문이다(나머지는 젤리처럼 단단히 굳은 설탕물이었다). 403(g) 조항에 따르면, 어떤 식품이 기준이 이미 확립된 다른 식품임을 '자처'한다면 그 상표는 잘못된 것이었다. FDA의 관점에서 볼 때 이 상품은 잼을 가장한 것이 분명했다. 법적 요구량보다 과일 함유량이 20퍼센트 부족하다는 면에서도 잼이라고 할 수 없었다. 딜리셔스 브랜드 이미테이션 잼이라는 이름은 분명히 정직했지만, FDA의 기준에 따르면 이러한 상표는 사기였다. 상표가 잼이 아니라는 사실을 암시한다 하더라도, 소비자들이 잼이라고 오해할 소지가 여전히 남아 있다는 것이 FDA의 판단이었다.

FDA에게 이 사건은 식품 모방자들에 맞서 잼의 순수성을 보호하려는 취지뿐 아니라 향후 식품 규격 확립을 위한 영향력을 강화하는 데도 의미가 있었다. 하지만 이러한 전략은 역풍을 맞았다. 사실심과 상소심에서 서로 다른 판결이 내려진 후 이 사건은 대법원으로 넘어갔고, 결국 딜리셔스 브랜드 이미테이션 잼이 잘못된 상표라는 혐의에 대해 최종적으로 무죄 판결이 내려졌다. 식품법의 403(c) 조항은 모방식품이 모방식품이라고 표기하지 않는다면 잘못된 상표를 붙인 것이라고 적시했다. 그러나 딜리셔스 브랜드 잼이 분명히 '이미테이션'[모방]이라는 단어를 표기했다면, 과일 함량이 터무니없이 낮더라도 상관없다는 것이 대법원의 입장이었다. 이러한 해석에 따라 대법원은 딜리셔스 브랜드 이미테이션 잼 같은 제품이 실상 소비자들을 기만하고 있다고 본 FDA에 반대 의사를 표한 셈이었다. 이 판결을 지지한 한 인물은 이렇게 말했다. "모방이라는 단어를 이해하는 것은 어려운 일도 아니고 새로울 것도 없다."[39] 1952년 이후에도 모방 잼을 순수잼으로 둔갑시키는 것은 여전히 위법 행위였다. 그러나 제빵사들은 법적 제재 없이 모방 젤리를 넣은 케이크롤을 자유롭게 팔 수 있었다. 소비자들 역시 식당에서 진짜 과일로 만든 젤리보다 저렴한 모방 젤리와 땅콩버터 샌드위치를 살 수 있었다.

모방 잼 사건을 걱정스럽게 보는 시각도 많았다. 전국 우유 생산자 모임의 한 변호사는 이 사건이 잼과 젤리뿐 아니라 낙농제품에서도 규격 미달 식품의 범람을 초래할 것이라고 우려했다. 규격의 의미를 두고 소비자들의 혼란이 가중될 것이라는 이유에서였다. 이 틈을 타 부도덕한 판매자들이 소비자들을 기만하고 속일 기회를 잡을지도 몰랐다.[40] 식품 규격이 양심적인 생산자들을 저질 모방식품들로부터 보호할 수 없다면 무슨 소용인가? 또 다른 변호사는 얼핏 저렴해 보이는 모방식품의 가격도 알고 보면 저렴하지 않다고 주장했다. 그에 따르면, 모방식품은 경제적으로 어려운 소비자들에게 합리적인 가치를 제공하는 척하지만, 사실 그 가격은 진짜 제품과 경쟁하면서 덩달아 불공정하게 책정되었다.[41] 한마디로, 실제 가치에 비해 가격이 너무 높다는 말이었다. 모방식품의 가격은 진짜 식품의 가격에 따라 상대적으로 결정되었는데, 대개 진짜 식품보다 몇 센트 정도 낮게 형성되었다. 그러나 이러한 상품의 가격 대비 실제 가치는 훨씬 낮은 경우가 많았다. 따라서 실제 가치보다 많은 돈을 지불하고 모방식품을 구매한 소비자는 결과적으로 두 번 속는 셈이었다. 이러한 모든 현상의 본질은 다시 소비자 지식의 문제 또는 지식의 결핍으로 귀결된다. 1894년, 대법원은 "미국의 헌법은 대중을 사취함으로써 이윤을 얻는 행위를 인정하지 않는다"라고 판시한 바 있다.[42] 비판가들이 보기에 모방 잼 판결은 이러한 과거의 천명을 무색하게 했다.

모방식품을 둘러싼 이 모든 소란은 역사의 흐름을 거스르는 공허한 외침과도 같았다. 이내 입법가들이 모방식품을 금지할 수 있을 거라고 기대하는 것조차 기묘해 보이기 시작했다. 모방 잼 판결이 내려진 1952년, 미국은 '가공식품의 황금기'라 불리는 시대로 들어설 태세를 갖췄다.[43] 1950년대에 이르러 주부들은 냉동 오렌지 주스, 인스턴트 커피, 닭고기에 고추와 버섯을 넣고 크림소스로 조리한 즉석 TV 디너[데우기만 하면 한 끼 식사로 먹을 수 있게 조리한 후 포장해서 파는 식품. 원래는 이 같은 식품의 상표명이었다], 화려한 호일 포장에 담겨 봉지째 끓일 수 있는 마카로니와 치즈, 건조 감자 샐러드와 같은 기발한 상품들을 얼마든지 이용할 수 있었다. 1952년의 미국 지역 신문의 광고 면에는 냉동식품 판매원을 구하는 광고, 미러클 휩Miracle Whip[샐러드용 드레싱] 특가 판매, 캠벨 토마토 수프와 호멜Hormel 칠리Chili[다진 고기에 양념을 한 제품] 같은 통조림 식품의 광고가 흔히 등장했다.[44] 과거와 분명히 달라진 점이 있었다. 새롭게 등장한 가공식품들에서는 비가공식품에 대한 '열등감'을 전혀 찾아볼 수 없었다. 1956년, 한 식품업체 대표인 폴 윌리스Paul Willis는 이렇게 주장했다. "오늘날 가공식품은 식품의 가치를 최소한 동등하게 유지하고 있습니다. 오히려 자연 재료보다 우월하기도 합니다. 하지만 많은 주부가 여전히 가족들을 더 건강하게 먹일 수 있다는 그릇된 믿음으로 자연 재료를 준비하는 데 무수한 시간을 보내고 있습니다."[45] 이것은 중요한 변화를 의미했다. 집중적인 마케팅에 힘입어, 대용식품이 가난을 극복하기 위해 원래의 식품을 흉내 내어 만든 것이라는 이미지가 해소되었기 때문이다. 가공식품은 완전히 새로운 것이었고, 새로운 것이 최고였다.

첨가물, 새로운 가공식품, 그리고 1969년의 백악관 회의

1953년, 드와이트 '아이크' 아이젠하워Dwight 'Ike' Eisenhower[아이크는 아이젠하워 대통령의 애칭이다] 대통령이 취임했다. 아이젠하워는 연방 고속도로 시스템을 확립하고 동태적 보수주의dynamic conservatism 원칙을 고수한 것으로 유명하다. 동태적 보수주의 원칙을 식품에 적용하면, 새로운 무리의 가공식품을 수용하고 과도한 정부 규제로부터 식품 제조자들을 자유롭게 해준다는 것을 의미했다. 전쟁 동안 추구되었던 자기희생과 금욕적 생활방식에 작별을 고하고, 자동차들이 시원한 고속도로를 질주하고 사람들이 마음껏 '현대' 식품을 즐길 수 있는 시대를 맞이하자는 것이었다. 새로운 식품산업은 나날이 번창했던 자동차 산업과 비슷한 면이 많았다. 두 분야 모두 제품에 '가치'를 더하고, 그 가치를 가능한 한 흥미롭게 보이도록 만드는 방법을 끊임없이 찾고 있었다. 소비자의 안전은 부차적인 문제였다. 대통령으로 취임한 아이젠하워는 매릴랜드 주 벨츠빌에서 농무부가 특별히 주관한 리서치 오찬에 참석했다. 오찬의 목적은 새로운 가공식품 기술의 경이로운 잠재성을 공개적으로 선보이는 데 있었다. 아이젠하워는 분말 오렌지 주스, 포테이토칩 바, 유장whey[젖 성분에서 단백질과 지방을 빼고 남은 맑은 액체] 치즈 스프레드, 건조 냉동 완두콩, 새로운 방식으로—호르몬제와 항생제를 첨가하여—키운 소와 돼지의 고기, 저지방 우유를 시식했다.[46] 반세기 후, 만약 대통령 앞에 이 같은 음식이 오른다면 분명히 모두 돌려보내고 요리사를 나무랐을 것이다. 하지만 아이젠하워는 오히려 깊은 인상을 받았던 듯하다.

당시 끊임없이 회자된 말은 미국의 식생활이 이보다 나았던 적은 없었으며, 세계에서도 으뜸이라는 것이었다.[47] 1952년, 정부의 식품보호위원회 Food Protection Committee는 미국 국민이 역사상 어느 국가와 비교해도 가장 풍부하고 다양한 식생활을 즐기고 있다고 발표했다.[48] 또한 위원회는 이러한 변화는 오직 식품 생산과 기술 향상, 그중에서도 특히 화학 첨가물의 확산 덕이었다고 덧붙였다. 20세기에 막 들어섰을 무렵에는, 일상적으로 사용된 첨가물이 50여 종에 불과했다. 그나마 이 첨가물들은 와일리가 맞서 싸웠던 케첩의 벤조산염처럼 이미지가 음산했다. 제2차 세계대전 이후 화학자들은 수백여 가지의 새로운 첨가물을 내놓았다. 20세기 초의 상황과 달리 이 첨가물들은 이제 마술사의 상자에 담긴 도구처럼 마냥 신기해 보였다.

전후 식품 첨가물의 폭발적 증가는 아이젠하워의 동태적 보수주의가 지향했던 것처럼 과거와의 단절을 상징했다. 유통기한을 늘리기 위한 새로운 방법들이 무수히 개발되었고, 새로운 색소들은 가공식품에 신선함이라는 그럴싸한 환상을 심어주었다. 새로운 유형의 보존료들은 오븐에 굽기만 하면 되는 제품들에 불멸성이라도 제공하는 듯했다.[49] 아이라 소머즈Ira

Somers는 식품업계의 입장에서 이렇게 자랑했다. "미국에서 빵을 사면 며칠이 지나도 부패하는 일이 없다." 반면 첨가물 없이 빵을 만드는 불운한 국가들에서는 이 정도 시간이 지나면 곰팡이가 번식해 빵이 엉망이 되고 만다.[50] 사실 곰팡이를 피하는 방법은 간단하다. 첨가물을 넣지 않아도 훨씬 바람직한 방법으로 빵의 부패 문제를 해결할 수 있다. 프랑스와 독일에서처럼 품질이 훌륭하고 신선한 빵을 매일 사거나 직접 빵을 굽는 것이, 곰팡이 억제제를 넣은 영구 보존 '빵'을 저장통에 고이 간직하는 것보다 훨씬 낫다. 그러나 첨가물 전도사들은 이러한 사실을 받아들이지 않았다. 소머즈는 "첨가물을 우리 삶의 보편적 기준으로 삼을 필요가 있다"고 주장했다. 그 말처럼 첨가물은 빠르게 미국적 방식의 하나가 되어가고 있었다.

첨가물을 긍정적으로 받아들이는 이러한 주장은 식품업체 대변인이나 할 소리인 듯하지만, 놀랍게도 정부 역시 이러한 업체의 관점을 공유하기 시작했다. FDA가 첨가물 사용에 제동을 걸어 식품업체들이 볼멘소리라도 하면, 아이젠하워 정부하의 기관들은 그러한 불만이 정당한지 따지기보다는 첨가물에 대한 대중의 걱정을 가라앉히기에 더 급급했다.[51] 첨가물을 유용하고 바람직한 것으로 보는 관점은 오늘날에도 FDA에 지속되고 있다. FDA 인터넷 홈페이지에서 '첨가물'을 검색하면 다음과 같은 질문들을 확인할 수 있다. 이 질문들은 하나같이 1950년대 자동차 판매원의 명랑한 목소리로 듣는 것만 같다.

질문: 빵에 곰팡이가 피지 않게 하고 샐러드 드레싱이 분리되는 것을 막아주는 것은 무엇일까요?

질문: 케이크 반죽이 구워지는 동안 적당히 부풀어 오르게 하고, 절인 고기를 안전하게 먹을 수 있도록 도와주는 것은 무엇일까요?

질문: 비스킷과 파스타에 영양적 가치를 더해주고, 생강빵에 독특한 향을 더해주는 것은 무엇일까요?

질문: 마가린에 산뜻한 노란색을 더해주고, 용기 안에서 소금이 덩어리지지 않게 하는 것은 무엇일까요?

질문: 식품을 양적으로나 질적으로 최상으로 유지시키면서 1년 내내 이용할 수 있도록 하는 것은 무엇일까요?

정답: 식품첨가물[52]

그러나 첨가물에 대한 정부의 낙관주의는 갈수록 확산되는 불확실한 안정성과 언제나 맥을 같이했다. 속사포처럼 온갖 미사여구를 내뱉는 밝은 목소리는 1950년대 자동차 판매원이라면 갖추어야 할 미덕이었지만, 이는 그럴싸한 말로 소비자를 죽음으로 몰고 갈 수 있는 상품을 파는 것이기도 했다. 1950년대 대용식품 공급업자의 진실도 이와 같지 않았을까?

입법자들도 곧 같은 의문을 품기 시작했다. 1950~1952년, 제임스 딜레이니James Delaney 의원은 한 위원회의 의장직을 맡은 후 식품에 첨가된 화학물질의 안전성을 검토했다. 이 위원회의 보고에 따르면, 당시 식품에 사용된 화학물질은 약 840종이었고, 그중 안전하다고 볼 수 있는 물질은 절반가량인 420종이었다.[53] 참으로 우려스러운 발견이었다. 이후 해로운 첨가물로부터 더욱 철저하게 소비자를 보호하자는 취지에서 1958년에 식품첨가물 수정안Food Additives Amendment이 만들어졌다. 하지만 첨가물의 모호한 위상을 반영이라도 하듯, 이 수정안은 극도로 복잡한 양상을 띠었다. 먼저, 첨가물의 정확한 정의가 무엇인가? 어찌 보면 모든 재료를 첨가물이라고 볼 수 있지 않을까? 새로운 법의 제정 과정에서 증인으로 출석한 한 전문가는 아이스크림 제조에 들어가는 크림을 '화학적 첨가물'로 볼 수도 있을 것이라고 말했다. 분명 지나친 상상에서 비롯된 말이지만, 첨가물이라는 단어의 의미를 엄밀히 따져보면 완전히 틀린 말도 아니었다.[54] 수정안에 따르면, 첨가물이란 식품에 잔류물을 남기거나 식품의 특징에 영향을 미치는 물질이다. 즉, 식품 자체와 뚜렷이 구별되는 것이 첨가물이었다. 이 정의에 따라 식품에 사용되는 화학물질은 세 가지 범주로 나뉘었다.

첫 번째 범주는 식품으로부터 완전히 배제되어야 하는 경우이다. 사람 또는 동물이 섭취하는 경우 암을 유발할 수 있다고 알려진 화학물질들이 그 예이다(소위 딜레이니 조항Delaney Clause). 두 번째 범주의 화학물질들은 제조자의 집중적인 검사를 받고 안전성이 증명될 때까지 FDA의 관리하에 식품으로부터 배제되어야 한다. 세 번째 범주는 식품 공급 과정에서 첨가되는 것이 허용된 화학물질들로, 앞의 경우와는 매우 달랐다. 이 화학물질들은 일반적으로 안전하다고 볼 수 있는(GRAS, generally recognized as safe라고 불렸다) 물질이라는 이유 때문에 법적으로 첨가물로 규정되지도 않았다. '과학적 절차를 통해 안전성이 충분히 입증된 것'으로 간주되거나 1958년 이전에 일상적으로 사용되어온 경우라면 GRAS 목록에 이름을 올릴 수 있었다. 따라서 소금, 후추, 설탕, 식초처럼 전통적으로 양념으로 쓰인 재료들도 이 목록에 포함되었다.[55] 하지만 화학적으로 새로이 만들어진 첨가물의 수가 상대적으로 많았다. GRAS 화학물질 목록에 처음 오른 것은 182가지였으나, 1961년에는 그 수가 718가지로 늘었다. GRAS 화학물질의 첨가 여부는 온전히 제조자가 판단할 몫이었다.

식품첨가물법은 애초에 소비자를 보호할 목적으로 만들어졌다. 그러나 '혁신적인' 가공식품을 만들고자 하는 제조자에게도 확실한 보호막이 되기는 마찬가지였다. 1960년대에 이르자, 루스벨트 정부하에서 옛 요리법에 기반하여 제정된 식품 규격이 제 기능을 발휘하지 못한다고 여겨지기 시작했다. 혼합 분말 수프의 시대에 요리법이 무슨 필요가 있겠는가? 1961년, FDA는 요리법에 기반하지 않은 식품 규격을 처음으로 발표했다. 바로 빵가루를 묻힌 냉동새우의 규격이었다.[56] 이 규격은 반죽과 튀김옷의 재료를 규정하는 대신, 제조자의 판단하에 안전하고 적합한 재료가 사용되어야 한다고 권장하는 수준에 머물렀다. 이 규격은 또한 소비자들이 집에서 직접 새우에 튀김옷을 입힐 때 흔히 사용하는 빵가루, 달걀, 우유 같은 재료뿐 아니라 한때 불순물로 여겨졌던 많은 물질이 모두 안전하고 적합하다고 인정했다.

이러한 변화는 FDA가 시중에 나오는 모든 새로운 식품을 일일이 관리할 여력이 없음을 반영했다. 시중에 등장하는 신제품은 수가 너무 많았고, 대부분은 예전 방식으로 측정할 수도 없었다. 1970년대에 미국에서 유통되는 농산물은 1천여 가지였지만, 식품 가공 과정에 직간접적으로 첨가되는 화학물질의 수는 그보다 훨씬 많은 12,000가지에 이르렀다.[57] 앞에서 살펴본 것처럼 잼의 경우는 식품 규격에 맞추기가 훨씬 쉬웠다. FDA는 잼의 식품 규격을 정하기 위해 전통적인 요리책들에 담긴 조리법을 바탕으로 과일 대 설탕의 합리적인 비율을 계산했다. 하지만, 당시 유행했던 다른 가공식품들은 잼처럼 적용할 수 있는 전통적인 요리법을 찾을 수 없었다. 이러한 식품들은 가정에서 요리하는 음식과 완전히 달랐다. 어떤 요리사가 래즐스Razzles, 팝타르츠Pop-Tarts, 프링글스Pringles(모두 1966~1967년 사이에 처음 판매되기 시작한 정크푸드이다)를 만들었겠는가? 실제로 현재 정크푸드 스낵을 대형으로 만드는 것이 취미인 사람들을 위한 웹사이트도 있다(www.pimpthatsnack.com).

이 광적인 포스트모던 요리사들은 대형 오레오 쿠키, 킷캣 초콜릿, 재미 다저스Jammy Dodgers[자두잼을 넣은 쇼트브레드 쿠키]를 만드는 데 시간을 보낸다. 자기 혼자 먹을 가공식품을 만들다니, 얼마나 우스꽝스러운 일인가. 이 정도는 농담으로 넘기자.

1960년대 말에 새로운 가공식품들이 속속 등장하면서, 모방식품은 진짜 식품보다 가치가 떨어진다고 주장하기에 애매한 상황이 자주 연출되었다. 레모네이드란 신선한 레몬으로 만들어져야 한다고 누구나 생각하던 시절, 아쿰은 타타르산과 물을 섞어 만든 '레모네이드'를 어렵지 않게 공격할 수 있었다. 하지만 1963년에 소개된 새로운 다이어트 음료 탭TaB은 딱히 무엇을 모방했다고 말하기 어려웠다. 마치 우주 어디에선가 불현듯 나타난 것처럼 어떤 전통 음료와도 닮은 점이 없었다. 새롭게 등장한 많은 식음료가 그러했듯 이 음료 역시 새로운 창조물이었다.

1969년 12월, 리처드 닉슨Richard Nixon 대통령은 식품과 영양 문제를 논의하기 위해 백악관 회의를 소집했다. 아이젠하워로부터 (케네디와 존슨을 거쳐) 닉슨에 이르는 정치적 여정 동안 국가적 분위기는 낙관주의에서 냉소주의와 절망으로 바뀌고 있었다. 이러한 변화는 식품에서도 마찬가지였다. 당시 닉슨은 많은 미국인, 특히 가난한 사람들이 배고픔과 영양결핍으로 고통받는 현실을 논의하려 했다. 아이젠하워 정부 당시 일각에서 거세게 나타난 주장처럼, 선진국인 미국의 국민들은 최상은커녕 최악의 영양 상태에서 허덕이고 있었다. 1967년부터 실시된 전국적인 통계 조사에 따르면, 36개국의 20세 남성들과 비교한 미국 젊은이들의 수명은 다른 국가들의 평균치에 미치지 못했다. 1969년 11월 『뉴트리션 에듀케이션Nutrition Education』에 실린 한 연구는 1세 이하의 미국 어린이 대부분이 철분 결핍 상태라고 발표했다.[58] 반면 비만은 늘고 있었다. 이러한 자료를 바탕으로 이 글이 내린 결론은 간단했다. "미국 대중의 식습관은 1960년 이후 악화되고 있다."[59]

백악관 회의는 일차적으로 이러한 문제들을 거론하기 위해 마련되었다. 정부는 대대적인 푸드 스탬프Food Stamp[식량 배급표] 확대와 학교 급식 및 식품 교육 등 아동 영양 프로그램 개선 방향을 발표했다. 닉슨은 "미국에서 배고픔을 종식시키자"는 주장을 전면에 내세우기 시작했다.[60] 이 회의는 또한 '새로운 식품'의 문제를 집중적으로 논의하기 위해 뉴 푸드 패널New Foods Panel을 두었다. 이 패널은 국가의 식습관을 구제하는 책임을 맡았다. (미국인들의 건강 상태가 퇴보한 시기가 실제로 이러한 식품들이 범람하게 된 시점과 일치한다는 지적을 정치적 문제로 이해하는 사람은 없을 것이다.)

뉴 푸드 패널은 몬산토Monsanto사(지금은 유전자 변형작물 종자 판매 회사로 가장 유명하지만, 당시에는 농생물학 제품을 생산했다)의 부회장이 의장을 맡았고, 회원에는 다양한 분야의 식품 과학자와 영양학자 들뿐 아니라 필스베리Pillsbury사(오븐용 제품을 생산하는 대형 식품업체)와 랠스턴-퓨리나Ralston-Purina사(아침식사용 시리얼과 동물 사료를 생산하는 업체)의 부회장들도 포함되었다. 구성으로 보건대, 이들이 새로운 식품의 가치를 높이 평가했다는 점은 놀라울 것도 없다. 이 패널이 식품 규제를 완벽하게 현대화하도록 촉구한 것도, 달리 말하면 '완벽하게 새로운 식품' 개발을 허용하기 위한 방편이었다.[61] 또한 이들은 새로운 상품이 과거의 상품보다 우수한 경우에도 정부 당국이 '모방 제품'이라는 이름을 붙일 것을 요구한다며 다음과 같이 주장했다. "이처럼 부정확한 용어를 과도하게, 그리고 단순하게 사용하는 것은 잠재적으로 소비자들을 호도하는 행위이며, 대중에게 새로운 상품의 실질적 특성과 속성을 알리는 데 도움이 되지 못한다." 이렇게 하여 '모방식품' 에 대한 공식적인 입장은 원점으로 돌아오게 되었다. 모방이라는 용어는 원래 소비자들이 오도될 소지를 불식시키기 위해 붙여졌다. 하지만 이제 백악관 패널의 주장에 따르면 이 단어 자체가 오도를 야기하고 있었다.

뉴 푸드 패널은 모든 식품 규격을 현대화하여 "전통 식품과 새로운 식품의 다양성 개발을 독려함으로써 소비자들이 저렴하고 영양학적 가치가 높은 고품질 식품을 폭넓게 선택할 수 있도록 할 것"을 권장했다. 이제 전통적인 요리법을 식품 규격의 근거로 삼는 접근은 무의미하다는 비판에 직면했다. 새로운 식품은 곧 미래를 의미했다. 비만과 영양결핍이라는 미국의 식생활이 직면한 두 가지 거대한 악을 해결할 수 있다는 유혹적인 꿈을 제기하기 때문이었다. 이러한 기대에 부응하기 위해서는 두 가지 강력한 수단이 필요했다. 바로 다이어트 식품을 개발하고 주요식품의 영양을 강화하는 것이었다. 이를 위해서는 필요한 경우 정부 보조와 자유 시장의 창조성이 요구되었다. 모든 것은 더 나아질 것이었다. 아니, 그렇게 기대되었다.

영양 강화와 살 빼기

영양 강화라는 개념이 처음 등장한 시기는 1830년대 초로 거슬러 올라간다. 당시 유럽 곳곳에서는 갑상선이 확대되어 목이 괴이하게 부어오르는 갑상선종이 여러 지역에서 동시에 창궐했다. 뿐만 아니라, 정신질환의 한 형태인 크레틴병cretinism이 나타나기도 했다. 조사 결과 갑상선종과 크레틴병이 가장 빈번하게 발생하는 곳의 토양에 요오드가 부족하다는 사실이 밝혀졌다. 이러한 결과에 따라 대중의 식이요법에 요오드를 첨가하자 갑상선종과 크레틴병이 발생하지 않았다. 곧이어 프랑스의 한 화학자가 모든 일반 소금에 요오드를 첨가할 것을 주장했다. 1900년대 초에 이르러 유럽에서는 모든 소금에 요오드가 첨가되었고, 갑상선종은 부유한 서구 사회에서 자취를 감추기 시작했다. 이와 대조적으로 소금에 요오드를 첨가하는 것이 일반화되지 않은 파키스탄의 경우 아직도 수백만 명이 요오드 결핍의 위험에 노출되어 있다.

이 이야기는 단발적으로 시행된 영양 강화 사례이다. 보다 일반적인 영양 강화는 1940년대에야 시작되었다. 당시 전쟁을 치르고 있던 나라의 정부들은 국민들이 일상적으로 섭취하는 식품들의 영양이 충분하지 못하다는 사실에 전전긍긍하고 있었다. 1897년 네덜란드의 병리학자인 크리스티안 에이크만Christian Eijkman(1850~1930)이 티아민thiamine을 함유한 현미를 먹으면 각기병을 예방할 수 있다는 사실을 발견한 이후, 미량의 영양소가 건강에 매우 중요할 수 있다는 인식이 널리 확산되었다. 이후 20세기 들어 거의 10년을 주기로 새로운 비타민과 미네랄이 발견되었고, 이러한 영양소들은 영양학적으로 숭배의 대상이 되었다. 1900년대에 각광을 받았던 식품은 구루병에 효과가 있다는 어유fish oil였다. 1920년대에는 칼슘과 비타민 A에 대한 관심이 높아졌고, 전문가들은 우유와 녹색 채소를 많이 섭취할 것을 권했다.[62] 또한 칼슘 흡수를 돕고 구루병을 예방할 수 있다는 취지로 비타민 D가 우유에 첨가되기 시작했다. 다음으로 등장한 것은 비타민 C와 비타민 G(후에 리보플라빈riboflavin으로 다시 명명되었다)였다. 1940년대에는 티아민에 대한 관심이 미국 내에서 다시 고조되었다. 당시 히틀러에 맞서 싸우는 동안 티아민은 '사기 진작 비타민'으로 알려졌다. 헨리 월러스

Henry Wallace 부통령은 티아민과 다른 비타민 B를 식단에 첨가하면 삶의 가치가 풍요로워진다고 말하기도 했다.[63]

하지만 우리가 주목해야 할 것은 애초에 미량의 영양소들이 식품에 첨가되어야 했던 이유는 일반적인 미국 식단의 영양학적 가치가 급격히 감소했기 때문이라는 사실이다. 빵의 예를 들어보자. 밀가루의 비타민과 미네랄은 대부분이 밀의 표면인 겨에 있다.[64] 옛날에는 밀을 도정할 때 미세한 체 또는 볼팅 천bolting cloth을 이용해 으깬 밀을 걸러내는 방법을 썼다. 이렇게 하면 밀의 고유 영양소를 대개 유지할 수 있었다. 그러나 1870년대 이후 롤러 제분이라는 새로운 방식이 도입되면서 상황이 달라졌다. 이 방법으로 제분을 하려면 밀을 강철로 만든 원통형 용기 사이로 통과시켜야 한다. 이 과정에서 비타민이 대부분 벗겨져 나가게 된다. 일반적으로 '70% 추출' 밀가루에서 칼슘의 60퍼센트, 티아민의 77퍼센트, 리보플라빈의 80퍼센트가 소실되었다. 1940년에는 평균적인 미국인의 경우 이처럼 영양소가 소실된 밀가루로 만든 빵의 섭취량이 해마다 200파운드[약 90.7킬로그램]에 이르렀다.[65] 가난한 사람들일수록 일일 섭취 열량에서 이런 빵이 차지하는 비율이 더욱 컸다. 영양학 전문가들은 미국이 결과적으로 '배고픔 없는 비타민 기근'을 겪고 있다는 사실에 놀라워했다.[66] 하지만 정부는 영양 가치가 더욱 풍부한 통밀빵 시절로 돌아갈 것을 권고하지 않았다. 이미 흰 빵에 길들여진 대중의 관심을 끌지 못할 것이 뻔하기 때문이었다. 그러던 중 1930년대에 드디어 비타민을 대규모로 생산해 상업화하는 것이 가능해지자, 1940년 이후부터 저급 밀가루에 의무적으로 티아민, 철분, 나이아신niacin을 강화하도록 제도화되었다.[67] 이어서 1943년에는 옥수수 가루와 그리츠grits[굵게 빻은 옥수수로, 아침식사용으로 많이 소비된다]에 대한 영양 강화 규정이, 1946년에는 파스타에 대한 영양 강화 규정이 만들어졌다.[68] 이와 비슷하게 영국에서도 1940년 7월부터 밀가루를 대상으로 비타민 B와 칼슘을 강화하기 시작했다.[69]

그러나 영양 강화를 회의적으로 보는 이들도 있었다. 영국 식품교육회Food Education Society 회원인 어니스트 그레이엄 리틀Ernest Graham Little 하원의원은 다음과 같이 지적했다. "유기적이고 자연적인 비타민 공급이 합성 비타민보다 훨씬 낫다는 것이 과학적으로 보편적인 사실이다."[70] 미국의학협회American Medical Association 또한 영양 강화의 극단적인 형태에 우려를 표했다. 제조자들은 상품의 강조점을 위해 애초에는 자연적인 상태에서 포함되지 않은 영양소를 첨가하기 시작했다. 일례로, 서니프랭크스SunnyFranks의 프랑크푸르트 소시지는 비타민 D를 첨가한 것을 집중적으로 홍보했다. "신나게 뛰어노는 어린아이들과 거친 노동을 하는 남성들에게 필요한 태양의 비타민! 이 비타민 D는 '요리'할 수 없습니다!"[71] 순전히 마케팅 전략의 결과물인 이러한 문구는 이 지방덩어리 소시지를 대구간유와 영양학적으로 동일선상에 놓으려는 시도였다. 일반적으로 소고기 프랑크푸르트 소시지는 지방을 제거한 붉은 살코기에 비해 비타민 D 함유량이 낮다. 프랑크푸르트 소시지에 비타민을 첨가했다고 하면 얼핏 몸에 좋은 식품처럼 여겨지지만, 중요한 것은 이 소시지에 포함된 지방이 일일 섭취 권장량의 20퍼센트에 달한다는 사실이다. 식품 제조업체들은 서로 자사 제품에 비타민이 더 많이 함유되었다고 주장하며 일종의 영양 강화 경쟁에 돌입하기도 했다. 카네이션Carnation사는 자사의 밀이 통밀보다 실제로 50퍼센트 이상 많은 비타민 B_1을 함유하고 있다고 광고했다.[72] 순진한 소비자들 입장에서 보면 어쨌든 비타민을 채워 넣었다고 하니 좋은 일인 것 같다. 좋다는 것을 그렇게 많이 먹어볼 수 있었던가? 그러나 이러한 광고는 또 다른 눈속임에 불과했고, 게다가 잠재적으로 위험하기도 했다.

1957년에 스코틀랜드 보건부가 보고한 자료에 따르면, 당시 영유아들의 건강에 적신호가 켜졌다. 성장장애, 구토, 허약함 등의 사례가 속속 발생하는가 하면, 사망에 이르는 예도 있었다. 보건부는 당시 많은 어린이들이 비타민 D 강화 분유와 더불어 대구간유를 섭취하고 있었다는 점에 근거하여 원인을 비타민 D 과잉으로 결론지었다. 과다하게 섭취된 비타민 D가 체내에서 모두 흡수되지 못한 채 남아 뼈의 조직을 연성화하고 신장을 손상시키면서 부작용을 초래한 것이다.[73] 곧 보건부가 개입하여 어린이들 사이에서 소비되는 비타민 D의 양을 줄이자, 이 문제는 얼마 후 감소했다.

영양소의 부작용은 비타민 중독 사례에 그치지 않았다. 철분 강화 식품을 통해 과다 섭취된 철분이 야기하는 질환 역시 한동안 문제로 떠올랐다. 1백만 명에 이르는 미국인들이 앓고 있는 유전 질환의 경우 적정량 이상의 철분 섭취가 원인일 가능성이 있다. 이 경우 붉은 살코기 섭취를 어느 정도 줄이면 이 문제를 해결할 수 있을지도 모른다. 하지만 철분 보강 식품을 너무 많이 소비하면 몸 밖으로 배출되지 않고 축적된 철분이 독성을 일으킬 수 있으며, 이러한 상황이 지속되면 간과 심장에 문제를 일으켜 심지어 사망까지 초래할 수 있다. 1970년부터 1994년까지 미국 내 식품 공급에서 철분은 3분의 1가량 증가했다. 같은 시기에 철분 중독 또는 혈색소증에 의한 사망은 60퍼센트가량 증가했다.[74] 영양 강화 식품의 문제가 알려지자, 덴마크 정부는 비타민 과다 섭취의 피해를 우려해 2004년에 켈로그 시리얼 판매를 금지했다. 특히 임신한 여성들의 경우 비타민을 과다 섭취하면 태아가 위험에 처할 수 있다. 덴마크 정부의 이러한 조치는 이상한 대응으로 보였다.[75] 켈로그의 한 대변인은 덴마크 정부의 조치가 '혼란스럽다'고 반응했다. 하지만 덴마크 정부의 결정보다 더 이상한 것은 오히려 비타민을 첨가하는 것이 해로울 수 있다는 사실을 말도 안 된다고 받아들이는 분위기였다. 그만큼 비타민 섭취에 대한 대중적 지지는 절대적으로 보였다.

다른 영양소와 마찬가지로 비타민 역시 너무 많이 섭취하면 독이 될 수 있다. 2000년, 미국의학연구소U. S. Institute of Medicine는 한 연구를 통해 산화방지제(비타민 C와 비타민 E, 셀레늄selenium 등)를 과다하게 섭취하면 탈모와 내출혈을 유발할 수 있다고 보고했다.[76] 이듬해, 인도 아삼에서 3,000명의 어린이들이 비타민 A를 과다 섭취한 후 심각한 증상과 함께 쓰러진 사건이 발생했다.[77] 독성을 띠지 않았더라도 단일 영양소를 과다 섭취하면 영양학적 불균형을 초래하여 다른 영양소의 대사 작용에 영향을 미칠 수 있다. 또한 보강된 영양소를 광고하느라 가려진 식품의 본래 결함으로 인해 부작용이 초래될 수도 있다.

1969년에 만들어진 뉴 푸드 패널은 영양 강화 식품이 의심의 여지없이 이로운 것이라고 확신했다. 이 패널은 우선 '영양결핍 문제 해결을 위한 즉각적인 영양 강화 프로그램 확립'을 촉구했다.[78] 이러한 주장의 밑바탕에는 가난한 소비자들이 섭취하는 주식의 영양이 불충분한 경우가 너무 많다는 이해가 깔려 있었다. 그러나 이 패널은 영양 강화를 주요 식품에 한정하려 하지 않고, "어떤 형태의 식품이라도 영양학적 매개체로 이해하는 것이 가장 중요하다"고 주장했다.[79] 이로써 도넛에서 사탕에 이르기까지 온갖 영양 강화 식품 시장의 문이 활짝 열렸다. 설탕이 가득한 아침식사용 시리얼이 오히려 뼈와 두뇌에 좋은 비타민을 보강하여 활동성을 증강해준다고 광고되기 시작했다. 이제 고도로 가공된 식품이라도 영양소만 충분히 강화하면 공중보건을 위협하는 대신 오히려 향상시킬 수 있다고 여겨졌다. 언론에 비친 식품업계의 반응을 보면 영양 강화 식품 덕에 정말로 강화되는 자들이 누구인지 여실히 드러났다. 식품 제조자들에게 비타민을 납품하는 회사인 호프만 라 로슈Hoffman-La Roche는 더 많은 영양 강화 식품이 개발돼야 한다고 촉구하며 다음과 같이 주장했다. "영양은 훌륭한 사업 아이템이다. 저비용으로도 기술적으로 실현 가능한 식품 영양 강화는 제조사에 새로운 마케팅의 가능성을 열어주었다."[80]

소금에 요오드를 첨가한 사례가 전체 공동체의 건강에 미치는 영향을 고려한 경우였다면, 이후에 등장한 영양소 강화의 경향은 특정 가공식품을 전체적으로 먹게 함으로써 특정 집단(빈민, 어린아이들, 노인들, 임신부 등)이 당면한 건강 문제들을 해소하고자 한 시도였다. 이 같은 새로운 접근은 몇 가지 점에서 분명한 문제점을 안고 있었다. 하나는 특정 영양소를 강화한 식품을 그 영양소를 가장 필요로 하는 사람이 소비하리라는 보장을 할 수 없다는 사실이다. 요오드를 첨가한 소금의 경우, 소금은 일반적으로 모두가 섭취하는 식품이므로 목표를 달성하는 데 문제가 없었다. 하지만 소금만큼 일반적으로 소비되지 않는 아침 시리얼은 상황이 다르다. 또 다른 문제는 정반대로, 특정 영양소를 강화한 식품을 사실 그 영양소가 필요하지 않은 이들이 먹을 수 있다는 사실이다. 이 경우 결국 영양소 과다 섭취로 인한 부작용을 초래할 수 있다. 빵의 엽산이 한 예이다. 1990년대 이후 미국에서는 빵을 비롯한 곡물 제품에 엽산을 의무적으로 첨가해야 한다(이 책을 쓰고 있는 시점에 영국 역시 흰 식빵에 엽산을 첨가하도록 함으로써 미국의 뒤를 밟기 시작했다). 임신한 여성들이 엽산을 보충하면 아기들이 이분척추증[척추의 뒷부분이 완전히 닫히지 않은 상태]과 같은 신경계 손상을 안고 태어나는 것을 막을 수 있다는 사실 때문이었다. 문제는 대중적인 식품에 엽산이라는 특정 영양소를 강화하면 자칫 비타민 B_{12} 결핍 문제가 상대적으로 간과되어 나이 많은 소비자들의 건강에 부작용이 나타날 수 있다는 점이다. 비타민 B_{12} 섭취가 부족할 경우 65세 이상 노인 중 최대 10퍼센트의 인구에 영향을 미치며, 그 결과는 신경계 손상으로 이어질 수 있다.[81]

또 다른 종류의 속임수는 일종의 집단적인 자기기만이다. 영양 강화 식품은 일반 대중이 식생활에서 안고 있는 근본적인 문제점들을 눈가림하는 경향이 있다. 이를테면, 이 거대한 산업사회에서 경제적 기반이나 학력이 취약하여 궁핍한 생활을 하는 사람들이라 하더라도 특정 비타민을 보강한 식품을 먹으면 부자나 고학력자들의 식단에 버금가는 식생활을 즐길 수 있다는 인상을 준다. 물론 이것은 환상이다. 맛과 영양이라는 측면에서, 자연적 향미뿐 아니라 섬유소와 과즙이 풍부하고 톡 쏘는 오렌지를 통째로 먹는 것과, 비타민 C를 보강한 오렌지향 음료를 먹는 것은 완전히 다른 일이다. 자연적으로 비타민 B가 풍부한 진짜 맥아로 만든 전곡빵을 먹는 것과, 공장에서 비타민 B를 강화하여 네모나게 찍어낸 흰 빵을 먹는 것 역시 결코 같을 수 없다. 그럼에도 영양 강화 식품은 마치 사회적 만병통치약처럼 보였다. 네슬은 이러한 문제에 대해 다음과 같이 지적했다.

> 시리얼, 우유, 마가린을 영양학적으로 보강하는 작업은 비타민과 미네랄 결핍을 보완하자는 데 주로 초점이 맞추어져 있다. 사실 이러한 결핍은 가난을 비롯한 사회경제적 조건들, 즉 미국의 전체 인구 중 비교적 낮은 비율을 차지하는 인구에 해당된다. 국가 운영이 이상적으로 이루어지는 상황이라면 이 같은 일부 인구의 영양학적 결핍 문제는 교육과 일자리 지원을 비롯한 여러 형태의 경제적 지원 정책으로 교정할 수 있다. 식품 전체를 특정

영양소로 보강하는 것보다 이것이 훨씬 나은 전략적 접근이다.[82]

1969년 이후, 식품업계가 영양 강화 식품을 통해 소비자를 바라보는 관점에는 두 가지 모순이 있었다. 즉, 소비자는 영양학적 해악으로부터 보호되어야 하는 무지한 어린아이인 동시에, 식품 소비를 전체적으로 책임질 수 있는 성인으로 간주되었다. 먼저, 소비자를 어린아이 취급하는 영양 강화 프로그램은 기본적으로 좋은 식품을 고를 수 있는 소비자의 판단력을 인정하지 않았다. 만약 모두 철분이 풍부한 식품을 알아서 골라 먹을 수 있을 만큼 식견이 있었다면, 있지도 않은 철분을 광고하며 속이려드는 이도 없었을 것이다. 결국 영양 강화 프로그램은 소비자를 그들의 선택 여부와 상관없이 비타민을 삼키는 수동적 존재로 바꿨다. 하지만 영양 강화 프로그램이 동시에 소비자에게 입힌 옷은 바로 소비자의 자유라는 개념이었다. 닉슨의 뉴 푸드 패널은 다음과 같이 언급했다. "소비자는 완전히 자연적인 것이든 합성적인 것이든 자유롭게 영양 강화 식품을 선택할 수 있어야 한다."[83] 첫 번째 시각과 반대로 이러한 주장은 마치 소비자가 영양학적인 전문 지식을 갖추고 있다고 간주하는 것처럼 들린다. 만약 소비자가 정말 전문적인 영양학적 지식을 갖추고 있다면, 영양 강화 식품이 어째서 필요하다는 것일까?

뉴 푸드 패널이 최소한 자신 있게 내세운 가정에 따르면, 영양 강화 식품을 통해 특정 영양소를 과다하게 섭취함으로써 초래될 수 있는 위험은 우려할 만하지 않았다. 패널은 비타민의 상한 섭취량은 식품이 함유할 수 있는 최대량에 따라 정해지는 만큼, 일일 권장 열량에서 해당 식품의 열량이 차지하는 양을 따져 영양소 강화 정도를 조절하면 특정 영양소의 과잉 소비를 막을 수 있다고 주장했다.[84] 달리 말해, 평균적인 사람이 하루에 얼마나 많은 빵이나 우유 또는 시리얼을 소비하는 것이 바람직한지 산출할 수 있다면, 영양 강화 식품으로 영양소를 과다 섭취하지 않도록 계산할 수 있을 것이라는 설명이었다. 그러나 여기에도 역시 허점이 있다. 이미 1969년에 많은 미국인이 영양 부족이 아니라 영양 과다와 비만에 시달리고 있었다. 해당 식품이 일일 권장 열량에서 차지하는 비율에 따라 비타민의 양을 정하자는 생각은 아주 좋았다. 문제는 권장량을 그대로 따르지 않는 인구가 족히 수백 만 명은 될 것이라는 사실이었다. 만약 비타민을 보강한 시리얼 한 상자를 그 자리에서 먹어버린다면 '몸에 좋은' 비타민의 상한 섭취량을 쉽게 초과할 것이다. 그래도 과잉 섭취된 비타민이 건강을 해칠 수 있다는 생각은 좀처럼 하지 못한 채 말이다.

대부분의 식품 제조사들이 가능한 한 많은 식품을 '영양화' 하는 데 총력을 기울이는 동안, 일각에서는 점차 증가 추세를 보인 비만 문제와 맞서기 위해 (물론 이로써 또 다른 이윤을 창출하기 위해) 전통적 형태의 식품을 '비영양성' 제품으로 탈바꿈하려는 노력을 기울이고 있었다. 이러한 현상 역시 소비자를 좋은 식품을 선택할 판단력이 없지만 어쨌든 무한한 제품 가운데 자유롭게 선택해야 하는 존재로 취급하는 이중적 태도에 기초하고 있었다. 1970년, 한 대형 식품회사의 변호사인 윌리엄 F. 코디William F. Cody는 과체중 문제는 식이조절을 통해 어느 정도 해결할 수 있는 것이 사실이지만, '보통 사람' 이 식습관을 스스로 바꾸는 것은 매우 어려운 일이라고 주장했다. 그렇다면 답은 무엇일까? "고열량, 고포화지방 식품을 맛깔나게 변형하여 제공하면 된다. 이 특별한 식품은 전통적인 식품처럼 보이고, 향이 나며, 맛도 좋아야 한다. 하지만 불쾌한 특징을 최소화하거나 제거하기 위해 새롭게 만들어야 한다."[85] 코디는 그 예로 저열량 마가린과 저콜레스테롤·저지방 건조 달걀을 들었다. 그가 불만스러워했던 것은 현행법에 따라 '모방' 식품이라는 상표를 의무적으로 붙이다보니 실제와 달리 소비자로 하여금 고도로 인조적인 방법으로 만들었다거나 질을 저하시켰다는 이미지를 떠올리게 한다는 점이었다. 코디는 과거의 모방식품은 일반적으로 원래 식품에 비해 저렴했던 것이 사실이라고 인정했다. 그러나 새롭게 선보이고 있는 '비표준 합성' 식품은 실제로 제조 비용이 더 소요되기도 한다. 따라서 소비자의 입장에서는 이것이 더 가치 있는 제품인지도 모른다. 그렇다면, 더 가치 있는 식품이 어떻게 다른 것을 모방했다고 볼 수 있겠는가? 코디의 관점에 따르면, 저열량 마가린을 물 탄 우유와 같이 취급하는 것은 어불성설이었다. 저열량 제품은 특정한 의도를 갖고 원래 제품을 개량한 것인 만큼 제조 비용이 더 비싸고, 먹기에 더 좋으며, 몸에도 좋기 때문이다.

하지만 정말로 이러한 식품이 몸에 더 좋은 것일까? 1969년, 급속한 성장세를 보이던 다이어트 식품산업계는 미국 보건교육복지부 장관 로버트 핀치Robert Finch의 발표로 타격을 입었다. 당시 그는 GRAS 목록에서 인공 감미료 시클라메이트cyclamate를 삭제하는 방안을 추진 중이라고 밝혔다.[86] 1937년에 처음 발견된 시클라메이트는 식품 과학자들을 전율케 했다. 이 물질은 사카린처럼 열량은 설탕보다 훨씬 적으면서 단맛을 내면서도 사카린과 달리 씁쓸한 뒷맛이 남지 않았다. 1951년, FDA의 승인을 받은 시클라메이트는 곧 추잉검, 소다, 어린이들이 섭취하는 비타민은 물론 무설탕 잼을 비롯한 다이어트 식품에 무수히 첨가되었다. 1958년에 만들어진 딜레이니 조항이 FDA가 식품첨가물 발암물질을 허가하지 못하도록 제동을 걸자, 시클라메이트의 위험성은 우습게도 사카린 쪽으로 더욱 전가되었다.

사카린이 암을 유발할 가능성이 있다고 발표한 1951년의 한 보고 때문이었다. 1969년 무렵에는 미국 가정에서 소비되는 식음료 중 시클라메이트를 포함한 비중이 4분의 3에 이르렀다.[87]

그러나 1960년대에 진행된 연구의 결과에 따르면 정작 발암 가능성을 안고 있는 것은 시클라메이트였다. 실험 쥐를 이용한 많은 연구에서 시클라메이트가 암을 유발할 수 있다는 가능성이 발견되었지만, 당시 FDA는 이 같은 연구 결과를 도외시했다. 1966년 일본에서 더욱 심층적으로 진행된 연구에 따르면, 인체에 들어온 시클라메이트는 위험성 높은 화학물질인 사이클로헥실아민CHA, cyclohexylamine을 생성했다. 미국의 과학자들은 또한 시클라메이트를 주입한 일부 쥐들에서 방광암을 발견했다. 1968년, FDA의 생화학자 재클린 베렛Jacqueline Verrett 박사는 시클라메이트가 닭에 미치는 영향을 알아보기 위해 몇 가지 실험을 했다. 그녀는 시클라메이트를 주입한 달걀에서 심각한 기형을 안은 병아리가 부화된다는 사실을 발견했다. "엉뚱한 신체 부위에서 자라난 날개, 관절이 틀어진 다리, 심각한 척추 만곡 같은 기형" 이 그 예였다.[88] 아이들에게 비타민제를 주며 부모가 기대한 것은 이런 끔찍한 결과가 결코 아닐 것이다. 베렛 박사가 내린 결론은 TV를 타고 전파되었고, 곧 대중적인 공포를 불러일으켰다. 결국 미국 전역에서 시클라메이트 사용이 금지되기 시작했고, 영국의 많은 식품업체가 시클라메이트 주입을 자발적으로 철회했다.

하지만 시클라메이트 사건으로 세상이 떠들썩할 때도 식품업계나 정부는 자기 반성적 태도를 취할 겨를이 없었다. 시클라메이트가 퇴장하기 무섭게 다이어트 효과가 더 강하다는 테크노 푸드가 그 자리를 메울 태세를 갖추고 있었다. 이러한 분위기 속에서 1969년에 세간의 이목을 집중시킬 만한 연구 결과가 발표되었다. 당시 『미국화학회 저널Journal of the American Chemical Society』은 설탕보다 당도가 180배나 강한 아미노산으로부터 새로운 감미료를 발견했다고 발표했다. 이 감미료를 발견한 사람은 일리노이주의 대규모 제약업체 G. D. 설G. D. Searle의 연구실에서 근무하던 과학자 제임스 슐레터James Schlatter였다. 궤양 치료약을 개발하던 슐레터는 자신이 만든 단백질 합성물질 하나를 손에 흘렸다. 잠시 후 우연히 손가락을 핥은 그는 그 합성물질에서 강한 단맛이 난다는 사실을 알게 되었다.[89] 이후 G. D. 설은 이 합성물질을 감미료로 개발했고, 1973년에 아스파탐aspartame이라는 이름으로 시장에 선보였다. 이 물질은 현재 다이어트 콜라의 주요 재료로 유명하다. 1974년, FDA는 이 감미료를 건조식품에 사용하는 것을 허가했다. 그러나 이 감미료에도 역시 딜레이니 조항의 그림자가 서서히 드리워지기 시작했다.

1974년, 신경과학자 존 올니John Olney가 1970년에 자신이 실시했던 아스파탐 관련 연구 보고서를 들고 FDA에 나타났다. 이 보고서는 아스파탐의 성분 중 하나인 아스파라긴산aspartic acide이 쥐의 뇌병변을 유발했다는 내용을 담고 있었다(G. D. 설은 이러한 가능성을 전면 부인했다). 이러한 연구 결과를 바탕으로 올니는 아스파탐 승인이 시기상조라고 주장하던 소비자 운동가들 편에 합류했고, FDA는 추가 연구가 이루어질 때까지 이 감미료에 대한 승인을 유보하기로 했다. 1980년, FDA의 공공조사위원회PBOI, Public Board of Inquiry는 이 감미료의 안전성 문제를 논의한 후 만장일치로 아스파탐 사용을 당분간 금지하기로 표결했다. 오늘날 이 감미료는 뉴트라스위트NutraSweet®라는 매력적인 이름으로 돌아왔다. 이 위원회가 참고한 것은 아스파탐과 관련한 네 건의 연구 결과였다. 그중 세 건은 아스파탐이 발암물질이 아니라고 결론지었다. 그러나 나머지 한 연구는 이 물질이 쥐 실험에서 뇌종양 발생률을 증가시켰다고 보고했다. 이 연구 결과를 신중하게 검토한 위원회는 희박하나마 아스파탐이 발암물질일 가능성이 있으므로 안정성에 대한 검사가 더 많이 시행될 때까지 시중에 유통되어서는 안 된다고 결론 내렸다.[90]

그로부터 불과 1년 후, FDA는 아스파탐이 인체에 무해하다며 다시 한 번 유통을 승인했다. 왜 그랬을까? 다름 아니라 아스파탐의 승인을 결정하는 과정이 과학적 연구 결과뿐 아니라 정치·경제적 이해관계의 영향을 받았기 때문이다. 1970년대 말, 식품업계는 아스파탐의 사용 승인을 위해 정책 결정 과정에 엄청난 압력을 행사했다. 1977년, 식품에 유일하게 허가된 감미료인 사카린의 사용 금지가 발표되자 시클라메이트의 악몽이 다시 수면 위로 떠올랐다. 당시 캐나다에서 진행된 한 동물 실험 결과 사카린이 방광종양을 유발할 수 있다고 알려진 이후 내려진 조치였다.[91] 미국 식품 시장은 곧 큰 충격에 휩싸였다. 사카린에 입맛이 길들여진 소비자들은 이 감미료가 첨가된 저열량 음료 중 가장 인기가 많았던 탭이 가게에서 사라질까봐 서둘러 사재기를 했다.[92] 브루클린의 스위트 앤드 로Sweet'N Low 공장의 노동자 수백 명은 일자리를 잃고 '망중한'을 보내야 했다. 한편 이미 성장가도를 달리고 있었던 다이어트 식품업계는 대안 감미료를 찾기 위한 연구를 더욱 활발히 진행했다.[93] 그러던 중 농무부가 감귤 껍질로부터 나린긴naringin이라는 감미료를 개발했다. 이 감미료는 한 가지 문제점을 안고 있었다. 일반인들이 혀끝에서 이 감미료의 달콤함을 감지하려면 10초에서 20초 정도가 지나야 했던 것이다. 다이어트 중인 사람들에게 즉각적인 만족감이 중요하다는 점을 생각할 때 당연히 바람직하지 않은 결과였다. 서

아프리카산 산딸기류 열매에서 추출한 대안 감미료 미라쿨린miraculin은 그보다 성공적인 사례로 보였지만, 제조자들이 파산하면서 이 감미료 개발은 바로 내리막길을 걸었다. 이렇게 해서 남게 된 것이 결국 아스파탐이었다. 즉각적인 단맛과 G. D. 설의 안정적인 재정 지원 덕이었다.

그래도 여전히 발목을 잡은 문제는 아스파탐의 안전성을 과학적으로 확실히 입증하지 못했다는 점이었다. 이러한 우려에 맞서 아스파탐의 일본 제조업체인 아지모토Ajimoto사는 새로운 연구 결과를 내세우며 인체에 대한 유해성 논란을 일단락 지으려 했다. 그러나 아지모토사가 제시한 결과는 무수히 진행되는 연구에 한 사례를 보탠 것에 불과했다. 어떤 결론이 나든 결국 그 결론을 확인하기 위해 더 많은 실험이 필요해질 것이었다. 잠재적 위험성을 다루는 과학이 불확실성을 완전히 제거하는 것은 불가능하다. 그러나 법은 과학처럼 수많은 가능성을 유동적으로 모두 감안한 채 오랜 시간을 두고 결과를 기다릴 수 없다. 한 변호사의 말대로, 아스파탐의 사례처럼 '저비용으로 신속하게' 문제를 해결할 수 있는 것은 결국 법이었다.[95] 이 과정에서 뉴트라스위트는 정치적 수완을 발휘하며 자신감으로 무장할 수 있었다.

1970년대에 아스파탐을 옹호한 대표적 인물은 당시 아스파탐 제조사인 G. D. 설의 최고경영자였던 도널드 럼스펠드Donald Rumsfeld이다. 1981년, 럼스펠드는 백악관으로 자리를 옮겨 로널드 레이건의 참모를 지냈다. 럼스펠드는 백악관 시절에 FDA 책임자의 인사 문제를 감독했다. 이 정치력을 바탕으로 그는 위원회의 애초 결정을 뒤집고 아스파탐을 승인하는 결정을 내릴 수 있었다. 당시 FDA는 아스파탐이 동물의 뇌에 암을 유발했다고 보고한 증거 자료를 부인했다. 아스파탐의 발암성 문제를 거론한 보고서 중

네 번째 문건에 제시된 연구 결과와 통계가 잘못되었다고 주장한 G. D. 설의 손을 들어준 것 역시 FDA였다. 결국 1983년, 코카콜라는 뉴트라스위트로 감미된 다이어트 콜라를 유통시키기 시작했고, 이 물질은 곧 세계에서 가장 보편적인 감미료 중 하나로 자리 잡았다. 2005년에 이르기까지 뉴트라스위트는 다이어트 스내플Diet Snapple[음료 상표], 무가당 쿨에이드Kool Aid[음료 상표], 저열량 포테이토칩, 추잉검, 요거트, 비타민, 의약품, 디저트 등 전 세계에서 판매된 6천여 가지 이상의 식음료에 사용되었다.[96] 펩시와 코카콜라는 자타가 공인하는 경쟁 상대지만, 뉴트라스위트 사용에 있어서 만큼은 한 배를 탄 셈이었다.

한편, 사회운동가이자 변호사인 제임스 터너James Turner를 필두로 한 소비자단체들은 아스파탐의 안전성에 대한 의혹을 지속적으로 제기했다.[97] 2005년, 이탈리아 볼로냐의 라마치니 재단Ramazzini Foundation이 지원한 한 연구 프로젝트는, 1,800마리의 실험용 쥐에 아스파탐을 먹여 안전성을 실험한 결과 암컷 쥐들 사이에서 림프종과 백혈병이 증가한 것을 발견했다고 발표했다. 그러나 아스파탐의 무해성을 주장하는 사람들은 이러한 연구 결과에 격렬히 반발했다. 인간을 상대로 한 역학적 자료와 불일치한다는 이유에서였다.[98] 국제감미료협회International Sweeteners Association는 "그간 안전하게 이용돼온 아스파탐이 인간의 암과 연관성이 있다는 증거는 수십억 년에 이르는 인류 역사에 존재하지 않는다"고 논평했다.[99]

지난 25년 동안 진행된 아스파탐 연구는 대부분 이 감미료가 인체에 안전하다는 결론을 제시하고 있다.[100] 물론 아스파탐을 취급하는 식품업계의 지원을 받은 연구인 경우가 많지만, 독립적으로 진행된 경우도 있었다. 2006년에 미국 국립 암 연구소National Cancer Institute in the United States는 쥐가 아닌 인체를 대상으로 한 대규모 연구를 연방 차원에서 실시했다. 이 연구에 따르면, 다이어트 콜라를 비롯한 아스파탐 감미 소다를 많이 마시는 사람들이 암에 특히 취약하다고 볼 만한 증거는 발견되지 않았다.[101] 아스파탐에 반대한 이들은 또한 이 감미료의 성분, 특히 아스파라긴산과 페닐알라닌phenylalanine이 두통과 발작 같은 부작용을 일으킬 수 있다고 주장했다. 이에 맞서 아스파탐 지지자들은 다음과 같이 답했다. "그런 성분은 우유, 육류, 과일, 채소 같은 일반적인 식품에 훨씬 많이 들어 있다."[102] 이러한 논란 속에서 2007년 영국의 대형 슈퍼마켓인 세인즈버리즈Sainsbury's는 소비자들의 염려를 잠재우고자 자체 상표를 붙인 모든 청량음료에서 아스파탐을 제거하고 있다고 발표했다. 그러나 이 업체는 아스파탐의 자리를 수크랄로스sucralose[단맛이 설탕보다 600배 강하다고 알려져 있다]라는 또 다른 무영양 감미료로 대체했을 뿐이다.[103]

누가 옳은 것일까? 누가 진실을 말할 수 있을까? 나는 럼스펠드나 다이어트 콜라, 뉴트라스위트의 진실성에, 또는 FDA의 진실성에 대해 개인적인 심상을 늘어놓을 생각은 없다. 그렇다고 일상생활에서 소비되는 아스파탐을 곱게 보지도 않는다. 피할 수 있으면 피하려 한다. 아스파탐이 내 몸에 나쁠 것이라고 믿기 때문이 아니라 그 맛이 싫기 때문이다. 수크랄로스든, 사카린이든, 아스파탐이든, 또는 시클라메이트이든 모든 무열량 감미료들이 내세우는 개념이 어딘지 찜찜하기 때문이기도 하다. 음식 작가 어맨다 헤서Amanda Hesser는 자신이 인공감미료를 싫어하는 이유를 이렇게 적고 있다. "나는 재료들을 내 머릿속에 그릴 수 없는 음식은 가까이 하지 않는다." 그녀는 또한 이렇게 덧붙였다. "천연 설탕을 입에 넣으면 혀끝에서 알갱이들을 만들어낼 수 있고, 설탕이 녹을 때 느껴지는 달콤함과 캐러멜처럼 부드럽고 놀라운 맛의 향연을 만끽할 수 있다." 하지만 감미료를 입에 넣으면 "강한 단맛을 느낄 뿐 다채로운 달콤함의 재미는 음미할 수 없다."[104]

안전성 논란 외에 전후 다이어트 식품산업의 성장에서 가장 흥미로운 면은, 대용식품이 소비자들이 찾고 싶어 하는 제품으로 쉽게 탈바꿈하게 된 과정이다. 이렇게 새로운 모습으로 등장한 대용식품은 영양 공급의 차원뿐만 아니라 식품의 기본적인 영역을 마치 인류를 구원이라도 할 것처럼 오만하게 침해했다. 대용식품을 개발한 과학자들은 누구라도 비만 걱정 없이 즐거움과 흥미로움을 만끽하며 먹을 수 있는 '비식품'을 창조했다고 자랑했다. 달리 말해 대용식품이란 '생리적 가치를 보장하는 매력적인 식사'였다.[105] 1968년, 제너럴 푸즈General Foods사는 씹을 때 바삭한 느낌이 나도록 비균등한 알긴산 칼슘calcium alginate 세포 집합체로 인공적인 과일과 야채를 만드는 기술을 개발해 특허를 얻었다. 이 물질은 야채처럼 아삭한 듯하지만, 전반적으로 식품이라고 할 만한 것은 아니었다. 또 다른 비식품은 합성 체리였다. 다량의 칼슘염에 체리색을 입힌 알긴산 나트륨sodium alginate 용액을 떨어뜨리면 시간이 흐르면서 체리 모양의 방울이 엉겨 붙는다. 이 체리 아닌 체리는 오븐에서 열을 받아도 모양을 잃지 않는 '장점'이 있었다. 1970년 무렵, 합성 체리는 미국, 오스트레일리아, 네덜란드, 프랑스, 이탈리아, 스위스, 핀란드 시장에서 성공을 거뒀다.

이러한 일이 어떻게 가능했을까? 전쟁 중이던 20세기 초에는 대용식품을 두렵게 혹은 혐오스럽게 바라봤던 소비자들(또는 최소한 그들 중 일부)이 어떻게 이 비식품을 지지할 수 있었을까? 성공의 비결은 전쟁과 평화라는 매우 다른 환경에 있는 것만은 아니었다. 시대적 환경과 더불어, 사람들이 비식품을 미각적으로 받아들일 만하게 만들려고 노력한 식품기술자들의 교묘한 책략 덕분이기도 했다. 이 과정에서 식품기술자들이 갖춘 가공할 무기는 바로 새롭게 등장한 향미료들이었다.

향미료의 멋진 신세계

1970년대 초, 스티븐슨 & 호웰Stevenson & Howell은 식품업계 신문에 광고를 실었다. 이 광고에는 사과와 접목된 파인애플, 딸기와 짝을 이룬 자두, 절반은 바나나고 절반은 배의 모습을 한 기이한 '배바나나' 같은 돌연변이 과일들의 그림이 실렸다. 광고문구는 이렇게 말하고 있다. "우리는 당신이 좋아하는 어떤 향도 선사할 수 있습니다. 맛보세요."[106] 문구는 다음과 같이 이어진다. "흥미로운 과제에 도전하는 것만큼 우리 연구원들에게 즐거운 일은 없습니다. 우리는 어떤 향이라도 흉내 낼 수 있습니다. 만약 당신이 상상하는 향이 지금 세상에 존재하지 않는다면, 걱정 마세요. 이미 존재하는 자연의 향이라도 그보다 더 강한 것을 원한다면, 문제없습니다." 경쟁사인 플로라신스Florasynth의 광고는 엄지손가락을 빨며 걸음마를 하는 금발의 아기를 보여주었다. 이 광고가 내건 문구는 다음과 같다. "우리가 재현할 수 없는 향은 거의 없습니다."[107]

합성 향미료가 이처럼 무사태평 시절을 구가하게 되자, 상업적 '조향사'의 길을 택한 과학자들은 기대감에 들떴다. 앞에서 살펴봤듯이 아쿰과 하살은 생강 맛을 내기 위해 고추를 사용하거나 레몬 대신 구연산을 첨가한 조악한 사기꾼들의 행태를 세상에 폭로했다. 19세기의 향미 조절가들은 그나마 수치심 때문에 은밀히 활동했지만, 이제 그런 분위기는 사라졌다. 새로이 등장한 조향사들은 오히려 자신들을 예술가로 여겼다. 정부의 승인을 받아 양지로 나오게 된 이들은 재료 없이도 무엇이든 만들어내었던 윌리 웡카Willy Wonka[영국 소설가 로알드 달의 작품 『찰리와 초콜릿 공장』의 등장 인물] 같았다. 게다가 현대의 조향사들은 숭고한 직업의식까지 갖추었다. 어떤 이는 향미의 성패는 조향사의 예술가적 기교에 달려 있다고 주장했다.[108] 이들은 고도의 감각을 동원해 온갖 향미를 자유자재로 다룬다는 점에서는 파리의 고급 향수 제작자에 비할 만했다. 다른 점이라면 향수 제작자들은 제비꽃 향수나 장미의 팅크tincture[알코올을 용매제로 식물의 유효 성분을 추출한 액체] 등을 다루지만, 조향사들은 토마토 증량제와 인공 치즈 분말을 이용했다는 정도였다. 향수 제작자와 조향사라는 직업이 유사해 보이는 것은 우연이 아니다. 향미 산업은 애초에 향수회사의 사업 분야 중 하나로 등장했다. 향수 제작자와 조향사는 모두 처음에는 정유essential oil의 과학에 의존했지만, 후에 '합성'으로 대상을 바꾸었다. 미국의 IFF와 스위스의 지보단Givaudan 같은 세계 최대의 향료업체들은 아직도 향수를 제조하고 있다. 지보단의 홈페이지에서 확인할 수 있듯이, 바디 로션과 비프 스톡 큐브beef stock cube[스톡은 살코기, 뼈, 생선, 채소 등에 물을 붓고 끓여서 우려낸 국물을, 큐브는 깍둑썰기로 자른 재료의 모양을 의미한다]는 '감각적 혁신'을 바탕에 둔 제품이라는 점에서 같아 보인다.[109]

프랑스의 향수 예술가들이 음악적 수사를 동원해 자신들의 작업을 묘사했듯, 20세기의 조향사들은 단맛과 신맛, 짠맛, 쓴맛의 비율을 조절하여 완벽한 조화를 찾는 것이 바로 조향이라고 여겼다.[110] 1970년에 발간된 『합성식품Synthetic Food』에서 매그너스 파이크Magnus Pyke는 향미 실험실에서 민을 수 없이 새로운 맛들이 만들어지는 작업을 위대한 작곡가의 창의성에 비유했다. "베토벤의 교향곡은 자연에 존재하지 않은 인위적인 소음을 혼합한 것이지만, 많은 사람들은 이 교향곡이 어떤 자연의 소리보다도 훌륭하다고 생각한다. 코카콜라의 맛 또한 자연에 존재하지 않는 것이다."[111] 1973년, 한 향미 화학자는 진정한 조향사에 대해 이렇게 말했다. "예술적 기교를 갖추어야 한다. 악기를 다루는 음악가가 갖추어야 할 역량과 다르지 않다. 예술적 기교란 자신에게 주어진 재능을 최대한 발휘해 가능한 모든 효과를 재현할 수 있는 완벽한 자신감을 의미한다."[112] 참으로 그럴싸하게 들린다. 그 기교란 것이 이른바 포테이토칩에 넣을 가짜 새우 향이나 냉동 디저트에 첨가할 블랙체리 향을 만들어내는 것이 고작이라는 사실을 잊게 할 정도이다.

향미라는 이 새로운 음악은 과거와는 형태가 매우 달랐다. 전통적인 관점에서 향미는 라임, 헤이즐넛 또는 커피와 같은 향이 단일한 진액에서 나오는 것을 의미했다. 또한 파프리카, 정향, 후추, 셀러리와 같은 특정한 자연적 올레오레진oleoresin도 일반적이었다. 과거 조향사들을 특히 매료시켰던 것은 짭짜래한 액상 향미료인 시슬릭seaslic이었다. 이 향미료는 파테 드 푸아pâté de foie[간 요리], 간 소시지[간을 잘게 다져 만든 잼 비슷한 형태의 소시지로 보통 빵에 발라 먹음] 또는 폴리시Polish 소시지[소고기와 돼지고기를 곱게 간 소시지 반죽에 돼지고기를 넣고 돼지의 작은 창자에 채운 후 훈연, 가열한 식품] 같은 다양한 요리에 전천후로 쓰였다. 분말형 향미료를 과자류 신제품에 쓰면 소비자들의 입맛을 사로잡아 자꾸 손이 가게 만들 수 있었다. 이렇게 하여 진짜보다 더 진짜 같은 맛에 입맛을 길들이는 향미 증진제와 증량제가 그 위용을 갖추게 되었다. 제조자가 토마토 증량제를 사용하면 제품 생산에 쓰이는 토마토의 양을 훨씬 줄일 수 있었다. 앞에서 살펴보았듯이 다른 재료를 섞어 양을 부풀리는 행위는 고전적인 형태의 눈속임이었다. 이제 그 역할을 새로이 개발된 향미료들이 맡게 된 것이다. 문제는 첨가물이 하나 들어가면 제 효과를 내기 위해 또 다른 첨가물이 필요하다는 사실이다. 향미료는 식품에 첨가될 때 향미 보조제와 함께 쓰여야 했다. 셀룰로오스cellulose[고등식물 세포벽의 주성분인 다당류로, 섬유소라고도 한다]와 같은 향미 증진제는 약한 향을 '전달'하거나 '확장'하여 입안에서 향을 진하고 오래 남기는 효과를 발휘했다. 분무 건조 유화 오일은 수프와 소스에 '입맛'을 더해, 분말과 물 외에 다른 무엇인가가 더 들어 있다고 착각하게 만들었다. MSG(글루탐산나트륨monosodium glutamate)와 같은 화학 조미료, 수크로스sucrose[자당이라고도 불리는 설탕으로 글루코스와 과당의 종합 분자이다] 같은 향미 억제제는 불쾌한 향미를 감추고 사람들이 좋아하는 향을 강조한다. 최근에 개발된 미라쿨린은 입안에서 신맛을 단맛으로 바꾸는 역할을 한다.[113]

이런 작업은 결국 과학을 나쁜 의도로 이용하는 것 아닐까? 조향사들은 그렇게 생각하지 않았다. 오히려 자신들이 완전히 새로운 감각의 지평을 창조했다는 자부심으로 가득했다. 제1차 세계대전이 일어나기 전에는 요리에 쓰이는 향미료란 온갖 양념, 제스트zest(향미를 더하기 위해 쓰는 레몬 등의 껍질), 진액 정도였다. 1922년, 영국의 많은 회사에서 식품 기술 고문을 맡고 있던 A. 클라크A. Clarke는 표준적인 사르사sarsaparilla[청미래덩굴속의 식물. 음료나 약물의 향료로 쓰인다] 향은 사르사 뿌리, 사사프라스sassafras[북아메리카 원산의 녹나뭇과 낙엽교목] 껍질, 그리고 감초 추출물로 만든다고 밝혔다. 매우 자연적인 조합이었다.[114] 향긋한 케이크 향 혼합 가루에 들어간 재료는 계피 껍질 오일과 정향 오일이 전부였다. 듣기만 해도 군침이 도는 이 혼합물은 아마도 오렌지와 레몬 껍질, 분말 계피와 정향, 아몬드 진액을 섞어 향을 낸 가정식 요리의 전통을 전적으로 따른 듯하다.[115]

인공 향미료는 과거에도 물론 존재했다. 과일 향의 과자류는 인공 과일 향의 에스테르ester와 자연 과일 진액을 혼합하여 만들어졌다. 에스테르는 산과 알코올의 반작용을 통해 생산되는 합성물이다. 19세기 중반에 처음 발견된 에스테르는 합성 오드콜로뉴eau de cologne[향수의 일종]와 꽃 추출물을 만드는 데 사용되었다. 예를 들어, 제라닐 프로피온 에스테르geranyl propionate는 베르가못bergamot과 향이 비슷했고, 스티롤릴 발레리아네이트styrolyl valerianate 추출물에서는 강한 자스민 향이 났다. 과일 향이 나는 에스테르는 자연 과일의 향을 더 풍부하게 했다. 에틸 신나메이트ethyl cinnamate는 잘 익은 살구처럼 진한 향을 냈고, 페닐-에틸 아세테이트phenyl-ethyl acetate에서는 복숭아 향이 났다. 이소펜틸 아세테이트isopentyl acetate의 강한 향은 배 향기와 비슷했다. 하지만 서양배 모양 사탕에서 진짜 배 맛을 기대할 수는 없었다. 당시의 향은 일차원적이고 단순했다. 음악적 비유를 한 번 더 하자면, 이 사탕은 어딘지 악기 하나가 빠진 교향곡 같았다.

그러나 전후에는 사정이 달라졌다. 조향사들의 기술은 이제 진짜를 거의 대신할 수 있는 향을 만들어내는 데 이르렀다. 조향사들은 크로마토그래피chromatography[혼합물의 각 성분이 이동하는 정도의 차이에 따라 분리, 분석하는 방법]를 이용해 복잡한 혼합물에서 다양한 화학물질을 제각각 분리했다. 이제 조향사들이 더욱 넓고 화려해진 향의 팔레트를 즐길 수 있게 된 것이다. 1966년에 이르자 웬만한 파인애플 맛을 내는 인공 향미료의 화합물은 구성적으로 천연 오일이 지닌 열 가지의 화학적 화합물에 뒤지지 않을 만큼 정교해졌다.[116] 지금은 인공 화합물의 수가 오히려 자연 화합물의 수를 압도한다.

2001년에 발간된 『패스트푸드의 제국Fast Food Nation』에서 에릭 슐로서Eric Schlosser는 향미료 중 대표격이라 할 만한 버거킹Burger King의 딸기 밀크셰이크에 첨가되는 딸기 향의 재료들을 다음과 같이 열거했다.

> 아밀 아세테이트amyl acetate, 아밀 부티레이트amyl butyrate, 아밀 발레르산염amyl valerate, 아네톨anethol, 아니실 포메이트anisyl formate, 벤질 이소부티레이트benzyl isobutyrate, 부티르산butyric acid, 신나밀 이소부티레이트cinnamyl isobutyrate, 코냑 정유cognac essential oil, 디아세틸diacetyl, 다이프로필 케톤dipropyl ketone, 에틸 아세테이트ethyl acetate, 에틸 아밀 케톤ethyle amyl ketone, 에틸 부티레이트ethyl butyrate, 에틸 신나메이트ethyl cinnamate, 에틸 헵타노에이트ethyl heptanoate, 에틸 헵틸레이트ethyl heptylate, 에틸 락테이트ethyl lactate, 에틸 메틸페닐글리시데이트ethyl methylphenylglycidate, 에틸 질산염ethyl nitrate, 에틸 프로피온 에스테르ethyl propionate, 에틸 발레르산염ethyl valerate, 헬리오트로핀heliotropin, 하이드록시프레닐-2-부타논hydroxyphrenyl-2-butanone(알코올 10퍼센트 용액), 알파-이오논alpha-ionone, 이소부틸 안트라닐산염isobutyl anthranilate, 이소부틸 부티레이트isobutyl butyrate, 레몬 정유, 말톨maltol, 4-메틸아세토페논4-methylacetophenone, 메틸 안트라닐산염methyl anthranilate, 메틸 벤조산methyl benzoate, 메틸 신나메이트methyl cinnamate, 메틸 헵틴 탄산염methyl heptine carbonate, 메틸 나프틸 케톤methyl naphthyl ketone, 메틸 살리실산염methyl salicylate, 박하mint 정유, 네롤리neroli 정유, 네롤린nerolin, 네릴 이소부티레이트neryl isobutyrate, 오리스 버터orris butter, 페네틸phenethyl 알코올, 장미 향료, 럼 에테르rum ether, 감마-운데카락톤gamma-undecalactone, 바닐린vanillin, 솔벤트solvent

전통적인 요리사들에게 이 이름들은 분명 충격적이고 낯설 것이다. 2004

년 봄, 식품 전문가로 구성된 한 패널이 영국 옥스퍼드셔에 위치한 레스토랑인 르 마누아 오 콰세종Le Manoir aux Quat'Saisons에 모여 정크푸드에 대해 논의했다. 앨리스 워터스Alice Waters는 캘리포니아의 셰 파니스Chez Panisse의 주방장이었다. 그녀는 슐로서의 책에 소개된 딸기 밀크셰이크의 재료들을 공포에 휩싸인 듯한 목소리로 언급했다. 워터스는 이렇게 물었다. 도대체 사람들은 딸기, 우유, 설탕, 아이스크림만 있으면 밀크셰이크를 만들 수 있다는 것을 모른단 말인가?

요리사가 아닌 조향사들의 입장에서 보면 이 질문에는 근본적인 오류가 있다. 워터스의 질문에 조향사들은 이렇게 답했을 것이다. 물론 최상의 유기농 딸기와, 크림이 가장 풍부한 우유, 최상의 설탕이 있다면 맛있는 딸기 밀크셰이크를 만들 수 있다. 하지만 조향사의 도전 과제는 애초에 딸기나 우유, 심지어 설탕도 이용하지 않고 확실한 딸기 밀크셰이크를 만드는 것이다. 1960년대와 1970년대에 개발된 엄청난 수의 향미 성분들은 조향사들에게 감각의 자유를 선사했다. 그들의 손길을 거친 향미 성분의 '도서관'에는 이내 수천 가지에 이르는 목록이 이름을 올렸다. 1986년에 이르러 영국 식품에 사용된 향미료의 가짓수는 '누가 세었느냐에 따라' 3,500에서 6,000에 이를 정도였다.[117] 첨가물에서 향미료가 차지하는 비율은 95퍼센트를 넘어서게 되었다.[118]

더욱이, 보존료나 색소 같은 다른 첨가물과 달리 향미료 사용에는 단속의 손길이 거의 미치지 않았다. 1980년, 유니레버사에 몸담았던 한 과학자는 영국의 경우 향미료가 식품 첨가물 중 유일하게 법적 단속에 구속되지 않았다고 자랑스럽게 언급했다.[119] 그리고 뒤늦게 생각이라도 난 듯 이렇게 덧붙였다. 법에 구속되지 않았다는 것은 곧 향미료가 "대중을 불필요한 위험에 노출시키는 존재가 아니라는 의미이다." 미국에서는 '일반적으로 안전하다고 인식'되어 사용 가능한 향미료의 목록이 작성되었는데, 처음 제시된 목록에 오른 향미료는 1,100여 가지였다. 물론 그 수는 이후 급속히 늘었다.[120] 유럽에서는 1999년까지 합법적으로 사용 가능한 향미료 목록이 존재하지 않았다.[121] 즉, 당시 유럽에서는 어떤 향미료든 제한 없이 사용되었고, 대부분은 지금도 그렇다. 유럽과 미국의 모든 향미료 회사들은 식품 라벨에 향미료 성분을 표기할 의무가 없다. 이 업체들은 향미료의 존재를 '향' 또는 '인공 향'이라는 애매한 용어로 광고하고 있다.

향미료는 이처럼 당국의 감독조차 받지 않은 채 거칠 것 없이 성장했다. 순수식품 운동가들이 보기에 이러한 상황은 디스토피아의 공포와 다름없었다. 하지만 조향사들 입장에서 향미료 산업의 성장은 눈부신 신새벽이 열린 것과 같았다. 이들은 인공 향미료의 수가 무한히 늘어나면서 한때 부자들의 전유물이었던 향료를 이제 만인이 즐길 수 있게 되었다고 믿었다. 대형 향미료 회사인 노르다 인터내셔널Norda International은 이런 질문을 던졌다. "내일의 세상은 어떤 맛일까?" 이어 새로운 향미의 창조란 "내일이면 세상에 더 많은 맛이 생길 것"을 의미한다고 덧붙였다.[122] 또 다른 국제적 향미료 제조업체의 광고는 이렇게 말한다. "펠튼Felton은 세상을 더 맛있게 만듭니다." 이 광고에서 초롱초롱한 눈망울에 행복한 표정을 짓고 있는 다양한 인종의 어린이들은 형형색색의 소다수, 케이크, 시리얼, 초록색 아이스크림 콘, 거대한 소용돌이 모양 막대사탕 등의 다양한 형태로 치장한 합성 향미료를 마음껏 즐기고 있다.[123] 이 신세계가 주는 암시는 명확했다. 전후의 엄격함은 사라졌다. 삶은 양배추와 콘드비프의 따분함도 사라졌다. 경이로운 향미 기술 덕분에 우리와 우리의 아이들은 먹고 싶은 것을 참지 않아도 된다. 스페이스 인베이더Space Invader[과자 상표] 포테이토칩과 싸구려 얼음과자가 도처에 널리게 되었다. 향미 과학자 R. H. 사빈R. H. Sabine의 말을 빌리자면, 새로운 향미는 생활수준의 향상을 의미했다. 신선한 과일을 살 여유가 없었던 가난한 사람들이 이제는 최소한 '신선한 과일의 향'을 즐길 수 있게 되지 않았는가.[124] 향미료가 만들어내는 향에 자연식품의 영양소가 없다는 사실은 신경 쓸 것 없다. 아이들을 미소 짓게 하는 이 놀라운 미각의 신세계를 누가 감히 부정할 수 있겠는가?

돌이켜보면, 과거의 제조사들이 흰 가운을 입은 기술자들의 존재를 숨기려 했던 이유는 그들이 만들어내는 제품에 '천연'이라는 환상을 입히기 위해서였다. 그러나 이제 우리는 식품 과학자들이 공공연하게 미래의 역할을 오히려 자랑스러워하고, 부끄러워하는 기색도 찾아볼 수 없는 시대에 살고 있다. 이는 놀라운 일이다. 조향사들은 자연식품의 입지를 약화시키는 데 한몫하는 자신들의 역할을 오히려 자랑스럽게 여긴다. 또한 자신들이 고수해야 하는 방향이 무엇인지도 잘 알고 있다. 식품업계의 한 교과서적인 자료는 콜라 향의 발명을 두고 "모든 조향사들이 꿈꿔온 것으로서, 지난 100년에 걸쳐 전 세계적인 성공을 이끈 새롭고 전례 없는 맛을 창조"했다고 극찬했다. 조향사에게 콜라 향은 감귤류 과일의 탑 노트top note[향을 뿌린 후 10분 정도까지 알코올이 날아가며 풍기는 향기], 즉 '달콤한 향, 계피, 크림 가득한 바닐라 속잎'의 맛과 그 아래 가려진 흙내가 신맛 사이에서 오묘하게 조화를 이루는 완벽한 향이다. 콜라 향은 펨퍼튼Pemperton 박사가 기침약으로 콜라를 발명한 이래 견줄 것 없이 성공한 사례였다.

1970년대의 향미료 상업 광고는 자연식품을 전면적으로 비난하는 행위도 서슴지 않았다. 조향사의 시험관에서 일어나는 기적에 비하면 자연식품은 균질하지도 않은 데다 터무니없이 비싸다는 내용이었다. 한마디로 자연식품은 절망적이었다. 한 식품업체의 광고는 이렇게 자랑했다. "더키Durkee가 변덕스러운 토마토의 맛을 잡았습니다."[125] 이와 대조적으로 합성 향미료는 "불균등한 품질로부터의 자유와 상대적으로 안정적인 가격, 그리고 지속적인 유용성"을 약속했다.[126] 화이트 스티븐슨White Stevenson사가 1975년에 선보인 한 향미료 광고는 이렇게 시작한다. "우리의 친애하는 산딸기를 기리며." 광고에는 진짜 산딸기 하나가 유리관 안에 죽은 듯 놓여 있다. 광고는 활기차게 다음과 같이 이어진다. "그러나 걱정할 것 없습니다. 산딸기는 라이게이트Reigate의 새로운 에센스와 자연natura 안에 여전히 살아 있습니다. 새롭게 선보이는 향미료는 산딸기의 향을 놀랍도록 정확히 담았습니다."[127] 이 조향사들은 산딸기 고정fixation[물질의 표본에 인위적 조작을 가하여 원래 상태와 구조가 변하지 않도록 처리한 것을 의미한다]이라도 갖고 있는 것 같았다. 또 다른 광고를 보자. 1970년대 바네트 & 포스터Barnett & Foster사의 광고에는 흰 가운을 입고 컴퍼스로 거대한 산딸기 모양의 플라스틱 모형을 측정하는 과학자가 등장한다. 마치 진짜 산딸기의 오묘한 향을 불후의 공식으로 재현하려는 듯하다.

자연에서 자란 산딸기의 맛은 모두 다르다. 이것이 바로 이 자연물이 선사하는 즐거움이다. 적당히 익은 데다 즙이 많아 매우 달콤한 산딸기는 그보다 조악하고 케케묵거나, 시큼하고 딱딱하며 씨가 많은 산딸기도 있다는 것을 알게 되면 더욱 그 진가를 나타낸다. 그러나 조향사들의 시각은 달랐다. 오늘날 향미료 교과서는 '평범하게 경작된 산딸기'에는 수분이 너무 많고 신맛이 강한 것들도 많다고 푸념한다.[128] 반면 가장 향긋한 산딸기만을 골라 증류한 산딸기 향미료는 "음습한 숲을 배경으로 신선하고 강한 과일 향에 풋풋한 제비꽃 같은 향수"의 맛을 지니고 있다고 주장한다.[129] 완전히 해체된 산딸기의 기본적인 암호는 다음과 같다. 플로랄 바이올렛 향을 만들려면 알파-이오논과 베타-이오논을 혼합하라. 강한 산딸기 향을 만들려면 1-(4-하이드록시페닐) 부탄 2-1을 약간 넣으라. 신선하고 풋풋한 탑 노트를 만들려면 (Z)-3-헥세날 약간을, 잼 같은 느낌을 원한다면 2, 5-다이메틸-4 하이드록시-퓨란-3(2H)을 아주 적게 첨가하라.

하지만 이 정도는 기본적인 청사진일 뿐이다. 진짜 마술은 조향사의 손을 거쳐 다양한 변형이 나타나는 순간에 일어난다. 변형 결과의 성공 여부는 조향사의 특별한 미적 판단에 달려 있다. 이 성배聖杯는 완벽한 산딸기 향 혼합 가루를 빚어내는 기적을 이루어 소비자들의 입맛을 사로잡고, 결국 경쟁사로부터 발길을 돌려 입맛이 길들여진 산딸기 향 디저트를 다시 찾게 하는 힘을 발휘할 것이었다. 조향사들의 궁극적인 목표는 맛을 보는 이들로 하여금 즐거운 마음이 일게 하는 것이었다.[130] 조향사가 만들어낸 향을 사람들이 어떻게 인식하느냐에 회사의 손익이 달려 있었다(광고나 설명서에 등장하는 조향사들은 언제나 남성이다. 여성의 이미지는 어린아이처럼 새로운 향에 현혹되는 존재였다). 소비자의 숨겨진 욕망을 예측하는 고급 향수 제작자처럼, 일류 조향사는 진짜 산딸기를 한 번도 접해보지 않은 잠재적 소비자들이 산딸기를 떠올릴 때 무엇을 기대하는지 예측해야 했다. 뿐만 아니라 이들은 시장의 지역적 특성도 빠짐없이 파악해야 했다. 예를 들어, 네덜란드 소비자들은 건조 포장 닭고기 수프 혼합 가루에 카레를 연상시키는 향을 입힌 것을 좋아한다. 하지만 이렇게 만든 제품은 영국 소비자들에게 인기가 없을 것이다. 대신 영국 시장의 건조 닭고기 수프에는 세이지 향이 기본적으로 첨가된다. 아마도 수프에 세이지와 양파 소를 넣는 전통적 조리법 때문인 듯하다.[131] 영국 소비자들에게 물으면 대부분은 세이지가 첨가된 사실도 몰랐다고 하겠지만, 그 향이 빠지면 왠지 모를 허전함을 느낄 것이다.

하지만 모든 상황이 언제나 순조로운 것은 아니었다. 1970년, 튜더Tudor사는 완벽한 훈제 청어 향 포테이토칩을 만들어내는 데 성공했다는 소식을 대대적으로 발표했다. 생선 향 포테이토칩은 기술적 어려움 때문에 여러 해 동안 수 차례 좌절된 불가능한 꿈이었다. 신선한 생선은 조향사가 향료 분말로 바꾸지 못했던 유일한 대상이었다. 하지만 1969년에 튜더의 조향사들은 유레카의 순간을 맞았다. 신선한 생선 대신 강하고 짭짜래한 훈제 청어의 대용품을 만들어보면 어떨까? 수개월에 걸쳐 연구하고 성인과 아동을 포함하여 수많은 관능 평가를 거친 후 '생선 농축물과 특별 훈제 향'을 조화시켜 완벽한 생선 향을 지닌 훈제 청어 포테이토칩이 만들어졌다. 포장지에는 화사한 생선이 그려졌다. 이 포테이토칩은 스코틀랜드에서 6월 22일에, 영국 북부에서는 6월 29일에 판매되었다. 튜더의 마케팅 담당자는 이 포테이토칩이 '훈제 청어 애호가들' 사이에서 인기 상품이 되기를 바란다고 밝혔다.[132] 이 얼마나 미련한 바람인가. 훈제 청어 포테이토칩의 향이 기술적으로 정확히 구현되었다고 해서 사람들이 꼭 먹고 싶어 할 것이라고 기대할 수는 없는 일이다. 훈제 청어를 좋아하는 사람들은 대개 전통적인 형태의 식품을 즐기므로 진짜 훈제 청어에서 맡을 수 있는 향을 원한다. 당시 훈제 청어 포테이토칩을 좋아한 사람들은 극소수였지만, 지금도 1970년대의 향수를 그리는 이들은 이 식품을 기억하고 있다. 훈제 청어 향 포테이토칩은 훈제 베이컨 향, 소금과 식초 향, 치즈와 양파 향처럼 지금도 영국에서 사랑받고 있는 다른 포테이토칩과 비교했을 때 궁극적인 실패작이었다.

마케팅 측면에서 성공적인 시장 반응을 이끈 향미료는 브랜드 로열티

brand loyalty[소비자가 관습적으로 특정한 브랜드를 선호하고 지속적으로 구매하는 것을 말한다]를 창출했다. 루카스 시즈닝Lucas Seasonings사는 자신들이 "타의 추종을 불허하는 독보적인 제품을 생산하고, 더 많은 제품으로 소비자들의 발길을 돌리게 만드는 자연스러운 맛"을 제공한다고 광고했다.[133] 스파이스 & 플레이버Spice & Flavour라는 또 다른 회사는 '맞춤형' 양념, 분말, 소스 혼합물, 소금물 향미료, 향미가 가미된 파이 젤라틴, 페이스트리 글레이즈, 훈연향, 튀김옷, 반죽, 그리고 특수 연육제를 시판했다. 이 회사는 이 제품들의 사용 여부가 인기 상품과 비인기 상품 사이의 차이를 결정지을 수 있다며 목소리를 높였다. 이러한 광고들이 강조하는 것은 바로 소비자들이 특정한 맛을 기대하며 포장 식품을 사지만 사실은 그 식품이 광고하는 맛을 제대로 살리지 못한 것일 수 있다는 점이다. 한 노신사의 모습을 담은 한 광고는 이렇게 말한다. "이분은 방금 거짓말 한 봉지를 샀습니다." 우울해 보이는 이 남자는 닭고기 스튜처럼 보이는 제품의 포장을 들고 서 있다. 제품이 마음에 들지 않는 것이 분명하다. 광고는 계속해서 이렇게 전한다. "향미료는 미묘한 분야입니다. 상표는 제품의 맛에 대한 정보를 담고 있습니다. 당신이 어떤 맛을 기대할 수 있는지 알려주지요. 하지만 그렇다고 해서 반드시 그 맛을 갖고 있는 것은 아닙니다. 갖고 있더라도 딱히 그 맛은 아닙니다. 기껏해야 괜찮은 정도이지요." 이 점에서 스파이스 & 플레이버는 구세주인 양 행세했다. "스파이스 & 플레이버 서비스의 향미 탐지가들에게 전화하세요. 그들은 전문가입니다. 그들은 맛을 분석합니다. 그들을 따르세요. 남들보다 앞서 나가세요. 먼저 당신의 것으로 만드세요." 이 광고는 스파이스 & 플레이버가 사기의 과학에 발을 담그고 있다는 사실을 암시한다는 점에서 충격적이다. 부정불량식품 사업은 이렇게 방향을 돌렸다. 19세기 반부정불량식품 운동가들의 분노에 찬 절규, 도덕적 진실성을 바라던 끊임없는 설득, 그리고 그들이 요구한 과학적 정확성은 이제 오히려 부정불량식품 제조자들이 외치는 구호가 되어버렸다.

이렇게 달라진 상황에서 조향사들은 자신들의 역할을 어떻게 정당화했을까? 조향사들은 기본적으로 미각의 즐거움, 저렴한 가격, 과학적 정확성을 지닌 화학이라는 세 가지 방어책으로 자신들의 입지를 무장했다. 이들은 즐거움이라는 단어를 특히 좋아했다. "감각적 즐거움을 누리고자 하는 인간의 욕구는 날로 커지고 있다. 향미 산업과 향수 산업은 이러한 욕구를 실현하는 것이 목표이다. 그러므로 쾌락주의는 곧 우리의 산업을 이끄는 원동력이다."[134] 이러한 주장에 대해, 사람들은 합성 화학물이 개발되기 훨씬 전부터 이미 자연식품에서 쾌락주의적 즐거움을 충분히 만끽해왔다고 반박하면 어떨까. 그래서 합성 수프 혼합물에 담겨 있는 즐거움이란 사실 아주 조악한 수준일 뿐이라고 맞서면 어떨까. 그러면 조향사는 가격 문제를 들먹일 것이다. 향미 과학이 발달하면서 식품의 가격은 훨씬 낮아졌다. 이 때문에 조향사들은 자신들이 하는 일이 본질적으로 박애주의적이라고 주장한다. 향미 과학으로 인한 경제적 이득이 제조자가 아닌 소비자에게 더 돌아간다면 이런 주장이 설득력 있을지도 모르겠다. 소비자가 아니라 생산자가 만든 1975년의 한 광고는 이렇게 말한다. "오텐스Ottens사의 인공 베이컨 향미료를 사용하세요, 그러면 은행에 가는 내내 웃음이 가시지 않을 겁니다."[135] 그렇다고 해도 어쨌든 향미료는 자연과는 거리가 멀고 끔찍할 정도로 화학적인 것이어서 꺼려진다고 말할 수 있을 것이다. 이즈음에서 조향사들의 말장난이 본격적으로 시작된다. 어차피 자연적인 향미료도 화학적이다. 어차피 원래 화학물질로 이루어진 식품을 소비하면서 식품 속에 화학물질을 좀 더 넣었다고 불신한다면 어불성설이다. 한 식품업계 전문가는 이렇게 말했다. "한 식품에서 향을 거두어 무미건조하게 만들기도 하고, 다른 한편으로 향긋하고 식욕을 돋게 하기도 하는 것은 무엇인가? 답은 분명하다. 화학물질이 있느냐 없느냐의 차이일 뿐이다."[136] 그러니 그만하라.

여기서 우리는 이러한 주장을 펼친 이들이 다름 아닌 화학자들이었다는 사실을 기억할 필요가 있다. 화학적으로 말하자면, 자연식품에 존재하는 자연 향과, 자연 향을 모방한 화학적 향의 재창조는 다르지 않다. 바닐린의 예를 들어보자. 1873년, 독일의 과학자인 W. 하르만W. Haarmann은 바닐라에서 강한 향을 내는 성분인 바닐린을 C8HbO3(4-하이드록시-3-메톡시-벤즈알데히드4-Hydroxy-3-methoxy-benzaldehyde) 형태로 분리하는 데 성공했다. 이렇게 일단 분리에 성공한 바닐린은 화학물질로서 재생산이 가능했다. 또 다른 독일 과학자 카를 라이머Karl Reimer는 크레오소트creosote[너도밤나무를 증류하여 만든 유액]에서 추출한 방향유와 노르스름한 구아야콜guaiacol[크레오소트의 성분]을 이용해 바닐린을 합성할 수 있다는 사실을 발견했다. 현재 연간 수천 톤의 바닐린이 아황산염 부산물을 통해 합성되고 있다.[137] 조향사들이 보기에 합성 향미료에 결벽증이라도 있는 듯 소란을 피우는 것은 잘못된 일이다. 바닐린은 바닐린이다. 그것이 마다가스카르 섬에서 자라는 난초처럼 아름다운 어느 식물의 굽은 꼬투리에서 나온 것이든 산업적 생산물로 나온 것이든, 바닐린은 바닐린인 것이다. 효과도 다를 바 없다.

법의 입장도 다르지 않았다. 영국의 경우, 자연에서 얻을 수 있는 바닐린을 모방하여 식품에 사용되는 바닐린 향미료는 자연적 향미료와 똑같은 것으로 취급되었다. 바닐린이 자연적인 것인지 화학적인 것인지 라벨에 명시할 필요도 없다. 향미료가 '인공적'이라고 불리는 경우는, 그 향미료가 모방할 만한 자연적인 향이 존재하지 않을 때뿐이다. 에틸바닐린이라는 낯선 이름의 바닐린 대체물(보통 초콜릿에 사용된다)이 그러한 예이다. 오늘날 바닐린은 가장 많이 생산되는 향미료로 연간 유통량은 대략 12,000톤이다.[138] 이 같은 합성 바닐린의 성공 비결을 이해하기란 어렵지 않다. 2004년 기준으로 진짜 바닐린이 1갤런[약 3.79리터]당 미화 73센트 정도인 반면, 합성 바닐린 추출물은 약 12센트에 불과하다. 결과적으로, 가격이 저렴한 '바닐라향' 쿠키와 아이스크림, 케이크는 모두 합성 바닐린으로 향미되고 있다.

자연적 향과 화학적 향을 구분하는 것이 중요한 문제일까? 조향사의 주장을 그대로 받아들여도 괜찮을까? 향미료 법을 살펴보면 해답을 얻을 수 있을지도 모른다. 유럽연합법에 따르면 향미료를 첨가한 식품의 허가 여부를 판가름하는 데 적용되는 규정은 기본적으로 두 가지이다. 첫 번째, 소비자의 건강에 위험 요소가 없어야 한다.[139] 이 점에서 바닐린은 아마도 괜찮을 것이다. 합성 바닐린 향을 첨가한 쿠키를 많이 먹어서 중독됐다고 기록된 자료는 아직 없다. 1980년도 영국의 규정에 따르면 식품 1킬로그램당 첨가될 수 있는 바닐린의 최대 양은 20,000밀리그램이다.[140] 이는 상당히 높은 수치인데, 바닐린의 독성이 그만큼 낮다는 것을 보여준다. 후추 성분 중 하나인 피페린piperine에 대한 규정을 비교해보자. 피페린의 경우 1킬로그램당 최대 허용량은 단 1밀리그램이다. 이러한 기준으로 봤을 때 바닐린이 건강을 위협할 가능성이 있다고 보기는 어렵다.

그러나 유럽연합의 두 번째 규정을 보면 이야기가 달라진다. 이 규정은 향미료 사용 제품을 알리는 데 있어 "소비자들을 잘못 인도해서는 안 된다"고 명시했다. 조향사들은 진짜 바닐라를 쓴 척 라벨에 거짓으로 표시하지만 않으면 합성 바닐린을 사용한 것을 속임수로 볼 수 없다며 발뺌해왔다. 하지만 정말 그럴까? 바닐라 전문가인 팀 에콧Tim Ecott은 바닐린과 바닐라의 문제에 대해, 많은 소비자들이 그 차이를 결코 맛본 적이 없다는 사실이 바로 바닐린의 성공을 이끌었다고 지적했다.[141] 진짜 바닐라 애호가라면 일차원적인 달콤함과 크림 맛으로 가득한 바닐린과, 단맛이 강하면서 포도주 풍미의 나무 향을 지닌 진짜 바닐라가 얼마나 다른지를 알 수 있다. 바닐린은 바닐라가 갖고 있는 수백 가지 화학물질 중 하나에 불과한 것이다. 그러나 진짜 바닐라를 맛본 적이 없는 사람들은 합성 바닐린이 바닐라 맛을 낸다고 생각한다. 에콧은 이렇게 기술했다. "향미료 제조자들은 숱한 실험을 통해 많은 사람이 합성 바닐라를 선호한다는 점을 밝혔다. 하지만 사람들이 그렇게 답한 이유는 그들이 아는 맛이 그것이기 때문이다."[142] 이렇게 조향사들은 바닐린이 바닐라와 다를 바 없다고 세상의 입맛을 설득하는 데 성공했다.

궁극적으로, 향미료의 '멋진 신세계'는 사기에 바탕을 두고 있다. 더 좋은 향미료일수록 사기의 강도는 더욱 세다. 인간의 혀에는 9천여 개의 미뢰가 있고, 인간은 이 무수한 미뢰를 통해 복잡한 신호를 전달받아 어떤 음식이 안전하고 몸에 좋은지를 구별한다. 조향사는 바로 이 미뢰를 조작함으로써 진짜로 존재하지 않는 어떤 것을 식품이라며 설득한다. 이보다 나쁜 것은 따로 있다. 조향사가 가장 숨기려 전전긍긍하는 것은 바로 자신이 갈고 닦은 기술을 쏟아 부은 이 식품의 영양학적 가치가 형편없다는 사실이다. 조향사들은 자신들이 어떤 일을 저지르고 있는지 미약하게나마 알고 있었던 것 같다. 1972년, 향미 산업계는 인터치킨interchicken이라는 획기적인 방법을 개발했다고 발표했다. 이는 향미료 구성 성분을 집약적으로 사육되는 가금류에 주입하는 방법으로, 이 가엾고 불행한 동물의 단조로운 풍미를 만회하기 위함이었다.[143] 한 보고서는 다음과 같은 사실을 인정하고 있다. “부화 후 49일 만에 가공식품 제조를 위해 도축된 가금류가 112~120일 정도 기른 후 도축된 것에 비해 상대적으로 향미가 부족하다는 사실은 잘 알려져 있다.”[144] 그렇다면 어떻게 해야 할까? 가금류에 향미가 배게 하는 전기 투여 장치로 향미료를 주입하면 된다. 향미료 혼합물은 “천연 이스트에서 얻은 자가분해물질과 뉴질랜드 버터 농축물인 부타 나투라Butta Natura, 다양한 허브와 향신료 추출물로 만든 닭고기 양념액, 그 밖에 가용성 인산염과 구연산염이 들어간 갖가지 화학물질”을 포함했다.[145] 인터치킨에 대한 시도는 테스트 패널[관능검사를 위해 선발된 사람들]에게 잘 먹혀들었다. 무엇보다 현대의 구이용 영계가 알맞게 사육된 닭고기만큼 좋은 맛을 낼 수 있다는 기대를 갖게 하는 데만큼은 성공적이었다.

슐로서가 말했듯이, 조향사의 본질적인 임무는 가공식품에 대한 환상을 만들어내는 것이다.[146] 그러나 1970년대에 활동한 이 마술사들은 자신들의 환상을 온전히 완성하지 못했다. 이들이 자신들의 대용 음악을 행복하게 작곡하는 동안, 영국과 미국에서 활동한 식품 운동가들이 이들의 조작에 반기를 들기 시작했기 때문이다.

랠프 네이더와 화학첨가물의 향연

1973년, 식품업계의 재기발랄한 경영진들은 새로운 용어를 만들어냈다. 바로 변호사이자 소비자 운동가인 랠프 네이더Ralph Nader의 이름을 딴 ‘네이더공포증Naderphobia' 이었다. 이 공포증의 증상은 태평성대를 누리던 사업가들이 소비자 운동가들의 반기에 행여 타격을 입을까 전전긍긍하다 민감함이 고조되어 일탈 행위를 하는 것을 의미했다.[147] 수많은 제조자들이 이 증상에 시달리고 있었다. 세간에 알려져 있듯이 네이더의 주요 표적은 자동차 산업이었다. 1965년 이후 네이더는 제너럴 모터스GM, General Motors를 공격 대상으로 삼았다. 이 회사가 생산하는 차들이 '어떤 속도에서도 안전하지 않다'는 이유에서였다. 소비자들의 피해 사례를 변호한 그의 활동은 제약회사, 대기 오염, 양에 상관없이 안전하지 않은 식품을 포함하며 폭을 넓혀갔다. 1970년, 네이더가 이끄는 연구진은 『화학첨가물의 향연Chemical Feast』에서 미국의 식품 공급과 관리감독에 실패한 FDA를 신랄하게 비판했다.

네이더는 자신의 활동을 싱클레어의 저서와 비교했다. 1967년에 그가 작성한 한 글의 제목은 이러했다. "우리는 여전히 정글 속에 살고 있다."[148] 그 역시 싱클레어처럼 60여 년에 걸쳐 부적절하게 관리된 육류 포장 산업이 중대한 위법행위를 범하기에 이른 현실을 가차 없이 폭로했다. 역사는 그렇게 자기 복제 중이었다.

> 미국 내에서 상업적으로 도살되는 가축(약 1,900만 마리)의 약 15퍼센트와 상업적으로 가공 처리된 육류 제품의 25퍼센트가 적절한 검역법의 보호를 받지 못하고 있다. 이는 3,000만 명이 1년 동안 먹을 수 있는 양이다. 농무부에 따르면, 이 육류의 상당수가 질병에 오염되어 있고, 역겨울 정도로 비위생적인 환경에서 처리된다. 이러한 현실은 최신 보존료와 첨가물, 색소로 가려지고 있다.[149]

이 말은 전후 수십 년 동안 미국의 연방식품법이 분명 양적인 성장을 거듭했음에도 불구하고 과거의 눈속임이 여전히 되풀이되고 있음을 지적했다. 햄에는 여전히 중량을 불리기 위해 물이 주입되었다. 부패하고 냄새가 고약한 육류가 시중에 버젓이 유통되는 행태도 마찬가지였다. 이렇게 1년 동안 적발된 육류는 2,200만 파운드[약 998만 킬로그램]에 이르렀다. 신선하지 않은 육류는 신선해 보이기 위해 온갖 물질이 주입되었다. 네이더는 "햄버거에는 연방법으로 금지된 첨가물인 아황산염이 주입되었는데, 이 첨가물은 오래된 육류에 밝은 분홍빛이 도는 것처럼 기만한다"라고 폭로했다. 뉴욕 주에서 진행한 조사 결과를 바탕으로 그는 30개의 햄버거 표본 중 26개에서 아황산염을 발견했다고 주장했다.[150] 영국의 경우 이와 비슷한 관행이 법의 제재 없이 계속 이어지고 있었다. 가공 육류는 로녹산Ronoxan D20이라는 방부제로 처리되었다. 이 방부제는 소시지 표면의 하얀 점처럼 '바람직하지 못한 효과'가 생기는 것을 방지했다. 한 로녹산 광고는 정육점 진열대에 놓인 생소시지를 보여주며 자랑스럽게 말했다. "우리 소시지는 내일도 오늘만큼 신선해 보일 것입니다."

오래 전부터 익숙한 이야기지만, 오늘의 현실은 더 나빴다. 네이더가 우려했던 것은 싱클레어 시절보다 식품 기술이 진보한 만큼 눈속임의 규모도 더욱 커질 수 있다는 점이었다. 패킹타운에서 벌어진 일들은 그야말로 역겨웠지만, 당시 업자들이 활용한 기술이나 방법은 조악할 뿐 아니라 규모도 한정적이었다. 그 시절에는 결핵에 걸린 소들, 턱에 혹이 난 비육우용 수소들, 그리고 딱지투성이 돼지를 도축한 육류들을 간신히 눈가림했다. 그러나 이제는 달랐다.

경이로운 화학과 급속냉동 기술로 상품을 위장하고 소비자의 눈과 코, 미각을 속인다. 그러한 속임수를 발견하기 위해서는 전문가가 필요하다. 게다가 이러한 화학물질 자체가 60년 전에는 들은 적도 없는 새롭고 복잡한 위험을 안고 있다.[151]

자신을 지지하는 청년들로 구성된 네이더스 레이더스Nader's Raiders를 중심으로 활동한 네이더는 평균적인 미국인들의 식습관이 '화학첨가물 축제'로 물들어 있다며 격분했다. 그는 불결한 가금류 공장부터 지방이 많은 핫도그에 이르기까지 모든 종류의 식품과 씨름했다.[152] 네이더에게 불량식품과 싸우는 것은 민주주의를 지키기 위해 핵심적으로 필요한 일이었다. "정부가 소극적으로 돌아선다면, 우리에게 필요한 것은 훨씬 건강한 시민의식이다"라고 그는 천명했다.[153] 소비자의 눈을 속이는 행위는 근본적으로 비민주적이다. 네이더는 평범한 소비자들이 먹을거리에 대한 통제력을 되찾을 수 있도록 힘을 실어주고자 했다.

네이더는 불량식품에 맞서 운동을 펼치는 동안 자신과 닮은꼴인 역사적 인물들의 전철을 그대로 밟았다. 하살과 와일리처럼 그 역시 때로 순수성을 향한 싸움에서 외골수 기질이 과도해지기도 했다. 1970년대 초, 그의 행적을 추적한 전기 작가 찰스 매커리Charles McCarry는 순수하지 않은 식품을 제공한 이들에 대한 그의 태도를 다음과 같이 기록했다.

네이더는 예의바른 소비자가 아니었다. 스튜어디스와 웨이트리스 들에게도 가차 없었다. 그에게 청량음료를 내놓는 것은 곧 설탕과 카페인으로 가득한 이 음료가 인체에 미치는 위해를 검증받는 것과 다름없었다. 미국 식품에 대한 그의 불신은 이렇게 일선에서 식품을 손님들에게 제공하는 이들에게까지 옮겨갔다. 그는 레스토랑에서 발이 붓도록 일하는 여성들, 그리고 비행기의 통로를 바삐 오가는 발랄한 미니스커트 차림의 여성들을 마치 그들 모두가 보르지아Borgias 가[르네상스 시대 이탈리아에서 상당한 영향력을 행사한 세도 가문. 부도덕한 행실로 유명하다] 사람들이라도 된 것처럼 노려본다. 그는 당황해하는 한 여승무원에게 이렇게 말한다. "당신이 이 비행기에서 제공하는 것들 중 유일하게 자랑스러워해야 할 것은 작은 봉지에 든 견과류뿐입니다. 그나마 견과류에서 소금을 걷어냈을 때 말입니다."[154]

현대 식품의 악에 맞선 것이라고는 하지만 이런 태도는 무차별적이고 무례해 보이기도 한다. 하지만 네이더의 생각은 변함없었다. 이러한 악행으로 이득을 얻는 것은 그것을 내놓는 역할을 할 수밖에 없는 가엾은 무리라도 마찬가지 아닌가.

MSG(GRAS의 자리를 순진한 척 차지한 또 다른 대용물)가 유아용 식품에서 제거된 것은 네이더의 보건 리서치 그룹Health Reasearch Group의 운동 덕분이었다. 네이더스 레이더스의 행적에서 영감을 얻은 다른 진보주의자들도 소비자 단체를 조직하기 시작했다. 변호사인 존 반자프John Banzhaf는 반자프의 도적들Banzhaf's Bandits이라는 별명의 로비스트 단체를 결성한 후, 워싱턴 D.C.의 조지 워싱턴 대학에서 법학을 공부하는 학생들을 주축으로 하여 식품 광고의 속임수와 싸웠다. 일례로, 캠벨 수프사는 광고 포스터에 수프 사진을 실을 때 대리석 표면의 물결 무늬 모양을 넣어 수프액이 실제보다 진하고 크림이 더 많이 함유된 것처럼 보이도록 했다. 반자프의 도적들은 이 회사로 하여금 사진 조작를 멈추게 하는 데는 성공했지만, 이와 관련하여 정정 보도를 하거나 사과 문구를 광고에 표기하도록 하지는 못했다.[155]

식품산업의 거짓말에 맞선 또 다른 운동가는 로버트 초트Robert Choate였다. 그는 에이브러햄 링컨와 놀라울 정도로 닮은 부유한 토목기사였다. 자비를 들여 굶주림과 '영양학적 자살'에 맞서 소비자 운동을 펼친 그는 1970년, 상원의 소위원회에서 미국에서 많이 팔리고 있는 아침식사용 시리얼의 상당수가 영양학적 관점에서 사실상 무가치하다고 주장했다.[156] 더불어 초트는 토요일 아침 텔레비전 광고를 통해 이 시리얼이 어린이들에게 '강매'되고 있다고 비난했다. 켈로그의 슈가 프로스트 플레이크Sugar Frosted Flakes가 좋은 예였다. 이 제품이 어린이들을 현혹하는 문구는 다음과 같았다. "먹어봐요, 그럼 여러분도 호랑이처럼 강해질 거예요." 초트의 노력 덕분에 시리얼 조리법은 어느 정도 개선되었다.[157]

이 같은 소비자 운동은 끊임없이 작은 결실들을 거두었다. 그러나 한 가지 눈속임 사례나 문제가 되는 독성 하나에 맞서 싸우는 사례가 많아지면서 또 다른 문제가 뒤따랐다. 1976년 2월, 네이더가 이끄는 보건 리서치 그룹의 압력에 따라 FDA는 적색 2호(아마란스amaranth 또는 E123)를 식품에 첨가하는 것을 금지했다. 당시 적색 2호는 모든 식용 색소 중 가장 폭넓게 사용되었다. 자주빛을 띤 이 색소는 케첩과 소스류, 사탕과 젤로, 소시지와 초콜릿 케이크 등 우리가 먹는 거의 모든 가공식품에 등장했다.[158] 적색 2호의 안전성 의혹이 불거진 지 20여 년이 지났지만 이 색소의 연간 생산 규모는 약 4,500만 달러에 달하고, 약 1백억 달러 규모의 식품 생산 과정에서 색소로 이용된다. 이 색소는 1956년 로마에서 열린 한 회의에서 발암 추정 물질로 처음 거론되었다. 소련 과학자들이 이 색소를 발암물질로 규정하자, 소련 정부는 1960년대에 이 색소 사용을 전면 금지했다. 냉전이 이어지던 당시에 소련 과학자들의 연구 결과가 발표되자 FDA는 처음에는 결정적이지 못한 증거라며 일축했지만, 1976년에는 입장을 바꿔 이 색소가 잠재적

발암물질이라고 발표했다. 적색 2호의 금지는 지금도 식품 영역에서 네이더가 이룬 가장 큰 성공 중 하나로 회자된다.

그러나 이러한 조치로 인해 일반적인 소비자가 감당해야 하는 화학첨가물의 부담이 줄어든 것 같지는 않다. 1976년에 적색 염료 2호가 금지되자, 그 자리를 대신해 적색 40호(알룰라 레드Allura Red 또는 E129)의 생산이 급격히 증가했던 것이다. 같은 해에 사용 승인을 받은 적색 40호의 규모는 액수가 거의 2백만 파운드에 달했다. 적색 40호는 적색 2호에 비해 주홍빛이 더 짙었지만, 프라이드 치킨부터 섬뜩할 정도로 빨간 청량음료에 이르기까지 사용 범위가 적색 2호와 다름없었다. 또한 적색 40호가 적색 2호보다 오히려 위해성이 더 크다는 주장도 제기되었다. 적색 2호와 마찬가지로 아조 염료인 적색 40호는 질소 분자 두 개를 이중 결합하여 만든 색소이다. 1976년 12월, 마이클 제이콥슨Michael Jacobsen이 이끄는 한 소비자 단체는 이 색소를 먹은 후 악성림프종이 생긴 쥐 실험 연구를 인용하며, 적색 40호를 식품 공급 과정에서 절대 허락해서는 안 된다고 주장했다.[159] 이어 제이콥슨은 유럽의 많은 국가에서 이미 적색 40호 사용을 금지하고 있다는 사실을 강조했다(오늘날에도 덴마크, 벨기에, 프랑스, 독일, 스위스, 스웨덴, 오스트리아, 노르웨이에서 금지된 상태이다). 그러나 그의 말에 귀 기울이는 사람은 많지 않았다. 적색 40호가 식품 산업에서 너무나 중요한 위치를 차지했기 때문이다. 소비자의 신뢰는 이미 적색 염료 2호 사건 때문에 흔들린 상태였고, 많은 어머니들이 색색의 사탕 포장에서 빨간 것들을 골라내고 있었다. 그래서 어떤 결론이 내려졌을까? 연방정부는 적색 40호에 대해 아무런 조치도 취하지 않았다.

결과적으로, 적색 40호는 아직도 미국의 수많은 식품에 첨가되고 있다.

발암물질이라는 혐의는 대체로 사라졌지만, 일부 사람들에서 피부 알레르기를 유발한다고 알려져 있다. 또한 적색 40호가 주의력결핍장애를 겪는 아이들의 행동에 악영향을 미친다는 사실도 몇몇 연구를 통해 확인되었다.[160] 비공식적 자료에 따르면, 많은 부모들은 아이들이 적색 40호로 착색된 식품을 단 한 번 섭취한 후에도 거의 바로 조급한 증상을 보인다고 인식하고 있었다.[161]

적색 2호와 적색 40호의 사례는 식품 첨가물을 하나씩 겨냥하여 맞서는 전략이 어떤 문제점을 내포하고 있는지 보여준다. 식품 첨가물을 일 대 일로 상대하는 전략은 아쿰의 시대에는 제법 잘 통했다. 아쿰의 시대에는 눈속임에 사용된 화학첨가물의 숫자가 적었고, 각 첨가물과 인체에 미치는 해로운 영향의 관계도 비교적 명백했다. 그러나 1970년대 말에 이르자 식품 첨가물이 미치는 위험은 아쿰의 시대보다 훨씬 복잡하고 은밀한 방식으로 우리의 일상에 스며들게 되었다. 당시 캘리포니아의 알레르기 전문의 벤 페인골드Ben Feingold는 한 가지 놀라운 결과에 주목했다. 신경안정제와 진정제를 투여해온 '문제 있는' 아이들에게 색소, 향미료, 살리실산염 등의 첨가물을 완전히 제거한 식이요법을 실시하자 약 없이도 정상적 생활이 가능해졌던 것이다. 이 방법은 곧 페인골드 식이요법으로 알려지게 되었다. 모든 첨가물을 거부하는 접근 방식이 암시하는 것은, 실생활에서 첨가물을 한 번에 하나씩 섭취하는 일은 드물다는 의미이기도 했다. 첨가물의 안전성 검사는 일반적으로 분리된 단 하나의 물질에 대해 실행된다. 그러나 사실상 가공식품을 소비하는 소비자들은 예기치 못한 방식으로 여러 화학물질의 칵테일을 섭취하는 것이나 마찬가지이다. 결과적으로 예기치 못한 반작용을 일으킬 수 있음은 물론이다.[162] 1985년의 한 자료에 따르면, 영국의 일반적인 성탄절 만찬의 경우 단 한 번의 차림에 170여 가지의 첨가물이 포함되어 있는 것으로 계산되었다.[163] 이제 미국과 영국의 식품 운동가들은 개별적인 첨가물에 맞서는 운동을 넘어 대용물로 장식된 모든 식품을 거부하고 진짜 식품을 먹기 위해 치러야 하는 전쟁에 눈을 뜨기 시작했다.

캐럴라인 워커와 합법적인 소비자 사기

젊은 영양학자 캐럴라인 워커Caroline Walker는 1980년대 초에 식품산업이 내재한 유독한 마술의 실체를 영국의 대중에게 일깨우려 노력한 인물이다. 사진 속에 살아 숨 쉬고 있는 워커는 넉넉하고 밝은 미소의 소유자이다. 고상한 첼튼엄Cheltenham 여자대학—그녀가 생물학, 화학, 미술에서 A를 받았던—에서 수학한 배경에도 불구하고 워커는 어린 나이부터 일찍이 고상함과는 거리가 먼 급진적인 정치 성향을 갖고 있었다. 그녀는 곧 영국의 불합리한 식품업계야말로 영국 사회의 가장 큰 문제라는 결론에 다다랐다. 1984년에 그녀는 『푸드 스캔들Food Scandal』이라는 직설적인 제목의 책을 제프리 캐넌Geoffrey Cannon과 공동 집필하여 출간했고, 이 책은 전례 없이 선풍적인 관심을 끌며 베스트셀러가 되었다. 영양학자가 된 워커는 기회가 생길 때마다 강의와 집필, 방송 출연을 통해 '위조'된 영국 식품의 현실을 조목조목 따졌다. "레모네이드에는 레몬이 없다. 치즈와 토마토 스낵에는 치즈가 없다. 1978년 한 해 동안 식품 제조에 쓰인 치즈는 23,000톤이었다. 1983년에는 그 양이 거의 절반으로 줄어 13,700톤에 그쳤다. 왜 그럴까? 치즈 유사물을 쓰기 때문이다. 그것이 이유이다."[164] 워커는 이런 현실을 혐오했다.

워커 역시 조지 오웰처럼 도처에서 대용물의 존재를 목격했다. 하지만 천하의 오웰도 워커가 폭로한 첨가물 가득한 잡동사니처럼 '비식품 같은 것'은 결코 상상하지 못했을 것이다. 워커는 농담처럼 "소비자들은 자신들이 먹고 있는 것이 식품이 아니라 화학물질 꾸러미라는 것을 알기 시작했다"고 말했다.[165] 1970년대와 1980년대 영국의 식품 규제는 미국의 양상을 따랐다. 버터와 콘드비프 같은 소수 '전통' 식품을 제외하면, 요리법에 기초한 식품 규격을 고수하자는 예전의 목소리는 사라지고 있었다. 1973년에 영국은 유럽 경제 공동체EEC, European Economic Community에 가입했다. 이는 곧 유럽의 주변 국가들과 더 많은 교역이 이루어진다는 것을 의미했다. 이처럼 새로이 형성된 상업의 천국에서는 너무 많은 식품 규격이 장애물로 여겨졌다. 이 장애물은 상업 바퀴의 속도를 늦출 것이 분명해 보였다. 이윽고 식품규격위원회Food Standards Committee는 식품이 법이 정한 바에 따라 그 내용을 라벨에 표기하고 광고하고 홍보하는 한 이러한 식품의 판매를 막을 수 없다고 권고했다.[166] 워커는, 투명성이라고는 보이지 않는 비민주적 상황에서 '요리도 하지 않고 장 볼 일도 없는' 화이트홀의 '중산층 중년 남성들'이 이러한 결정을 하고 있다고 비난했다.[167] 그녀가 보기에 이런 남성들은 가게에서 팔리는 식품들이 실제로 얼마나 나쁜지 알 리 만무했다.

지금까지 열거한 눈속임의 역사에 등장한 인물들은 주로 남성들이었다. 어떤 남성들은 눈속임을 당했고, 어떤 남성들은 눈속임을 파헤치려 노력했다. 하지만, 현실에서 정작 속아 넘어가는 대상은 대부분 가족이 먹을 식품을 주로 구매하는 여성들이었다. 1960년대와 1970년대에 등장한 식품 광고는 대부분 '평균적인 주부님들'을 겨냥하고 있었다. 광고 속 여인들은 필요한 주방 도구라고는 폴리에틸렌과 호일 포장지를 자르기 위한 가위 한 벌과 깡통 따개뿐인 존재로 그려졌다. 데릭 쿠퍼Derek Cooper가 1967년에 언급했듯이, 광고주들은 "남편의 회색빛 셔츠를 희게 만드는 데만도 너무 바빠서 하루에 단 몇 분이라도 요리할 시간을 내기 어렵다"며 평균적인 주부들을 설득하느라 여념이 없었다.[168] 전후 가공식품산업계의 주된 목표는 평균적인 주부들이 편의성과 저렴함이 질보다 중요하다고 생각하도록 유혹하는 것이었다. 1970년부터 한 상업 광고에는 노란 미나리아재비 한 송이를 든 아름다운 금발 여성이 등장한다. 이 광고의 문구는 다음과 같다. "그녀도 마가린을 좋아할 거예요, 베타카로틴으로 착색한 것이라면 말이죠."[169] 이러한 광고에 깔린 생각은 간단했다. 평균적인 주부님들이란 어찌나 머리가 텅 비었는지 무엇이든 쉽게 설득할 수 있는 존재라는 것이었다.

워커가 이렇게 범람하는 사기의 틈을 헤치고 나갈 수 있었던 무기는 날카로운 재치였다. 평균적인 주부들이 대개 그렇듯, 워커는 슈퍼마켓 통로를 도는 경로에 익숙했다. 그러나 다른 주부들과 달리 워커는 현혹되지 않았다. 대중 강연에서 그녀가 구사한 강력한 전략은 단순했다. 가공식품을 몇 부대 가져와 무엇으로 만들어졌는지 폭로하는 것이었다. 강연이 끝나면 '중산층 중년 남성들' 중 한 사람이 워커에게 이렇게 말하곤 했다. "놀랍네요. 어디서 이런 것을 구했나요?" 그녀는 이렇게 답했다. "어디겠어요? 가게죠!"[170] 1986년, 그녀는 런던 도체스터 호텔에서 열린 화학 첨가물 회의에서 연설을 했다. 청중은 제조사 대표, 영양학자, 그리고 언론인 들이었다. 워커는 가방에서 레이저 광선처럼 새파란 혼합물을 꺼내 혼합 과일 트로픽 오라Tropic Ora라는 '역겨운 음료'를 극적으로 만들어내고는 누구든

한 모금 마셔볼 사람 있느냐고 물었다. 제조사 대표들 중에서도 누구 하나 그 도전에 응하는 자가 없었다. 바로 워커가 만들어낸 음료와 비슷한 식음료를 생산하는 장본인이었는데도 말이다. 결국 그녀는 난처해하는 음식 작가 폴 레비Paul Levy에게 그 파란 액체를 권했다. 맛을 본 레비는 "내가 먹어본 것 중에서 가장 형편없다"고 선언했다.[171]

역사 의식이 강했던 워커는 아큠과 하살의 행적에 자주 존경을 표했다. 그녀는 아큠과 마찬가지로 부정불량식품이 과도한 자유방임주의 정치 풍조와 더불어 나타난 산업화의 결과라고 봤다. 그러나 그녀는 19세기에 아큠과 하살이 펼쳤던 운동과 20세기에 자신이 몸담고 있는 운동 사이의 중요한 차이점 또한 인식하고 있었다. 아큠과 하살의 임무가 불법적인 식품 사기를 폭로하는 것이었다면, 워커의 임무는 법에 저촉되지 않으면서 소비자를 현혹하는 사기꾼들을 비판하는 것이었다. 그녀는 그들의 행위를 "합법적인 소비자 사기"라고 불렀다. 예를 들어, 진짜 산딸기가 조금도 들어가지 않은 '산딸기 향 트라이플trifle'을 파는 행위는 법에 전혀 저촉되지 않았다(부조리한 법적 궤변에 따르면, 산딸기 향 트라이플이 아닌 '산딸기 맛 트라이플'이라고 이름 붙일 경우 산딸기를 약간은 포함해야 할 것이다. '산딸기 트라이플'이라고 부르려면 물론 훨씬 많은 산딸기를 포함해야 한다). 워커는 이 산딸기가 없는 트라이플에 들어 있는 성분들을 다음과 같이 열거했다.

> 산딸기 향 젤리 크리스탈: 설탕, 겔 형성제(E140, E407, E340, 염화칼륨), 아디프산adipic acid, 산도 조절제(E366), 향미료, 안정제(E466), 인공 감미료(사카린 나트륨), 색소(E123)
>
> 산딸기 향 커스터드 분말: 전분, 소금, 향미료, 색소(E124, E122)
>
> 스펀지 케이크: 보존료(E202), 색소(E102, E110)

장식: 색소(E119, E132, E123, E127)
트라이플 토핑 혼합물: 식물성 경화유, 유장 분말, 유화제(E477, E322), 변성 전분, 젖당, 카세인염caseinate, 안정제(E466), 향미료, 색소〔E102, E110, E160(a)〕, 방부제(E320)

역겨워, 이런 건 절대 안 먹을 거야. 당신은 이렇게 말할 것이다. 하지만 누군가는 먹게 된다.[172]

농무부가 정도를 벗어난 이러한 현상들을 걸핏하면 감싸고 도는 근거는 다음과 같았다. '식품은 삶의 즐거움의 일부이자 선물'이며, 가짜 산딸기 트라이플을 가끔 즐기는 것쯤은 결코 해롭지 않다. 이 논리는 분명 편리했지만, 워커는 여기에 동의하지 않았다. 바로 이러한 인식 때문에 가짜 식품이 빠르게 일상적인 식품으로 여겨지고 있었다. 말할 것도 없이 이러한 현실이야말로 기형적이었다. 제조자들은 저렴한 가격을 이유로 가짜 식품을 선호했다. 워커는 다음과 같이 지적했다. "산딸기가 없는 산딸기 트라이플이 예외가 아닌 원칙이 될 것이다."[173] 일단 상황이 이렇게 진행되고 나면, 양심적인 제조자가 진짜 산딸기와 진짜 커스터드, 그리고 진짜 스펀지 케이크로 진짜 산딸기 트라이플을 만들기는 더욱 어려워진다. 산딸기 트라이플의 가치가 낮아지기 때문이다. 포장 블랑망제나 포장 젤리가 그렇듯이 가끔씩 즐기는 고급 식품에서 일상적인 식품으로 변모한 트라이플을 먹는다는 것은 이제 뱃속에서 소용돌이치게 될 온갖 화학물질과 설탕, 지방을 삼키는 것에 지나지 않는다.

도무지 속아 넘어갈 것 같지 않은 워커는 이렇게 자주 말하곤 했다. 자신과 같은 중산층 여성들이 식자재를 직접 감시하겠다며 도구를 챙겨들고 첨가물 산업을 비판이라도 할라치면 거만한 식품 과학자들은 으레 두 가지 답을 내놓을 것이다. 바로 감자와 보존료였다.

> 식품 안전과 품질을 다루는 회의장에서 첨가물을 옹호하는 강연을 본다면 어느 편에 서야 할지 확실히 알게 될 것이다. 식품 과학자는 당당하게 단상 위를 성큼성큼 걷는다. 첫 번째 슬라이드가 보인다. 감자 사진이 뜨고, 강연자는 감자 싹에서 자연스럽게 발생하는 독인 솔라닌solanine에 대해 지루한 설명을 이어간다(감자는 자연독이 특히 좋아하는 매개물이다). 청중이 키득거린다. 이내 두 번째 슬라이드에는 고기를 소금 저장통에 빠뜨리는 고대 이집트의 비참한 노예 그림이 등장한다.[174]

감자 논쟁의 골자는 이렇다. 자연식품도 자연적으로 발생하는 독성으로부터 완전히 안전할 수 없는만큼, 현대 첨가물들이 안고 있는 문제는 그리 새로운 것이 아니다. 워커가 보기에 이러한 주장은 터무니없었다. 워커는 이렇게 덧붙였다. "그렇다면 식품이 자연독을 이미 갖고 있는 마당에 다른 독을 더 보탤 이유는 없지 않은가." 보존료에 관한 논쟁은 이러했다. 첨가물은 고대 시대 이후 계속 사용되었고, 이 첨가물이 없었다면 우리는 모두 식중독으로 죽어갔을 것이다. 워커가 보기에 이러한 주장 역시 겉으로만 그럴싸한 논리일 뿐이었다. 보존료의 문제는 다른 첨가물과 연관성이 없다는 것이 그 이유였다.[175] 1980년대 중반에 사용된 첨가물 중 보존료가 차지한 비율은 1퍼센트 미만이었다. "나머지는 향미료, 색소, 가공 보조제이다. 이러한 첨가물로 막대한 이득을 보는 것은 소비자가 아닌 제조자들이다. 어떻게 제조자들은 아무런 제재 없이 이런 식으로 대중을 속일 수 있는가?"[176]

워커는 정치적 변화를 통해 이러한 사기를 실질적으로 감독할 수 있는 계기를 마련하려 했다. 하지만 1988년에 38세의 짧은 생을 마감한 워커는 안타깝게도 그 꿈을 이루지 못했다. 워커는 대장암을 앓고 있었다. 아이러니는 그녀의 곁을 떠나지 않았던 셈이다. BBC 방송의 〈푸드 프로그램Food Programme〉 사회자인 데릭 쿠퍼와 대담하는 자리에서 그녀는 대장암 진단을 믿을 수 없어 하던 의사들의 반응을 이렇게 전했다. "해박한 영양학자로 통밀빵만 먹는 젊은 여성이 자기 내장을 이렇게 엉망으로 만들다뇨!" 그럼에도 불구하고 상당수의 암이 식습관과 관련 있다고 본 워커의 생각에는 변함이 없었다. 워커는 첼튼엄 여자대학에서 보낸 7년이 대장암의 원인일 것이라고 짐작했다. 그녀의 기억에 그곳은 "신선한 음식과 자연식품이 부족한 대신 끈적한 번과 사탕, 흰 빵, 마가린" 이 가득했다.[177]

'합법적인 소비자 사기' 의 시스템을 무너뜨리는 데는 실패했는지 모르지만, 워커의 충고는 최소한 우리 각자가 이 시스템에 맞서 어떻게 스스로를 보호할 수 있을지 알려준다. '캐럴라인 워커 영양 지침' 은 지금도 영국의 학교 급식을 영양학적으로 검토할 때 최고의 기준치로 받아들여지고 있다. 또한 학교 급식 개선을 위해 싸우고 있는 제이미 올리버의 노력도 뒷받침하고 있다. 워커는 160년 전의 아쿰처럼 부정불량식품을 타파하는 최고의 무기는 좋은 식품을 잘 알고 즐기는 것이라고 생각했다. 아쿰처럼 워커도 질 좋은 통밀빵이야말로 행복한 삶의 초석이라고 봤다. 그녀는 사람들에게 가짜 가공 설탕 대신 진짜 과일에 있는 설탕을 먹고, 가짜 수소 처리한 지방 대신 진짜 해바라기나 올리브, 호두 기름을 먹으라고 권했다. 또한 청량음료와 콜라 대신 진짜 주스를 마시고, 고도로 가공된 짠 식품 섭취를 줄이는 대신 향이 가득한 허브와 향신료를 더 많이 먹으며, 지방 덩어리 고기와 파이 대신 고등어와 정어리를 먹으라고 충고했다. 그녀가 전한 메시지의 핵심은 바로 이 네 어절의 문장에 담겨 있다. "신선한 자연 음식을 섭취하세요."[178]

6
바스마티 쌀과 가짜 분유

우리는 엉터리 안전의식을 위해
음식의 질을 희생시켜버렸다.
—리얼 밀크 캠페인(2006)[1]

부정불량식품이 그래도 과거지사이니 얼마나 다행인가. 부정불량식품을 이야기하는 글들은 대개 이렇게 안도의 한숨을 내쉰다. 현대 과학자들은 빅토리아 시대 사람들을 비참한 일상으로 내몰았던 물 탄 우유와 명반 빵이 이제 사라진 것만 해도 감사히 여겨야 할 것이라고 말한다. 빅토리아 시대의 부정불량식품을 다룬 한 학술 논문은 아예 빅토리아 시대의 음식을 먹고 있지 않다는 사실을 매우 기쁘게 생각해야 한다고 못 박았다.[2] 중등학교 학생들이 대상인 영국의 어느 식품 교육 사이트에는 다음과 같은 소개가 실려 있다. "과거 사람들은 부적절한 재료를 섞은 식품을 진짜처럼 보이게 만들어 이윤을 더 많이 남길 수 있는 교활한 방법을 끊임없이 생각해냈다." 그러나 지금 우리에게는 우리의 건강을 지키고 눈속임을 방지할 수 있는 식품법이 있다.[3] 참으로 감사한 일이다.

하지만 안타깝게도 이 모든 감상은 대부분 희망사항에 지나지 않는다. 식품 사기는 탐욕과 기만만큼이나 인류의 역사를 관통해왔다. 1993년, 한 향신료 역사가는 adulteration(부정불량)이라는 단어가 오늘날에는 거의 쓰이지 않는다고 말했다.[4] 그럴지도 모른다. 하지만 이러한 현상은 단지 이 말이 adultery(간통)라는 단어와 너무 비슷해 보이는 바람에 사용이 꺼려진 탓이기도 하다. 대신 '부정불량식품'은 식품 복제, 식품 사기, 식품 위조, 식품 조작이라는 말로 대체되어 끊임없이 회자되고 있다. 1장에서 살펴봤듯이, 식품 사기꾼들은 소비자와 생산자 사이에 식품 사슬이 길게 늘어진 곳이라면 어디에서든 활개를 친다. 더구나 오늘날의 식품 사슬은 과거 어느 때보다도 길다. 현대사회에서 식품은 국경을 넘어 어디로든 이동하고 있으며, 이 과정에서 이름 모를 배급업자들의 손을 수없이 거쳐 우리 앞에 놓인다. 일주일이 멀다하고 가슴을 쓸어내리게 하는 식품 관련 머리기사들이 우리에게 일러주는 것은 바로 식품의 신뢰도는 제조자와 판매자에 대한 신뢰도에 비례한다는 사실이다. 기사의 제목들은 다음과 같다. "사과에 대한 화학약품 위험성 알려져"[5], "칠레산 포도 공포"[6], "조리용 기름 사건 스페인 강타"[7], "애완동물용 식품, 사람용으로 판매"[8], "염료 오염 식품 사례 증가"[9], "인도, 불량 우유 기습 단속"[10], "방목 사육 사기, 소비자 속여."[11] 이런 사례는 너무 자주 등장하다 보니 이제 그리 특별한 뉴스거리도 아니다. 요란한 기사에 화들짝 놀라는 사이에 문제의 식품은 회수되고, 혐의가 있는 자들은 사과한다. 이제 우리가 할 일은 다음 식품 사기 사건이 일어날 때까지 일상으로 다시 돌아가는 것뿐이다.

식품 사기가 발생하는 과정은 과거보다 다양하며, 종류 역시 훨씬 많아졌다. 공포는 마치 끊임없이 귓가를 맴도는 생활 소음처럼 늘 식품 주변을 어슬렁거린다. 결국 이렇게 일상화된 공포는 편집증적 반응을 일으키고, 예민해진 사람들의 심기를 먹잇감으로 삼는 또 다른 눈속임이 시장에 등장한다. 캐럴라인 워커의 말처럼 오늘날 도처에 존재하는 눈속임은 '합법적인 소비자 사기'이다. 이 사기의 충격적인 한 예는 농경 자체를 조작하는 방법이다. 이를테면, 집약적인 현대 농법으로 식품의 기본적인 영양학적 속성을 아예 변화시키는 식이다. 불법적인 사기 또한 여전히 많이 벌어지고 있다. 과학 기술이 매우 정교한 수준으로 발전을 거듭하면서 눈속임 기술 역시 과거보다 훨씬 복잡하고 세련되어졌다. 곧 자세히 이야기할 바스마티 쌀의 경우 극히 미세한 DNA의 수준에 이르러서야 사기 여부를 판별할 수 있다. 하지만 이런 경우에도 사기의 본질은 다르지 않다. 결국 질이 떨어지는 쌀을 양질의 쌀과 바꿔치기한 것이다. 물을 타고, 색을 덧입히고, 값비싼 재료의 양을 싸구려 재료로 부풀리거나 아예 재료를 바꿔치기하고, 잘못된 상표를 붙이는 식의 오랜 눈속임이 통하는 시장 역시 여전히 존재한다. 이러한 눈속임은 일반적으로 알려진 것보다 훨씬 많으며, 심지어 식품 산업의 최상층에서도 마찬가지이다.

우리가 기대했던 현실은 이렇지 않았다. '투명성'과 '이력 추적'의 시대에는 모든 것이 달라질 것이라고 여겨졌다. '지식 시대'의 문이 열린 1990년대의 서방 세계 정부들은 식품 공급 과정에서 비롯되는 모든 문제들은 라벨 표기를 이용해 해결할 수 있을 것이라고 굳게 믿었다. 오늘날 식품을 소비하는 현대인들은 아쿰과 하살, 그리고 와일리가 바랐던 것보다도 많은 식품 정보를 얼마든지 공유할 수 있게 되었다. 하지만 현대인들의 식생활이 모든 문제로부터 실제로 해방되었는가는 또 다른 문제이다. 오히려 소비자에게 개방된 식품 정보가 모두 유용한 것은 아니라는 사실이 점차 밝혀지고 있다.

완벽한 라벨 표기

1990년, 젊고 명석한 데이비드 케슬러David Kessler가 1906년의 하비 와일리로부터 이어지는 긴 계보를 이어 FDA 국장에 임명되었다. 법학과 의학을 공부한 그는 식품 사기를 일소하는 중책을 맡았다. 케슬러가 취임 선서를 한 날에 새로운 영양 표기 교육법Nutrition Labelling and Education Act이 조인되었다. 그는 잘못된 식품 정보로부터 소비자를 보호하는 것이 자신의 임무라고 생각했다. 이 목표를 달성하기 위해 그가 주목했던 것은 바로 식품 표시였다.

1991년 7월, 『타임Time』은 소비자가 식품의 라벨 표기를 통해 자신이 무엇을 섭취하고 있는지 알도록 한다는 접근이 완전히 새로운 것이라며 케슬러가 제시한 청사진에 갈채를 보냈다.[12] 하비 와일리가 같은 생각을 거의 1백여 년 전에 했다는 점을 생각하면 케슬러의 입장이 새롭다고 평가한 것은 조금 과한 측면이 있다. 하지만 식품업계의 적극적인 대응에도 불구하고 자신의 생각을 성공적으로 관철시켰다는 점에서 케슬러는 와일리를 분명 능가했다. 1993년 그의 노력에 힘입어 미국에 완전히 새로운 식품 표시 체계가 도입되었다. 이 제도에 따라 모든 식품 포장지에는 소비자가 이해할 수 있는 영양 분석표nutrition fact가 의무적으로 표기되어야 했다. 케슬러는 이를 두고 공중보건에 매우 중대한 전기가 마련되었다고 평가했다. "식품 하나를 고른 경우 예컨대 일인분 용량의 지방이나 나트륨, 섬유질, 또는 콜레스테롤이 하루 섭취량의 28퍼센트를 차지한다는 것을 알 수 있다"는 점에서였다.[13] 케슬러에게 이는 혁명적인 발전을 의미했다.

그의 주장에는 일리가 있었다. 유럽과 마찬가지로 미국의 식품 표시는 1990년까지 혼돈 상태였다. 포장 식품 중 3분의 1은 영양 정보를 전혀 싣지 않았다. 3분의 1은 영양 성분 목록을 기재했지만, 대개 제도적으로 의무화된 영양 강화 식품의 경우였다. 자발적으로 영양 정보를 실은 사례는 나머지 3분의 1에 불과했다. 보건사회복지부 장관 루이스 설리번Louis Sullivan은 1993년 이전의 상황을 바벨탑으로 묘사했다. 소비자들이 수많은 라벨을 이해하려면 언어학자, 과학자, 심지어 독심술사라도 되어야 했다.[14] 다행히 1993년에 만들어진 새로운 법에 따라 지방, 콜레스테롤, 나트륨, 총탄수화물 등 일반인이 쉽게 이해할 수 있는 용어로 영양 성분이 표기되기 시작했다. 또 다른 성과는 바로 법령이 실질적으로 효력을 발휘할 수 있게 되었다는 점이다. 라벨 표기 요건이 까다로워지자 식품 제조자들은 당연히 불만의 목소리를 높였지만, 대부분은 케슬러가 이끄는 FDA의 기준을 준수했다. 케슬러에 따르면 1994년 12월에 이르자 포장 식품 중 식품 표시 기준을 준수한 예가 99퍼센트를 넘어섰다.[15] 더구나 표기된 정보의 내용도 대체로 정확했던 듯하다. 당시 FDA는 무작위로 300개의 상품을 검사했는데, 87퍼센트가 전체적으로 정확한 정보를 전달했고, 93퍼센트는 정확한 칼로리 통계 수치를 제시한 것으로 조사되었다. 케슬러는 『뉴욕 타임스』에서 이 새로운 제도는 A 플러스를 받을 만하다고 자평했다.

새로운 식품 표시법이 이룬 쾌거 중 하나는 식품 제조자들이 오랫동안 신봉해온 비밀을 세상에 드러냈다는 점이었다. 1993년에 발표된 한 과학 관련 글은 "계몽적이고 안목 있는 소비자의 시대"가 열렸다고 평가하며, "광고의 진실뿐 아니라 식품 표시의 진실"도 기대할 수 있기를 바란다고 했다. 이러한 진실의 시대는 바로 하살 이래 많은 식품 운동가들의 꿈이었다.[16] 1993년에 미국에서 식품 표시법이 제정된 후, 영국도 1996년에 포괄적이고 새로운 식품 표시법을 만들었다. 영국의 식품 표시법은 '오해의 소지가 있는 설명문'을 엄격히 규제하고, 영양 정보 표기를 의무화하는 조항을 담았다.[17] 그제야 코니시 패스티Cornish pasty[영국 콘월 지역 특유의 파이]의 성분이 국가 기밀이라도 되는 양 감추느라 전전긍긍하던 1980년대와는 다른 결과가 나타나기 시작했다. 1998년, 영국은 개정을 통해 원재료 함량 표시QUID, Quantitative Ingredient Declaration를 의무화하는 조항을 추가함으로써 법의 실효성을 더욱 강화했다. 이 조항에 따르면, 스테이크와 키드니 파이kidney pie[소의 콩팥과 양파, 소고기를 다져 속을 채운 요리]를 팔 경우 스테이크와 콩팥이 각각 얼마나 포함되었는지를 명시해야 한다. 말 그대로 살코기를 쥐꼬리만큼 넣은 파이의 경우, 소비자가 그 함량을 직접 확인한 후 구매 여부를 선택할 수 있을 것이다(영국을 휩쓸었던 광우병 파동이 막바지에 이른 1998년에는 많은 소비자들이 살코기를 전혀 포함하지 않은 파이를 선호했다).

1990년대에는 식품 표시가 식품 안전의 완벽한 만병통치약으로 보였다. 상표로 해결하지 못할 문제는 없어 보였다. 소아 지방변증 환자는 상표를 보고 어떤 소스가 글루텐을 포함하고 있는지 확인할 수 있었고, 채식주의자들은 푸딩이 소고기 젤라틴으로 만들어졌다는 것을 알 수 있었으며, 알레르기를 앓는 사람들은 공장에서 생산되는 베이글 중 견과류를 포함한 것을 피할 수 있었다. 정보의 시대는 이처럼 모든 해답을 줄 것만 같았다. 식품 표시법에 대한 이러한 믿음은 21세기 영국의 경우 새로운 '교통신호등 식품 표시 제도traffic light system'로 이어졌다. 소비자는 라벨에 표시된 교통신호등 같은 스티커를 통해 어느 것이 몸에 좋은지 한 눈에 알 수 있었다.

하지만 이러한 시도는 식품의 품질과 소비자 의식의 차원에서 큰 변화를 이끌어내지 못했다. 왜 그랬을까? 우리가 역사적으로 어느 때보다도 식품 정보에 쉽게 접근할 수 있는 시대에 살고 있다는 사실에는 의문의 여지가 없다. 성분을 확인하려고 일일이 현미경으로 식품을 들여다봐야 했던 1850년대의 하살에 비한다면 우리는 두 말 할 것도 없이 행운아다. 다행히도 아직까지 식품 표시는 눈속임의 대상으로 전락하지 않았다. 하지만 식품 정보에 실리는 내용을 살펴보면 의미 없는 통계가 대부분이다. 라벨을 읽으면 실질적인 정보를 얻을 수 있을 것 같지만, 정작 소비자들의 현실은 그렇지 않다. 더욱이 식품 표시만으로 부정불량식품에 대응하는 전략은 다음 네 가지 점에서 불완전했다.

첫째, 1990년대의 식품 표시 규제 결과 식품업계에서 자행되었던 고질적인 눈속임 중 상당수가 발목이 잡힌 것은 사실이지만, 새로운 종류의 눈속임이 등장할 수 있는 빌미를 제공하기도 했다. 얼핏 들으면 맞는 말이지만 오해의 소지를 남길 수 있는 내용이 기술되기 시작한 것이다. 갈수록 의무적으로 라벨에 실어야 하는 정보의 양이 많아지자, 제조사들은 자신들만의 언어로 정보를 입력하는 방식으로 맞대응했다. 시리얼 상자에서 수없이 볼 수 있는 '저지방'이라는 문구를 생각해보자. 치커리를 포장하고서 커피라고 상표를 붙인 것은 아니니 이 문구를 거짓 표기라고 할 수는 없을 것 같다. 그렇다고 참이라고 하기에도 난감하다. 시리얼은 어차피 지방 함량이 높을 리가 없지 않은가? 이 같은 사례는 다른 식품에서도 무수히 찾아볼 수 있다. 포테이토칩 포장지에는 '저염'이라는 문구가 자랑스럽게 적혀 있다. 다른 포테이토칩보다 소금이 덜 들어가기는 했을 것이다. 그렇다 하더라도 포테이토칩이 원래 다른 식품보다 염분이 훨씬 높다는 설명을 나란히 실을 리는 만무하다. 어떤 식품 포장지에는 심장이나 뇌, 임산부의 배와 같은 상징적인 그림이 인쇄돼 있다. 이러한 그림은 의학적으로 굉장한 의미를 담은 것처럼 보이지만, 그 식품만이 유일하게 어떤 질환이나 특이상황에 좋은 것은 아니다. 관계 당국은 식품을 특정 질병과 연관시키는 광고 행위를 엄격히 단속하고 있지만, 용의주도한 식품 생산자들은 마케팅의 귀재들을 이용해 단속을 피해갈 수 있는 방법을 끊임없이 고안해낸다. 이들이 고민하는 것은 바로 라벨을 정보 전달이 아닌 광고의 도구로 사용하는 방법이다.

식품 포장지에 각종 문구와 상징적 그림이 범람하는 현상은 곧 두 번째 문제로 이어진다. 온갖 정보가 과포화 상태에 이른 라벨은 소비자를 계몽하기보다 오히려 더욱 혼란스럽게 한다. 영국 식품표준청FSA, Food Standards Agency의 한 고위 관계자 역시 내게 다음과 같이 말한 적이 있다. "소비자들은 사실 라벨에 실린 정보를 정확히 이해하지 못하는 경우가 많아요. 숫자와 퍼센트를 좋아하는 사람들은 많지 않지요."[18] 정보가 빼곡히 실릴수록 소비자들은 라벨을 꼼꼼히 읽는 수고로움을 피하려 할 것이고, 결국 무엇이 쓰였든 상관없다는 태도를 보이게 된다. 읽는 것 자체를 포기하는 사람들도 많을 것이다. 케슬러의 혁신적인 새 영양 표시제 덕분에 사람들이 식품에 어떤 성분이 포함되어 있는지 자세히 알 수 있게 된 것은 분명한 사실이다. 하지만 영양 표시제가 등장한 1993년부터 현재에 이르기까지 미국의 비만 인구 비율은 23퍼센트에서 30퍼센트로 오히려 증가했다. 어쩌면 정보시대에 좋은 식품을 구할 가능성보다 오히려 눈속임을 당할 가능성이 더 높아진 것인지도 모르겠다.

정보시대가 낳은 라벨의 세 번째 결함은 바로 라벨에 표기되지 않은 다른 중요한 정보가 쉽게 간과된다는 점이다. 이렇게 시야를 벗어난 정보 중 일부는 법망을 교묘히 빠져나가 자취를 감춰버린다. 이 장에서 다룰 내용처럼, 영국의 경우 빵의 라벨에는 모든 재료가 표기되어야 하지만, 효소 같은 가공 보조제의 경우 잔류 흔적이 분명 있음에도 불구하고 표기가 의무화되어 있지 않다. 애플파이에 사과의 함량은 표기되겠지만 사과에 살충제 잔유물이 남아 있는지의 여부는 표기되지 않는 식이다. 토마토 캔 역시 원산지가 중국이라는 사실은 밝히지 않은 채 '이탈리아 포장'이라는 점만 표기할지도 모른다. '씨를 빼고 절인 검은 올리브' 통조림의 경우, 올리브가 검은 이유가 색을 입히는 산화 공정을 거쳤기 때문이라는 사실은 라벨에 표기되지 않을 것이다. 그런 경우가 아니라면 올리브는 녹색이어야 하지 않은가. 시판되고 있는 검은 올리브는 대부분 이러한 공정을 거쳤지만, 라벨에는 그저 '검은 올리브'라고 기재될 뿐이다.

마지막으로, 식품 표시에 대한 강박증은 현실적으로 라벨이 부착되지 않은 식품이 얼마나 많은지 잊게 만든다. 라벨이 붙지 않은 식품 중 어떤 것은 가장 정직한 식품인 경우도 있고, 반대로 가장 부정직한 식품인 경우도 있다. 주인의 신용이 확실한 정육점을 이용한다면, 그곳의 양고기에 최상의 품질을 인증한다는 라벨을 붙이라고 굳이 요구할 필요는 없을 것이다. 6월의 어느 날, 믿을 만한 시장의 한 좌판에서 잘 익은 멜론 하나를 사거나, 구식 낙농제품 제조소에서 저온 살균하지 않은 톡 쏘는 체다치즈를 고를 때도 마찬가지이다. 소비자 입장에서 의지할 수 있는 것은 라벨이 아니라 자신의 감각과 판매자에 대한 신뢰이다. 이러한 신뢰는 라벨이 제공하는 어떤 내용보다도 훨씬 의미 있다.

하지만, 라벨이 없기 때문에 더 미심쩍은 식품도 분명히 존재한다. 식품 업자들은 라벨을 붙였다가 괜히 뒤따를 수 있는 번거로움을 되도록 피하고 싶어 한다. 식당이나 테이크아웃 전문점, 카페, 키오스크kiosk[신문, 음료 등을 파는 매점]에서 제대로 된 포장지에 담지 않은 채 식품을 파는 것도 그런 까닭이다. 라벨이라는 것은 사실 이것이 붙어 있는 포장지와 별반 다르지 않다. 흔히들 식생활을 포장 식품에 의존하는 것은 좋지 않다고 한다. 하지만 포장 식품이 아닌 것을 살 때도 그 식품이 우리 손에 들어오기까지 연관된 제조자나 판매자들에게 의존하기는 마찬가지이다.

이와 관련된 오싹한 식품 괴담은 어렵지 않게 접할 수 있다. 2006년 9월, 독일의 한 배급업자는 경찰에 120톤의 부패한 육류를 압수당한 후 스스로 목숨을 끊었다. 이 육류는 좌판에서 도너 케밥doner kebab 재료로 쓰일 예정이었다. 뮌헨의 한 경찰은 이 사건을 두고 "도너 케밥 마피아"라고 불렀다. 당시 문제가 된 육류 중 일부에는 유통기한을 넘긴 재활용 육류가 포함되어 있었다.[19] 2004년에는 이른바 서리 카레Surrey Curry 사건이 일어났다. 공중 분석가들은 영국 전역의 카레 하우스에서 판매된 치킨 티카 마살라tikka masala[맛이 강한 카레]에 '불법적이고 잠재적으로 위험한' 수준의 식품 착색제가 첨가된 사실을 발견했다.[20] (『선Sun』 지는 이 소식을 전하며 "우리의 티카를 내버려두라Don't Nikka Our Tikka"며 목소리를 높였다. 카레를 더 건강한 식품으로 만들겠다는 노력이 쓸데없는 참견이라도 된다는 투였다) 그러나 패스트푸드의 등장과 가격 경쟁만이 눈속임의 주범은 아니다. 일상적인 속임수는 세계에서 가장 고급스러운 레스토랑에서도 일어난다.

고급 식품 사기와 보호 대상 식품

3장에서 우리는 빅토리아 시대 런던의 가난한 시민들이 자신들을 사취하려드는 사기꾼들과 어떻게 한 배를 탈 수 밖에 없었는지 살펴봤다. 부정불량식품은 가난한 사람들의 주머니 사정이 허락하는 유일한 먹을거리였던 때가 많았다. 고급 식품을 찾는 부유한 사람들도 사기를 당하기는 마찬가지였지만, 가난한 사람들과 달리 공연히 무지가 탄로날까 걱정하며 미심쩍으면서도 괜찮은 척 지나쳤다. 고급 식품을 취급해온 마크 레섬Mark Leatham은 퓌 렌즈콩Puy lentil이나 마늘 기름처럼 특별한 품목을 판매하는 영국 브랜드 머천트 구어메이Merchant Gourmet의 창립자이다. 그는 또한 많은 레스토랑에 둘세 데 레체dulce de leche 캐러멜[우유에 설탕을 넣고 캐러멜처럼 만든 아르헨티나의 전통 디저트]을 공급한다. 2006년 인터뷰에서 그는 나에게 이렇게 말했다. "이 사업은 속임수로 가득합니다." 내가 인터뷰한 다른 상인들 역시 같은 생각이었다. 레섬은 고급 식품 시장에서 흔히 벌어지는 눈속임에 대해 들려주었다. 하지만, 고급 식품을 대상으로 한 사기는 수면 위로 드러나지 않는 경우가 허다하다. 사람들이 그런 식품을 두고 불평하는 것 자체를 꺼릴 뿐더러 고급 식품이 다른 것과 어떤 미묘한 차이가 있는지 사실 잘 모르기 때문이다. 레섬에 따르면, 요크셔의 농부들은 양들을 웨일스로 보내 '2주간의 휴가'를 준다. 2주 동안 웨일스에 있었던 요크셔의 양들은 '웨일스 양' 꼬리표를 단 채 돌아오고, 레스토랑 메뉴에도 그렇게 이름을 올린다.

레섬이 들려준 이야기 중 가장 극적인 예는 캐비아였다. 1990년대 초에 그는 캐비아를 여러 대규모 시설에 공급했다. 하지만 이 사업은 그리 오래

가지 못했다고 한다. 바로 '때로 부적합한 어란을 공급했던 공급자들과 이들이 상대한 고급 거래처(주방장들이 상당한 액수의 뒷돈을 챙길 기회가 많은 호텔과 카지노)의 사기 본능 때문'이었다. 당시 그는 거래처를 더 확보하기 위해 런던에서 가장 고급스러운 호텔 한 군데를 찾은 적이 있다. 편의상 이 호텔의 이름을 글리츠Glitz라고 하자.

레섬은 자신이 취급했던 벨루가Beluga(가장 비싼 캐비아로, 크고 달콤한 어란으로 유명하다), 오시에트라Oscietra(벨루가 다음으로 비싼 캐비아로, 알이 더 작고 색이 어두운 초록에서 금빛까지 다양하다), 세브루가Sevruga(견과류 향이 나는 회색 캐비아로, 당시 가장 저렴한 종류였지만 캐비아 부족으로 인해 가격이 상승하고 있다)를 가져갔다. 글리츠의 주방장은 물건을 보자마자 "아, 우리는 오시에트라는 쓰지 않아요"라고 말했다. 오시에트라는 미식가 대부분이 가장 맛있다고 평가하는 캐비아였다. 주방장의 단호한 음색은 마치 가격이 조금 떨어지는 오시에트라는 고객의 격에 어울리지 않는다고 말하는 듯했다. "우리는 벨루가와 세브루가만 취급합니다." (레섬의 설명에 의하면 고급 호텔들의 경우 고액을 선뜻 지불할 수 있는 고객들에게는 벨루가를, 그보다 구매력이 떨어지는 고객들에게는 세브루가를 제공하는 것이 여러 모로 편했기 때문에 오시에트라를 들이지 않았다. 맛의 문제는 아니었다.) 레섬과 주방장은 다른 캐비아를 맛보기 시작했다. 먼저 시식한 것은 세브루가였다. 글리츠에서 사용 중인 세브루가와 레섬이 가져간 세브루가를 함께 비교해봤다. 맛은 둘 다 좋았다. 레섬은 주방장을 설득해 자신이 가져간 오시에트라 한 스푼을 맛보게 했다. 주방장은 오시에트라의 훌륭한 맛은 인정했지만, 자신이 쓸 일은 없다며 아쉬워했다. 마지막으로, 벨루가 차례였다. 주방장은 글리츠에서 사용 중인 귀한 벨루가 통을 열었다. 맛을 본 레섬은 외쳤다. "이것 보세요, 주방장님이 막 먹었던 것이네요. 이건 오시에트라라고요!" 몹시 당황한 주방장은 자신을 속인 공급자에 대한 화를 삭인 채 레섬의 말에 동의할 수밖에 없었다. 먼저 주방장이 속았고, 이어서 그의 고객들 또한 속고 있었던 것이다.

이러한 눈속임이 문제가 될까? 자신의 지위를 뽐내려 벨루가를 구매했다면, 어차피 삼킬 때 맛이 어떤지는 상관없는 일 아닌가. 이 부유한 사람들에게서 돈을 조금 더 뜯어내는 것보다 질 나쁜 눈속임들이 많지 않은가. 문제는 사기꾼들의 악행이 미각보다 돈의 위력을 좇은 소비자의 겉치레를 꿰뚫은 것에 그치지 않는다는 사실이다. 그들이 공격하는 실체는 부유층이 아닌 식품 자체이다. 사기꾼들은 이러한 기회를 통해 더욱 폭넓고 손쉽게 눈속임을 저지를 단초를 얻고 있다. 바로 소비자가 무엇을 간과하고 있는지 정확히 파악하고, 이 무지를 영속시키는 것이다.

고급 식품의 또 다른 예로 빼놓을 수 없는 것이 바로 사프란이다. 사프란 사기는 이 책에 소개된 속임수들 중 가장 고전적인 사례이다. 진짜 사프란을 얻으려면 매우 노동집약적인 노력이 요구된다. 사프란 향신료 1파운드를 생산하기 위해서는 크로커스의 한 종류인 이 식물의 암술머리인 작은 줄기 20만 개가 필요하다. 사프란은 그만큼 언제나 귀하고 비쌀 수밖에 없었고, 항상 위조품이 생산됐다. 14세기에는 독일 뉘른베르크에서 사프란 사기가 특히 기승을 부렸다. 뉘른베르크 시는 곧 사프란 특별법Safranchou을 통과시켜 사프란 진품 여부를 단속했다. 이 법을 어긴 자는 뉘른베르크의 지하 감옥에서도 가장 깊은 구덩이에 던져졌다.[21] 그래도 사기 행각은 멈출 줄 몰랐다. 상인들은 황금빛 도는 주황색 천수국marigold[국화과의 꽃] 꽃잎을 섞거나 꿀에 담가 중량을 늘렸다.

우리가 겪어온 일들만 보더라도 쉽게 짐작할 수 있듯이 가짜 사프란은 흔하디흔한 식품 사기의 한 예일 뿐이다. 모로코의 마라케시나 터키의 이스탄불을 여행하던 중 기절할 만큼 저렴한 포장 '사프란'을 샀다고 가정해 보자. 당신은 집으로 돌아온 후에야 이것이 강황에 식품 착색제를 섞어 만든 혼합물이라는 사실을 알게 될 것이다. 사프란의 진품 여부를 확인할 수 있는 방법은 사실 아주 간단하며, 과학적 기술도 필요 없다. 약간의 따뜻한 물에 넣었을 때 몇 분 내에 가닥의 색이 어둡게 퍼진다면 진짜이다. 가짜라면 물이 즉시 노랗게 물들 것이다. 속았다는 것을 알아도 어쩌겠는가. 사프란을 물에 넣어보았을 때는 이미 늦었다. 당신은 이미 비행기를 타고 가짜 사프란을 판 사람으로부터 너무 멀리 와버리지 않았는가.

사프란 사기 역시 고급 레스토랑에서도 마찬가지로 일어나고 있다. 고급 레스토랑을 드나들 만한 사람이라면 눈속임을 하려드는 의도를 알아채고 직접 주방장을 불러서 따질 법도 하지만, 그런 일은 별로 없다. 레섬은 자신에게 사프란을 납품하는 생산자와 함께 런던의 최고급 모로코 레스토랑에 점심식사를 하러 갔던 일화를 내게 들려주었다. 그 레스토랑에서 그들은 사프란 요리 두 가지를 주문했다. 그러나 두 요리 모두 사프란은 온데간데 없었고, 밝고 조악한 색깔의 강황만 보일 뿐이었다. 요리를 주방으로 돌려보내자, 요리사는 정중히 사과하고 새로운 요리들을 내왔다. 이번에는 진짜 사프란으로 요리를 아예 덮어버려 도무지 먹을 수가 없었다.

최상의 식자재를 이용해 요리하는 고급 레스토랑들이 태연히 눈속임을 되풀이하는 이유는 다음과 같이 정리할 수 있다. 많은 고객이 진짜 사프란의 톡 쏘는 천상의 맛을 제대로 알지도 못할 뿐 아니라, 속았음을 알아채더라도 그 자리에서 쉽게 불평하지 못한다. 사기꾼들도 이런 허점을 잘 알고 있다. 고급 음식에 돈을 지불하는 행위는 구매 자체가 의미 있는 것이지 그

것이 진짜인지 아닌지는 중요하지 않다. 자칫 소란을 피웠다가 그 재료에 대해 잘 알지도 못하는 사람처럼 보이고 싶은 이는 아무도 없을 것이다. 물론 모두가 진짜 사프란을 좋아하는 것은 아니다. 나도 사프란을 가미하지 않은 파에야 화이트paella white[쌀과 고기, 해산물, 야채 등을 볶은 스페인 전통요리]를 더 좋아하고, 사프란 빵보다는 건포도 토스트가 언제나 입에 맞다고 생각한다. 하지만 만약 당신이 돈을 들여 사고자 하는 것이 사프란이라면, 당신 손에 쥐여지는 것은 어쨌든 사프란이어야 한다.

재료의 희귀성만으로도 사기꾼들의 눈속임에 무력할 수밖에 없는 식도락 식품은 이밖에도 많다. 페리고르Perigord 트뤼프[고급 음식으로 통하는 트뤼프(서양송로) 중 프랑스 페리고르 지역에서 채취한 것을 최고로 여긴다]는 그 가치와 희소성으로 인해 '검은 다이아몬드'로 불린다. 감정가들이 높이 평가하는 것은 바로 페리고르 트뤼프가 갖고 있는 소박하면서도 풍부한 향미이다. 현재 해마다 생산되는 진짜 페리고르 트뤼프의 양은 120톤 정도이며, 가격은 1킬로그램당 3,500유로에 육박한다. 그러나 매년 페리고르 트뤼프의 이름을 달고 유통되는 식자재의 양은 300톤에 이른다. 그중 상당량을 차지하는 것은 등급이 낮은 중국산 흑송로버섯인데, 이 버섯의 실제 시장 가격은 1킬로그램당 25달러에 불과하다. 놀랍게도 관광객이 많이 찾는 페리고르의 레스토랑에서 특히 흔하게 발견된다. 하기야, 눈속임이 지역을 가려 일어나는 일은 아니지 않은가.

진품과 비교했을 때 중국산은 힘이 없고 풍미도 보잘 것 없는 데다 뒷맛이 씁쓸하다. 전통적 방식으로 트뤼프를 채취하는 페리고르 사람들의 입장에서 보면, 가짜 페리고르 트뤼프를 취급하는 사람들은 소비자뿐 아니라 자신들처럼 진짜를 취급하는 생산자도 속이고 있다. 진품 페리고르 트뤼프

생산자들이 정말 두려워하는 것은 진품의 맛을 모르는 소비자들이 가짜를 보고서도 불평하지 않는 것이다. 더욱 걱정스러운 일은 중국산 트뤼프를 한번 맛본 소비자가 다시는 페리고르 트뤼프를 찾지 않을 수도 있다는 점이다.[22]

유럽에서 크게 확산되고 있는 원산지 보호 제도는 바로 이러한 우려에서 출발했다. 프랑스에서는 원산지 통제 명칭 제도 또는 AOC라는 제도를 통해 보호상품으로 지정된 식품이 지리적 제약과 품질의 엄격한 법적 기준에 따라 생산되도록 규정하고 있다. 프랑스의 AOC는 원산지보호법이 통과된 1919년부터 시행되었다. 초기 AOC의 관리 대상은 주로 와인이었다. 말하자면, 2장에서 살펴봤듯이 론 지역 와인에 필수적인 테루아terroir[포도가 자라는 데 영향을 주는 지리적 요소와 기후, 재배법 등을 포괄하는 말이다]의 가치를 달갑지 않은 모방꾼들이 희석하지 못하도록 하기 위함이었다. 오늘날 AOC는 치즈에도 적용되고 있다. 로크포르Roquefort[프랑스 로크포르의 석회암 동굴에서 양젖을 숙성시킨 푸른곰팡이 치즈]는 1925년에 이미 AOC를 인정받았지만, 대부분의 AOC 치즈들은 최근에 승인되었다. 크로탱 드 샤비뇰Crottin de Chavignol[프랑스 상세르 지방에서 염소 전유로 만든 치즈](1976), 브리 드 모Brie de Meaux[프랑스 브리 지역에서 생우유로 만든 흰곰팡이 치즈](1980), 카망베르Camembert[향이 강하고 부드러운 흰곰팡이 치즈](1984), 에푸아스Époisses[표면을 소금물과 술로 씻어 숙성시킨 치즈](1991), 바농Banon[밤나무 잎을 감싸 숙성시킨 바농 지역 치즈](2003) 등이 예이다. 최근에는 AOC 상표가 더 많은 식품에 확대 적용되고 있다. 지역적 특성과 맛이 연관된 식품들로는 코르시카산 꿀, 브레스산 닭(고기), 바욘산 햄, 세벤느산 스위트 양파, 아르데슈산 밤, 니옹산 진짜 블랙 올리브, 그르노블산 견과류 등이 있다. 이러한 지위 보호는 생산 방법에 엄격한 기준을 적용함으로써 해당 식품을 위조하여 가치를 떨어뜨리는 행위를 방지하기 위해 시행된다.

AOC 체계는 최근에 만들어졌지만 중세 식품 길드와 비슷하다. 식품 길드와 마찬가지로 AOC 체계의 출발점은 품질 저하를 야기할 수 있는 이들에 맞서 좋은 식품을 보호하는 데 있었다. 특정 식품에 대한 지식은 소비자보다 생산자에 의존할 수밖에 없다. 이러한 지식은 지역 전문 기술의 형태로 나타난다. 제도적으로 이 전문 기술을 관리하면 특정 식품에 대한 정보가 무분별하게 퍼지는 것을 차단하는 효과를 볼 수 있다. 이제 소비자는 품질을 보장하는 진짜 AOC 상표가 부착되었는지 살피기만 하면 된다. 그 밖의 일은 모두 생산자의 몫이다. 길드와 마찬가지로 AOC 체계는 심사 기준의 지나친 엄격함과 선정 과정의 임의성 측면에서 논란의 여지를 남길 수 있다. 이 제도를 비판하는 사람들은 기존의 식품 생산자들이 새롭게 이 시장에 발을 들이려는 사람들의 발목을 잡고 기득권을 유지하는 데 이 제도를 남용한다고 주장할 수도 있다. 그렇게 엄격한 기준을 고집한다면 식품과 요리의 혁신은 도대체 어디서 기대할 수 있단 말인가? 하지만 AOC는 실제로 효과적인 제도이다.

AOC가 시행되자 판매자들은 일반 식품에 특정 지역의 명칭을 사용하기가 어려워졌다. 1990년대 초에는 일부 퓌 렌즈콩이 캐나다에서 수입되어 판매되었다. 작은 알약 크기의 이 초록색 렌즈콩은 품질이 괜찮은 편이었다. 원산지 역시 캐나다산이라고 분명히 표기되었다. 소비자를 현혹하려는 의도는 아마도 없었던 듯하다. 그러나 프랑스의 진짜 퓌 렌즈콩은 아니었다. 렌즈콩은 오베르뉴의 퓌 지역에서 2천 년 동안 재배되어왔다. 회색이 도는 이 청색 콩은 고유의 견과류 맛과 무기질 맛을 함께 갖고 있으며,

다른 렌즈콩 품종에 비해 모양과 식감이 더 좋은 편이다. 1996년에 퓌 렌즈콩이 콩류 식품 중에서는 처음으로 AOC 상표를 받게 되자, 소비자들은 이 콩의 고유한 품질을 새롭게 인식하기 시작했다. 캐나다의 초록색 렌즈콩은 이후에도 계속 판매되었지만, 더 이상 '퓌'라는 지역명을 붙일 수 없게 되었다(대신 우리에게 너무나 익숙한 눈속임처럼 상표가 발빠르게 '뒤 퓌Du Puy'로 바뀌었다).

식품의 품질 보호 차원에서 AOC가 성과를 보이자 다른 국가들에서도 비슷한 제도가 등장하기 시작했다. 이탈리아는 원산지 통제 명칭Denominazione di Origine Controllata 제도를, 스페인은 원산지 명칭Denominación de Origen 제도를 도입했다. 유럽연합 역시 수백 종의 특별한 식품을 관리하는 원산지 명칭 보호PDO, Protected Designation of Origin 체계를 실시하고 있다. 보호 대상 품목으로 지정된 과일과 채소의 목록을 살피는 일은 지역 특산물에 대한 시적 감각을 회복하는 과정이기도 하다. 조지 오웰이 그토록 안타까워했던 솜뭉치 같은 사과의 규격을 자로 잰 듯 맞추는 것과는 매우 다른 상황이다. 트레비소산 붉은 라디치오radicchio[치커리의 일종], 케르시산 멜론, 칼라스파라산 쌀, 칼란다산 복숭아, 아쟁산 프룬prune[말린 자두], 로트렉산 분홍 마늘, 에게해산 피스타치오pistachio, 슈프레발트산 거킨, 시칠리아산 블러드 오렌지blood orange[과육이 붉은 스위트 오렌지의 한 종류], 바하우산 마릴레Marille(살구의 일종), 파드레라산 포르투갈 밤, 산 마르차노산 토마토, 소렌토산 레몬, 라치오산 로마 아티초크artichoke[국화과 식물로, 엉겅퀴와 비슷한 꽃봉오리의 속대를 식용한다]는 모두 마땅히 보호받아야 할 식품들이다. 이러한 식품들의 품질은 단순히 생명 유지를 위한 식재료의 차원을 넘어 즐거움과 예술적 감상을 불러일으키는 풍미를 안고 있다. 특정 식품이 마땅히 갖고 있어야 할 풍미가 무엇인지 사람들이 잘 모를 때 식품 사기는 활개를 친다. 유럽연합의 원산지 명칭 체계인 PDO는 바로 이러한 식품의 다양한 특성에 대한 지식을 대중화시켰다는 점에서 의미가 있다. 이 제도가 시행되면서 사람들은 프로슈토 디 파르마Prosciutto di Parma는 여느 절인 햄과 달리 파르메산 치즈를 만들고 남은 유장을 먹인 돼지에서 얻었으며, 장밋빛 결에 살살 녹는 식감을 지닌 특별한 햄이라는 것을 알게 되었다. 또 다른 보호 대상 식품인 세라노Serrano햄이나 산다니엘레San Daniele햄 역시 각각의 특징이 있는 햄이라는 것도 알게 되었다.

사기꾼으로부터 특정 식품을 보호하려는 노력은 원산지 표시 수준을 넘어 훨씬 다양한 방식으로 나타났다. 코르시카 섬에서는 이 지역의 유명한 돼지고기 식품을 흉내 내는 사기꾼들이 오랜 골칫거리였다. 코르시카 햄과 건조 소시지가 자랑하는 훌륭한 맛의 비결은 다름 아닌 코르시카산 돼지이다. 이 돼지들은 생후 2년 동안 라벤더, 로즈메리, 타임thyme[백리향]과 같은 강한 허브와 호두, 도토리 등을 먹으며 자란다. 이러한 식이를 통해 이 지역의 돼지 살코기는 허브의 깊은 향미와 견과류의 고소한 풍미가 어우러진 절묘한 맛을 띠게 된다. 2년이 지난 후에는 올리브나 너도밤나무, 도토리로 서서히 식이를 바꾸게 되는데, 이때 육질이 더욱 기름지게 된다. 진짜 코르시카산 돼지고기를 먹기 위해 바위투성이인 이 섬에 관광객들이 몰려드는 것은 당연한 일이다. 하지만 많은 관광객들의 손에 쥐여지는 것은 사실 타지에서 대량 생산하여 공수된 중국산 돼지고기이다. 2003년, 코르시카 돼지고기 프로모터인 폴 데미나티Paul Deminati는 이렇게 전했다. "우리 지역의 돼지고기는 세계적으로 알려져 있다. 유명한 상품 주변에는 언제나 위조품을 만드는 사기꾼들이 들끓게 마련이다. 맛은 다른데, 가격은 같다."[23] 이 사기꾼들에 맞서 코르시아 돼지고기 업계는 각 돼지의 혈통을 3대에 걸쳐 거슬러 올라가 추적하여 코르시카 돼지의 진짜 품종을 확인하는 작업을 시작했다. 코르시카 돼지들의 개별적 역사와 족보를 고스란히 전산화하는 작업이었다. 이로써 순수 혈통의 유전자를 가진 돼지만이 코르시카 돼지로 인증되었고, 이 돼지로 만들어야 코르시카 소시지로 불릴 수 있었다. 이 제도 덕분에 이제 사기꾼 단속이 더욱 수월해졌다.

가짜 식품을 가려내기 위해 컴퓨터 기술로 혈통을 추적하는 작업은 중세적 방어벽의 또 다른 형태이기도 하다. 코르시카 양돈 농가들의 입장에서 단조로운 영양 정보보다 더욱 신뢰할 수 있는 것은 바로 혈통과 테루아이다. 이러한 노력은 어쩌면 더 보수적이고 과거 회귀적으로 보일지도 모른다. 하지만 코르시카 돼지가 중국산 돼지보다 맛이 좋고 소비자에게 더 큰 만족을 준다는 점을 상기한다면, 고루해 보이더라도 그렇게 하는 것이 옳다. 이처럼 사기꾼의 기승을 막는 데 전통적인 방식이 여전히 중요한 역할을 하는 가운데, 21세기 식품산업의 또 다른 일각에서는 DNA 검사가 새로운 식품 검사 기술로 각광받기 시작했다.

바스마티 쌀의 DNA

우리 시대의 하살인 마크 울프Mark Woolfe는 영국 홀본에 위치한 식품표준청에서 진위감별과Authenticity Unit를 이끄는 인물이다. 식품표준청은 영국에서 일어나는 식품 사기꾼들의 행적을 면밀히 조사하기 위해 창설된 핵심 기구이다. 이 기구에는 이름도 낯선 프로그램들이 30여 개에 이른다. 그중 하나인 진위감별과는(광우병 파동의 여파로 2000년에 설립되었다) 독성이나 첨가물, 오염과 같은 중독 문제가 아닌 눈속임, 오해의 소지가 있는 잘못된 기재 사항이나 라벨과 같은 사기 문제를 다룬다는 점에서 기존 부서와 구별된다. 오늘날 진품authenticity이라는 용어는 과학자들 사이에서 불순물이 첨가되지 않은 식품이라는 의미로 통용된다. 그렇다면 시칠리아 농부의 라비올리 요리법을 그대로 따랐다는 이유만으로 진짜 식품으로 인정할 수는 없다. 요리법은 물론 재료도 속이지 않은 식품이어야 한다.

헌칠한 키에 눈에 띄는 인상을 지닌 울프는 성품이 신사적이고 조용한 진정한 과학자다. 그와 하살의 공통점은 바로 속임수를 깊이 증오할 뿐 아니라 철저한 과학적 접근을 통해 이 악행을 척결하려 했다는 점이다. DNA 검사법에 대해 하루 종일 들뜬 마음으로 조목조목 이야기하는가 하면, 사무실 벽 화이트보드에 이런 저런 공식들을 적어두는 울프는 영락없이 하살을 닮았다. 다른 자잘한 습관들도 비슷하다. 그의 책상에 놓인 아프리카 제비꽃도 그렇고, 2000년부터 식품표준청 사무실 한구석을 지켜온 작은 카페테리아에서 원두를 새로이 갈아 커피를 내리며 뿌듯해하는 것도 하살과 비슷한 모습이다. 1994년으로 거슬러 올라가보자. 울프는 진위감별과가 식품농림부Ministry of Food and Farming 소속이었을 때, 영국에서 유통되는 인스턴트 커피의 품질을 조사한 적이 있다. 조사 결과 가장 저렴한 커피 표본 중 15퍼센트에서 수치가 상당히 높은 당류(자일로스xylose, 글루코스, 과당)가 발견되었다. 짐작건대 이렇게 당분이 높은 인스턴트 커피에는 커피나무 겉껍질이나 복합단당류가 첨가되었을 것이다.[24] 대형 업체들의 제품은 양호한 것으로 밝혀졌다. 울프는 하살과 달리 진짜에 과도하게 집착하는 우를 범하지 않았다. 진위 여부 못지않게 그에게 중요한 것은 맛을 즐기는 것이었다.

울프는 식품에 대한 조사 및 감시는 물론 연구의 영역까지 섭렵한 인물이다. 그가 이끄는 특별조사위원회는 시장에 유통되는 다양한 식품을 최신 과학적 방법으로 조사하고 진위 여부를 밝힌다. 즉, 라벨이 전하는 내용이 사실과 일치하는지, 그리고 소비자가 기대하는 기준에 적합한지 살핀다. 울프의 조사는 정말 답답할 정도로 더디게 진행된다. 그에 따르면, 조사하려 하는 식품의 우선순위를 먼저 신중하게 정해야 한다. 순위는 곧 소비자의 관심은 물론 기존 시장에서 해당 식품이 차지하는 가치를 반영하기 때문이다. 그런 면에서 육류 제품이 수위를 차지하는 경우가 많다. 이를테면 꿀은 잠재적 사기가 일어나더라도 그 규모가 상대적으로 작을 것이다. 반면 육류는 '수십억 파운드'의 가치를 지니고 있다. 울프는 내게 이렇게 말했다. "우리는 눈에 보이지 않는 힘과 같습니다. 이 힘은 소비자의 확신과 맞닿아 있지요. 광고하는 제품을 구매하는 소비자는 그 물건에 대해 확신이 있어야 합니다."[25] 하살도 분명 이렇게 말했으리라.

하살과 마찬가지로 울프는 식품 사기가 표면적으로 발생하기 전에 미리 가능성을 확인하는 것이 중요하다고 생각했다. 하살은 그 과정에서 식료품상들이 설탕에 모래를 섞어 판다는 소문이 사실이 아님을 밝힐 수 있었다. 울프도 마찬가지였다. 그가 이끄는 진위감별과의 조사 결과, 소비자들의 오해로 인해 부정불량식품으로 낙인찍힌 사례들이 확인되었다. 일례로, 영국에서는 살라미 소시지와 유럽 대륙에서 건너온 다른 육류 제품이 당나귀 고기나 말고기로 만들어진다는 소문이 오랫동안 퍼져 있었다. 이러한 두려움의 일부는 외국인들은 이상한 음식을 먹을 거라고 생각하는 외국인 혐오증 때문에 나타났다. 울프는 이렇게 말했다. "이야기에 따르면, 사람들은 중부 유럽에서 건너오는 육류에 온갖 끔찍한 것들이 섞여 있다고 생각했습니다." 2003년, 진위감별과는 158가지의 살라미 소시지와 '유사 살라미 제품'을 수집해 말고기와 당나귀 고기가 첨가된 사례가 있는지 조사했다. 그 결과, 이 소문은 근거가 희박한 것으로 밝혀졌다. 그나마 말고기 흔적이 조금 나타난 것은 초리조chorizo[햄을 만들고 남은 돼지고기를 양념하여 만든 소시지] 표본 한 건이 전부였다.[26] 더군다나 말고기나 당나귀 고기로 만든 살라미 소시지가 있더라도 확실히 해롭다고 할 수도 없었다. 울프는 이렇게 지적했다. "말고기와 당나귀 고기는 지방 함량이 매우 낮습니다." 어쨌든 소비자들이 오해했던 내용의 핵심은 바로 말고기나 당나귀 고기가 그들이 구입하려 했던 돼지고기나 쇠고기로 둔갑했다는 것이었다. 식품을 불편한 감정으로 바라보는 것은 사실 생산자나 소비자 모두에게 좋지 않다. 신뢰를 갉아먹는 일이기 때문이다.

반면, 울프의 진위감별팀은 소비자들이 막연히 느껴왔던 공포가 사실이었음을 밝히기도 했다. 이러한 작업은 곧 식품 공포 문제를 풀기 위한 첫 걸음이다. 오늘날 수분으로 육류와 어류의 중량을 늘려 이윤을 더 남기는 행태는 무척 흔한 사기 수법 중 하나다. 간혹 라벨에 '수분 첨가'라고 표기되기도 하지만, 그런 경우에도 눈속임의 의혹은 여전히 남는다. 설령 속은 것 같다는 의심이 들더라도 소비자 입장에서는 대처할 방법이 거의 없다. 냉동 닭가슴살의 경우, 2001년부터 시행된 식품표준청 조사 결과 수분이 너무 많다는 문제점이 분명히 밝혀졌다. 이 냉동 닭고기에 포함된 수분은 해동 후 조리한 다음에도 남는다. 수분 자체가 돼지고기와 소고기의 단백질로 만들어졌기 때문이었다. 이처럼 수분이 주입된 닭고기는 대부분 유럽에서 생산되어 식당에 납품되었다. 이른바 돼지물은 할랄halal[이슬람 교도가 먹을 수 있는 것을 가리킨다] 라벨이 붙은 닭고기에 주입되었다. 이슬람 교도들이 이 닭고기를 먹었다면 자기도 모르게 돼지물을 들이켠 셈이니, 얼마나 껄끄러운 일인가. 이와 비슷한 충격적인 사례는 2002년에 울프가 조사한 생가리비와 스캠피scampi[굵은 새우]의 수분 함량이었다. '얼음으로 뒤덮인' 껍질 벗긴 스캠피는 수분이 총중량의 10퍼센트 이상을 차지한 경우가 무려 86퍼센트에 달했다. 가리비의 경우 48퍼센트의 제품이 10퍼센트 이상의 수분을 포함하고 있었다. 가장 심한 경우 수분의 양이 54퍼센트에 이르렀는데, 결국 가리비보다 물이 더 많이 든 셈이었다. 참으로 뻔뻔한 수법이었다. 가리비 공급량이 적을라치면 각얼음이나 다름없는 얼음투성이 가리비가 최상급 왕가리비로 둔갑하여 비싸게 팔렸다.

울프의 활동들은 말할 것도 없이 긍정적인 효과를 낳았다. 당국은 적발된 사례들의 심각성에 따라 끊임없이 해당 업체를 기소했다. 식품업계 역시 유통 과정을 투명하게 관리하기 시작했고, 정부가 제시한 더욱 엄격해진 조항들에 협조했다. 영국에서 가리비에 물을 가장 많이 넣은 제조자로 이름을 올리고 망신당하는 것은 결코 자랑할 만한 일이 아니었기 때문이다(2002년에 이 특별한 영예는 런던의 도매업체인 콜른크레스트Colncrest에 돌아갔으며, 리즈에 위치한 아이스 팩 인터내셔널Ice Pak International이 그 뒤를 바짝 좇았다). 울프는 이러한 감시 활동이 성공을 거두려면 자신이 처음부터 그러했듯이 철저한 과학적 방법에 심혈을 기울여야 한다고 지적했다. 1850년대에 하살이 현미경을 통해 자신의 관점을 관철했듯이, 울프 역시 소비자뿐 아니라 제조자를 설득하려면 무엇보다 자신이 추구하는 방법이 정확하고 합리적인 정보를 제공하기에 가장 적합하다고 확신할 필요가 있었다.

싸움의 양상은 늘 같다. 선한 자들이나 악한 자들 모두 식품 사기를 밝히기 위해 혹은 숨기기 위해 과학 기술을 이용하고, 이 기술은 양쪽 모두에서 똑같이 진보한다. 식품 사기를 도모하는 사람들은 이를 파헤치려는 사람들과 거의 비슷한 수준의 법적, 과학적 전문가들을 끌어들인다. 결과적으로 사기 수법을 밝히려는 이들에게는 사기를 증명해야 하는 부담감이 갈수록 높아지게 된다.

하지만 분명히 달라진 사실도 있다. 식품 사기를 적발하려는 쪽에서나 숨기려는 쪽에서나 '진위 감별'의 과학은 1850년대 이후 급격한 변화를 겪었다. 후각 검사, 조사, 시식을 기본으로 하는 관능 검사는 언제나 유효하지만, 이러한 검사가 증거로 효력을 발휘하려면 이제 정교한 과학적 실험으로 입증해야 했다. 하살의 경우 현미경이 그 역할을 훌륭하게 수행했다. 현미경은 과일 잼과 퓨레puree[채소나 고기를 걸러 걸쭉하게 만든 수프] 등을 분석할 때 지금도 사용된다. 배나 대황이 비싼 산딸기류 열매의 양을 부풀리는 데 사용된 경우 현미경으로 쉽게 적발할 수 있다. 배에서 관찰되는 딱딱한 돌 같은 세포와 대황에서 보이는 긴 섬유질 세포는 과육이 부드러운 과일 세포와 분명히 다르기 때문이다. 오늘날 다른 종류의 식품 검사에는 현미경 검사법 대신 주로 기체 크로마토그래피, 동위원소 분석법, 질량 분광법이 사용되고 있다.

기체 크로마토그래피는 시료를 칼럼column에 흡착시킨 다음 증발시켜 비활성 기체 상태로 지나게 함으로써 혼합물을 분리하는 기술이다. 칼럼 끝에서 시료의 성분이 분리되어 나오면 검출기가 심장박동 그래프처럼 결과를 보여준다. 이 그래프를 읽으면 원래 물질의 둔갑 여부를 확인할 수 있다. 크로마토그래피는 올리브유 사기를 적발하는 데 특히 유용하다.[27] 지중해식 요리가 인기를 얻으면서 엑스트라 버진 올리브유(EVOO라고도 하는데, 일부 주방장들이 이렇게 부른다)의 수요도 함께 증가했다. 문제는 흔한 정제 올리브유로 희석한 가짜 제품의 양도 증가했다는 것이다. 최고의 올리브유 생산자로 유명한 이탈리아의 아르만도 만니Armando Manni는 고급 상표를 내세워 버진 올리브유로 둔갑한 채 유통되는 제품은 사실상 램프 기름보다 나을 것이 없다고 비난했다. 크로마토그래피가 이 사기를 적발하는 원리는 표본의 스테롤sterol 함량을 따로 분리하는 데 있다. 정제 올리브유는 버진 올리브유보다 에리스로디올erythrodiol을 훨씬 많이 함유하고 있다.

특별한 조건을 갖춘 환경에서 고유한 특성을 띠게 되는 식품들의 경우는 동위원소 측정이 진위 여부를 결정짓는 가장 좋은 방법이다. 모든 식물과 동물의 조직에는 자라는 동안 겪은 날씨와 환경의 화학적 기억이 저장되기 때문이다.[28] 나이테를 보고 나무의 나이를 짐작할 수 있듯이, 동위원소를 통해 우리는 그 식품이 어디서 어떻게 생산되었는지 가늠할 수 있다. 동위원소란 질량은 다르지만 원자번호가 같은 원소로, 같은 성분이 다른 형태를 취하고 있다고 볼 수 있다. 질량 분광 분석법은 이 점에 착안하여 식품 표본에서 생물학적 요소들(탄소, 수소, 산소, 질소)의 동위원소 비율을 비교함으로써 해당 식품이 어디에서 왔고 어떻게 생산되었는지 밝힌다. 예를 들어, 영국산 양고기에서는 경량의 수소가 많이 발견되는 반면, 스페인산 양에서는 질량이 더 나가는 수소 동위원소들을 볼 수 있다. 두 지역에서 양이 마시는 지하수나 빗물의 화학적 성질이 다르기 때문이다. 이러한 원리에 따르면 닭이 어떤 음식을 먹고 자랐는지(포장지에 적힌 대로 정말 옥수수를 먹였는지), 연어가 자연산인지 양식인지, 파르마 햄이 정말 파르마에서 온 것인지, 세계의 특정 지역에서 온 꿀에 설탕이나 콘 시럽이 섞였는지 알 수 있다.[29]

동위원소 측정은 물이나 설탕, 펄프로 양을 부풀린 과일 주스를 적발하는 데도 이용된다. 이렇게 만들어진 주스는 제대로 된 주스를 만들고 남은 과즙 빠진 펄프를 여러 번 씻어낸 물이나 마찬가지이다. 1990년대 초, 미국 시장에서 판매되는 주스의 약 10퍼센트가 가짜 주스인 것으로 추산되었다. 영국의 경우, 1991년에 오렌지 주스를 대상으로 실시한 한 조사에 따르면, 시중에서 많이 팔리는 21개 제품 중 16개에 오렌지에서 발견되는 것과 비슷한 동위원소 구성을 가진 물질들이 포함되어 있었는데, 주로 사탕무당 beet sugar[비트당이라고도 한다]이었다. 이 밖에도 시료의 분자 질량을 측정하는 분광법을 이용하면 오렌지 주스의 당도를 판정할 수 있다. 그러나 이 방법만으로는 어떤 오렌지의 당도가 적정한지 결정하기에 충분하지 않을 수 있다. 오렌지의 당도는 자연 환경에 따라 달라질 수 있기 때문이다. 그래서 식품 분석가들은 정교한 평가를 위해 다양한 기술을 결합해야 하는 경우가 많다.

오늘날 사용되는 매우 정교한 검사법 중 하나는 바로 DNA를 이용한 방법으로, 울프가 이끈 프로그램이 처음 사용했다. 울프는 이 '식품 법의학'을 범죄자 DNA 감식법에 빗대기도 했는데, 다른 점이라면 식품 감식이 범죄자 감식보다 훨씬 어렵다는 것이다.[30] 식품의 경우는 범죄자가 아니라 범죄 사례를 다루는 것이므로 사안에 따라 매번 개별적으로 감식을 해야 한다. 따라서 DNA 분석이 모든 사례에 유효한 것은 아니다. 이를테면 아쿰이 폭로했던 화학적 혼합물의 종류를 밝히는 데는 그리 도움이 되지 않는다. 그러나 생물학적 종을 눈속임하려는 시도를 적발하는 데는 탁월하다. 울프는 이렇게 말했다. "DNA 분석법의 판별 능력이 뛰어난 이유는 생물의 다양성 또는 종의 구별이 서로 다른 유전체 서열에 의해 결정되기 때문입니다." DNA를 이용한 사기가 부상하고 있는 만큼 오늘날 이 검사법이 유용하게 적용되고 있다. 고급 품종을 선호하는 소비자들은 점점 더 콕스Cox

사과, 그레싱엄Gressingham 오리처럼 특정한 종류와 품종의 식품을 선택하는 경향을 보인다. 이러한 변화는 곧 교활한 사기꾼들이 저급한 품종을 고급 품종으로 둔갑시키는 사례도 늘 것임을 암시한다. 하지만 DNA를 이용해 다양한 사과 품종의 유전자 '지문'을 기록하게 되면서, 품종 자체를 둔갑시켜 소비자를 속이기는 더욱 어려워졌다. 2003년에 식품표준청이 조사한 품목은 감자 품종이었다. 영국의 소비자들은 삶았을 때 속이 파슬파슬해지고 전형적인 크림색을 보이는 킹 에드워드King Edward나 노란색을 띠고 밀랍처럼 매끈한 샬럿Charlotte 같은 특정한 품종의 경우 상대적으로 가격이 비싸더라도 믿고 구매한다. 하지만 수집된 표본 294개 중 33퍼센트는 잘못된 라벨을 부착했고, 이 중 17퍼센트는 실제 내용물과 다른 품종을 라벨에 소개했다. 킹 에드워드 감자는 실제로는 암보Ambo 감자인 경우가 대부분이었다. 암보 감자는 킹 에드워드의 반값에 팔리는 품종이다. 감자들의 분자를 유전자형에 따라 분석하기만 해도 이런 정보를 얻을 수 있다. 이 기술은 다섯 개의 DNA 표시인자만을 이용하여 50개의 다른 감자의 상업적 품종을 구별할 수 있을 만큼 효과가 탁월하다.

울프의 DNA 감식법이 적발한 또 다른 사례는 일반 밀을 섞은 듀럼durum 밀 파스타였다. 일반 밀과 듀럼 밀의 가격차가 상당하다는 점을 생각할 때 유럽 전역에서 심각한 문제를 일으킬 소지가 있는 눈속임이었다. 원래 건조 파스타는 듀럼 밀로만 만든다. 이 밀의 고유한 강도가 파스타에 먹음직한 알단테al dente[파스타를 삶았을 때 탄력 있으면서 덜 익은 듯이 느껴지는 상태]의 느낌을 주기 때문이다. 일반 밀가루로 만들면 파스타가 축 늘어지고 끈끈해진다. 듀럼 밀보다 일반 밀이 훨씬 싼 만큼, 위조 파스타는 특히 가장 낮은 가격대에서 흔히 발견된다. 과거에는 파스타에 일반 밀가루가 섞였는지 알아보려면 직접 맛을 보는 수밖에 없었다. 하지만 이제는 식품표준청의 지원하에 과학자들이 일반 밀의 유전체에서 DNA의 작은 서열을 증폭시키는 방법을 개발하면서 상황이 달라졌다. 일반 밀의 유전체는 물론 듀럼 밀에서 발견되지 않는다. 유전체의 '시금석'을 확보하게 되면서 파스타에 아주 적은 일반 밀이 섞였더라도 금세 밝힐 수 있게 되었다. 이 외에도 DNA 검사법은 유럽에서 버팔로 모차렐라와 양젖 치즈에 우유가 섞였는지 여부를 확인하는 데 활용되었다.

하지만 무엇보다 울프의 DNA 검사법이 가장 큰 성과를 올린 사례는 바로 바스마티Basmati 쌀 감식이었다. 히말라야 산맥의 작은 언덕에서 수백 년 동안 재배돼온 바스마티 쌀은 시중에 유통되는 쌀 중 가장 고급이며, 길쭉한 모양으로 잘 알려져 있다. 최고의 필라우pilau나 비리아니biriyani[필라우와 비리아니 모두 쌀과 육류, 야채를 함께 볶은 요리이다]를 만들 때는 바스마티 쌀을 써야 제맛이 난다. 바스마티 쌀은 가장 섬세한 향을 지닌 쌀로(바스마티는 힌두어로서 향긋함을 뜻한다), 소박하게 지어내기만 해도 잔칫상의 음식으로 손색이 없다. 향 이외에 바스마티 쌀의 또 다른 특별한 속성은 가늘고 길쭉한 낟알의 생김새이다. 밥을 지으면 쌀 전분의 특성으로 인해 길이가 거의 두 배로 늘어난다. 바스마티 쌀은 품질이 타의 추종을 불허할 만큼 우수할 뿐 아니라 까다로운 재배 방식으로 인해 수확량이 적기 때문에, 겉이 비슷하게 생긴 다른 품종의 쌀보다 당연히 비싸다. 영국의 슈퍼마켓에서 판매되는 일반 쌀이 1파운드당 50펜스인 데 비해, 바스마티 쌀은 가장 싼 것도 1파운드이다. 최상급 품질의 바스마티 쌀은 1킬로그램당 2파운드 이상을 호가한다.

1990년대, 식품표준청이 설립되기 전에 식품농림부에 있었던 울프와 그의 동료들은 바스마티 쌀에 질 낮은 품종의 쌀이 섞여 있을 가능성을 제기했다. 하지만 당시에는 이 같은 의혹을 밝힐 만한 기술이 없었다. 바스마티 쌀에 고유한 향이 있다는 점에 착안한 울프는 전자 코를 써서 진위 여부를 감식하는 가능성을 검토하기도 했다. 하지만 이 '코'가 저질 쌀이 섞인 바스마티 쌀을 끓일 때 스며나오는 수분의 냄새까지 식별할 수 있을까? 사실 이러한 고민 자체가 혼합물 적발이 얼마나 어려운 일인지 보여준다. 진짜 바스마티 쌀이라 하더라도 저마다 향의 강도가 다를 수밖에 없다. 향이 조금 약하다 하더라도 자연적으로 야기될 수 있는 현상일 뿐이었다.

이후 1999년과 2000년에 노팅엄 대학의 과학자들이 드디어 울프가 현장에서 사용할 수 있는 기술을 개발했다. 바로 비슷한 DNA 표시인자들을 인간의 유전적 지문처럼 활용하는 DNA 분석법이었다. PCR(중합효소 연쇄반응 polymerase chain reaction의 약자)로 알려진 이 기술은 효소를 이용해 DNA 서열의 특정 가닥을 증폭시킨다.[31] 그 결과 검사 대상인 동식물의 유전적 정보를 확인할 수 있다. 이러한 방식으로 DNA 서열이 밝혀지면, 짧은 DNA 서열의 패턴을 확인해 서로 다른 종을 구별하게 된다. 바스마티 쌀의 경우, 노팅엄 대학의 과학자들이 수많은 DNA 서열을 걸러낸 후 마침내 12개의 표시인자들을 밝혀냄으로써 재배자까지 정확하게 구별하는 것이 가능해졌다. 이 시금석을 이용하면 양적인 구별도 할 수 있었다. 즉, 바스마티 쌀에 다른 저급한 쌀이 혼합되었는지 여부를 밝히는 데 그치지 않고, 얼마나 많은 양이 섞였는지도 밝힐 수 있게 된 것이다. 이로써 울프는 바스마티 쌀에 대한 사기를 검사하는 데 필요한 완벽한 방법을 손에 쥐었다.

그러나 바스마티 쌀을 정의하는 문제는 여전히 쉽지 않았다. 유럽의 특별한 PDO 식품들과 달리 바스마티라는 이름은 보호 지위를 갖지 못했다.

영국 법에 따르면 바스마티 쌀은 그야말로 '고유한 이름'이다. 즉, 더 이상 설명을 붙이지 않아도 소비자가 이해할 수 있다고 가정되는 이름이라는 뜻이다. 이러한 가정은 인도와 파키스탄의 시장에서는 맞는 말일지도 모른다. 바스마티 쌀의 다양한 등급을 훤히 꿰뚫고 있는 이 지역의 도매시장 소비자들은 생쌀만 씹어봐도 어떤 종류인지 식별할 수 있다. 그러나 서구의 슈퍼마켓에서는 상황이 다르다. 슈퍼마켓에서 장을 보는 평범한 소비자들은 바스마티 쌀은 맛이 좋다는 사실 외에 라벨에 적힌 단어가 무엇을 의미하는지 거의 모른다.

바스마티 쌀을 정의하는 과정에서 울프가 출발점으로 삼은 것은 이 쌀이 기원했다고 알려진 히말라야 산맥 지역이었다. 울프가 고려한 지역은 인도의 펀자브, 하리아나, 우타 프라데시뿐 아니라 파키스탄의 동부 펀자브까지 포함했다. 그러나 그는 곧 바스마티 쌀의 종류를 정확히 찾아내려는 시도가 인도-파키스탄 정치의 뇌관과 깊이 연관될 수밖에 없다는 사실을 알게 됐다. 인도에서 전통적으로 고유한 것으로 인정되는 품종은 여섯 가지이다(바스마티 370, 데라 둔Dehra Dun, 바스마티 217, 바스마티 386, 타라오리Taraori, 랑비르Ranbir 바스마티). 인도 당국은 이 여섯 가지 품종을 푸사Pusa 바스마티, 펀자브Punjab 바스마티, 하리아나Haryana 바스마티, 카스투리Kasturi, 마히 수간다Mahi Suganda 같은 개량 또는 잡종 바스마티와 차별화한다. 유럽으로 수출하는 것은 주로 전통적인 품종이므로, 인도 당국이 신경 쓰는 대상은 당연히 최근에 개발된 잡종 품종보다는 이 여섯 가지 품종이다. 이에 반해 파키스탄 당국은 바스마티 쌀의 품종을 다섯 가지로 구분하는데, 주로 수출하는 것은 최근 개발된 잡종 품종인 슈퍼 바스마티, 바스마티 385, 바스마티 198이다. 인도 정부가 잡종 바스마티를 완전히 소외시키는 반면, 파키스탄 정부는 잡종의 '고유성'을 인정한 것이다. 이러한 차이는 단순히 품종의 선호도가 다르기 때문으로 볼 수도 있지만, 인도와 파키스탄 간의 정치적 분쟁이 존재하는 상황에서는 훨씬 민감한 문제로 발전할 소지가 있다.

성품이 느긋한 울프도 본의 아니게 인도와 파키스탄 사이에 무르익은 정치적 긴장 속에 발을 들이게 된 이상 예민해질 수밖에 없었다. 결국, 외교적 분쟁의 소지뿐 아니라 무역에서 불이익을 당하게 되는 상황을 피하기 위해 식품표준청은 인도와 파키스탄 양국 모두가 승인한 모든 품종을 인정한다는 결정을 내렸다. 단, 현대 파키스탄 품종뿐 아니라 더 오래된 인도의 품종이 가계도에서 최소한 한 '조상'으로부터 나온 것이 틀림없다는 전제가 필요했다. 즉, 바스마티 쌀로 인정된 품종들은 모두 독특한 길고 가는 낟알 모양과 향을 지니고 있어야 했다.

2003년, 진위감별과는 기본적인 정의나 방법론 어느 것도 완전히 정비되지 않은 상태에서 지역 당국의 협조하에 영국 전역에서 363가지의 바스마티 표본을 수집하여 조사를 시작했다. 결과는 놀라우면서도 암울했다. 순수한 바스마티 쌀로 확인된 예가 고작 54퍼센트에 불과했던 것이다. 나머지 표본에는 저급한 쌀이 혼합되어 있었다. 특히 31개의 표본에는 바스마티가 아닌 쌀이 60퍼센트 이상 섞여 있었다. 이 정도 통계라면, 사실 진짜 바스마티 쌀이 거의 없다고 봐도 무방했다. 바스마티 쌀과 모양이 길쭉한 일반 쌀의 가격차를 감안한다면, 불량 바스마티 쌀을 팔아 엄청난 이윤을 취한 이가 분명 있을 것이었다. 2002년 한 해에만 불량 바스마티 쌀을 통해 얻은 부당 이득은 5백만 파운드가 넘을 것으로 계산되었다. 울프는 이렇게 말했다. "속은 것은 영국의 소비자들뿐만이 아닙니다. 유럽연합의 납세자들 또한 속고 있지요." 이유는 명확하지 않지만, 조사 당시 바스마티 쌀을 유럽연합으로 들여오는 업자들은 1톤당 무려 250유로의 보조금을 받았다. 이 때문에 바스마티 쌀이라고 속이고 엉뚱한 쌀을 수입하면 큰 이윤을 남길 수 있었다.

바스마티 쌀에 대한 조사가 한창이던 2004년, 울프가 공급자들의 이름과 연락처를 발표하자 업계는 순식간에 발칵 뒤집혔다. 에식스에 위치한 두 회사는 55퍼센트에서 75퍼센트까지 다른 쌀을 섞어 바스마티라고 속여 판 혐의로 각각 8,000파운드 이상의 벌금을 물었다. 울프의 폭로가 불러일으킨 파장에 비하면 이 정도 벌금형은 약소했다. 그보다 더 중요한 것은 울프가 실시한 새로운 조사 방법으로 인해 이후 업계가 따라야 하는 규정이 더욱 엄격해졌다는 사실이다. 이전에는 바스마티가 아닌 쌀의 혼합이 20퍼센트까지 허용되었지만, 새로운 규정에서는 7퍼센트 이하로 제한되었다. 울프의 입장에서는 7퍼센트도 여전히 높은 비율이었지만, 기본적인 농법과 원산지 국가들의 원칙에 눈을 돌림으로써 올바른 방향으로 나아가는 첫 걸음을 뗐다는 점에서 의미 있는 변화였다.

DNA 검사법이 일반적으로 알려지자 일반 쌀을 바스마티 쌀로 둔갑시키는 행위는 훨씬 조심스러워졌다. 또 다른 변화는 진짜 바스마티 쌀을 파는 상인들이 그만큼 확실한 이윤을 보장받을 수 있게 되었다는 점이다. 틸다 바스마티는 100퍼센트 바스마티 쌀이라는 확인을 받은 후에야 제값을 받을 수 있었다. 이스트 엔드 푸즈East End Foods는 DNA 검사법의 혜택을 톡톡히 받은 식품업체 중 하나였다. 이 업체의 대변인은 들뜬 목소리로 "식품표준청이 역대에 실시한 최고의 프로젝트 중 하나"라고 말했다. 한편, 바스마티 DNA라는 새로운 지식에 고무된 인도의 바스마티 쌀 재배자들은 세계무역기구WTO, World Trade Organization에 이 이름의 보호 지위를 요청했다. 이러한 조처는 '텍스마티Texmati'라는 상표명으로 팔리는 새로운 미국 잡종의 탐탁지 않은 도전으로부터 인도 재배자들을 제도적으로 보호하기 위해서였다. 바스마티 쌀과 미국산 길쭉한 쌀의 잡종인 텍스마티는 미국의 향기 좋은 쌀 중 가장 대중적인 상표로 알려져 있다.

울프가 "바스마티 쌀은 진실로 우리가 일궈낸 가장 큰 성공 사례 중 하나"라며 기쁨에 겨워하는 이유는 쉽게 공감할 수 있다. 하지만, 승리의 기쁨에 그저 안주할 여유는 없었다. 실제로 부도덕한 쌀 상인들은 DNA 검사법이 개발된 지 몇 년이 지나기도 전에 적발을 피하는 방법을 찾아 전략을 바꾸고 있다. 2003년과 2004년에 바스마티 쌀에 주로 섞인 것은 셰르바티Sherbati와 파키스탄 386이었다. DNA 검사법에 의거한 시금석이 확립된 만큼 이렇게 혼합된 쌀은 진짜 바스마티 쌀과 쉽게 구별되었다. 여기에 맞선 새로운 사기 수법은 생물 약탈biopiracy이었다. 즉, 일부 상인들은 바스마티에 혼합하는 쌀을 야미니Yamini와 푸사Pusa 1121로 바꿨는데, 이 품종들은 새로운 잡종으로 승인된 품종과 유전적으로 매우 유사해서 현재 가려진 DNA 표시인자들로 구별하기가 훨씬 어렵다. 이 문제를 해결하려면 또다시 새로운 표시인자들을 개발해야 한다. 물론 가능한 일이지만, 이 과정에서 또다시 많은 시간과 비용을 투자해야 한다는 어려움이 있다. 더구나 새로운 방법이 준비될 때쯤이면 사기꾼들 역시 진일보한 수법을 동원해 더 다양한 쌀 품종을 만들어 검사자를 속이려 할 것이다. "식품 사기는 진화를 거듭하는 괴물입니다." 울프는 이렇게 말했다. "적발할 방법을 찾는 순간, 금세 비켜 갈 길을 찾아내지요."

울프가 할 수 있는 최선은, 어렵게 개발한 방법이 무용지물이 되기 전에 최대한 활용하는 것이었다. 이를 위해서는 이 방법을 널리 알리고 집행력을 확보해야 했다. 하살은 미심쩍은 식품 표본들을 검사한 지역 과학자 단체의 공중 분석가 중 한 사람이었다. 울프의 성과 중 하나는 하살 같은 공중 분석가들이 일상적으로 식품 공급 과정을 관리 감독하는 과정에서 DNA 검사법을 활용할 수 있는 길을 연 것이다. 바스마티 쌀에 대한 DNA 분석법은 고가의 장비가 필요했기 때문에 공중 실험실에서 쉽게 사용할 수 없었다. 울프의 진위감별팀은 이 문제를 극복하기 위해 저렴하고 이동성이 좋은 랩온어칩lab-on-a-chip[손톱 크기의 칩 하나로 실험실에서 할 수 있는 연구를 수행하도록 만든 장치. 바이오 칩의 일종으로, 하나의 칩 위에 실험실을 올려놓았다는 뜻이다] 개발에 힘썼다. 유리판 칩 위에 쌀 표본을 올리고 미세한 모세관들에 색이 다른 세 가지 효소 겔을 통과시키면 DNA의 반복적인 서열을 확인할 수 있다. 이때 적절한 표시인자들을 선택하기만 하면 소형 실험실로도 쉽고 정확하게 바스마티 품종의 진위 여부를 구별할 수 있다. 이러한 검사에 소요되는 비용은 몇 파운드 정도로 저렴할 뿐 아니라, 전문가가 아니어도 쉽게 활용할 수 있을 정도로 접근성이 좋다. 진위감별팀은 다른 생선과 육류는 물론 과일 주스의 부정불량 사례를 적발하기 위해 비슷한 방식의 소형 실험실을 개발했다.

울프가 추구한 식품 법의학은 보이지 않는 곳에서 조용히 진행되었다. 그가 이렇게 노력을 기울여야 했던 이유는 바로 우리가 처한 현실이 아쿰의 시대 이후에도 사실상 변하지 않았기 때문이다. 부정불량식품과의 전쟁은 여전히 폭로의 과학 대 기만의 과학의 대립이다. 다만 이 전투의 장이 화학에서 생물학으로 옮겨졌고, 간단히 설명할 수 있었던 속임수가 지극히 복잡하고 기술적인 속임수로 바뀌었다는 점이 다를 뿐이다. 이 복잡다단한 속임수는 적나라하게 폭로되기 전에는 소비자들이 누구에게 언제 어떻게 속았고 어느 지점에서 구조되었는지조차 알기 어렵다. 갑자기 복잡해진 식품 규제를 두고 불필요한 간섭이 아니냐며 의아해하는 소비자들도 있을 것이다. 평범한 소비자에게 완벽히 설명하기 어려운 식품 문제는 사실 그 자체가 위험의 불씨를 안고 있다. 대중은 얽히고설킨 문제를 이해하기 전에 무관심에서 히스테리로, 그러다 또다시 무관심으로 돌아서기 쉽기 때문이다. 히스테리에서 한 발짝 더 나아가 마크 울프처럼, 진짜 식품을 먹을 수 있다는 것이 얼마나 다행한 일인지 명확하게 인식하는 단계로 나아가지 못하는 경우가 많다.

보이지 않은 위험들과 유언비어 퍼뜨리기

앞에서 살펴봤듯이, 19세기의 식품법은 직접적이고 무서운 속임수에 대한 대응책으로 등장했다. 1858년에 브래드퍼드에서 20명의 목숨을 앗아간 비소 로젠지 사탕 사건의 발생 과정은 세밀하게 분석할 필요도 없었다.[32] 그러나 오늘날 우리를 위협하는 식품 문제는 그와는 양상이 다르다. 한 변호사의 말을 빌리면, "위해는 불특정 다수를 향해 스멀스멀 다가가고 있다. 강력하고 즉각적이지도 않다."[33] 온갖 식품에 도사리고 있는 발암물질은 당장 오늘 당신이 무언가를 먹고 탈이 나는 것과는 완전히 다른 상황을 연출한다. 비소가 들어간 로젠지 사탕을 먹었다고 가정해보자. 당신은 그 자리에서 바로 쓰러질 것이다. 당신이 암에 걸렸다고 가정해보자. 당신은 병이 발견되기 오래 전부터 검게 그을린 토스트나 농약 잔류물, 식품 첨가물

등 수천 가지의 이른바 발암물질에 노출되어 있었는지도 모른다. 하지만 그런 경우에도 운이 좋으면 암에 걸리지 않고 넘어갈 수 있다. 과거의 속임수와 오늘날의 속임수가 다른 점은 또 있다. 과거의 식품 공포가 특정한 때에 유행처럼 등장해 간담을 서늘하게 했다면, 지금은 너무 광범위하게 일어나므로 별 느낌을 주지 못한다.

전반적으로 식품을 불신하는 사회에서는 식품 공포를 부추겨 특정 식품을 더 팔아치우기 위해 꾸며낸 유언비어가 훨씬 쉽게 퍼진다. 일례로 '영양식단'[주로 다이어트를 하려는 사람들을 겨냥해 매일 정해진 식단을 제공하는 상품]이라는 이름이 붙은 식단을 파는 이들을 보면 마치 주술사 같다. 이들의 말을 빌리면, 배송료를 포함하여 매달 69.99파운드만 내면 이 영양식단으로 집에서 편리하게 끼니를 해결할 수 있다. 게다가 이들은 이 특별한 식단 외에 다른 밀가루 음식이나 유제품을 한 입이라도 베어물면 몸이 망가지기라도 할 듯 겁을 준다.

어떤 식품 공포는 누군가가 그로 인해 이윤을 취할 수 있는 상황이 아닌데도 통제를 벗어나 급속히 확산되기도 한다. 2005년에 발생한 수단Sudan 1호 사건은 그야말로 불필요한 공황상태를 불러일으켰다. 영국 역사상 가장 규모가 큰 식품 리콜은 불량 칠리 가루가 발견된 크로스 & 블랙웰의 우스터Worcester 소스[서양 요리에 사용되는 대표적 소스]를 대상으로 시행되었다. 이 소스는 주요 식품 제조업체들에 주로 공급되었고, 치킨 라자냐, 페퍼로니 피자, 컨트리 야채 수프, 그리고 셰퍼드 파이에 이르기까지 400여 종 이상의 식품에 사용되었다. 우스터 소스의 리콜 소식이 불러일으킨 대중적인 공포는 순식간에 퍼졌다. 적발 내용은, 인도에서 수입된 이 소스의 칠리 가루가 수단 1호로 불리는 붉은 아조 색소로 착색되었다는 것이었다. 발암 가능 물질—아직 증명되지는 않았다—로 분류된 이 색소는 마루 광택제와 구두약에 흔히 사용된다. 암을 유발하는 구두약을 먹고 있었다니! 대중의 혐오감을 진정시키기 위해 식품표준청 청장이 너무 걱정할 필요는 없다고 발표했지만, 이미 4백여 개의 관련 제품에 대해 전량 리콜 조치가 내려진 상황이었다. 대중은 더욱 공포감을 느낄 수밖에 없었다. 소비자들은 경악했다. 전량 리콜과 같은 극단적인 조치는 일반적으로 유리 파편 같은 이물질이 들어가 직접적으로 위해를 가할 수 있을 때 취해진다. 이처럼 공포가 확산되는 와중에 도외시된 사실은 가공식품에 첨가된 수단 1호의 양이 무시해도 될 정도로 극소량이어서 인간의 건강을 위협할 가능성이 거의 없다는 점이었다. 더구나 2003년 당시 수단 1호가 첨가된 수입식품들은 모든 면에서 적법했다. 불과 2년 전에 수단 1호는 독성물질이 아닌 첨가물이었던 것이다. 당시 대중을 휩쓴 공포는 한마디로 유령과 같았다.

오해와 과장이 활개를 치면 정작 진짜 위험한 것들이 묻힐 수도 있다. 이제 사람들은 일반적으로 트랜스 지방(경화유partially hydrogenated fats 또는 트랜스 지방산trans-fatty acids을 대중적으로 부르는 명칭)이 포함된 식품을 피하려 한다. 경화유는 식물성 기름을 수소화 반응시켜 경화하는 화학 과정을 통해 얻을 수 있다. 이 기름을 과다 섭취하면 콜레스테롤 수치가 높아지고 심장 질환을 유발할 수 있다는 사실은 이론의 여지가 없는 증거로 뒷받침되었다. 2006년 12월, 뉴욕 시는 레스토랑에서 트랜스 지방을 사용하는 것을 완전히 금지시켰다.[34] 스타벅스나 KFC 같은 거대 식품업체들 역시 판매하는 식품에서 트랜스 지방의 양을 지속적으로 줄이고 있다고 강조한다.

그런데 한 가지 의문이 생긴다. 그렇다면 그동안 트랜스 지방이 식품에 사용된 까닭은 무엇일까? 트랜스 지방의 위험성은 이미 30여 년 전부터 알려졌다.[35] 그러나 최근까지도 트랜스 지방은 케이크와 비스킷, 아침식사용 시리얼, 빵 등을 바삭거리게 하고 유통기한을 연장하는 역할을 하며 '일반적인' 가공식품 중 40퍼센트가량에 사용되었다. 2003년, 한 용감한 변호사가 트랜스 지방 함량이 높다는 이유로 오레오 쿠키 제조사를 고소했다. 이 사건을 계기로 불명예스러운 명단에 이름을 올리게 된 식품업계는 이후 몸에 좋은 지방을 찾기 시작했다. 제조사들이 이전부터 자신들의 식품을 구입하는 가엾은 대중에게 미칠 위해성을 알고 있었으면서도 트랜스 지방을 그토록 아꼈던 이유는 단 하나였다. 비용이 적게 들었기 때문이다. 더구나 소비자들은 트랜스 지방이 존재하는지조차 몰랐다. 제조사들 입장에서는 포화 지방이든 불포화 지방이든 지방 함량을 라벨에 표기할 의무가 없었기 때문이다(2006년부터 미국에서도 변화가 일고 있다).

이보다 우려되는 상황은 바로 제조사들이 트랜스 지방이 높은 수많은 상품을 '저콜레스테롤'이라거나 '저포화 지방'이라고 광고하는 경우이다. 내용 자체는 맞는 말이지만, 어차피 트랜스 지방이나 포화 지방이나 건강에 해롭기는 마찬가지라는 점에서 사실 소비자를 완전히 호도하는 행위이다. 나는 2년 전 트랜스 지방에 대한 자료를 찾는 도중에 영국의 주요 비스킷 제조업체의 고객센터에 전화를 건 적이 있다. 나는 고객센터의 상담원에게, 비스킷에 들어 있는 지방이 수소화된 것인지 걱정하며 물었다. 친절한 목소리의 여성은 나에게 걱정할 것 없다고 안심시켰다. 그녀는 경화유의 이름이 의미하는 대로 '부분적으로 수소화'되었을 뿐이라고 답했다. 그 말은 부분적으로 나쁘다는 것 아니겠는가. (내 건강에 결국 이상신호가 온다면 아마 부분적인 심장마비 정도일 것이다.) 이 친절한 아가씨가 무슨 잘못이 있겠는가. 상사들이 일러준 대로 답했을 것이 뻔한 전화 서비스 자체가 말이 되지 않는다. 사실상 모든 트랜스 지방은 부분적으로 수소화된 것이다. 지방산이 완전히 수소화된다면 트랜스 지방을 걱정할 필요는 없을 것이다. 이러한 유형의 수많은 그릇된 정보는 대중이 트랜스 지방의 위험에 마침내 눈을 뜨기 전에 사라져야 마땅하다. 우리가 무관심으로부터 히스테리로 옮겨가기 전에 말이다.

라벨에 표기되지 않은 채 노출되는 위험 인자는 비단 트랜스 지방의 문제만이 아니다. 식품 운동가들의 관심은 점차 식품 첨가물에서 식품 생산 과정으로 옮겨가고 있다. 가공 보조제는 현대 식품이 안고 있는 잠재적 문제 중 하나이다. 첨가물과 달리 가공 보조제는 라벨에 명시되지 않기 때문이다. 효소의 예를 들어보자. 울프는 불순물을 검출하기 위해 효소 겔을 사용했는데, 어떤 이들은 식품의 진짜 속성을 감추기 위해 효소를 사용한다. 효소는 자연 상태에서 만들어진 흠결을 깔끔하게 정리해준다. 육질을 부드럽게 하는 효소도 있고, 치즈를 숙성시키는 효소도 있다. 새우나 화이트 와인의 변색을 방지하기 위해 효소가 쓰이고, 피클의 아삭한 느낌을 유지하기 위해 쓰이기도 한다. 캔에 포장되기 전에 만다린 오렌지 껍질을 벗기는데 효과적인 효소도 있다. 가장 많이 쓰이는 효소는 공장에서 생산되는 식빵에 첨가되는데, 부드럽고 하얀 질감을 만들어낼 뿐 아니라 곰팡이가 피는 시기도 늦춰준다.[36] 제빵 산업에서 효소는 '보이지 않은 작은 조력자'이다. 이 단백질은 생물학적 반응 속도를 높여 공장의 제빵사들이 더 잘 늘어나는 반죽을 만들거나, 질이 떨어지는 밀가루로 잘 부풀어 오르는 빵을 만들거나, 물을 더 넣어 반죽할 수 있게 함으로써 많은 이윤을 남겨준다.[37] 하지만 소비자로서는 빵에 효소가 들어갔는지 확인할 길이 없다. 가공 보조제는 라벨에 표기될 의무가 없으니, 생산 과정에 들어갔으려니 짐작할 뿐이다. 다 만들어진 제품에서 육안으로 이 보조제의 흔적을 찾는 것은 불가능하다. 하지만 다른 방법으로 확인할 수 있다. 효소 제조자들이 자랑하듯이 효소를 넣은 빵은 모양의 변화 없이 오븐의 열을 견디는 '내열성'이 있다. 그리고 이렇게 오븐에서 구워진 효소의 잔류물에는 심각한 알레르기 반응을 일으킬 수 있는 아밀라아제가 들어 있다는 연구 결과도 있다.[38]

빵에 들어간 효소는 비소가 첨가된 로젠지 사탕보다 사소한 문제로 여겨질 수도 있다. 효소의 존재는 식품 윤리의 차원에서 더 크게 다가온다. 장인 제빵사인 앤드루 화이틀리Andrew Whitely는 이렇게 말했다. "빵에 무엇이 들어갔는지 모른다면, 이 말을 곧이곧대로 이해한다면, 어떤 빵을 먹을 것인지 선택한다는 것이 무슨 의미가 있을까?"[39] 현재 유럽에서는 가공 보조제 법안이 검토되고 있다. 식품표준청 또한 효소를 겨냥하여 더욱 강화된 식품 표시법을 강구하고 있다. 조만간 효소는 라벨에 이름을 올릴지도 모른다. 하지만 특정한 효소들은 '효소'라는 애매한 이름 아래 또다시 가려질 공산이 크다. 화이틀리는 이 정도의 조치로는 충분하지 않다고 주장한다. "사람들은 식품에 무엇이 들어 있는지뿐 아니라 어떻게 만들어졌는지 알 권리가 있다."[40]

식품의 재료 자체만큼 사육 기술이나 재배 기술도 은폐의 대상이 되는 오늘날 소비자들이 이러한 권리를 찾기란 더욱 어려운 일이다. 21세기에 등장한 눈속임 이야기들이 이제 눈에 익었다면, 여기에 그야말로 새로운 내용이 있다. 바로 식품 자체의 기본적 구조를 생물학적으로 변화시키는 법이다.

지방질 닭고기와 농경 과정의 불순물

시대를 막론하고 부정불량식품을 피하는 가장 좋은 방법은 흔히 알아볼 수 있는 식품을 먹는 것이다. 기본적인 농경 절차를 생각해보자. 아서 하살은 진짜 머스터드로 만든 머스터드를 원했다. 하비 와일리는 보존료 무첨가 육류를 찾았다. "신선한 자연 음식을 섭취하세요." 캐럴라인 워커의 이 구호에는 그녀가 영양학적 제안을 하며 내건 일생일대의 철학이 요약되어 있다. 사기꾼들이 제 아무리 혼합물과 분말로 조작하려 해도 특성상 손댈 수 없는 식품들도 있다. 당근은 언제나 당근이다. 닭은 언제나 닭이다. 신선한 야채와 과일, 가금류 고기, 통밀빵만 찾는다면 사기꾼들의 음모에서 자유로울 수 있다. 그런데 이제는 그렇게 확실하다고 믿어 의심치 않았던 기본 식품들의 본질적인 가치까지 변화하면서 우리의 믿음도 덩달아 휘청거리고 있다.

오랫동안 사람들은 소고기에 비해 지방 함량이 적어 건강에 더 좋다는 이유로 닭고기를 찾았다. 하지만 양계 방법이 달라지면서 상황도 변했다. 2004년 자료에 따르면, 35년 전에 비해 닭고기의 지방 함유량은 세 배나 증가했다.[41] 런던 메트로폴리탄 대학의 뇌화학 및 인간 영양 연구소Institute of Brain Chemistry and Human Nutrition의 지방 전문가인 마이클 크로퍼드Michael Crawford 교수는 몸에 좋을 것이라는 믿음으로 닭고기를 구매하는 소비자들은 지금 "완전히 바가지를 쓰고 있다"고 주장했다.[42] 1870년대의 기록 이후, 오븐구이 닭고기의 지방 함량은 최초로 단백질 함량을 초과했다. 크로퍼드는 지방 열량이 단백질 열량의 여섯 배에 달한다고 지적했다. 이러한 변화는 기름을 많이 뿌리지 않고 레몬과 소금으로 간소하게 구운 닭고기의 경우에도 마찬가지였다. 1970년대에는 닭고기가 100그램당 8.6그램의 지방을 포함했다. 오늘날 평균적인 슈퍼마켓에서 판매되는 닭고기는 이보다 훨씬 많은 22.8그램을 포함하고 있다. 구운 닭다리 한 개는 빅맥 햄버거 한 개보다 지방이 많다. 영국인들은 현재 매년 일인당 30킬로그램에 가까운 닭고기를 소비하는데, 이는 1970년대에 비해 두 배 이상 많은 양이다.

이 가금류에서 지방이 가장 많은 부분인 껍질을 피하고 흰 가슴살만 먹는다 하더라도, 크로퍼드가 제기하는 본질적인 문제에서 벗어날 수는 없다. "고에너지, 집중적인 곡물 위주 식이를 통해 빠르게 성장한 닭의 핵심적인 문제는 바로 이러한 닭의 지방 성분 자체가 변화한다는 사실이다."[43] 닭고기가 내부적으로 불순물에 노출된 것이다. 축산 환경 개선에 관심을 둔 이들이라면 이러한 지적에 동의할 것이다. 일반적인 양계장에서 닭들은 부리가 제거된 채 오물이 덕지덕지 붙은 어두운 우리 속에 비좁게 들어차 있다. 이 좁은 공간의 닭들은 행여 기회가 생기더라도 날 수 없을 만큼 덩치가 너무 커지고 살이 쪄서 '닭'이라 불러야 할지 알 수 없는 지경에 이른다. 이렇게 잔인한 양계 환경이 더욱 부추겨진 시기가 사람들이 몸에 좋은 흰 살코기를 찾기 시작하면서부터라는 사실은 참으로 모순적이다. 오늘날의 양계 환경은 결국 불쌍한 닭들뿐 아니라 우리에게도 암울하다.

인간에게는 생리학적으로 조밀하고 기름기 없는 야생 고기가 적합하다. 크로퍼드가 말하듯이 "닭은 자유롭게 돌아다니며 풀을 뜯고 씨를 주워 먹던 동물이다. 야생에서는 이런 (슈퍼마켓) 닭 같은 것은 절대 찾지 못할 것이다."[44] 닭고기든 소고기든 오늘날 산업적으로 생산된 육류 제품을 현미경으로 들여다보면, 지방이 너무 퍼져 근육 사이로 스며든 '병리학적 지방 침윤'이 확인된다. 근육 자체도 운동 부족으로 인해 대개 위축되어 있다. 크로퍼드는 현재 시장에 유통되고 있는 닭고기 중 다리 운동을 하고 자연스러운 속도로 자유롭게 성장한 놓아 기른 닭이 최고라고 주장했다. 그러나 이 경우에도 지방 함량은 그 닭에게 무엇을 먹였는지에 따라 달라질 것이다. 본질적으로, 크로퍼드가 발견한 현실은 이제 몸에 좋은 식품이 무엇을 뜻하는지에 대해 새로 정의할 필요가 있음을 의미했다.[45]

어떤 이들은 과일과 야채처럼 부정불량한 눈속임이 미치지 못할 것 같은 식품도 같은 문제를 안고 있다고 주장한다. 런던 시티대학의 식품정책학 교수인 팀 랭Tim Lang은 이렇게 지적했다. "오렌지 같은 식품은 변함없을 것 같지만 그렇지 않다."[46] 2002년, 캐나다의 한 일간지는 슈퍼마켓에서 판매되고 있는 과일과 야채가 50년 전에 비해 영양소가 적을 뿐더러 지방을 함유하고 있다고 보도했다. 이 보도에 따르면, 과거에 오렌지 한 개로 얻을 수 있었던 비타민 A를 섭취하려면 오늘날 소비자들은 8개를 먹어야 한다.[47] 또한 기록에 따르면 영국의 야채들 중 다수가 반세기 전에 비해 무기질 함량이 상당히 부족한 것으로 나타났다. 브로콜리에 함유된 구리의 양은 과거의 80퍼센트에 불과하다. 토마토의 칼슘은 4분의 1 수준이다. 이러한 사례를 두고 비난의 화살을 받은 것은 집약적 농법이다. 지질학자인 데이비드 토머스David Thomas는 복잡해진 현대 농경의 공급 경로, 비료 사용은 물론, 토양이 아닌 인위적 매트 위에 식물이 자라게 하는 수경재배법이 이러한 영양소 감소를 초래한다고 주장했다.[48]

이렇게 자연적인 영양 성분이 줄어드는 경우가 있는 반면, 어떤 야채와 과일은 유전자 변형GM, genetic modification 결과 오히려 영양소 함량이 과다하게 늘었다. 생명공학 기술을 도입한 결과 리코펜lycopene, 비타민 A, 베타카로틴을 추가한 토마토가 등장하는가 하면, 비타민 A를 강화한 몬산토

'황금 쌀'이 생산되기도 했다. 옹호자들은 이러한 사례들은 자연을 개량한 것이라고 주장한다. 하지만 비평가들이 보기에 유전자 변형 작물은 불순물 첨가가 변형된 사례에 불과하다. 문제는 이러한 불순물 첨가가 이후의 유전적 변이 가능성과 여타 생물권에 악영향을 미칠 수 있다는 점에서 전체 원예 환경까지 그르칠 가능성이 있다는 사실이다.[49] 이 글을 쓰고 있는 현재, 미국에서는 유전자 변형 사실을 라벨에 명기할 의무가 없다. 요리사들이 불안해하는 것은 바로 이런 재료를 사용함으로써 부지불식간에 소비자들에게 불순물이 첨가된 요리를 제공할지도 모른다는 점이다. 1998년, 한 요리사는 이렇게 말했다.

> 손님들이 (내 식당에) 오는 이유는 바로 나를 신뢰하고, 최상의 재료들을 쓴 요리를 먹을 수 있다고 믿기 때문이지요. 유전자 변형 사실이 라벨에 의무적으로 표기되지 않는다면, 정부가 내 요리의 순수성을 손님들에게 보증할 수 있는 기회를 박탈하는 것과 마찬가지입니다.[50]

유전자 변형 사실에 대한 표기가 의무화되어 있는 유럽에서는 이런 문제들이 크게 공론화되지 않는다. 하지만 유럽에서조차 정작 표기가 시행되고 있는 예는 많지 않다. 유럽연합 국가 내에서는 유전자 변형 작물이 공식적으로 재배되지 않고 있기 때문이다. 그러나 이러한 경우에도 유전자 변형 작물과 순수한 작물이 교잡 수분되어 유전자 변형을 거치지 않은 다른 작물들을 '오염'시킬 수 있다는 우려가 남는다. 이러한 문제는 유기농 식품 분야에서 특별히 제기되고 있다. 2003년, 유럽환경사무국European Environmental Bureau의 마우로 알브리치오Mauro Albrizio는 "유전자 변형 작물이 대규모로 재배되는 상황에서 유전자 비변형 식품을 먹을 권리가 심각하게 침

해될 것" 이라고 논평했다.[51]

반대로, 유전자 변형 농업이 불순한 농작물의 원인이 아니라 오히려 치유책이라고 보는 시각도 있다. 생명공학 지지자들은 유전자 변형 옥수수처럼 해충 저항성을 추가한 품종을 개발하면 해충 박멸에 사용하는 화학물질의 양을 획기적으로 줄일 수 있을 것이라고 주장한다. 하지만 이러한 주장에 대한 반론도 만만치 않다. 2006년 코넬대학 과학자들의 연구에 따르면, 중국의 유전자 변형 목화의 경우 처음에는 살충제 사용이 줄어드는 효과가 나타났지만, 결국 기존 작물에 사용하던 만큼 양이 다시 늘었다.[52] 사실이 무엇이든, 유전자 변형 식품을 둘러싼 갑론을박을 통해 확인할 수 있는 흥미로운 사실은 유기농 재배 농부들이나 유전자 변형 작물을 개발하는 과학자들 모두가 과도한 농약 사용을 일종의 불순물 첨가라고 본다는 점이다. 그리고 양측 모두 자신들의 방법이 이 불순물을 정화할 수 있다고 주장한다.

이제 또다시 순수성에 대한 쉽지 않은 질문으로 돌아왔다. 지금은 농약 자체가 불순물로 치부되고 있지만, 우리가 잊고 있는 것은 애초에 농약 사용이 불순물을 척결하겠다는 목적 때문에 증가해왔다는 사실이다. 한때 사람들은 농약으로 완벽하게 깨끗한 식품을 얻을 수 있으리라 꿈꿨다.

오염 조항, 농약, 그리고 유기농 사기

미국 순수식품 및 의약품법에서 가장 논란의 여지가 많은 사례 중 하나는 바로 '심미적인 불순물'에 대한 것이다. 402(a) 조항에 따르면 "추하고,

악취 나거나 부패된 물질 또는 식품에 적합하지 않은 물질"을 포함한 식품은 불순하다고 간주된다. 4장에서 살펴봤듯이, 싱클레어의 『정글』이 남긴 여파로 작성된 순수식품 및 의약품법 초안에서 입법자들이 공감했던 '더러움'은 시카고 정육회사에서 싱클레어가 파헤쳤던 병에 오염된 소고기, 불순물을 넣은 소시지 같은 일종의 비위생적인 방식이었다. 유기농 당근에 묻어 있는 흙덩어리는 여기에 해당하지 않았다. 타이Thai 피시 소스fish sauce에 들어가는 푹 삭은 생선이나 스틸턴Stilton[영국산 푸른곰팡이 치즈]에 핀 곰팡이도 마찬가지였다. 그러나 불순함이 더러움으로 정의되면서 소비자들은 결벽증을 앓는 사람들처럼 식품 제조자들 품에 안겨 정작 진짜 식품으로부터 한발 물러서기 시작했다. 한 법률 논평가는 402(a) 조항이 구현하는 기준에 대해 이렇게 말했다. "문자 그대로 해석하면 식품의 본질과 관련 없는 물질은 조금도 용납하지 않는다는 말이 되는데, 그렇다면 사실상 모든 식품이 부정불량한 것이 되어버리고 만다."[53]

하지만 이러한 상황은 일어나지 않았다. 아니, 일어날 수 없었다. 미국 법원이 흙투성이 사과나 이름 모를 작은 벌레들이 여전히 살아 돌아다니는 포도를 판다는 이유로 농부들을 기소한 예는 없었다. 식품 공급 과정에서 완전히 흙먼지를 제거하는 것은 유토피아에나 있을 법한 비현실적인 일임을 모두 공감하기 때문이다. 식품을 생산하는 사람들이라면 어떤 식품도 완벽하게 청결할 수 없다는 것쯤은 안다. 그러나 그야말로 유아적인 순진무구함에 사로잡히고 감수성이 연약한 미국의 대중은 흙과 식품이 공존할 수밖에 없다는 이 단순한 사실을 망각했다. 1978년에 피터 바턴 허트Peter Barton Hutt가 썼듯이 "대중은 농산물이 들에서 자라나 곳간에 저장된다는 사실을 감정적으로 받아들일 준비가 되어 있지 않았다."[54] 1972년, FDA는 이러한 문제를 좀 더 공론화하기 위해 과거의 오염 지침과 관련된 비밀 문건, 즉 각 식품에 존재했던 불가피한 '오염 허가 사례'를 실험적으로 공개했다.[55] FDA의 대변인인 윔스 클레벤저Weems Clevenger는 식품을 100퍼센트 순수하게 만드는 것은 불가능하다고 밝혔다. 그는 모든 빵에는 곤충 부스러기가 존재하며, 밀가루 1파인트당 쥐똥이 하나씩 들어 있는 셈이라고 설명했다.[56] 이러한 발표에 대중은 강한 거부감을 보였고, 투명성을 내건 실험적 발표는 다시 진행되지 않았다. 허트는 다음과 같이 말했다. "미국의 대중은 자신들이 매일 섭취하는 과일 주스, 시리얼, 빵, 잼, 커피에 구더기, 곰팡이, 쥐똥, 쥐털, 곤충이 들어 있다고 밝히는 표를 읽을 준비가 되어 있지 않다."[57] 영국의 상황도 다르지 않았다. 청결한 식품에 대한 강박증은 영국에서도 위생이라는 이름하에 증폭되었다.

미국의 경우 지금도 다양한 식품에 여러 가지 기준으로 적용되는 오염에 관한 지침이 존재한다. 다만 일반인들에게는 생소할 뿐이다. FDA의 인터넷 홈페이지에서 지침 내용을 모두 열람할 수 있지만, 특별한 관심도 없이 애써 찾아보려는 사람은 없을 것이다.[58] 이 지침이 우리에게 명백히 알려주는 것은 바로 완벽하게 청결한 제품이라는 개념의 허구성이다. 땅콩버터 한 병에는 보통 100그램당 곤충 부스러기 30여 개와 쥐털 1개가 들어 있는 셈이다. 토마토 주스의 경우 100그램당 초파리 알 10개와 구더기 2마리가 들어 있을 것이다. 생강에는 100그램당 3밀리그램의 포유동물 배설물이 들어 있으며, 참다랑어에는 100마리당 60개의 기생충낭이 들어 있다. 무화과 페이스트는 100그램당 13개 이상의 곤충 머리를 숨기고 있을지 모르며, 건조 버섯은 100그램당 75마리의 진드기를, 그라운드 마조람ground marjoram[육류 요리에 사용하는 향신료]은 10그램당 1,175개나 되는 곤충 부스러기를 포함할지도 모른다. 이 지침에 소개되는 일부 내용은 놀라울 정도로 정확해 보인다. 이를테면, 냉동 시금치는 평균적으로 다음과 같은 내용물을 포함한다.

> 100그램당 50마리 이상의 진딧물, 총채벌레나 진드기,
>
> 또는 24파운드당 총 12밀리미터의 유충 또는 잔해로, 3밀리미터가 넘는 길이의 유충 2마리 이상이나 유충 조각 또는 시금치 벌레를 포함,
>
> 또는 100그램당 다양한 크기의 애벌레 8마리 이상, 또는 100그램당 평균 3밀리미터 이상의 애벌레 4마리 이상

이 글을 읽으려면 비위가 강해야 할 것이다. 하지만 정말 걱정해야 할 만한 내용은 없다. 우리 대부분은 무의식중에 매년 1, 2파운드의 곤충을 삼킨다고 한다.[59] 이렇게 모르고 삼키는 곤충이 우리 몸에 좋은 면도 있다. 일리노이 대학의 곤충학자인 필립 닉슨Philip Nixon은 곤충은 실제로 매우 몸에 좋으며, 단백질을 비롯한 영양소가 풍부하고 지방은 낮다고 말한다.[60] 정작 건강하지 못한 것은 곤충을 먹을 수도 있다는 사실을 거부하는 우리의 모습이다. '심미적 불순물'을 거부하는 결벽증은 뜻하지 않게 나쁜 결과를 초래해왔다. 일례로 그동안 농약 사용이 엄청나게 증가했는데, 이는 곤충 부스러기보다 잠재적으로 훨씬 해롭다. 1954년과 1974년 사이 미국의 농약 사용 증가량은 10배에 달했다.[61]

농약의 폐해에 대한 시각은 식품에 잔류하는 농약의 문제를 얼마나 심각하게 받아들이느냐에 따라 다르다. 식품표준청은 2004년에 실시한 한 조사에서 검사 대상 식품의 30퍼센트에서 농약 잔류물이 발견되었으나 대부분 수치가 매우 낮은 수준이어서 건강에 큰 위해요소가 아니라고 밝혔다. 이처럼 당국은 농약 잔류물 소비의 위험성을 무시하는 경향이 있었는데, 과일과

야채를 아예 먹지 않는 것이 적은 농약 잔류물을 포함한 식품을 먹는 것보다 건강에 훨씬 위험하다는 이유 때문이었다. 이러한 시각은 공중보건 정책의 차원에서 볼 때 합당할 것이다. 하지만 소비자의 입장에서는 과일과 야채에 잔류한 농약이 정작 해충의 위험으로부터 농작물을 보호하고자 했던 목적을 얼마나 효과적으로 달성했는지 의문을 가질 수밖에 없다.

농약을 비판하는 사람들은 모든 농약이 중독성 물질이라고 지적한다. 농약이 해충에 효과를 발휘하는 기제가 사람에게도 똑같이 영향을 미치기 때문이다.[62] 또한 이들은 이른바 칵테일 효과를 지적한다. 다양한 농약을 소량으로 오래 섭취할 경우 개별적인 농약이 허용하는 안전 허용치보다 건강에 훨씬 해로울 수 있다는 설명이다. 당국이 안전성을 인정한 콕스 사과에 사실은 온갖 화학물질이 18번이나 뿌려졌을지도 모를 일이다. 토양협회 Soil Association에 따르면, 이 정도 횟수는 징그러운 진드기보다 훨씬 큰 위험을 내재한다.[63] 농약 사용을 반대하는 사람들이 가장 걱정하는 것은 영아에 대한 영향인 듯하다. 농약의 안전성 수준은 평균 성인의 체중에 근거하여 계산된다. 체격에 비례하여 아동은 성인보다 농약으로부터 더 많은 화학약품을 흡수한다. 2005년에 진행된 한 연구는 취학 전 아동들의 소변을 검사했다. 그 결과 일반 식품을 먹은 아이들의 소변에서 유기농 식품을 먹은 아이들의 소변보다 여섯 배나 많은 농약 잔류물이 발견되었다.[64]

답은 명확해 보인다. 유기농 식품을 먹으라. 이 답은 오늘날 우리가 안고 있는 문제에 대해 제시할 수 있는 답처럼 보이지만, 사실 유기농의 원칙은 오랜 역사를 지니고 있다. 사람들이 오랫동안 꿈꿔왔던 것은 스스로 집에서 직접 기른 재료를 선택하며 산업의 독성을 거부했던 자족적인 자작농에 대한 몽상이었다. 베르길리우스[고대 로마의 시인]와 루소, 그리고 토머스 제퍼슨의 외침도 마찬가지였다. 이는 바로 중독적인 도시로부터 훌연히 떠나고자 하는 바람에서였다. 유기농 식품이 현대적으로 보이는 이유는 다만 환경이 달라졌기 때문일 것이다.

유기농 식품을 지지하는 사람들은 유기농 식품에는 농약 잔류물이 없다는 것 외에도 많은 긍정적인 이점이 있다고 주장한다. 2002년, 이탈리아 과학자들이 3년간 연구한 끝에 『농업과 식품 화학 저널Journal of Agricultural and Food Chemistry』에 발표한 자료에 따르면, 발암 가능성을 감소시킨다고 알려진 항산화 화학물 폴리페놀polyphenol의 수치가 일반적인 농법으로 재배된 과일보다 유기농 재배 복숭아와 배에서 더 높은 것으로 나타났다.[65] 1년 뒤 같은 저널에 실린 또 다른 연구는 유기농 옥수수에는 비타민 C가 일반 옥수수보다 52퍼센트 많으며, 유기농 농법과 일반적 농법을 혼합하여 재배한 친환경 옥수수의 경우에도 수치가 더 높은 것으로 나타났다고 보고했다. 또한 2006년에는 14명의 영국인 과학자들이 식품표준청에 보고한 자료에서 유기농 우유의 오메가 3 지방산 함유량이 일반 우유에 비해 높다는 연구 결과를 밝혀 관심을 불러일으켰다.[66] 네슬은 다음과 같이 주장했다. "앞으로 더 많은 연구를 통해 유기농 식품이 건강에 더 좋다는 사실이 명백히 밝혀지리라는 점은 의문의 여지가 없다."[67]

그러나 유기농 식품에 문제가 없는 것이 아니다. 우선 유기농 식품이 일반적인 방법으로 생산되는 식품보다 가격대가 높다 보니 부정불량식품을 배제한 식단은 부유한 사람들이나 즐기는 것이라는 인상을 지속시키는 결과를 가져왔다. 고급스러운 고가 식료품점에서 유기농 식품을 한입 먹어본다고 해서 그러한 격차를 쉽게 해소할 수 있는 것도 아니다. 그렇다 하더라도 그 책임을 유기농 농법 자체에 돌릴 수는 없을 것이다. 데릭 쿠퍼의 말처럼 이제 현실에는 두 종류의 식품이 존재한다.

> 연골과 슬러리slurry[물과 분쇄한 고기를 뒤섞어 걸쭉해진 물질]를 기계로 채워 만든 형편없는 소시지, 영양가라고는 없고 진하게 착색된 쓰레기를 담은 깡통식품, 텅 빈 칼로리뿐인 스낵 같은 끔찍한 싸구려 식품과, '진짜', '천연', '유기농', '전통', '순수', '홈메이드'라는 단어로 시선을 끄는 값비싼 식품이 존재한다. 하지만 식품이라면 모두 가능한 한 안전하고 순수하며 신선해야 하는 것 아닌가? 왜 싸구려 식품은 불량식품이어야 하는가?[68]

이처럼 유기농 식품은 부유한 사람의 보호책, 즉 가난의 누추한 현실들로부터 특권층을 보호하는 수단으로 변질될 위험을 안고 있다. 이러한 위험은 여러 국가에서 이미 논의되었듯이 농작물 재배 과정에서 농약 사용을 줄임으로써, 그리고 '유기농 농산물'을 다른 농산물과 계속 구별하기보다 어느 곳에서나 지속 가능하고 인도적인 농법이 가능하도록 변화를 이끎으로써 극복될 수 있을 것이다.

'유기농'은 이제 하나의 상표가 되었고, 다른 상표들이 그렇듯 사람들이 오해하게 될 소지를 안고 있다. 무엇보다도 이 상표는 도덕적으로나 미식의 측면에서 안전함을 뜻하는 보증서 역할을 톡톡히 하고 있다. 그래서 완전무결한 식품을 찾아 헤매는 소비자들은 온 희망을 이 상표에 걸기도 한다. 그러나 완벽한 식품 같은 것은 애초에 존재하지 않는다. 존재하지 않는 것을 찾아 헤매는 사람들은 불안정해질 수밖에 없다. 이러한 이상증세는 부유한 현대사회가 낳은 부작용이다. 좋은 음식을 지나치게 찾아 헤매는 집착증세, 즉 오소렉시아orthorexia는 그러한 부작용의 한 단면이다.[69] 이 증세를 보이는 사람들은 거식증에 시달리는 사람들과 달리 특별히 마른 체형이 되기를 원하지 않는다. 이들이 원하는 것은 오직 가장 건강한 것, 가능한 한 가장 생태학적으로 건강한 음식이다. 그러나 이러한 욕구를 충족하고자 하는 사람들은 우선 한 가지 식품군을 제외하는 것으로 시작해서 다른 식품군까지 차례로 배제하다 결국 극단적으로 제한되고 사회적으로 고립된 식습관을 갖게 된다.[70] 오소렉시아를 앓고 있는 한 농부는 순수함에 대한 강박증 때문에 유기농 채소만으로 구성된 식사를 하다 그것으로도 충분하지 않게 되었다고 말한다. 이제 그가 찾는 유기농 채소는 땅에서 거둔 지 15분이 넘지 않아야 한다.[71]

좋은 음식에 그리 집착하지 않는 경우라 하더라도, 돈만 충분히 있다면 자신이나 자녀들을 중독시키지 않을 식품을 찾게 마련이다. 하살의 순수식품회사가 그러했듯이, 어떤 이들은 당신의 감각 따위는 버리고 순수성을 담보하는 상표를 온전히 믿으라고 부추긴다. 그러나 우리가 시대를 막론하고 반복해서 목도했듯이, 우리 자신의 자각을 포기하는 것은 눈속임을 피하는 데 최악의 선택임을 알아야 한다. 유기농 식품이 가장 안전한 먹을거리라는 점은 분명한 사실이다. 하지만 이것이 곧 모든 유기농 식품의 품질이 최고임을 의미하지는 않는다. 유기농 식품은 일반적인 식품들보다 맛이 그리 좋지 않은 경우가 많다. 기술적으로 '유기농'이 아니더라도 제대로 된 맛과 속성을 지닌 식품은 얼마든지 많다. 달콤하고 젤리처럼 반지르르한 스코틀랜드 헤더 꿀heather honey이 공식적으로 유기농이 아니라는 이유로 먹을 만한 것이 아니라고 할 수 있을까?

더욱 심각한 문제는 유기농에 대한 기준이 여러 다른 의미로 해석될 수 있다는 것이다. 영국의 경우 유기농 식품은 토양협회가 인증한 것으로서 윤작, 토양을 비옥하게 만들기 위해 사용되는 거름의 종류, 닭과 돼지를 집에서 기르고 먹이고 돌보는 방법 같은 까다로운 의무조항들을 반드시 충족해야 한다. 토양협회의 로고가 부착되지 않은 유기농 식품은 그만큼 까다롭지 않게 생산된 것인지도 모른다. 유기농 닭고기나 유기농 달걀이 분명 행복한 방목을 누리며 산 닭으로부터 생산되었다고 믿고 구매한다면, 잘못 선택한 것일 수도 있다. 동물 권리 운동가인 피터 싱어Peter Singer에 따르면, 미국에서 말하는 유기농 달걀이란 일반적인 양계 환경보다 조금 덜 밀집되고 덜 제약된 환경에서 (유기농 먹이를 먹으며) 산 암탉이 생산한 것일 뿐이다.[72] 파머스 마켓Farmer's Market[농산물 직판장의 일종] 운동을 펼치고 있는 니나 플랭크Nina Planck는 유기농 육류가 머나먼 목가적 초원에서 풀어 키운 가축을 의미하는 것은 아니라고 분명히 선을 긋는다. "당신의 냉장고에 있는 유기농 베이컨이나 터키 버거는 결코 우리 곁을 떠난 적이 없는 가축으로 생산했을 가능성이 크다."[73]

유기농 산업이 오히려 유기농 농산물을 성공의 희생양으로 삼고 있다는 우려도 제기되고 있다. 유기농 농산물의 시장 규모는 오늘날 120억 달러를 웃돌고 있다. 이 거대한 시장에서 한몫 보려 하는 대형 식품 업체들은 유기농이라는 이름을 쓰되 어느 정도 합성 화합물을 첨가할 수 있게 해달라고 로비를 벌이는가 하면, 유기농의 기준을 낮추기 위해 압력을 행사해왔다. 또한 영국 내에서 유기농 식품의 수요가 증가할수록 영국으로부터 먼 곳에서 항공편으로 수입되는 유기농 식품의 양도 많아질 것이다. 그렇게 되면 소비자와 생산자 사이의 사슬은 당연히 길어지게 된다. 결국 유기농 식품이 몸에 좋고 환경적으로도 합리적이라는 이상은 거짓이 되고 만다. 이제 많은 식품 운동가들이 '푸드 마일food mile'이라는 개념을 들며, 기술적으로 유기농이 아니라 하더라도 지역에서 생산된 식품이 지구를 반 바퀴 돌아서

오는 유기농 채소보다 낫다고 주장한다. 하지만 전통적 유기농법을 유지해 온 농부들이 볼 때, 푸드 마일이 적고 유기농이라는 이름이 붙었는데도 엉터리인 식품도 있다. 근교에서 유기농법으로 길렀다는 연어가 그 예이다.

실제로 유기농 또는 방목이라고 이름 붙인 식품 중 일부는 완전히 가짜인 것으로 밝혀졌다. 다른 고급 식품의 역사와 마찬가지로, 유기농 시장은 사기꾼들에게 아주 매혹적인 무대이다. 런던의 홀랜드 파크 주변은 기네스 펠트로와 케이트 모스 등의 유명 인사들이 출몰하는 화려한 명소가 즐비하다. 2006년 12월에 보도된 한 뉴스는 이곳에 위치한 줄리스 레스토랑에 큰 타격을 입혔다. 이 레스토랑 메뉴의 자랑은 고급 소시지, 양념 바른 양 갈비구이, 양념에 재운 유기농 닭고기 등 유기농 고기 요리였다. 그러나 당국이 정기 위생검사를 실시한 결과, 지난 52일 동안 단 한 점의 유기농 고기도 이 레스토랑으로 반입된 적이 없다는 사실이 밝혀졌다. 이로써 관련자들이 취한 부당 이득은 대략 4,200파운드에 달했다. 주머니 두둑한 소비자들이 주문한 것은 유기농 닭고기 요리였지만, 식탁에 실제로 오른 것은 양계장 닭고기 한 접시였던 것이다. 이 레스토랑의 경영 담당 변호사인 조니 에커페리건Johnny Eckerperigan는 "분명히 잘못 가져온 요리였다"며 책임을 인정했다. 이 레스토랑은 결국 7,500파운드의 벌금형을 받았다.[74] 2006년 5월, 뉴질랜드에서도 인증받은 유기농 고기라고 속여 판 한 정육업자가 10,000 뉴질랜드 달러의 벌금을 물었다.[75] 실제 존재하는 유기농 관련 사기는 법정에서 밝혀진 이 사례들보다 종류가 훨씬 다양할 것이다.

조작의 대상이 되는 것은 유기농 식품만이 아니다. 일반적으로 윤리적이라고 여겨지는 방목의 경우도 마찬가지였다. 2006년 11월, 영국 경찰은 3천만 개의 달걀이 방목한 암탉이 낳은 달걀로 불법적으로 둔갑했다는 제보를 입수하고 조사에 착수했다.[76] 닭장에서 생산된 달걀을 고품질의 방목 달걀이라고 믿고 정상가의 두 배에 이르는 값을 치른 소비자들이 고스란히 속은 것이다. 경찰 수사 결과 코번트리 근처에서 달걀을 출시하는 일부 생산자들이 사기 혐의로 체포되었다. 이 사기의 심각성은 그 달걀들이 중독성을 유발할 위험성이 잠재했다는 점에 있었다. 이 사기꾼들은 전체의 약 8분의 1이 살모넬라균을 안고 있는 달걀들을 스페인에서 수입한 후 살모넬라균을 걱정할 필요가 없음을 보장하는 사자 마크Lion Mark를 찍어 유통시켰다. 이 사건을 통해 우리는 소비자와 생산자 사이의 신뢰 또한 얼마나 덧없을 수 있는지 확인할 수 있다. 라벨만으로 식품의 품질을 보장할 수 없다는 예는 이외에도 많다.

아무래도 어디로 튈지 모를 이 사기꾼들의 행보를 따라잡으려면 시야를 넓게 확보해야 할 것이다. 그러나 영국 사기꾼들의 부정직한 저질 달걀 사례도 오늘날 중국과 방글라데시에서 일어나고 있는 최악의 식품 사기와는 비교가 안 된다. 서구의 소비자들이 비유기농 닭고기를 섭취하다 발암물질에 장기적으로 노출될까 조마조마해하는 동안, 극동 지역과 동남아시아 지역의 소비자들은 아예 식품이라고 부르기 멋쩍을 정도로 위조되고 중독된 식품을 아직도 먹어야 하는 형편이다.

중국의 가짜 달걀과 중독된 아기들

이 위조는 실로 역사상 가장 믿기 힘든 발명이라 할 만했다. 분명 이 책을 집필하는 동안 마주친 기상천외한 사기 중에서도 가장 기괴했다. 이 모든 것이 사실이라면, 가장 잔인하게 기발한 사기일 것이다. 2005년과 2006년 무렵, 비양심적인 중국인 업자들이 온갖 가루를 버무려 완벽한 가짜 달걀을 만들어냈다는 소식이 널리 보도되었다. 얼핏 보면 영락없는 보통 달걀 같지만, 속을 들여다보면 인체에 심각한 통증을 유발할 수 있는 특수한 화학첨가물들의 잔칫상이나 마찬가지였다. 2005년, 홍콩의 『이스트 위크East Week』에 실린 한 잠입 취재 기사에는 위조 달걀 제조법을 배울 수 있다는 3일 교육 과정에 기자가 직접 등록하여 목격한 실태가 담겼다.

한 젊은 여성 강사는 먼저 달걀의 각 부분을 만드는 방법을 소개했다. 첫 단계에서 이 강사는 젤라틴, 벤조산, 응고제, 명반, 그리고 정체불명의 분말을 혼합해 '흰자위'를 만들었다. 다음으로 노른자위를 만드는 과정에서는 담황색 식품 착색제와 해초처럼 보이는 재료를 소위 마법의 물이라는 재료에 섞었다. 염화칼슘을 포함한 물질인 마법의 물은 노른자위의 얇은 외피를 만들어냈다. 이렇게 노른자위와 흰자위의 질감을 가진 재료를 만들고 나면 특별히 제작된 틀을 이용해 모양을 찍어냈다. 노른자위에는 둥근 주형이, 흰자위에는 타원형 주형이 사용된다. 마지막으로, 파라핀 왁스가 들어간 액체를 틀에 붓고 딱딱하게 굳어 하얀 껍질이 만들어질 때까지 기다린다. 껍질이 다 굳으면 깨뜨려 진짜 달걀처럼 요리할 수 있다. 진짜 달걀에 비해 껍질은 약한 편이다. 프라이팬에 익힌 인조 달걀은 암탉이 낳은 것과 흡사했다. 흰자위에 거품이 더 많이 생기는 점만 조금 다를 뿐이었다.

이 기사에 따르면, 가짜 달걀을 맛본 사람들은 그 맛이 진짜와 비슷하다고 말했다고 한다. 그러나 섭취한 결과는 똑같을 리 없었다. 영양소가 없는 이 가짜 달걀은 복통, 기억상실, 섬망을 유발할 수 있었다.

정말 믿기 어려운 일이다. 사악한 사기라는 생각을 잠시 접어둔다면, 가짜 달걀을 만들어내는 이 초현실주의적인 대담성을 존경의 눈으로 바라볼 수도 있을 것 같다. 경제적 관점에서 보면, 이 사기는 더 황당하다. 달걀처럼 흔하디흔한 상품을 그렇게 공을 들여 만드는 것이 경제적으로 수지맞는 일이었을까? 한 중국인 블로거 역시 이렇게 질문을 던졌다. "당신은 이 점을 물어야 한다. 가짜 달걀을 만들어 얻는 이윤이 정말 양계장의 진짜 달걀을 파는 것보다 훨씬 컸단 말인가?"[77] 모르긴 몰라도 이윤이야 좀 더 남았을 것이다. 가짜 달걀의 도매가격은 1개당 0.15위안(미화 3센트 정도에 해당)으로, 진짜 달걀의 절반이었다. 아마도 양계업자들이 얻을 수 있는 이윤 폭이 낮았다는 점이 이처럼 기괴한 위조의 등장을 크게 부추겼을 것이다(아쿰의 시대에도 사기꾼들이 경제적 요인을 핑계로 어이없을 정도로 공들여 가짜 차를 만든 것처럼 말이다). 가짜 달걀을 양껏 팔수만 있다면 업자들은 분명히 많은 돈을 벌 수 있을 것이다. 이렇게 만들어진 가짜 식품들은 중국에서 베트남으로 다량 밀수되는 것으로 짐작되었지만, 하노이와 호치민 시의 소매 시장에서 실제로 중국산 가짜 식품을 적발하기란 쉬운 일이 아니었다. 2005년 베트남 식품안전과 위생부Food Safety and Hygiene Department의 트란 당Tran Dang의 말처럼 이것 한 가지는 분명했다. "가짜 식품은 의심의 여지없이 건강에 위해하다."[78]

이후 이 가짜 식품에 관한 일화를 둘러싸고 온갖 의혹이 꼬리에 꼬리를 물었다. 『독성학 인터넷 저널Internet Journal of Toxicology』에서 식품 사기를 상세히 다룬 한 자료는 아무런 예고 없이 자취를 감추었다. 또한 이 가짜 식품 문제를 처음 보도했던 베트남 일간지 『탄 니엔 뉴스Than Nien News』의 편집자는 나에게 그 기사는 오보였다고 말했다.[79] 모두 잘못된 정보일 수도 있을 것이다. 온갖 정보가 끊임없이 밀려드는 이 시대에, 그중 어떤 정보를 믿어야 할지 가늠한다는 것은 매우 어려운 일이다. 설사 가짜 달걀이 존재하지 않는다 하더라도, 이 보도를 사람들이 두루 믿었다는 사실이 반영하는 것은 바로 오늘날 중국에서 부정불량식품이 그만큼 활개를 치고 있다는 사실이다.

가짜 달걀은 가짜가 넘치는 중국 경제에서도 가장 흉물스러운 사례이다. 2006년에 전략적 위험 평가사 안데스 램Andes Lam이 제시한 자료에 따르면, 중국의 산업에서 이루어지는 위조 활동은 1천 배의 증가 추세를 보였다.[80] 규모면에서 큰 비중을 차지하는 것은 해적판 DVD나 가짜 디자이너 핸드백, 가짜 전자제품 등이지만, 식품 분야에서 나타났듯이 특정 종류에 국한되지 않았다. 마치 제1차 세계대전 당시 독일의 상황처럼, 현대 중국의 대도시에서 대용물은 삶의 한 방식이 되었다. 많은 사람들이 시장에서 판매되는 식품이 가짜일 것이라고 으레 생각한다. 사람들이 가짜 식품에 익숙해지자 사기꾼들은 이제 더 대담하게 속이려든다. 상하이에서 팔렸던 튀긴 두부 경단이 한 예이다. 이 음식의 재료는 석고, 페인트, 그리고 구정물과 내장으로 만든 '기름'에 튀긴 전분이었다. 2006년 12월에 드러난 최근의 한 사례에서 한 공장 책임자가 폐수와 산업용 기름으로 '식용 라드'를 만든 혐의로 체포되었다.[81] 2004년, 국가식품약품감독관리국National Food and Medicine Inspection Bureau(FDA 또는 식품표준청과 같은 기능을 하는 곳으로, 1998년에 설립되었다)의 국장 정샤오위는 '공포 없는 식품 운동'을 발족했다.

국영 텔레비전의 한 방송에서 그는 이렇게 말했다. "이제 여러분은 지금 무엇을 먹고 있는지 더 이상 알기 힘듭니다. 평범한 시민의 한 사람으로서 저 역시 여러분이 느끼는 식품 안전 공포를 똑같이 느끼고 있습니다." 그는 일반 시민들의 공감을 구하고자 했겠지만, 이 발언은 오히려 불안감만 가중시킬 뿐이었다. 그는 다름 아닌 중국의 식품 안전을 책임지는 사람이 아닌가. 1년 후 그는 제약회사들로부터 약품 승인 기준을 회피하도록 돕는 대가로 85만 달러의 뇌물을 받은 혐의를 받고 자리에서 물러났다.[82] 2007년, 그는 사형을 선고받았다.[83] 중국에서 식품과 의약품은 아직도 이처럼 공포의 대상이다.

중국 환경법 아카데미Chinese Academy of Environmental Law를 이끄는 차이서우추 또한 식품 문제에 대해 두루뭉술한 태도를 보였다. "식품 제조와 판매는 수익성이 매우 좋은 사업인 데다 걷잡을 수 없이 성장하고 있어서 딱히 통제할 방법이 없다. 모두의 목적은 그저 돈을 더 버는 것일 뿐이다."[84] 문제는 그 결과가 어린아이들을 중독시킬 수도 있다는 사실이었다. 1820년 런던의 상황도 이와 같았다. 아쿰은 사기꾼들의 행태를 비판하며 다음과 같이 주장했다. "그들은 돈벌이만 되는 일이라면 사람들의 목숨이 위태해지는 상황 정도는 관심도 두지 않았다."[85] 그리고 돈벌이를 위한 사기 행각은 시간이 지날수록 발전을 거듭했다. 2004년 4월에 일어난 가짜 분유 사건도 같은 맥락에서 발생했다. 당시 소식에 따르면, 중국 중부 지역에서 가짜 분유를 먹은 아기들 중 최소한 13명이 목숨을 잃었고, 수백 명 이상의 아기가 중태에 빠졌다.[86] 이 사건이 발생한 곳은 안후이 성이었는데, 피해를 입은 아기들은 '거두증'을 앓은 것으로 알려졌다. 부모들은 어째서 아기의 다른 곳은 말라가는데 머리만 커지는지 이해할 수 없었다. 어떤 부모들은 아기의 얼굴이 터질 듯 통통하니 그만큼 건강하다는 증거일 것이라고 이해했다.[87] 하지만 답은 따로 있었다. 아기들은 영양결핍을 앓고 있었던 것이다. 그 상태는 의사들이 지난 20년간 목격한 사례 중에서도 최악이었다. 아기들의 상태가 이 지경에 이른 것은 바로 가짜 분유를 먹은 탓이었다. 필수 단백질과 기타 영양소는 극소량 포함되었을 뿐인 이 '분유'의 주성분은 설탕과 전분의 혼합물이었다.

더 끔찍한 사실은 이 가짜 분유가 특별히 심사 고약한 한 사기꾼의 작품이 아니라는 점이다. 분유 산업 전체가 이 사기에 가담하고 있었다. 국가 차원의 첫 번째 조사 결과, 기준 미달의 분유 45종이 안후이 성에서 판매되고 있다는 사실이 추가로 밝혀졌다. 이 제품들은 중국 전역에 걸쳐 141개 이상의 공장에서 제조되고 있었다.[88] 가짜 상표를 단 분유는 네슬레의 고급 분유보다 훨씬 낮은 가격에 팔려나갔다. 하루 평균 수입이 1달러 남짓인 안후이 성 시골 지역의 빈곤한 환경을 감안할 때 이러한 가짜 분유는 이 지역의 아기 부모들이 유일하게 살 수 있는 것이었다. 가난한 부모들은 터무니없이 낮은 가격에 유혹될 수밖에 없었다. 사기꾼들은 이처럼 소비자의 가난을 미끼로 이윤을 챙겼던 것이다.

『뉴욕 타임스』의 한 기자는 장린웨이의 이야기를 전했다. 2003년 당시, 벽돌을 만드는 장린웨이의 수입은 한 달에 60달러 남짓이었다.[89] 그의 아내 류리가 딸을 낳았는데, 그녀는 아기를 먹일 만큼 충분히 젖이 돌지 않았다. 자연스레 장씨는 친구가 권한 저가 분유를 구입하게 되었다. 이 저가 분유만 사려 해도 줄잡아 한 달에 11달러는 써야 했는데, 전체 수입의 6분의 1 이상이 드는 큰돈이었다. 장씨의 딸은 2, 3일마다 분유 한 통씩을 먹었지만, 이상하게도 체중이 전혀 늘지 않았다. 그러다 5개월 후에 아기는 사망하고 말았다. 아기를 치료했던 병원의 의사들은 아기의 발육 상태가 너무 좋지 않아 몸에서 주사 바늘을 꽂을 정맥을 한 군데도 찾을 수 없었다고 말했다. 의사들은 아기의 부모에게 아기가 사망한 원인은 가짜 분유 때문이라고 전했다. 류리는 충격으로 쓰러졌다. 자신의 딸이 죽은 이유가 그토록 사랑스럽게 안고 먹였던 분유 때문이었다니. 무너져 내린 가슴을 쓸어안고 장씨는 힘겹게 말했다. "아기가 도대체 무슨 죄입니까? 아기는 무엇을 주더라도 받아먹을 수밖에 없잖아요."

가짜 분유 사건이 발생하자 중국 정부는 엄격한 조치를 내릴 것을 약속했다. 곧 가짜 분유 10만 봉지 이상이 압수되었다. 원자바오 총리는 전국적인 조사에 착수할 것이라고 발표했고, 연이어 관련자들이 체포되었다. 안후이 성에서 붙잡힌 47명의 용의자는 노란 조끼를 입은 채 거리를 끌려 다니며 공개적으로 창피를 당했다. 이들 중 최소한 40명이 공식적으로 기소되었다. 당국은 법에 따라 이들을 엄정히 문책할 것이라고 약속했다. 첫 번째로 재판정에 선 사람은 안후이 성에서 가짜 분유를 판 리신다오라는 상인이었다. 법정 판결문은 낮은 가격만 보더라도 그가 마땅히 그 분유가 가짜임을 알았을 것이라고 기술했고 징역 8년형에 1,000위안의 벌금형을 선고했다(2003년 환율로 약 8,000파운드에 해당한다).[90] 97명의 이 지역 공산당 관리들 또한 가짜 분유 사례를 '알지 못했거나 철저히 조사하지 않은' 혐의로 처벌받았다.

이처럼 발 빠르게 관련자들을 엄중히 처벌하기는 했지만, 가짜 분유 사건이 심각한 정치적 실패를 반영한다는 사실은 숨길 수 없었다. 고삐 풀린 시장 경제가 잘못된 정부 정책과 조우하게 되면 식품 사기가 번성할 수밖에 없다. 이 같은 현상은 1820년대에 산업화의 길을 걷기 시작한 영국의 자유방임주의 정부에서도 똑같이 발생했다. 1860년대 뉴욕에서 꿀꿀이죽 우유 사건이 일어난 이유도 부패한 태머니 홀의 관료들이 자신들의 눈앞에서 사기꾼들이 버젓이 활개치도록 방치했기 때문이었다. 그리고 21세기 중국에서 똑같은 일이 반복되었다. 아기들이 죽기 시작한 후에야 중국 정부는 식품 위조를 막겠다고 대대적으로 나서지 않았는가. 이를 두고 중국 현지를 취재한 한 영국인 기자는 위조 식품의 문제는 "어떤 대가를 치르더라도 양적 성장만을 독려한 중국의 경제 정책이 낳은 결과"라고 보도했다.[91] 세금만 잘 낸다면 도적떼들이 어떻게 이윤을 내든 상관없다는 식이었기 때문이다. 중국인민대학의 황궈슝 교수는 다음과 같이 지적했다. "지역 관료들은 영세 업체들이 가짜 제품이라도 생산해 경제적으로 성장하면 지역 전체 발전의 동력으로 활용할 수 있을 것이라는 구시대적 믿음을 갖고 있다."[92] 중국 정부가 아기들의 죽음을 얼마나 애통해했는지 모르지만, 그 책임을 피할 수는 없을 것이다. 가짜 분유 사건은 무엇보다 국가식품약품감독관리국의 규제력이 얼마나 미약한지를 극명히 드러냈다. 2003년 3월의 국영 뉴스 매체 보도에 따르면, 중국의 10만 6,000개 식품 회사들 중 적법한 허가를 받고 운영되는 업체는 1만 7,900개에 불과했다. 결국 당시 시중에 유통된 식품 중 5분의 1에 가까운 것들이 국가 보건 기준에 부합하지 않았다는 것이다.[93] 상황이 이 정도였다면 가짜 분유 사건은 일어날 수밖에 없는 일이었다. 그리고 2006년에 일어난 재활용 오물로 만든 라드 사건과 같이 비슷한 일들이 이후에도 반복되었다.

방글라데시의 상황도 다르지 않았다. 이곳은 서남아시아에서, 그리고 세계에서도 부정불량식품의 심각성에 있어서만큼은 타의 추종을 불허할 것이다. 2004년 3월, 네팔의 카트만두에서 열린 한 회의에서 아시아 지역 국가들의 부정불량식품 비율을 비교하는 자리가 마련되었다. NGO 단체 두 곳이 공동으로 실시한 조사에 따르면, 인도의 부정불량식품 비율은 10퍼센트이고, 네팔은 15~18퍼센트, 스리랑카는 이보다 심각한 20~30퍼센트인 것으로 비교되었다. 그러나 방글라데시의 경우는 45~50퍼센트로, 다른 국가들의 통계를 간단히 앞질렀다.

눈속임은 원래 은밀하게 이루어지기 때문에 정확한 수치를 가늠하기가 거의 불가능한 것이 사실이다. 그러나 방글라데시의 비효과적인 법체계와 행정력을 감안하면 이 나라가 부정불량식품 문제 때문에 얼마나 시달리고 있을지 쉽게 짐작할 수 있다. 2002년, 방글라데시 공중보건연구소Institute of Public Health는 당시 시판되던 식품들을 분석한 후 스위트미트 표본 426개 중 423개에, 기ghee[인도 요리에 사용되는 정제 버터]의 표본 33개 중 28개에, 버터오일 표본 19개 중에서는 19개에, 연유 표본 8개 중 8개 모두에 불순물이 첨가되었다고 밝혔다.[94] 이 발표를 보면 방글라데시에서 유통되는 식품 중 45~50퍼센트가 부정불량식품이라는 추청치도 실제보다 훨씬 낮은 것으로 보인다.

방글라데시의 수도 다카의 한 신문은 2003년에 실린 한 기사에서 불순물 제조자들의 조직들이 방글라데시의 대도시와 다른 곳에서 아무런 처벌을 받지 않고 사업을 계속하고 있다고 보도했다.[95] 다카 시티 코퍼레이션DCC, Dhaka City Corporation[다카 시의 행정 운영을 맡았던 자치 기구로, 2011년에 해산되었다]은 실질적인 단속 문제는 전적으로 경찰에 의존하는 듯했다. 이 기구가 문제를 인지하지 못하고 있었던 것은 아니다. 중요한 것은 대처할 방안이 없다는 점이었다. 2004년 10월, DCC는 불순물 첨가 의혹이 제기된 700개의 식품 표본을 수집했고, 부정불량식품으로 판단된 사안에 대해서는 유죄 판결이 내려졌다. 하지만 문제는 그때부터였다. 1959년에 제정된 방글라데시의 솜방망이 식품법에 따라 유죄가 인정된 사기꾼들은 3개월의 징역이나 미화로 약 3달러에 해당하는 200타카Tk[방글라데시의 화폐 단위. 2014년 1월 현재 1타카는 13.70원이다]의 벌금형을 택할 수 있었다. 당연히 생각이 있는 멀쩡한 사기꾼들이라면 후자를 택할 것이고, 사악한 일터로 자유롭게 돌아가면 그만이었다.

2004년, DCC의 한 관계자는 이렇게 말했다. "부정불량식품 사건을 기소하는 작업은 거의 중단된 상태입니다. 이제 우리는 사람들이 부정불량식품 구매를 피할 수 있도록 정보를 전달하는 데 노력을 기울이고 있습니다." 이는 부정불량식품에 대처할 방안이 없다고 자인하는 것과 마찬가지이다. 뭐든 직접 행동하는 것보다 말로 얼버무리는 것이 쉽지 않겠는가. 벽돌 가루를 넣은 고춧가루부터 비료를 섞은 쌀, 오염된 물을 탄 요구르트에서 신선한 것으로 둔갑해 팔리는 썩은 코코넛까지, 그을린 윤활제를 바른 빵부터 직물 염료로 사용되는 독성 착색제로 색을 낸 스위트미트에 이르기까지, 부정불량식품은 방글라데시 어디에나 존재한다. 부정불량식품은 원래 사람들의 시선을 많이 끌 수 있도록 만들어진다. 그런데, 시선을 사로잡는 그런 식품을 조심하라고 사람들에게 경고해봤자 얼마나 설득력이 있겠는가. 원칙 없는 생산자들은 엄청난 양의 독성 호르몬제와 화학물질을 망고, 파파야, 구아바, 바나나 같은 녹색 과일들에 주입해 잘 익은 것처럼 만든다. 소비자의 눈에 더욱 먹음직스러워 보이는 것은 바로 이렇게 호르몬제와 화학물질로 범벅이 된 과일이지만 보기에만 좋을 뿐인 이 과일을 먹으면 신장이나 간에 문제가 생길 수 있다. 장기적으로 볼 때, 이렇게 첨가된 호르몬제나 화학물질은 분명 암을 유발할 수 있다. 2004년, DCC는 과일에 숙성제 중 하나인 탄화물carbide 분말을 넣은 범죄자들을 상대로 22건의 사건을 기소했다. 이 22명의 사기꾼들은 당연히 모두 3달러 벌금을 택하고 풀려났다.

겉으로 보기에 최근 방글라데시의 상황은 어쨌든 개선된 듯하다. 2005년, 방글라데시 정치가들은 드디어 심각한 식품 공급 상황에 반응을 나타냈다. 치안판사에게는 특별 이동식 법원에서 범죄자들을 기소할 권한이 주어졌다. 5월과 9월 사이에만 321개의 이동식 법원이 기소한 부정불량식품 제조자들의 위법 행위는 2,885건에 달했다. 9월에 방글라데시 의회는 식품 안전 자문 기구를 발족하고 집행자들에게 더 많은 힘을 실어주는 순수식품법Pure Food Act 개정안을 통과시켰다. 이 법에 따르면, 부정불량식품 제조자들은 6개월에서 3년간의 징역과 5,000~50,000타카에 이르는 무거운 벌금형을 받게 되며, 상습범은 부지와 장비가 몰수된다. 마침내 범죄자들을 겁줄 수 있는 발톱을 갖춘 법이 마련된 것이다.

그러나 초기의 낙관론은 곧 퇴색되었다. 2006년 2월, 『데일리 스타Daily Star』의 한 기자는 새로운 개정안에 대해 다음과 같이 회의적인 시각을 표했다. "이처럼 강력한 대비책이 상황을 개선시키는 데 성공할지 의문이다. 제아무리 정교하게 다듬어진 법이라도 방글라데시에서 적절히 이행된 적이 없었기 때문이다."[96] 이동식 법원의 예만 보더라도 조직화 능력의 부재로 인해 관계자들이 시의 적절하게 직무를 수행하지 못했다고 털어놓는 이들도 있었다. 결국, 법적 처벌 수위가 더욱 강력해졌음에도 불구하고, 부정불량식품 제조자들의 활동은 2006년 7월 현재에도 수그러들지 않았다. 『방글라데시 옵서버Bangladesh Observer』는 라즈바리 지역의 시장 곳곳에서 기계유와 혼합한 식용 기름, 비스킷 반죽과 혼합한 썩은 빵, 독성 염료로 착색한 아이스크림처럼 불순물을 첨가한 식품들이 여전히 판매되고 있다고 보도했다.[97] 무엇보다 충격적인 것은, 부정불량식품을 만들어 파는 업자들에게서 좀처럼 죄책감을 찾아볼 수 없다는 사실이었다. 식품 사기를 타파하고자 시도된 행정적 노력들이 모두 수포로 돌아가자, 이는 엄연한 직무유기라며 지역 당국 관계자들을 성토하는 보도가 등장하기도 했다.

지금까지 이 책에서 짚어본 것은 식품 사기를 번성하게 하는 요인들이다. 오늘날 방글라데시의 현실은 상호 간의 신뢰 결핍과 더불어 갈수록 길어지는 생산자와 소비자 사이의 식품 사슬, 일관적이지 않은 식품법, 통제라고는 모른 채 제멋대로 굴러가는 시장 경제, 무관심과 부패 사이를 위태롭게 오가는 정치, 그리고 끊임없는 식품 공포에 대한 소비자들의 무기력증 등 우리가 살펴본 모든 요인을 집약해놓은 듯하다. 한 논평가는 방글라데시가 안고 있는 고질적인 부정불량식품의 현실은 '소비자 권리'가 완벽히 부재한 탓에 빚어졌다고 주장했다. 방글라데시 소비자들은 탈모 증상을 일으키는 비듬 샴푸, 트랙의 절반이 사라진 CD, 그리고 곰팡이 핀 할바halva[깨와 꿀 등으로 만든 과자]를 사고서도 어쩔 수 없는 일이라고 생각한다.[98] 소비자 권리 침해와 기업 윤리의 부재가 공존하는 곳에서는 제 아무리 고등 교육을 받은 사람들이라 하더라도 자신들의 권리를 보호할 길이 없는 법이다. 이유야 어찌되었든 사람들이 이처럼 터무니없는 대우를 받고서도 불평하지 않으면 계속 같은 대우를 받게 된다. 악순환은 그렇게 시작된다.

방글라데시는 분명 동남아시아에서 부정불량식품으로 가장 고통받는 국가 중 하나이다. 그렇다면 이 나라의 상황은 그저 절망적일 뿐일까? 그렇지 않다. 지금은 1820년대가 아니다. 과거에 비해 방글라데시는 이점을 안고 있다. 다른 지역과 마찬가지로 과거 어느 때보다 더욱 빠르게 지식을 전달할 수 있는 정보화시대의 혜택을 받고 있기 때문이다. 방글라데시 식품의 현실이 선진국에 비해 절망적일 수는 있지만, 언론활동의 수준은 유럽 어느 국가나 미국에 뒤지지 않을 만큼 높다. 방글라데시의 기자들은 음지에서 활동하는 사기꾼들의 악행을 온라인 기사를 통해 신속히 노출시킴으로써 사기꾼들은 물론 정치가들에게 망신을 주었다. 또한 신속한 정보 공유를 통해 방글라데시에서 일어난 일을 바깥 세상에 알렸다. 방글라데시 정부는 이 과정을 통해 최신 정보에 접근하여 식품 사기에 맞서 싸울 수 있는 방법을 도모하고 있다. 그렇다면 신속한 정보 이용을 무기로 삼아 식품 사기를 원천 봉쇄할 수 있을까? 누구나 그렇게 되길 바랄 것이다. 하지만 역사적으로 돌이켜보건대, 승리를 거두더라도 앞으로 더 많은 새로운 도전에 직면하게 될 것이다.

나가는 말
21세기의 부정불량식품

식품에 불순물을 첨가하는 사람들이 있다면,
그들을 막을 수 있는 사람들도 있다.
—런던 식품 위원회(1988)

부정불량식품은 빈곤이 그렇듯 앞으로도 언제나 우리와 함께할 것이다. 눈속임의 동기, 즉 탐욕은 인간의 역사를 한결같이 관통해왔다. 하지만 눈속임을 조장하는 유인(동기)과 기회는 시대에 따라 크게 변화해왔다. 눈속임이 발생하는 동기는 경제적인 것이고, 눈속임의 기회는 정치와 과학에 의해 결정된다. 부정불량식품은 '자유무역'이나 '전 지구화globalization'와 같은 추상적 맥락이 빚어내는 것만은 아니다. 시대적 변화 속에서 이해관계가 서로 다른 사람들 가운데 작용하는 힘의 논리가 양산하는 부산물 중 하나가 바로 식품을 둘러싼 눈속임이다. 그래서 부정불량식품 문제를 단순히 탐욕스러운 한 개인이 대중을 속여 이득을 취하려 한 충동의 소산이라고 이해해서는 안 된다. 제대로 확립된 경제 정책과 정치적 대응책이 있다면 부정불량식품 문제를 어느 정도 해소할 수 있으리라는 기대가 아주 터무니없는 공상은 아닐 것이다. 경제학자 제프리 삭스Jeffrey Sachs도 정치적

의지만 확고하다면 빈곤을 종식시킬 수 있다고 공언하지 않았던가.[1]

그런데 도대체 이 사기꾼들과 어떻게 싸워야 한단 말인가? 이 책에서 우리는 역사적으로 수많은 인물이 이 문제를 타파하고자 기울인 다양한 노력을 살펴봤지만, 그중 어느 것도 하나만으로 완벽하지는 않았다. 부정불량식품 문제가 불거질 때마다 사람들은 대개 순진한 반응을 보이곤 한다. 마치 자신만은 이 혼란에서 발을 빼 초원의 목가적 풍경에서 유유자적할 수 있으리라 기대하는 것 같다. 부정불량식품이 산업화의 문제일 뿐이라면, 이 땅에서 지극히 단순하고 자족적인 삶을 누리며 집에서 직접 재배하거나 기른 것을 마음 놓고 먹으면 될 일 아닌가? 그렇게 애초에 산업혁명이 일어난 적도 없는 것처럼 살면 되지 않겠는가? 개인적 차원에서만 본다면 그렇게 살면서 부정불량식품을 충분히 피할 수도 있을 것 같다. 만약 지금 당신이 목가적인 생활을 영위하고 있다면, 앞으로도 그럴 수 있기를 바란다. 그러나 사회 전체의 변화를 조망해보면, 목가적인 삶을 꿈꾸는 것은 비현실적일 뿐 아니라 퇴행적인 환상이다. 좋든 싫든 대규모 산업 사회의 영향을 벗어나 산다는 것은 거의 불가능하다. 이 복잡한 거미줄 속에서 불거진 사실 하나를 간단히 제거한다고 해서 적절한 해결책이 되는 것은 아니다.

1860년 이후에 제정된 식품법은 대부분 현대적이고 현실적인 접근법을 통해 사기꾼들의 눈속임을 차단함으로써 식품 안전성을 확보하는 데 중점을 두었다. 이러한 전략은 부정불량식품이 야기할 수 있는 최악의 결과를 염두에 둔다는 점에서 바람직하다. 식품 안전성 확보를 위한 강력한 법과 이를 효과적으로 집행할 수 있는 전문 관료들이 존재하는 사회라면 현재 방글라데시가 겪고 있는 것과 같은 고질적인 식품 공포의 문제를 해결할 수 있을 것이다. 반면 안전성에 과도하게 집착하면 일반적인 식품에 대한 대중의 기본적인 신뢰를 약화시킴으로써 불필요한 공황상태를 야기할 수 있다. 마지막 장에서 살펴봤듯이, 미국의 순수식품 및 의약품법에 담긴 오염에 대한 강박증은 오히려 과다한 농약 사용을 부추기는 결과를 초래했다. 저온살균하지 않은 치즈의 경우도 마찬가지다. 이 치즈는 저온살균하지 않았다는 이유 때문에, 훌륭한 맛에도 불구하고 '건강과 안전성'을 위협한다는 오명을 쓰고 있다. 다른 한편으로 결과론에 집착하는 식품 안전성 논란은 부정불량식품이 안고 있는 도덕적 차원의 문제를 지나칠 수 있다. 중독에는 민감하게 반응하면서 정작 눈속임의 본질에는 둔감해지는 것이다. 그동안 살펴본 것만 하더라도, 먹어도 그리 해롭지 않은 모방식품이나 대체식품의 사례는 얼마든지 많다. 그러나 당장 삼키는 데 문제가 없다고 해서 그것이 좋은 식품이거나 정직한 식품이라고 말할 수 없을 뿐더러, 그러한 식품을 공급한 사람들이 우리를 속이려 하지는 않았을 것이라고 지레 짐작할 수도 없는 일이다.

역사적으로 많은 식품 운동가들이 단순히 안전성보다는 순수성의 이상에 매달렸던 이유도 바로 그 때문이다. 영국의 하살과 미국의 와일리가 궁극적으로 실현하고자 했던 것은 '순수식품' 모델을 확립하는 것이었다. 이 목표를 위해 고군분투한 그들은 괄목할 만한 많은 성과를 거두었다. 하살과 와일리가 식품 유통 과정의 정직성을 일부나마 회복시킬 수 있었던 이유는 그들의 이상이 높았기 때문이다. 식품 사기에 대해서만큼은 한 치의 물러섬 없이 맞섰던 하살과 와일리는 중독이라는 결과뿐 아니라 눈속임이라는 비도덕적인 의도 역시 척결의 대상으로 삼았다. 순수하지 않은 '순수 머스터드'를 팔고, 글루코스를 '꿀'이라 부르고, 단맛이라고는 사카린으로 낸 것이 전부인 제품을 '스위트콘'이라는 이름으로 파는 행위를 그들은 결코 용납하지 않았다. 그러나 '순수식품'에 대한 고집의 문제는 궁극적으로 그러한 것이 존재하지 않는다는 데 있다. 하살과 와일리는 모두 영양학적으로 절대적인 순수식품을 좇다 일반 소비자들로부터 훨씬 멀어져버리는 허망한 결과를 맞았다. 순수식품을 약속한다는 것은 달리 말해 소비자에게 스스로의 감각을 포기하라는 것과 같다. 어차피 전문가가 다 알아서 골라줄 텐데 소비자의 안목이 무슨 소용 있겠는가. 더 큰 문제는 고르는 즐거움뿐 아니라 다양한 식품을 먹으며 얻을 수 있는 원초적 즐거움마저 잊혀질지도 모른다는 사실이다.

부정불량식품에 맞서는 전략 중 더욱 소비자 중심적인 접근으로는 출판활동과 식품 표시를 통해 필요한 정보를 전달하는 작업을 들 수 있다. 역사적으로 출판활동은 싱클레어에서 네이더에 이르는 인물들이 사기꾼들의 행각을 세상에 폭로하며 식품 사기의 실체를 널리 알리는 데 중요한 역할을 했다. 다행스럽게도 오늘날에는 식품의 용기만 봐도 웬만한 정보를 확인할 수 있다. 어떤 출판물은 특정한 눈속임 사례를 시의적절하게 정확히 겨냥하여 특히 괄목할 만한 성과를 올렸다. 『정글』이 바로 그러한 사례다. 이 책이 출간된 후 정육업자들은 (싱클레어가 바랐던 만큼은 물론 아니었지만) 앞다투어 작업 환경을 개선하기 시작했다. 이후 법적으로 식품에 관한 정보를 라벨에 기록하도록 의무화되자 노골적인 눈속임들은 상당히 제압되었다. 그러나 출판활동을 통해 식품 사기에 맞서는 전략은 양날의 칼과 같다. 사기를 폭로하려는 목적으로 쓴 것이 오히려 광고가 되기도 하기 때문이다. 더욱이 우리가 봐왔듯이 과학 기술을 활용하여 눈속임을 폭로하는 것과 부정불량식품에 대한 소문을 부풀려 퍼뜨리는 것은 사실 종이 한 장 차이이다. 잘못된 방식으로 폭로된 식품 사기는 이에 상응하는 단호한 조처 대신 무관심이나 지나치게 예민한 반응을 불러일으키게 된다. 무관심이든 과장된 반응이든 어느 것도 문제를 해결하는 데는 도움이 되지 않는다. 식품 표시를 지나치게 신뢰하는 것 역시 역효과를 낳기는 마찬가지이다. 식품 표시에만 기대어 좋은 식품을 현명하게 선택하는 데는 한계가 있을 수밖에 없다.

그러므로 우리에게는 공허한 정보가 아닌 진짜 믿을 수 있는 식품에 대한 스스로의 지식이 필요하다. 가짜 식품을 팔아넘기려는 사기꾼들의 눈속임을 피하기 위해 우리가 취할 수 있는 방법 중 가장 확실한 것은 바로 우리가 진짜를 알아볼 수 있는 감식안을 갖추는 것이다. 우리가 해당 식품이 원래 어떠해야 하는 것인지 알고 있다면 사기꾼들은 숨을 틈이 없어진다. 사실 이러한 접근은 무척 고전적이다. 우리는 이미 중세 길드를 살펴보는 장에서 개별 식품에 대한 지식이 얼마나 중요한지를 확인했다. 오늘날에는 AOC와 PDO가 이 같은 접근방식을 취하고 있다. 이 제도들은 특정 식품의 특징을 공유하고 이러한 지식을 보호하기 위해 모든 노력을 기울이고 있다. 목가적 풍경에 대한 환상과 달리, 식품에 대한 진짜 지식을 갖추는 일은 퇴영이 아니다. 과학적 지식이 깊어지는 만큼 식품에 대한 지식 역시 깊어지기 때문이다.

지식적 접근의 또 다른 예는 역사적으로 시대를 앞서 나간 과학자들의 노력에서 찾아볼 수 있다. 1820년 아쿰의 화학 도구에서 오늘날 울프의 DNA 검사에 이르기까지 이들은 최신 과학 기술을 이용하여 식품 사기를 폭로했다. 시대에 따라 그들이 이용한 과학의 정교함은 달랐지만, 아쿰과 울프의 출발점은 같았다. 그들은 모두 음식이 주는 즐거움을 지키고자 했고, 이 일상적인 기쁨을 다른 사람들이 망치지 못하게 하려 했다. 좋은 식품을 식별할 수 있는 지식으로 부정불량식품에 맞서는 전략은 많은 면에서 장점이 있다. 그 효용성은 농경사회뿐 아니라 우리 대부분이 현재 살고 있는 산업 민주주의 사회에서도 마찬가지이다. 지식적 접근은 소비자를 식품 문제에 다시 적극적으로 개입시킴으로써, 길어지고 있는 생산자와 소비자 사이의 식품 사슬에 대응한다. 또한 지식적 접근은 다른 방법에 비해 먹는 기쁨을 억누르지도 않고 두려움을 과도하게 부추기지도 않는다. 우리가 필요한 만큼의 지식을 갖출 수 있다면, 식품 사기를 조장하는 요인은 어느 정도 줄일 수 있다. 사람들이 가짜와 진짜의 차이를 더 많이 이해할수록, 식품의 정체를 탈바꿈시켜 부당한 이윤을 챙기는 행위가 더 어려워지기 때문이다.

식품에 대한 진짜 지식을 갖춰 식품 사기에 맞서는 전략의 유일한 문제점은 현재 우리 대부분에게 그러한 지식이 없다는 사실이다. 우리 사회에서 식품 사기를 진정 제거하고자 한다면 교육 체계를 폭넓게 재점검하여 모든 연령대의 사람들이 요리와 식품에 대한 실용적 지식을 필수적으로 갖출 수 있도록 장려해야 할 것이다. 이는 분명 만만치 않은 일이다. 더욱이 이것만으로는 충분하지 않다. 우리의 시야를 벗어난 곳에서 벌어지는 눈속임이 너무 많기 때문이다. 갈수록 진화하는 사기꾼들을 한발 앞서 단속하려면 (최소한, 사기꾼들이 그들을 막으려는 자들보다 언제나 한발 앞서는 것은 아니라는 사실을 주지시키기 위해서라도) 정부는 철저히 최신 과학에 근거하여 식품법을 제정하고 집행하려는 노력을 끊임없이 기울여야 한다. 과학적 접근은 일반 대중이 이해하기에는 매우 기술적인 부분이 많기 때문에 전문가들의 전유물로 남기 쉽다. 설사 그러한 한계가 있다 하더라도 일반 소비자로서 우리는 눈속임으로부터 우리 자신을 보호하려는 노력을 포기해서는 안 된다. 무엇이 좋은 식품이고 진짜인지를 분명히 안다면, 식품 사기를 뿌리 뽑지는 못하더라도 최소한 기만당할 위험은 얼마든지 줄일 수 있을 것이다.

속고 싶지 않은가? 그렇다면 한 가지 방법이 있다. 완벽하지는 않겠지만, 적어도 출발점은 될 것이다. 원래 모양을 간직한 신선한 식품을 구매하라. 가능하다면 유기농 제품을 찾으라. 믿을 수 있는 상인으로부터 식품을 구하라. 가까운 곳에 있는 이들일수록 더 좋다. 직접 요리하는 습관을 들여서 제대로 된 식품에 들어가는 식재료에 친숙해지자. 그러면 가짜 음식을 접하더라도 그 차이를 식별하고 자신 있게 항의할 수 있을 것이다. 무엇보다도 당신의 감각을 믿으라. 당신이 알고 있는 것은 의외로 많다. 좋은 초콜릿을 툭 자를 때 나는 소리를 들어보라. 진짜 싱싱한 생선 비늘에서 번득이며 감도는 빛을 보라. 신선한 계피에서 달콤함을 맛보라. 진짜 바스마티 쌀의 향을 맡아보라. 잠자리에서 일어나 커피 향에 취해보라.

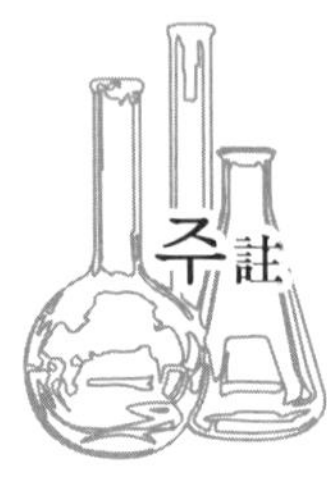

주註

들어가는 말

1. McGee (1984), p. 536.
2. Barton Hutt (1978), p. 507.

1. 독일 햄과 영국 피클

1. See Accum (1821A), passim.
2. Accum (1820A), p. 13.
3. Reproduced in Accum (1820C), p. x.
4. Ibid., p. xxii.
5. Idem.
6. Accum (1966), p. 32.
7. Accum (1820A), p. 31.
8. Ibid., p. 32.
9. Ibid., p. iii.
10. Smollett (1771), Ch. 38.
11. Reproduced in Accum (1820C), p. xxi.
12. Browne (1925).
13. Accum (1815), p. 77.
14. On Winsor, see Everard (1949), pp. 17–26, and Williams (2004).
15. Accum (1815), p. 187.
16. Ibid., pp. 170–73.
17. Browne (1925), p. 829.

18. See, for example, Cole (1951), p. 128; Browne (1925), p. 832.
19. Accum (1821B), pp. 22–3.
20. Rumohr (1993), p. 126.
21. Ibid., p. 116.
22. Hughson (1817), pp. 196–7.
23. Stieb (1966), p. 163.
24. Accum (1817), p. iii.
25. *European Magazine*, June 1820.
26. Browne (1925), p. 839.
27. Ibid., reminiscence of silliman.
28. For monetary conversions, see https://eh.net.
29. Browne (1925), p. 845.
30. Ibid., p. 847.
31. Ibid., pp. 846–7.
32. Hudson (1992), p. 61.
33. Accum (1966), p. 21.
34. Idem.
35. Filby(1934), p. 18.
36. Accum (1966), pp. 222–3.
37. *Philosophical Magazine*, 54, 1819, p. 218.
38. Accem (1966), p. 239.
39. Ibid., p. 244.
40. Accum (1821B), p. 128.
41. Quoted Browne (1925), p. 1031.
42. Accum (1820A), p. 14.
43. Accum (1821A), p. 59.
44. Accum (1820A), pp. 24–5.
45. Spencer (2002), p. 208.
46. Ibid., p. 246.
47. Acton (1993), p. 21.
48. Accum (1821A), p. 55.
49. Ibid., pp. 249–256.
50. Accum (1820C), p. 48.
51. Ibid., p. 46.
52. Accum (1821A), p. 150.
53. Ibid., p. 309.
54. Accum (1820A), p. 244.
55. Rundell (1818), p. 283.

56. Accum (1966), p. 185.
57. Accum (1821A), p. 315.
58. Ibid., p. 27.
59. Ibid., p. 24.
60. Accum (1966), p. 98.
61. Ibid., p. 100.
62. Accum (1821A), p. 4.
63. Accum (1966), p. 218.
64. Idem.
65. Ibid., p. 225.
66. Accum (1821A), p. 331.
67. Accum (1966), p. 231.
68. Ibid., p. 233.
69. Accum (1821A), p. 332.
70. Accum (1966), pp. 232–3.
71. Ibid., p. 31.
72. Ibid., p. 224.
73. Idem.
74. Leetter to *The times*, 20 May, 1824.
75. Accum (1966), p. 19.
76. Ibid., pp. 206–10
77. Ibid., p. 210
78. Ibid., p. 15.
79. Ibid., p. 20.
80. Ibid., p. 16.
81. Ibid., pp. 211–4.
82. Ibid., pp. 163–70
83. Ibid., p. 172.
84. Ibid., p. 22.
85. Ibid., p. 23.
86. Ibid., p. 22.
87. Ibid., p. 23.
88. *The Tmes*, 5 March 1818, p. 3 Column B.
89. Accum (1966), pp. 126, 116.
90. Ibid., p. 157.
91. Child (1798), pp. 6, 21.
92. Accum (1966), pp. 143–4.
93. Monckton (1966), p. 159.

94. Accum (1966), p. 123.
95. Patton (1989).
96. Spencer (2002), p. 263.
97. Accum (1966), p. 148.
98. Taylor (1972), pp. 50–51.
99. For accounts of the book-mutilating affair, see Browne (1925); Cole (1951); Gee (2004).
100. *The Archives of the Royal Institution of Great Britain*, Greenaway (1971), Vol. VI, 16 April 1821.
101. Quoted Browne (1925), p. 1142.
102. Letter to *The Times*, 10 January 1821, 'Mr Frederick Accum'. signed 'A.C.'
103. *The Times*, 6 April 1821, 'Mr Accum's Case'.
104. Reynolds (1822), note to line 161.
105. Browne (1925), p. 1140.
106. Cited Cole (1951), p. 141.
107. Greenaway (1971), Vol. VI, 23 December 1820.
108. Parmentier (1803), p. 181.

2. 와인 한 병, 빵 한 덩어리

1. Phillips (2001), p. 41.
2. Phillips (2000), p. 32.
3. Pliny (1968), Book XIV:130, Vol. 4, p. 273.
4. Ibid., Book XIV:17, Vol. 4, p. 197.
5. Quoted in Cato (1933), pp. 48–9.
6. Juvenal (1984), satire 5.
7. Phillips (2000)
8. Phiny (1968), Book XXIII:45–6.
9. Columella, (1954–1955), XII:19–21.
10. Cato (1933), pp. 48–9.
11. Phillips (2000), p. 34.
12. Eisinger (1982), p. 298.
13. Ibid., p. 294.
14. Filby (1934), p. 140.
15. Ibid., p. 146.
16. Accum (1966), p. 82.
17. Idem.

18. Filby (1934), p. 145.
19. Drummond and Wilbraham (1939), p. 47.
20. Addison and Steele, *The Tatler* (1797), Vol. 2, p. 110.
21. Loubère (1978), p. 73.
22. Ibid., p. 166.
23. Quoted Phillips (2000), p. 32.
24. Fielden (1989), p. 21.
25. Filby (1934), p. 131.
26. Eisinger (1982).
27. Fielden (1989), p. 4.
28. Ibid., p. 165.
29. Ibid., p. 6.
30. Filby (1934), p. 130.
31. Fielden (1989), p. 19.
32. Ibid., pp. 5–6.
33. Accum (1966), p. 79.
34. Filby (1934), p. 158.
35. Dillon (2004), passim.
36. Drummond and Wilbraham (1939), p. 47.
37. Redding (1833)
38. Loubère (1978), pp. 252–3.
39. Stanziani (2003), p. 128.
40. Ibid., p. 128.
41. Loube're (1978), p. 166.
42. Stanziani (2003), p. 137.
43. Robinson (1999), p. 4.
44. Fielden (1989).
45. Atkin and Lee (2005).
46. Catchpole (2006); shaugnessy (2005).
47. *New York times*, 22 October 1986, 'Austrian wines'.
48. Haydon (2001).
49. Zupko (1977), p. 26.
50. Ibid., p. 27.
51. Ibid., p. 36.
52. Studer (1911), p. xxi.
53. Zupko (1977), p. 36.
54. Studer (1911), p. xxi.
55. Ibid., p. xxvi.

56. Drummond and Wilbraham (1939), p. 40.
57. Studer (1911), p. xxvii.
58. Kaplan (1996), p. 2.
59. Ibid., p. 475.
60. Ibid., p. 471.
61. Ibid., p. 479.
62. McCance and Widdowson (1956), p. 32.
63. Garnsey (1988), p. 28.
64. Ibid., p. 29.
65. Platt (1596), p. 1.
66. Camporesi (1989).
67. Smith and Christian (1984), pp. 347ff.
68. Idem.
69. Idem.
70. *Observer*, 15 February 2004.
71. On the long history of fears of food, see Ferrières (2006).
72. Jackson (1758), p. 12.
73. Drummond and Wilbraham (1939), p. 222.
74. McCance and Widdowson (1956), pp. 23–4.
75. Ibid., p. 26.
76. Manning (1757), p. 4.
77. Anon., *Poison Detected* (1757), p. 6.
78. Markham (1757), p. 22.
79. Anon. (1757), pp. 3–4.
80. Ibid., p. 8.
81. Ibid., p. 16.
82. Manning (1757), p. 12.
83. Collins (1758), p. 37.
84. Ibid., p. 19.
85. Drummond and Wilbraham (1939), p. 226.
86. Markham (1757), p. 6.
87. Jackson (1758), p. 8.
88. Ibid., p. 8.
89. Filby (1934), p. 99.
90. Ibid., p. 101.
91. Manning (1757), pp. 3–4.
92. Jackson (1758), p. 14.
93. www.ilo.org, consulted 31 May 2006.

94. Accum (1821B), p. 106.
95. Drummond and Wilbraham (1939), p. 349.
96. David (1994), p. 191.
97. Ibid., p. 193.
98. Smollett (1771), Ch. 38.
99. Jackson (1758), p. 13.
100. McCance and Widdowson (1956), p. 32.
101. Anon. (1757), p. 54.
102. Quoted McCance and Widdowson (1956), p. 32.
103. Rubin (2005), p. 135.
104. Renard (1918), p. 34.
105. MacKenney (1987), p. 18.
106. Renard (1918), p. 33.
107. Ibid., p. 38.
108. Ibid., p. 33.
109. Dorey (2007).
110. Swanson (1989), p. 17.
111. Ibid., p. 22.
112. Quoted Kaplan (1996).
113. Renard (1918), p. 55.
114. Patton (1989), p. 9.
115. Whittet (1968), p. 801.
116. Toussaint-Samat (1992), p. 493.
117. Filby (1934), p. 24.
118. Whittet (1968), p. 803.
119. Filby (1934), p. 25.
120. Shipperbottom (1993), p. 247.
121. Filby (1934), p. 27.
122. Quoted ibid., p. 30.
123. Shipperbottom (1993), p. 251.
124. Filby (1934), p. 28.

3. 정부 머스터드

1. Clayton (1908), p. 96.
2. Eliot (1884), p. 323.
3. Hassall (1855), p. 160.

4. *Punch*, 1 February 1851, Vol. 20, p. 44.
5. Tickletooth (1999), p. 185.
6. Mayhew (1980), Vol. 2, pp. 322–3.
7. Ibid., p. 323.
8. Ibid., p. 323.
9. Freeman (1989), p. 11.
10. Engels (1993), p. 80.
11. Mayhew (1980), Vol. 2, p. 2.
12. Idem.
13. Engels (1993), p. 80.
14. Mayhew (1980), p. 252.
15. Freeman (1989), p. 26.
16. Engels (1993), p. 80.
17. Ibid., p. 81.
18. Tickletooth (1999), p. 185.
19. Mayhew (1980), p. 260.
20. Ibid., p. 252.
21. Ibid., p. 260.
22. Engels (1993), p. 112.
23. Burnett (1989), Ch 5.
24. Anon. (1855B), p. 249.
25. See, for example, Normandy, Chevallier.
26. Acton (1857), p. 1.
27. Chevallier (1854), p. 138.
28. Anon, (1855A), p. 185.
29. Burnett (1989), Ch. 5.
30. Idem.
31. Acton (1857), p, 19; Burnett (1989), Ch. 5.
32. Burnett (1989), Ch. 5.
33. Anon. (1855A), p. 57.
34. Chevallier (1854), 2, p. 173.
35. Acton (1857), p. 28.
36. Mitchell (1848), p. xi.
37. Ibid., p. x.
38. Acton (1857), p. 17.
39. Acton (1851), p. 81.
40. Ibid., p. 9.
41. Acton (1857), p. 31.

42. Mitchell (1848), p. x.
43. Stanziani (2005), p. 51.
44. Ibid., p. 52.
45. Anon. (1851), p. 43.
46. Normandy (1850), p. 81.
47. Anon. (1851), p. 43.
48. Mitchell (1848), p. 155.
49. Anon. (1851), p. 40.
50. Ibid., p. 45.
51. Normandy (1850), p. 79.
52. Chevallier (1854), 2, p. 138.
53. Anon. (1851), p. ix.
54. Anon. (1830), pp. 135, 127.
55. Ibid., pp. 117–8.
56. Ibid., p. 33.
57. Quoted Drummond and Wilbraham (1939), p. 345.
58. Letheby (1870), p. 265.
59. Mitchell (1848), pp. 79, 186.
60. Ibid., p. vi.
61. Ibid., p. vii.
62. Ibid., p. 41.
63. Stieb (1966), pp. 52–6.
64. Ibid., p. 28.
65. Cited Hassall (1893), p. 44.
66. Clayton (1908), p. xiii.
67. Stieb (1966), p. 175.
68. Hassall (1893), p. 47.
69. Ibid., p. 43.
70. Idem.
71. *Lancet*, Vol. 57, no. 1443, 26 April 1851, 'Record of the Results of Microscopial and Chemical Analyses of the Solids and Fluids consumed by all classes of the public. Coffee and its Adulterations [Second Report]', p. 466.
72. Hassall (1893), p. 43.
73. Gray (1983), p. 99.
74. Hassall (1893), p. 43.
75. See Rowlinson (1982), p. 64 for illustration.
76. Hassall (1893), p. 44.
77. Rowlinson (1982), p. 65.

78. Ibid., p. 65.
79. Stieb (1966), p. 179.
80. Hassall (1893), p. 44.
81. Ibid., p. 46.
82. Gray (1983), p. 103.
83. *Lancet*, Vol. 59, no. 1487, 28 February 1852, 'Spices and their Adulterations'. p. 226.
84. Hassall (1893), pp. 50–1.
85. Gray (1983), p. 106.
86. Hutchins (1909), p. 15.
87. Quoted Gray (1983), p. 101.
88. *Lancet*, Vol. 60, no. 1511, 14 August 1852, 'Record of the Results of Microscopial and Chemical Analyses of the Solids and Fluids consumed by all classes of the public: Water and its Impurities'. p. 257.
89. Idem.
90. Hassall (1893), p. 62.
91. Ibid., p. 69.
92. Ibid., p. 46.
93. *Lancet*, Vol. 57, no. 1431, 1 February 1851, 'Arrow-Root and its Adulterations', p. 143.
94. Hassall (1855), p. 175.
95. *Lancet*, Vol. 57, no. 1451, 21 June 1851, 'Report by the Analytical Sanitary Commission on Farinaceous Foods', pp. 675–9.
96. *Lancet*, Vol. 57, no. 1450, 14 June 1851, 'Report by the Analytical Sanitary Commission on Ervalenta, Revalenta, etc. etc. etc.', p. 654.
97. Nelson (2005).
98. *Lancet*, Vol. 57, no. 1450, 14 June 1851, 'Report by the Analytical Sanitary Commission on Ervalenta, Revalenta, etc. etc. etc.', p. 657.
99. Ibid., p. 656.
100. Ibid., p. 658.
101. Ibid., p. 659.
102. Anon. (1855A), p. 42.
103. Stieb (1966), p. 105.
104. Rowlinson (1982), p. 66.
105. Burnett (1989).
106. Letheby (1870), p. 273.
107. Anon. (1855A), p. 10.
108. *The Times*, 15 October 1873, letter.

109. Rowlinson (1982), p. 66.
110. Clayton (1908), p. 84.
111. Anon. (1855A), p. 220.
112. Allingham (1884).
113. Letheby (1870), p. 273.
114. *Lancet*, Vol. 60, no. 1511, 21 August 1852, 'Report on Poisonous Bottled Fruits and Vegetables', p. 135.
115. Anon. (1855A), p. 41.
116. Idem.
117. Ibid., p. 125.
118. Rowlinson (1982), p. 71.
119. Ibid., p. 67.
120. Burnett (1989), p. 229.
121. Ibid., Ch. 10.
122. Hassall (1893), pp. 124–5.
123. Ibid., pp. 94–5.
124. Ibid., p. 123.
125. Ibid., pp. 125–6.
126. Ibid., p. 126.

4. 분홍 마가린과 순수 케첩

1. Quoted Loomis (1985), p. 50.
2. Young (1989), p. 99.
3. Wiley (1930), p. 199.
4. Goodwin (1999), p. 48.
5. Wiley (1930), p. 199.
6. Young (1989), p. 95.
7. Barton Hutt (1978), p. 508.
8. Block (2004).
9. *New York times*, 18 August 1854, 'Distillery Milk'.
10. *New York times*, 14 January 1869, 'Our Food and Drink'.
11. *New York times*, 22 January 1853, ' Death in the Jug'.
12. *New York times*, 22 May 1858, 'Swill Milk and Infant Mortality'.
13. Fildes (1986), p. 168.
14. Apple (1987), p. 9.
15. Lee (2006).

16. Brosco (1999), p. 480.

17. Lee (2006). p. 7.

18. *David Copperfield*, Ch. 61.

19. Atkins (1991), pp. 320–1; Rowlinson (1982), p. 70.

20. Atkins (1991), p. 335.

21. Ibid., p. 320.

22. *New York Times*, 22 January 1853.

23. Idem.

24. *New York Times*, 18 August 1854, 'Distillery Milk'.

25. Idem.

26. *New York Times*, 22 January 1853, 'Death in the Jug'.

27. Idem.

28. Idem.

29. *New York Times*, 28 October 1878, 'They Ought to be Beaten'.

30. *New York Times*, 3 May 1887, 'Suddenly Dropping Dead'.

31. *New York Times*, 1 June 1858, 'New York City Swill Milk, Meeting of the Committee of the Board of Health'.

32. Young (1989), p. 38.

33. *New York Times*, 21 July 1874, 'Pure and Impure Milk'; *New York Times*, 18 November 1886, 'Swill Milk in San Francisco'.

34. *New York Times*, 21 January 1861, 'The Annual Report of the City Inspector'.

35. *Washington Post*, 16 June 1893, 'How to Secure Pure Milk'.

36. *New York Times*, 19 December 1873, 'What is Adulteration?'

37. Schmid (2006).

38. *New York Times*, 19 March 1871, 'Pickled Poisons'.

39. *New York Times*, 5 November 1872, 'Adulterated Food'.

40. *New York Times*, 19 December 1873, 'What is Adulteration?'

41. *New York Times*, 19 March 1871, 'Pickled Poisons'.

42. *Washington Post*, 9 January 1881, 'Food Adulteration'.

43. Goodwin (1999), p. 43.

44. *Washington Post*, 9 January 1881.

45. Goodwin (1999), p. 137.

46. Ibid., p. 27.

47. Ibid., p. 28.

48. Ibid., p. 65.

49. Ibid., p. 41.

50. Ibid., p. 137.

51. *New York Times*, 17 March 1909, obituary of George Thorndike Angell.

52. Young (1989), p. 47.
53. Goodwin (1999), p. 73.
54. Nestle (2006).
55. Levenson (2001), p. 174.
56. www.cbc.ca/stories/1999/05/26/business/butter, accessed 11 August 2006.
57. Levenson (2001), p. 173.
58. Ibid., p. 174.
59. Young (1989), p. 82.
60. Ibid., p. 66.
61. Ibid., p. 83.
62. *New York Times*, 18 January 1886, 'Growth of Oleomargarine'.
63. Twain (1996), Ch. 39. p. 412.
64. Young (1989), p. 79.
65. *New York Times*, 19 February 1886, 'Tax it out of the market'.
66. Young (1989), p. 75.
67. *Washington Post*, 27 September 1880, 'A Plea for Honest Butter'.
68. Young (1989), p. 84.
69. Ibid., p. 86.
70. Ibid., p. 84.
71. *New York Times*, 20 May 1886, 'Making Oleomargarine Odious'.
72. *Washington Post*, 4 February 1879, 'Counterfeit Butter'.
73. *New York Times*, 23 May 1886, 'Oleo as Adulterant'.
74. *New York Times*, 21 Desember 1886.
75. *Washington Post*, 13 June 1894, 'An Honest Measure'.
76. Young (1989), p. 87.
77. Levenson (2001), p. 171.
78. *New York Times*, 22 December 1897, 'Oleomargarine in Minnesota'.
79. *New York Times*, 24 May 1898, 'Oleomargarine Laws Invalid'.
80. *Boston Globe*, 8 November 1908.
81. Wiley (1930), p. 40.
82. Ibid., p. 41.
83. Ibid., p. 156.
84. *Boston Globe*, 8 November 1908.
85. Anderson (1958), p. 20.
86. Wiley (1930), p. 26.
87. Anderson (1958), p. 33.
88. Young (1989), p. 68.
89. Anderson (1958), p. 22.

90. Idem.
91. *Washington Post*, 19 April 1897, p. 10.
92. Wiley (1930), p. 150.
93. Idem.
94. Idem.
95. Ibid., p. 54.
96. Gaughan and Barton Hutt (2004), p. 4.
97. Wiley (1907), p. 1.
98. Coppin and High (1999).
99. Ibid., p. 5.
100. Anderson (1958), p. 127; Wiley (1907), pp. 208–9.
101. *Washington Post*, 19 April 1897.
102. Young (1989), p. 143.
103. *Washington Post*, 19 April 1897.
104. Young (1989), p. 155.
105. *New York Times*, 1 February 1899, 'The Army Meat Scandal'.
106. Keuchel (1974), p. 252.
107. Ibid., p. 258.
108. Young (1989), p. 139.
109. Ibid., p. 137.
110. Ibid., p. 143; Anderson (1958), p. 130.
111. Young (1989), p. 143.
112. Idem.
113. Wiley (1930), p. 215.
114. Anderson (1958), pp. 149–51; Young (1989), pp. 153–4.
115. *Washington Post*, 22 December 1902.
116. *Washington Post*, 23 December 1902.
117. Wiley (1930), p. 217.
118. Wiley (1907), p. 37.
119. *Washington Post*, 2 June 1902.
120. *Washington Post*, 16 December 1902.
121. Young (1989), p. 154.
122. *Washington Post*, 26 December 1902.
123. *Washington Post*, 23 December 1902.
124. *Washington Post*, 10 June 1903.
125. *Washington Post*, 2 January 1903.
126. Quoted *Washington Post*, 24 December 1902.
127. *Washington Post*, 11 January 1903.

128. Quoted Murphy (2001), Part II.
129. Quoted Wiley (1930), p. 219.
130. Idem.
131. Murphy (2001), Part II.
132. Smith (2001), p. 79.
133. Wiley (1930), p. 220.
134. Young (1989), p. 202.
135. Goodwin (1999), p. 160.
136. Wiley (1930), p. 230.
137. Denby (2006), p. 73.
138. Sinclair (1906), Ch. 14.
139. Young (1989), p. 222.
140. Sinclair (1963), p. 120.
141. Ibid., p. 134.
142. Suh (1997), p. 92.
143. Sinclair (1906), Ch. 7.
144. Ibid., Ch. 14.
145. Ibid., Ch. 7.
146. Ibid., Ch. 31.
147. Young (1989), p. 226.
148. Sinclair (1963), p. 135.
149. Gottesman (1985), p. xxiii.
150. Young (1989), p. 138.
151. *New York Times*, 17 April 1902, 'Inquiry into Beef Trust'.
152. Idem.
153. *New York Times*, 23 July 1905, 'Trust Hunt Critics answered by Moody'.
154. *New York Times*, 28 October 1905; Young(1989), p. 227.
155. Young (1989), p. 226.
156. *New York Times*, 29 October 1905, 'Biggest of Trusts'.
157. Roosevelt (1954), p. 179.
158. Ibid., p. 180.
159. Ibid., p. 178.
160. Ibid., p. 180.
161. Young (1989), p. 251.
162. Idem.
163. Sinclair (1963), p. 129.
164. Young (1989), p. 233.
165. *Chicago Daily Tribune*, 10 April 1906, 'President Hunts in "The Jungle"'.

166. Idem.
167. *Chicago Daily Tribune*, 11 April 1906, 'Find "The Jungle" 95 percent lies'.
168. Roosevelt (1954), letter 3881.
169. Sinclair (1963), p. 129.
170. Young (1989), p. 239.
171. *Washington Post*, 29 May 1906, 'Author of "The Jungle" urges President to publish report'.
172. Idem.
173. *New York Times*, 28 May 1906.
174. Wiley (1907), p. 554.
175. *Washington Post*, 26 May 1906, 'Meat Inspection Bill Passes the Senate'.
176. *Washington Post*, 31 May 1906, 'Meat Trust in a Pickle'.
177. Idem.
178. Brantz (2006).
179. Fabian Society (1899).
180. Roosevelt (1931), p. 483.
181. Wiley (1907), pp. 525–31.
182. Young (1989), p. 218.
183. Wiley (1907), p. 528.
184. *Washington Post*, 17 November 1908, 'Label must be Exact'.
185. Wiley (1930), p. 204.
186. Young (1989), p. 218.
187. Ibid., p. 260.
188. Ibid., p. 267.
189. *New York Times*, 16 February 1907, 'Canners for Pure Food'.
190. *Chicago Daily Tribune*, 25 February 1907, 'Pure Food Centre of the World'.
191. Kolko (1963), pp. 108–10.
192. Young (1989), p. 264.
193. Smith (2001), p. 85.
194. *Washington Post*, 30 November 1908; Young (1989), p. 215.
195. Young (1989), p. 216.
196. Wiley (1907), pp. 316–7.
197. Smith (2001), p. 79.
198. Ibid., p. 86.
199. Ibid., pp. 85–9.
200. Potter (1959), p. 69.
201. Idem.
202. Coppin and High (1999), pp. 121–5.

203. Smith (2001), p. 87.
204. Potter (1959), pp. 67–8.
205. Smith (2001), p. 87.
206. *New York Times*, 22 April 1909.
207. Smith (2001), p. 97.
208. Ibid., p. 110.
209. Ibid., p. 111.
210. Ibid., p. 91.
211. Wiley (1917), p. 26.
212. Wiley (1930), p. 239.
213. *New York Times*, 30 December 1908; Gaughan and Barton Hutt (2004), p. 13.
214. Wiley (1930), p. 240.
215. Ibid., p. 241.
216. Gaughan and Barton Hutt (2004), p. 14.
217. Wiley (1930), pp. 262ff
218. Gaughan and Barton Hutt (2004), p. 14.
219. Wiley (1930), p. 311.
220. Ibid., p. 322.

5. 가짜 거위 새끼 요리와 배바나나

1. Rodden (2007), p. 31.
2. Orwell (2001), p. 190.
3. Rodden (2007), p. 31.
4. Orwell (2001), Ch. 12.
5. *Sheboygan Press*, 4 February 1918, 'Germany Today is the Land of the Ersatz'.
6. Idem.
7. *The Times*, 28 January 1918, 'Everyday Life in Berlin'.
8. Davis (2000), p. 89.
9. Ibid., p. 204.
10. Ibid., p. 205.
11. Idem.
12. Berghoff (2001), p. 182.
13. Ibid., p. 181.
14. Spencer (2002), p. 288.
15. Beeton (2000), p. 89.

16. Humble (2005), p. 33.
17. Ibid., p. 34.
18. Spencer (2002), p. 288.
19. Humble (2005), p. 95.
20. Patten (1985), pp. 16, 52.
21. Humble (2005), p. 95.
22. Clifton and Spencer (1993), p. 444.
23. Spencer (2002), p. 316.
24. Ibid., p. 319.
25. Clifton and Spencer (1993), p. 441.
26. Patten (1985), p. 9.
27. Cooper (1999), p. 127.
28. Cooper (1967), p. 92.
29. Fistere (1952), p. 166.
30. Junod (1999), p. 2.
31. *Derning Headlight*, 11 September 1931, 'The Government Helps'.
32. Idem.
33. Willis (1946), p. 20.
34. Haber (2002), Ch. 5.
35. Turner (1970), p. 50.
36. www.fda.gov/oc/history
37. Barton Hutt (1978), p. 517.
38. Martin (1954), p. 124.
39. Faunce (1953), p. 719.
40. Garstang (1954), pp. 94–5.
41. Fistere (1952), p. 167.
42. Barton Hutt (1978), p. 510.
43. Levenstein (1993), p. 101.
44. *Long Beach Press Telegram*, 10 January 1952; *New Mexican*, 29 May 1952; *Frederick Post*, 23 February 1952; *Van Nuys News*, 17 January 1952.
45. Quoted Levenstein (1993), p. 111.
46. Ibid., p. 113.
47. Turner (1970), p. 1.
48. *Food, Drug and Cosmetics Law Journal*, 1952, p. 32.
49. Levenstein (1993), p. 109.
50. Somers (1970), p. 85.
51. Levenstein (1993), p. 113.
52. FDA website, accessed 14 October 2006.

53. Degnan (1991), p. 554.
54. *Food, Drug and Cosmetics Law Journal*, January 1959, p. 7.
55. Turner (1970), p. 8.
56. Junod (1999), p. 8.
57. Barton Hutt (1978), p. 533.
58. Turner (1970), p. 2.
59. Idem.
60. www.nns.nih.gov/1969/
61. White House (1969), p. 120.
62. Levenstein (1993), p. 13.
63. Ibid., p. 22.
64. Whitley (2006), Ch. 1.
65. Levenstein (1993), p. 22.
66. Ibid., p. 23.
67. *Clearfield Progress*, 17 April 1941, 'Enriched Bread is Great Boon to National Diet'.
68. Nestle (2002), p. 302.
69. Spiekermann (2006), pp. 162–3.
70. Ibid., p. 163.
71. *Syracuse Herald Journal*, 1 August 1940, p. 29.
72. *Ogden Standard*, 22 March 1940, p. 28.
73. British Nutrition Foundation (1994), pp. 18–9.
74. Nestle (2002), p. 313.
75. www.newstarget.com.
76. *New Scientist*, 22 April 2000, 'Vitamin Overdose'.
77. *New Scientist*, 24 November 2001, 'Vitamin Deaths'.
78. White House (1969), p. 118.
79. Ibid., p. 123.
80. Nestle (2002), p. 304.
81. www.bbc.co.uk/1/hi/health
82. Nestle (2002), p. 314.
83. White House (1969), p. 123.
84. Idem.
85. *Food, Drug and Cosmetics Law Journal*, 1970, p. 222.
86. Turner (1970), p. 5.
87. Levenstein (1993), p. 172.
88. Turner (1970), pp. 12–3.
89. *New York Times*, 19 March 1975, 'A New Sweetener, Discovered by Accident

in the Lab, Goes on the Market'.

90. Smyth (1982–1983), p. 634.

91. *New York Times*, 10 March 1977, 'FDA Banning Saccharin Use on Cancer Links'.

92. *New York Times*, 11 March 1977, 'Output is Ending for Some Goods; Saccharin Substitutes to be Used'.

93. *New York Times*, 9 April 1977, 'Scientists Seek New Sweetener to Replace Saccharin'.

94. Smyth (1982–1983), p. 636.

95. Ibid., p. 638.

96. *Guardian*, 30 September 2005.

97. See www.aspartamesafety.com.

98. *Guardian*, 30 September 2005.

99. Idem.

100. See www.aspartame., info.

101. *New York Times*, 8 April 2006, 'Study Finds no Cancer Link to Sweetener'.

102. Butchko (1997).

103. *Daily Mail*, 23 April 2007, 'Sainsbury's takes the chemicals out of cola'.

104. Hesser (2003), p. 25.

105. Pyke (1970), p. 130.

106. *Flavour Industry*, Vol. 4, no. 3, March 1973, p. 119.

107. *International Flavours and Food Additives*, Vol. 7, no. 4, July/August 1976, p. 173.

108. *Flavour Industry*, Vol. 4, no. 5, May 1973, p. 214.

109. www.givaudan.com; accessed October 2006.

110. Corbin (1986), p. 198; Suskind (1986), p. 39.

111. Pyke (1970), p. 106.

112. *Flavour Industry*, Vol. 4, no. 5, May 1973, p. 215.

113. Ziegler and Ziegler (1998), p. 325.

114. Clarke (1922), p. 126.

115. Ibid., p. 121.

116. Reproduced from Pyke (1970), p. 97.

117. Lawrence (1986), p. 38.

118. Cannon (1989), p. 116.

119. Taylor (1980), p. 36.

120. Ziegler and Ziegler (1998), p. 662.

121. Staff of the Legislation Unit (2000), p. 6.

122. *International Flavours and Food Additives*, Vol. 6, no. 5, September/

October 1975, p. 297.

123. *International Flavours and Food Additives*, Vol. 6, no. 4, July/August 1975.

124. *Flavour Industry*, Vol. 3, no. 10, October 1972, p. 510.

125. Cited Jacobsen (2005).

126. *Flavour Industry*, Vol. 3, no. 10, October 1972, p. 510.

127. *Flavour Industry*, February 1975.

128. Ziegler and Ziegler (1998), p. 369.

129. Idem.

130. *Flavour Industry*, Vol. 3, no. 10, October 1972, p. 510.

131. Ziegler and Ziegler (1998), p. 496.

132. *Flavour Industry*, Vol. 1, no. 11, November 1970, p. 752.

133. *Flavour Industry*, March 1975.

134. Ziegler and Ziegler (1998), p. 1.

135. Cited Jacobsen (2005).

136. *Flavour Industry*, Vol. 2, no. 11, November 1971, p. 630.

137. Ziegler and Ziegler (1998), p. 211.

138. Ecott (2002), p. 211.

139. Staffe of the Legislation Unit (2000), p. 16.

140. Taylor (1980), p. 44.

141. Ecott (2002), p. 212.

142. Ibid., p. 213.

143. *Flavour Industry*, Vol. 3, no. 11, November 1972, pp. 21–3.

144. Idem.

145. Idem.

146. Schlosser (2001), p. 127.

147. *Flavour Industry*, Vol. 4, NO. 8, August 1973, pp. 334–6.

148. Nader (2000), pp. 261–5.

149. Ibid., p. 262.

150. Idem.

151. Ibis., p. 263.

152. *Daily Times-News*, Burlington, 12 August 1970, 'Nader, the Man and the Legend'.

153. *The times*, 6 February 1971, 'Nader's Raiders'.

154. McCarry (1972), pp. 292–3.

155. *The Times*, 6 February 1971, 'Nader's Raiders'.

156. *New York Times*, 7 August 1970, '2 cereal Critics to Push Efforts'.

157. *New York Times*, 5 November 1971, 'Breakfast Cereal Critic Cites Wide Improvement'.

158. *New York Times*, 28 February 1976, Lucinda Franks, 'Red Dye no 2: the 20-year battle'.
159. *New York Times*, 17 December 1976, 'Red Dye 40 called a Hazard to Health'.
160. Lawrence (1986), p. 59; Swanson and Kinsbourne (1980); Mandel (1994).
161. See teachers. net. gazette; www.nacsg.org.uk.
162. London Food Commisison (1988), p. 53.
163. Cannon (1989), p. 24.
164. Walker in Lawrence (1986), p. 13.
165. Cannon (1989), p. 20.
166. Walker in Lawrence (1986), p. 18.
167. Cannon (1989), p. 103.
168. Cooper (1967), p. 17.
169. *Food Trade Review*, May 1975, p. 46.
170. Cannon (1989), p. 103.
171. Ibid., p. 21.
172. Walker in Lawrence (1986), p. 14.
173. Ibid., p. 20.
174. Walker in Lawrence (1986), p. 19.
175. Ibid., p. 20.
176. Idem.
177. Cannon (1989), p. 130.
178. Ibid., p. 109.

6. 바스마티 쌀과 가짜 분유

1. www.mysite.verizon.net/jsschleh/gardenhomefarm/id13/html, accessed December 2006.
2. Ratledge (2004).
3. www.chewonthis.org.uk, accessed December 2006.
4. Shipperbottom (1993).
5. *New York Times*, 2 February 1989.
6. *New York Times*, 15 March 1989.
7. *New York Times*, 19 October 1981.
8. BBC News, 8 September 2000.
9. BBC News, 24 February 2005.
10. BBC News, 19 July 1999.

11. Australian ABC News, 31 July 2006.
12. Coppin and High (1999), Preface.
13. Kessler (1993), p. 8.
14. Nestle (2002), p. 249.
15. *New York Times*, 14 December 1994, 'FDA Finds Most Comply on Labels'.
16. Lyons and Rumore (1993), p. 183.
17. http://www.opsi.gov.uk/si/si1996/Uksi_19961499_en_13.htm#sdiv7, accessed January 2007.
18. Mark Woolfe, interview with author, November 2006.
19. *Guardian*, 7 September 2006, 'Police fear "kebab mafia" behind putrid meat trade'.
20. *Guardian*, 15 May 2004, 'Remote Control'.
21. Willard (2001), p. 103.
22. *New York Times*, 6 February 2004, 'Uze's Journal'.
23. *New York Times*, 10 July 2003, Elaine Sciolino, 'Tavera Journal; On Trail-blazing Corsica, Sausages with Pedigree'.
24. 'MAFF UK–Instant Coffee Surveillance Exercise', May 1994, food surveillance information sheet.
25. Mark Woolfe, interview with author, November 2006.
26. 'Survey of Undeclared Horsemeat or Donkeymeat in Salami or Salami-type products', FSA, December 2003.
27. Li-Chan (1994).
28. Ravilious (2006), p. 2.
29. Padovan (2003); Martin (1998).
30. Woolfe and Primrose (2004), p. 222.
31. Bligh (2000).
32. Barton Hutt (1978), p. 525.
33. Idem.
34. *New York Times*, 27 September 2006.
35. Nestle (2006), p. 123.
36. Reed (1975).
37. Lawrence (2004), p. 109.
38. Whitley (2006), Ch. 1.
39. Idem.
40. Idem.
41. Davies (2004).
42. Purvis (2005).
43. Idem.

44. Davies (2004).
45. Purvis (2005).
46. Idem.
47. Picard (2002).
48. Purvis (2005).
49. Beaudoin (2000), p. 245.
50. Idem.
51. Quoted http://www.foe.co.uk/resource/press_releases/eu_commission_calls_gm_con.html, accessed January 2007.
52. http://www.commondreams.org/headlines06/0727-06.htm, accessed January 2007.
53. Ely (1990), p. 9.
54. Barton Hutt (1978), p. 522.
55. *New York Times*, 19 February 1972.
56. *Sunday Gazette-Mail*, West Virginia, 20 February 1972, 'Filth'.
57. Barton Hutt (1978), p. 522.
58. http://www.cfsan.fda.gov/-dms/dalbook.html#CHPTA
59. Lyon (1994).
60. Quoted www.dietdetective.com, accessed January 2007.
61. London Food Commission (1988), p. 81.
62. Ibid., p. 83.
63. http://www.soilassociation.org/web/sa/saweb.nsf/ed0930aa86103d8380256aa70054918d/50e5e6a2558967b280256f3f004ff4c2!OpenDocument, accessed January 2007.
64. Nestle (2006), p. 465.
65. Cited Burros (2003).
66. *Guardian*, 22 September 2006.
67. Burros (2003).
68. Cooper (2000), p. 206.
69. The term was invented by Steven Bratman MD; see www.orthorexia.com.
70. *Guardian*, 10 October 2006, 'When healthy eating turns into a disease'.
71. 'Original Essay on Orthorexia'. www.orthorexia.com.
72. Singer (2006).
73. *New York Times*, 23 November 2005, Nina Planck, Op-Ed.
74. *The Times*, 19 December 2006, 'Celebrity restaurant fined over fake "organic" dishes'.
75. http://www.comcom.gov.nz/MediaCentre/MediaReleases/2005506/fakeorganicslandbutcherwithmeaty10.aspx, accessed January 2007.

76. *Daily Telegraph*, 17 November 2006, 'Millions of faked free-range eggs dupe shoppers'.
77. www.pekingduck.org/archives/004389.php, accessed January 2007.
78. www.thanniennews.com, 7 April 2005, accessed January 2007.
79. Email to the author, 13 January 2007.
80. *The times*, 24 July 2006.
81. http://thescotsman.scotsman.com/index.cfm?id=625522004, accessed January 2007; Reuters, 4 December 2006.
82. www.voanews.com/english/2007-01-10-voa16.cfm, accessed January 2007.
83. *New York times*, 30 May 2007, 'Ex-Chief of China Food and Drug Unit Sentenced to Death for Graft'; *The times*, 30 May 2007, 'Death sentence for drugs chief who took bribes to clear killer medicines'.
84. http://thescotsman.scotsman.com/index.cfm?id=625522004, accessed January 2007.
85. Accum (1820A), p. 31.
86. Food Production Daily.com, 22 April 2004, 'China faces fake baby milk scandal'.
87. *New York Times*, 5 May 2004, Jim Yardley, 'Infants in Chinese City Starve on Protein-Short Formula'.
88. BBC News, 22 April 2004, 'China "fake milk" scandal deepens'.
89. *New York Times*, 5 May 2004, Jim Yardley, 'Infants in Chinese City Starve on Protein-Short Formula'.
90. *China Daily*, 6 August 2004.
91. *Guardian*, 21 April 2004.
92. Idem.
93. *New York Tmes*, 5 May 2004, Jim Yardley, 'Infants in Chinese City Starve on Protein-Short Formula'.
94. *New Age Metro*, 19 August 2005.
95. *Bangladesh Independent*, 3 November 2003.
96. *Daily Star*, 7 February 2006.
97. *Bangladesh Observer*, 2 July 2006.
98. *Daily Star*, 7 February 2006.

나가는 말—21세기의 부정불량식품

1. Sachs (2005).

참고문헌

Accum, Friedrich Christian, *A Practical Treatise on Gas-Light* (London: Ackermann, 1815)

______, *Chemical Amusement, comprising a series of curious and instructive experiments in chemistry, which are easily performed, and unattended with danger* (London: T. Boys, 1817)

______, *A Treatise on Adulterations of Food, and Culinary Poisons* (London: Longman, Hurst, Rees, Orme & Browne, 1820) (1820A)

______, *A Treatise on the Art of Brewing* (London: Longman, Hurst, Rees, Orme & Browne, 1820) (1820B)

______, *A Treatise on the Art of Making Wine from Native Fruits* (London: Longman, Hurst, Rees, Orme & Browne, 1820) (1820C)

______, *Culinary Chemistry: exhibiting the scientifu principles of cookery* (London: R. Ackermann, 1821) (1821A)

______, *A Treatise on the Art of Making Good and Wholesome Bread of Wheat, Oats, Rye, Barley and other Farinaceous Grain* (London: T. Boys, 1821) (1821B)

______, *An Explanatory Dictionary of the Apparatus and Instruments Employed in the Various Operations of Philosophical and Experimental Chemistry* (London: T. Boys, 1824)

______, *A Treatise on Adulterations of Food, and Culinary Poisons*, facsimile of the first American edition, published in Philadelphia in 1820 (New York: Mallinckrodt, 1966)

Acton, Eliza, *The English Bread-Book for Domestic Use Adapted to Families of Every Grade* (London: Longman, Brown, Green, 1857)

_____, *Modern Cookery for Private Families*, facsimile of 1855 edition (Lewes:

Southover Press, 1993)

Addison, Joseph and Steele, Richard (eds), *The Tatler*, collated edition (London: Longman Dodsley etc., 1797)

Allingham, William, *Blackberries Picked off many Bushes by D. Pollex and others, Put in a basket by W. Allingham* (London: G. Philip & Son, 1884)

Anderson, Oscar E., *The Health of a Nation: Harvey W. Wiley and the Fight for Pure Food* (Chicago: University of Chicago Press, 1958)

Anderson, R. C. (ed.) *The Assize of Bread Book, 1477–1517* (Southampton: Cox Sharland, 1923)

Anon. (probably Dr Peter Markham), *Poison Detected of Frightful Truths* (London: Dodsley, Osborne, Corbet, Griffith, Jones, 1757)

Anon., *Deadly Adulteration and Slow Poisoning; or Disease and Death in the Pot and the Bottle, by an enemy of fraud and villainy* (London: Sherwood, Gilbert & Piper, 1830)

Anon., *The Tricks of the Trade in the Adulterations of Food and Physic* (London: David, Bogue, 1851)

Anon., *Adulteration of Food, Drink and Drugs, being the Evidence taken before the Parliamentary Committee* (London: David Bryce, 1855A)

Anon., *Language of the Walls: and A Voice from the Shop Windows, or The Mirror of Commercial Roguery 'by one who thinks aloud'* (Manchester: Abel Heywood, 1855B)

Apple, Rima D., *Mothers and Medicine, A Social History of Infant Feeling 1890–1950* (University of Wisconsin Press, 1987)

Atkin, Tim and Lee, William, 'Just add Antifreeze', *Observer Food Monthly*, 16 Janu ary 2005

Atkins, P. J., 'Sophistication detected or, the adulteration of the milk supply, 1850–1914', *Social History*, 16, 1991, pp. 317–39

Barton Hutt, Peter, 'The Basis and Purpose of Government Regulation and Misb randing of Food', *Food, Drug and Cosmetic Law Journal*, 33, 1978, pp. 505–40

Beaudoin, Kirsten, 'On Tonight's Menu: Toasted Cornbread with Firefly Genes? Adapting Food Labeling Law to Consumer Protection Needs in the Biotech Century', *Marquette Law Review*, 2000

Beeton, Isabella, *Mrs Beeton's Book of Household Management*, abridged edition (London: Penguin, 2000)

Berghoff, Hartmut, 'Enticement and Deprivation: the Regulation of Consumption in Pre-War Nazi Germany', in Martin Daunton and Matthew Hill (eds), *The Politics of Consumption* (Oxford: Berg, 2001), Ch. 8

Bligh, H. F. J., 'Detection of adulteration of Basmati rice with non-premium longgrain rice', *International Journal of Food Science and Technology*, 2000, Vol. 35, pp. 257-67

Block, Daniel, 'Milk' in *The Oxford Encyclopedia of Food and Drink in America*, edited by Andrew F. Smith (Oxford: Oxford University Press, 2004)

Brantz, Dorothy, 'Dehumanizing the City: the Problem of Livestock in Nineteenth-Century Paris and Berlin', conference paper, *European Association for Urban History* (Stockholm, 2006)

British Nutrition Foundation, *Food Fortifucation, briefing paper* (London: British Nutrition Foundation, 1994)

Brosco, Jeffrey, 'The Early History of the Infant Mortality Rate in America', *Pediatrics*, 1999, Vol. 103, pp. 478-85

Browne, C. A., 'The Life and Chemical Services of Frederick Accum', *Journal of Chemical Education*, 2, 1925, pp. 829-51, 1008-34, 1140-49

Burnett, John, *Plenty and Want: a social history of food in England from 1815 to the present day*, originally published 1968 (London: Routledge, 1989)

Burros, Marion, 'Is Organic Food provably Better?', *New York Times*, 16 July 2003

Butchko, Harriet H. 'Safety of Aspartame', letter to the *Lancet*, 12 April 1997

Camporesi, Piero, 'Bread of Dreams', *History Today*, Vol. 39, no 4, April 1989, pp. 14-21

Cannon, Geoffrey, *The Good Fight: The Life and Work of Caroline Walker* (London: Ebury Press, 1989)

Catchpole, Andrew, 'A vintage year for cheating', *Guardian*, 6 July 2006

Cato, *Cato the Censor on Farming*, translated Ernest Brehaut (Columbia University Press, 1933)

Chevallier, Jean-Baptiste Alphonse, *Dictionnaire des alterations et falsifications des substances alimentaires, medicamenteuses et commerciales* (Paris: Bechet jeune, 1854)

Child, Samuel, *Every Man His Own Brewer* (London: J. Ridgeway, 1798, sixth edition)

Clarke, A., *Flavouring Materials: Natural and Synthetic* (London: Hodder & Stoughton, 1922)

Clayton, Edwy Godwin, *Arthur Hill Hassall: Physician and Sanitary Reformer* (London: Bailliere, Tindall & Cox, 1908)

Clifton, Claire and Spencer, Colin, *The Faber Book of Food* (London: Faber & Faber, 1993)

Cole, R. J., 'Frederick Accum: A Biographical Study', *Annals of Science*, 7, 1951, pp. 128-43

____, 'Sir Anthony Carlisle, FRS (1768–1840)', *Annals of Science*, 8, 1952, pp. 255–70

Collins, Emmanuel, *Lying Detected; or some of the most frightful untruths that ever alarmed the British metropolis fairly exposed* (Bristol: E. Farley & Son, 1758)

Columella, *De re rustica, On Agriculture*, with an English translation, 3 volumes (London: Heinemann, 1954–1955)

Cooper, Artemis, *Writing at the Kitchen Table: the authorized biography of Elizabeth David* (London: Michael Joseph, 1999)

Cooper, Derek, *The Bad Food Guide* (London: Routledge, 1967)

______, *Snail Eggs and Samphire: dispatches from food front* (London: Macmillan, 2000)

Coppin, Clayton and High, Jack C., *The Politics of Purity: Harvey Washington Wiley and the Origins of Federal Food Polisy* (Ann Arbor: University of Michigan Press, 1999)

Corbin, Alain, *The Foul and the Fragrant: odour and the Social Imagination* (London: Berg, 1986)

David, Elizabeth, *English Bread and Yeast Cookery*, New American Edition (Newton, Massachussetts: Biscuit Books Inc., 1994 [first published 1972])

Davies, Catriona, 'Chicken not such a healthy option', *Daily Telegraph*, 4 April 2004

Davis, Belinda J., *Home Fires Burning: food, politics and everyday life in world war I Berlin* (Chapel Hill: University of North Carolina Press, 2000)

Degnan, Frederick H., 'Rethinking the GRAS Concept', *Food, Drug and Cosmetic Law Journal*, 46, 1991, pp. 553–82

Denby, Daniel, 'Uppie Redux? Upton Sinclair's Losses and Triumphs', *New Yorker*, 28 August 2006

Dillon, Patrick, *Gin: The Much-Lamented Death of Madame Geneva, The Eighteenth-Century Gin Craze* (Boston: Justin Charles Co., 2004)

Dorey, Margaret, 'Corrupt and naughty wares: rhetoric versus reality in regulating the food market of seventeenth-century London', paper given to the Oxford Symposium on Food and Cookery, September 2007

Drummond, J. C. and Wilbraham, Anne, *The Englishman's Food: A History of Five Centuries of English Diet* (London: Jonathan Cape, 1939)

Ecott, Tim, Vanilla: *Travels in Search of the Luscious Substance* (London: Michael Joseph, 2002)

Eisinger, Josef, 'Lead and Wine: Eberhard Gockel and the Colica Pictonum', *Medical History*, 26, 1982, pp. 279–302

Eliot, George, 'Address to Working men by Felix Holt', first published in *Blackwood's Magazine*, 1868, in George Eliot, *Essays and Leaves from a Notebook* (London: Blackwood, 1884)

Ellender, David, 'A Class-Action Lawsuit Against Aspartame Manufacturers: A Realistic Possibility or just a Sweet Dream for Tort Lawyears?', *Regent University Law Review*, 2005-2006, pp. 179-208

Ely, Clansen, 'Regulation of Food Additives and Contaminants in the United Stares', *Symposium Proceedings: Food Law: US-EC*, Campden Food and Drink Research Association, 1990

Engels, Friedrich, *The Condition of the Working Class in England*, edited with an introduction by David McLellan (Oxford: Oxford University Press, 1993)

Everard, Stirling, *The History of the Gas Light and Coke Company*, 1812-1949 (London: Ernest Benn, 1949)

Fabian Society, 'Municipal Slaughterhouses', *Fabian Tracts*, no. 92, 1899

Faunce, George, 'The Imitation Jam Case', *Food, Drug and Cosmetic Law Journal*, 8, 1953, pp. 717-20

Ferrieres, Madeleine, *Sacred Cow, Mad Cow: A History of Food Fears*, translated by Jody Gladding (Columbia University Press, 2006)

Fielden, Christopher, *Is this the Wine you Ordered, Sir?* (London: Christopher Helm, 1989)

Filby, Frederick Arthur, *A History of Food Adulteration and Analysis* (London: G. Allen & Unwin, 1934)

Fildes, Valerie, *Breasts, Bottles and Babies: A History of Infant Feeding* (Edinburgh: Edinburgh University Press, 1986)

Fistere, Charles M., 'The Imitation Jam Case-Some Implications', *Food, Drug and Cosmetic Law Journal*, 7, 1952, pp. 165-71

Freeman, Sarah, *Mutton and Oysters: the Victorians and their Food* (London: Gollancz, 1989)

Galtier,C.P., *Traite de toxicologie medicale, chimique et legale et de la falsifucation des ali-ments, boissons, condiments* (2 vols, Paris: Chamerot, 1855)

Garnsey, Peter, *Famine and Food Supply in the Graeco-Roman World* (Cambridge: Cambridge University Press, 1988)

Garstang, Marion R., 'The Imitation Jam Decision', *Food, Drug and Cosmetic Law Journal*, 9, 1954, pp. 92-8

Gaughan, Anthony and Barton Hutt, Peter, 'Harvey Wiley, Theodore Roosevelt and the Federal Regulation of Food and Drugs', *Food and Drug Law*, Harvard Law School, Winter 2004

Gee, Brian,'Friedrich Christian Accum (1769–1838)', entry in the new Oxford *DNB* (2004)

Gladwell, Malcolm, 'The Ketchup Conundrum', *New Yorker*, 6 September 2004

Goodacre, Royston, Hammond, David and Kell, Douglas, 'Quantitative analysis of the adulteration of orange juice with sucrose using pyrolysis mass spectrometry and chemometrics', *Journal of Analytical and Applied Pyrolysis*, 1997, pp. 135–58

Goodwin, Lorine Swainston, *The Pure Food, Drink and Drug Crusaders, 1879–1914* (Jefferson, N. Carolina and London: McFarland & Co., 1999)

Gottesman, Ronald, 'Introduction' to *The Jungle* by Upton Sinclair (Harmondsworth: Penguin, 1985)

Gray, Ernest A., *By Candlelight: The Life of Arthur Hill Hassall, 1817–1894* (London: Robert Hale, 1983)

Greenaway, Frank (ed.), *The Archives of the Royal Institution of Great Britain in facsimile, 1799–1900* (Menston, Ilkley: Scolar Press, 1971)

Haber, Barbara, *From Hardtacks to Home Fries* (New York: Simon & Schuster, 2002)

Hamlin, Christopher, *A Science of Impurity: Water Analysis in Nineteenth-century Britain* (Bristol: Adam Hilger, 1990)

______, *Public Health and Social Justice in the Age of Chadwick: Britain 1800–1854* (Cambridge: Cambridge University Press, 1998)

Hassall, Arthur Hill, *Food and Its Adulterations* (London: Longman, Brown, Green, 1855)

______, *The Narrative of a Busy Life: An Autobiography* (London: Longmans Green & Co., 1893)

Haydon, Peter, *Beer and Britannia: An Inebriated History of Britain* (London: Sutton Publishing, 2001)

Hesser, Amanda, *Cooking for Mr Latte* (New York: Norton, 2003)

Hudson, John, *The History of Chemistry* (London: Macmillan, 1992)

Hughson, D., *The New Family Receipt Book* (London: W. Pritchard, 1817)

Humble, Nicola, *Culinary Pleasures* (London: Faber, 2005)

Hutchins, B. L., *The Public Health Agitation: 1833–1848* (London: Fifield, 1909)

Jackson, Henry, *An Essay on Bread, wherein the Bakers and Millers are Vindicated from the Aspersions contained in Two Pamphlets* (London: J. Wilkie, 1758)

Jacobsen, Jan Krag, paper given to the Oxford Food Symposium on 'Adulteration', September 2005

Johnson, Hugh, *The Story of Wine* (London: Mitchell Beazley, 1989)

Junod, Suzanne White, 'The Rise and Fall of Federal Food Standards in the United States: the case of the Peanut Butter and Jelly Sandwich', *Society for the Social History of Medicine*, Spring Conference, 9 April 1999

Juvenal, Juvenal: *The satires*, a text with brief critical notes, edited by E. Courtney (Rome, 1984)

Kaplan, Steven Laurence, *The Bakers of Paris and the Bread Question, 1700–1775* (Duke University Press, 1996)

Kennett, Frances, *History of Perfume* (London: Harrap, 1975)

Kessler, David, 'Remarks by the Commissioner of Food and Drugs', *Food, Drug and Cosmetic Law Journal*, 48, 1993, pp. 1–11

Keuchel, Edward F., 'Chemicals and Meat: The Embalmed Beef Scandal of the Spanish-American War'. *Bulletin of Medical History*, 48, 1974, pp. 249–64

Kolko, Gabriel, *The Triumph of Conservatism: a re-interpretation of American History, 1900–1916* (New York: Free Press of Glencoe, 1963)

Lawrence, Felicity (ed.) *Additives: Your Complete Survival Guide* (London: Century, 1986)

________, *Not on the Label: What Really Goes into the Food on your Plate* (London: Penguin, 2004)

Lee, Kwang-Sun, 'Infant Mortality Decline in the late nineteenth and early twentieth century: role of market milk', www.ironwood.cpe.uchicago.edu/CPE_Wor kshop/paper, accessed 9 October 2006

Letheby, Henry, *On Food: Four Cantor Lectures* (London: Longman, Green Co., 1870)

Levenson, Barry M., *Habeas Codfish: Reflections on Food and the Law* (Madison: University of Wisconsin Press, 2001)

Levenstein, Harvey, *Paradox of Plenty: A Social History of Eating in Modern America* (New York and Oxford: Oxford University Press, 1993)

Li-Chan, Eunice, 'Developments in detection of adulteration of olive oil', *Trends in Food Science and Technology*, Vol. 5, January 1994, pp. 3–11

London Food Commission, The, *Food Adulteration and How to Beat It* (London: Unwin Hyman, 1998)

Loomis, C., Grant, 'Mary Had a Parody: A Rhyme of Childhood in Folk Tradition', *Western Folklore*, Vol. 17, January 1985, pp. 45–51

Loubere, Leo A., *The Red and the White: A History of Wine in France and Itary in the Nineteenth Century* (Albany: State University of New York Press, 1978)

Lyon, William F., 'Insects as Human Food', Ohio State University Fact Sheet, 1994, www.ohioline.osu.edu, accessed November 2006

Lyons, Jean and Rumore, Martha,'Food Labeling Then and Now', *Journal of*

Pharmacy and Law, 172, 1993

McCance, R. A. and Widdowson, E. M., *Breads White and Brown: Their Place in Thought and Social History* (London: Pitman Medical Publishing Co. Ltd, 1956)

McCarry, C., *Citizen Nader* (New York: Saturday Review Press, 1972)

McGee, Harold, *On Food and Cooking: The Science and Lore of the Kitchen* (New York: Simon & Schuster, 1984)

MacKenney, Richard, *Tradesmen and Traders: the World of Guilds in Venice and Europe c. 1280–c. 1650* (London: Croom Helm, 1987)

Mandel, Boris L., 'Food Additives are Common Causes of Attention Deficit Disorder in Children', *Annals of Allergy, May* 1994

Manning, James, *The Nature of Bread Honestly and Dishonestly Made* (London: R. Davis, 1757)

Markham, Peter, *A Letter to the Right Honourable William Pitt, relating to the Abuses practised by Bakera* (London: M. Cooper, 1757)

Martin, Gonzalez et al., 'Detection of honey adulteration with beet sugar using stable isotope methodology', *Food Chemistry*, Vol. 61, no. 3, 1998, pp. 281–6

Martin, John B., 'The Imitation Jam Case and its Effect on the Ice Cream Industry', *Food, Drug and Cosmetic Law Journal*, 8, 1954, pp. 123–6

Mayhew, Henry, *The Morning Chronicle Survey of Labour and the Poor: The Metropolitan Districts* (London: Caliban Books, 1980–)

Miller, Ian, 'Alum Production at Carlton Alum Works', www.oxfordarch.co.uk (article of May 2004)

Mitchell, John, *Treatise on the Falsifucations of Food and the Chemical Means Employed to Detect Them* (London: Hippolyte Bailliere 1848)

Monckton, H. A., A *History of English Ale and Beer* (London: The Bodley Head, 1966)

Murphy, Kevin C., 'Pure Food, The Press and the Poison Squad: Evaluating Coverage of Harvey W. Wiley's Hygienic Table', 2001, www.kevincmurphy.com, accessed September 2006

Nader, Ralph, *The Ralph Nader Reader*, foreword by Barbara Ehrenreich (London and New York: Seven Stories Press, 2000)

Nelson, Robert L.,'The Price of Bread: Poverty, Purchasing Power and the Victorian Labourer's Standard of Living', modified 25 December 2005, www.victorianweb.org

Nestle, Marion, Food Politics (Berkeley: University of California Press, 2002)

_____, *What to Eat* (New York: Narth Point Press, 2006)

Nightingale, Pamela, *A Medieval Mercantile Community: The Grocer's Company and the Politics and Trade of London 1000–1485* (New Haven: Yale University Press, 1995)

Normandy, Alphonse, *The Commercial Handbook of Chemical Analysis* (London: George Knight & Sons, 1850)

Olver, Lynne, 'Mock Foods', in *The Oxford Encyclopedia of Food and Drink in America* (Oxford: Oxford University Press, 2004)

Orwell, George, *The Road to Wigan Pier* (Harmondsworth: Penguin, 2001 [originally published 1937])

Padovan, G. J. et al., 'Detection of adulteration of commercial honey samples by the 13C/12C isotopic ratio', *Food Chemistry*, Vol. 82, 4, 2003, pp. 633–6

Parmentier, Antoine-Augustin, 'Treatise on the Composition and Use of Chocolate', *Nicholson's Journal: Journal of Natural Philosophy, Chemistry and the Arts*, Vol. 5, 1803

Patten, Marguerite, *We'll Eat Again* (London: Hamlyn, 1985)

Patton, Jeffrey, *Additives, Adulterants and Contaminants in Beer* (London: Patton Publications, 1989)

Phillips, Rod, 'Wine and Adulteration', *History Today*, June 2000, pp. 31–7

______, *A Short History of Wine* (London: Penguin, 2001)

Picard, Andre, 'Today's fruits, vegetables lack yesterday's nutrition', *Toronto Globe and Mail*, 6 July 2002

Platt, Hugh, *Sundrie new and artifuciall remedies against famine* (London: P.S., 1596)

Pliny, the Elder, *Naturalis historia*, Natural History, English and Latin, in ten volumes, with an English translation by H. Rackham (London: Heinemann, 1968)

Potter, Stephen, *The Magic Number: the story of '57'* (London: M. Reinhardt, 1959)

Purvis, Andrew, 'It's supposed to be lean cuisine. So why is this chicken fatter than it looks?', *Observer Food Monthly*, 15 May 2005

Pyke, Magnus, *Synthetic Food* (London: John Murray, 1970)

____, *Technological Eating* (London: John Murray, 1972)

Ratledge, Andrew, 'Food Fraud and the British Consumer, 1800–1860', Third International Conference of the Research Centre for the History of Food and Drink, 12–14 July 2004

Ravilious, Kate, 'Buyer Beware: the Rice of Food Fraud', *New Scientist*, 15 November 2006

Redding, Cyrus, *History and Description of Modern Wines* (London: Whittaker, Treacher & Arnot, 1833)

Reed, Gerald (ed.), *Enzymes in Food Processing* (New York: Academic Press, 1975)
Renard, Georges, *Guilds in the Middle Ages*, translated by Dorothy Terry (New York: Augustus M. Kelly, 1968 [originally published 1918])
Reynolds, John Hamilton, *The Press, or Literary Chit-chat: A satire* (London: Lupton Relfe, 1822)
Roberts, H. J., 'Aspartame and brain cancer', letter to the *Lancet*, 1 February 1977
Robinson, Jancis, *The Oxford Companion to Wine*, second edition (Oxford: Oxford University Press, 1999)
Rodden, John (ed.), *The Cambridge Companion to George Orwell* (Cambridge: Cambridge University Press, 2007)
Roosevelt, Theodore, *Theodore Roosevelt: An Autobiography* (London: Macmillan, 1913)
________, *The Letters of Theodore Roosevelt*, edited by Elting E. Morison (Cambridge, Massachusetts: Harvard University Press, 1954)
Rothschild, Louis, 'The newest Regulatory Agency in Washington', *Food, Drug and Cosmetic Law Journal*, 33, 1978, pp. 86–93
Rowlinson, P. J., 'Food Adulteration: Its Control in Nineteenth-century Britain', *Interdisciplinary Science Reviews*, Vol. 7, no. 1, 1982, pp. 63–71
Rubin, Miri, *The Hollow Crown: A History of Britain in the Late Middle Ages* (London: Allen Lane, 2005)
Rumohr, Carl Friedrich von, *The Essence of Cookery*, translated from the German by Barbara Yeomans (Totnes: Prospect Books, 1993 [originally published Stuttgart, 1822])
Rundell, Mrs, *A New System of Domestic* Cookery (London: John Murray, 1818)
Sabine, R. H., 'The Changing Role of the Flavourist', *Flavour Industry*, October 1972, pp. 509–10
Sachs, Jeffrey, *The End of Poverty: Economic Possibilities for our Time* (London: Allen Lane, 2005)
Schlosser, Eric, *Fast Food Nation: What the All-American Meal is Doing to the World* (London: Allen Lane, 2001)
Schmid, Ron, 'Pasteurize or Certify: Two Solutions to the Milk Problem', www.realmilk.com/untoldstory, accessed 9 October 2006
Shaugnessy, Haydn, 'What's Your Poison?', *Irish Times*, 18 October 2005
Shipperbottom, Roy, 'Paradise Lost: The Adulteration of Spices', *Oxford Symposium on Food and Cookery*, 1993, pp. 247–53
Sinclair, Upton, The Jungle (London: T. Werner Laurie, 1906)
______, *The Autobiography of Upton Sinclair* (London: W. H. Allen, 1963)

Singer, Peter and Mara, Jim, *Eating: What We Eat and Why It Matters* (London: Arrow Books, 2006)

Smith, Andrew, *Pure Ketchup: A History of America's National Condiment* (Washington and London: Smithsonian Institution Press, 2001)

Smith, R. E. F. and Christian, David, *Bread and Salt: A Social and Economic History of Food and Drink in Russia* (Cambridge: Cambridge University Press, 1984)

Smollett, Tobias, *The Expedition of Humphry Clinker* (London: W. Johnston, 1771)

Smyth, Todd R., 'The FDA's Public Board of Inquiry and the Aspartame Decision', *Indiana Law Journal*, 58, 1982-1983, pp. 627-49

Soffritti, Morando, Belpoggi, Fiorella, Degli Esposti, Davide et al., 'First Experimental Demonstration of the Multipotential Carcinogenic Effects of Aspartame Administered in the Feed to Spague-Dowley Rats', *Environmental Health Perspectives*, November 2005, pp. 1-34

Somers, Irs A., 'Additives, Standards and Nutritional Contributions of Foods', *Food, Drug and Cosmetic Law Journal*, 83, 1970, pp. 83-90

Spencer, Colin, *British Food: An Extraordinary Thousand Years of History* (London: Grub Street, 2002)

Spiekermann, Uwe, 'Brown Bread for Victory: German and British Wholemeal Politics in the Inter-War Period', in Frank Trentmann and Flemming Just (eds), *Food and Conflict in Europe in the Age of Two World Wars* (London: Palgrave, 2006)

Staff of the Legislation Unit, *Flavourings in Food-A Legal Perspective* (Leatherhead, Surrey: Leatherhead Publishing, 2000)

Stanziani, Alessandro (ed.) *La Qualite des produits en France* (XVIIIe-XXe siecles) (Paris: Belin, 2003)

________, *Histoire de la qualite alimentaire, XIXe-XXe siecles* (Paris: Seuil, 2005)

Stieb, Ernst Walter, *Drug Adulteration: Detection and Control in Nineteenth-century Britain* (Madison: University of Wisconsin Press, 1966)

Studer, P., *The Oak Book of Southampton, Vol. 11, A Fourteenth-century Version of the Medieval Sea-Laws known as the rolls of Oleron* (Southampton: Cox & Sharland, 1911)

Suh, Suk Bong, *Upton Sinclair and The Jungle* (Seoul: American Studies Institute, 1997)

Sullivan, Mark, *Our Times: The United States, 1900-1925*, Vol. 11 (New York: C. Scribner's Sons, 1927)

Suskind, Patrick, Perfume: *The Story of a Murderer*, translated by John E. Woods

(London: Penguin, 1986)

Swanson, Heather, *Medieval Artisans: An Urban Class in Late Medieval England* (Oxford: Basil Blackwell, 1989)

Swanson, J. and Kinsbourne, M., 'Food Dyes Impair Performance of Hyperactive Children on a Laboratory Learning Test', *Science*, March 1980, pp. 1485–87

Talor, Arthur J., *Laissez–faire and State Intervention in Nineteenth–century Britain* (London: Macmillan, 1972)

Taylor, R. J., *Food Additives* (Chichester: John Wiley & Sons, 1980)

Tickletooth, Tabitha, *The Dinner Question or How to Dine Well & Economically*, a facsimile edition (Blackawton, Devon: Prospect Books, 1999)

Toussaint-Samat, Maguelonne, *A History of Food*, translated from the French by Anthea Bell (Oxford: Blackwell, 1992)

Turner, James S., *The Chemical Feast: the Ralph Nader Study Group report on food protection and the Food and Drug Administration* (New York: Grossman, 1970)

Twain, Mark, *Life on the Mississippi*, facsimile of original 1883 edition (New York and Oxford: Oxford University Press, 1996)

Waldron, H. A., 'James Harby and the Devonshire Colic', *Medical History*, 1969, pp. 74–81

White House, *The White House Conference Report on Nutrition and Health: Full Report*, 'The New Foods Panel', pp. 116ff, 1969 (available at http://www.nns.nih. gov/1969/full_report/PDFcontents.htm, accessed June 2007)

Whitley, Andrew, *Bread Matters: The State of Modern Bread and a Definitive Guide to Baking Your Own* (London: Fourth Estate, 2006)

Whittet, T. D., 'Pepperers, Spicers and Grocers–Forerunners of the Apothecaries', *Proceedings of the Royal Society of Medicine*, Vol. 61, August 1968, pp. 801–6

Wiley, Harvey W., *Foods and Their Adulteration* (London: J. & A. Churchill, 1907)

_____, *1001 Tests of Foods, Beverages and Toilet Accessories* (New York: Hearst's International Library, 1914)

_____, *Foods and Their Adulteration, third edition* (London: J. & A. Churchill, 1917)

_____, *Beverages and Their Adulteration* (London: J. & A. Churchill, 1919)

_____, *An Autobiography* (Indianapolis: Bobbs–Merrill Co., 1930)

Willard, Pat, Saffron: *The Vagabond Life of the World's Most Seductive Spice* (London: Souvenir Press, 2001)

Williams, Trevor I., 'Frederick Albert Winsor (1763–1839)', entry in the new Oxford *DNB* (2004)

Willis, Daniel P., 'Preventing Economic Adulteration of Food', *Food, Drug and Cosmetic Law Quarterly*, 20, 1946, pp. 20–7

Woolfe, Mark and Primrose, Sandy, 'Food Forensics: using DNA technology to combat misdescription and fraud', *Trends in Biotechnology*, Vol. 22, no. 5, May 2004, pp. 222–6

Young, James Harvey, *Pure Food: Securing the Pure Food and Drugs Act of 1906* (Princeton: Princeton University Press 1989)

Zehetner, Anthony and McLean, Mark, 'Aspartame and the InterNet', letter to the *Lancet*, 3 July 1999

Ziegler, Erich and Ziegler, Herta (eds), *Flavourings: production, consumption, applications, regulations* (Chichester: Wiley–VCH, 1998)

Zupko, Ronald Edward, *British Weights and Measures: A History from Antiquity to the Seventeenth Century* (Madison: University of Wisconsin Press, 1977)

감사의 말

존 머레이John Murray 출판사, 특히 롤런드 필립스Roland Phillips, 캐럴라인 웨스트모어Caroline Westmore(편집 과정을 즐겁게 만든 장본인)와 루시 딕슨Lucy Dixon에게 감사의 말을 전한다. 세라 마라피니Sara Marafini는 나의 첫 번째 책을 디자인할 때도 그랬던 것처럼 이 책의 표지를 멋지게 디자인해주었다. 하워드 데이비스Howard Davies는 꼼꼼하게 이 책의 편집을 맡아 진행했다. 아냐 세로타Anya Serota는 이 책의 제목을 생각해냈을 뿐 아니라 초기 기획 단계부터 든든한 후원자 역할을 했다. 함께 작업한 출판 에이전트들의 면면에 있어서도 나는 무척 운이 좋았다. 영국의 에이전트인 팻 캐버나Pat Kavanagh는 음식에 관해서는 내가 알고 있는 누구보다도 해박한 지식을 갖고 있고, 미국의 에이전트인 엠마 패리Emma Parry는 식당에서 주문을 할 때면 타의 추종을 불허하는 솜씨를 발휘한다.

영국 식품표준청의 애나 애셜퍼드Anna Ashelford, 애덤 발릭Adam Balic(가짜 계란에 대해), 루시 배넬Lucy Bannell, 캐서린 블라이스Catherine Blyth, 캐럴라인 보일로Caroline Boileau와 휴 보일로Hugh Boileau, 영국의학협회의 제니 브래넌 Jenny Brannan, 조프 브래넌Geoff Brennan(식품 규범에 대해), 브론웬 브롬버거 Bronwen Bromberger, 로런 칼턴 패짓Lauren Carleton Paget, 에밀리 차킨Emily Charkin, 힐러리 콕스Hilary Cox, 캐럴라인 데이비슨Caroline Davidson, 샬럿 듀어Charlotte Dewar, 매거릿 도리Margaret Dorey, 린지 두구드Lindsay Duguid(카를 마르크스에 대해), 캐서린 덩컨-존스Katherine Duncan-Jones, 식품표준청의 내털리 골든Nathalie Golden, 테오 페어리Theo Fairley, 주디스 플랜더스Judith Flanders(레드 안초비에 대해), 밥 구딘Bob Goodin(철학에 대해), 웨이트로즈 Waitrose의 크리스텔 기베르트Christelle Guibert, 배리 히그먼Barry Higman, 세라 하워드Sarah Howard(와인에 대해), 트리스트럼 헌트Tristram Hunt(엥겔스에 대해), 마크 레이크Mark Lake(물들인 올리브에 대해), 미란다 랜드그라프Miranda Landgraf, 멜리사 레인Melissa Lane, 댄 레파드Dan Lepard(빵에 대해), 폴 레비Paul Levy, 에스더 맥닐Esther MacNeill, 앤 맬컴Anne Malcolm(가짜 거북 수프에 대해), 앤시아 모리슨Anthea Morrison, 애나 머피Anna Murphy, 프랜시스 퍼시벌 Francis Percival, 루스 플랫Ruth Platt, 엘프레다 포놀Elfreda Pownall, 로즈 프린스 Rose Prince(효소에 대해), 웨이트로즈의 켈리 레이니Kelly Rayney, 클라우디아 로든Claudia Roden(사프란에 대해), 엠마 로스차일드Emma Rothschild, 팀 로즈 Tim Rowse, 미리 루빈Miri Rubin, 게리 런시먼Garry Runciman과 루스 런시먼 Ruth Runciman, 매그너스 라이언Magnus Ryan, 애비 스콧Abby Scott(핫 초콜릿에 대해), 루스 스커Ruth Scurr, 말레나 스필러Marlena Spieler, 개러스 스테드먼 존스Gareth Stedman Jones(길드에 대해), 피터 스토드하트Peter Stodhart(유베날리스에 대해), 애덤 투즈Adam Tooze, 프랭크 트렌트만Frank Trentmann, 마크 터너

Mark Turner, 사이먼 웰페어Simon Welfare와 토비 웰페어Toby Welfare, 앤드루 화이틀리Andrew Whitley(영양 강화에 대해), 앤드루 윌슨Andrew Wilson, 에밀리 윌슨Emily Wilson, 스티븐 윌슨Stephen Wilson을 비롯한 수많은 친구들과 친지들 그리고 동료들은 자세한 정보를 제공하고 조언하는 등 다양한 방식으로 이 책의 집필 과정에 도움을 주었다.

또한 콜먼스 머스터드Colman's Mustard, 오소 이라티 치즈Ossau Iraty Cheese, 틸다 라이스Tilda Rice, 웨이트로즈Waitrose와 같이 정보와 도움을 제공해준 많은 개인과 기관에도 이 자리를 빌려 감사의 말을 전하고 싶다. 머천트 구어메이의 마크 레섬Mark Leatham은 소중한 시간과 자신의 지식을 아낌없이 공유해주었다. 다양한 정보를 제공해준 영국 식품표준청과 미국 식품의약국(특히 신디 E. 래친Cindy E. Lachin)에도 감사드린다. 식품표준청에서는 특히 마크 울프Mark Woolfe에게 많은 신세를 졌다. 이 책의 한 장을 집필했던 오스트레일리아 캔버라 소재 오스트레일리아국립대학의 역사연구원에도 감사의 인사를 전한다. 케임브리지대학 도서관의 직원들도 특히 큰 도움이 되었다.

무엇보다 가장 큰 감사의 인사는, 내가 차려준 음식을 매일 먹으면서도 아직 살아 있는 데이비드David, 톰Tom, 그리고 너태샤 런시먼Natasha Runciman에게 전해야 할 것이다.

옮긴이 후기

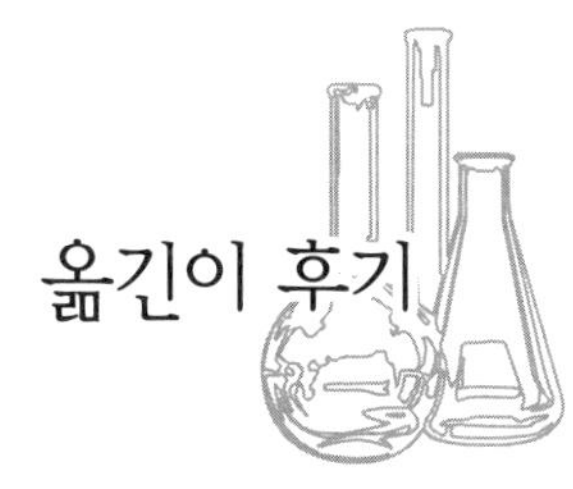

주위를 둘러보면 도대체 안심하고 먹을 만한 것이 없다. 식품에 기상천외한 장난을 친 무리들의 존재만이 근심거리인 것은 아니다. 보기 좋은 것이 먹기에도 좋다지만, 유통기한이 지나도 곰팡이 한 점 피어오를 줄 모르는 식빵을 보는 마음이 편하지만은 않다. 유기농이라며 더 비싸게 팔리는 식품은 그만큼 값어치를 하는 것인지 확신하기 어렵다. 아무것도 첨가되지 않았다고 큼직하게 적혀 있는 문구를 보면 중요한 정보인 듯하지만 그 정체가 무엇인지 전문가가 아닌 이상 알 도리가 없다.

하지만 식품을 둘러싼 이러한 의혹이 비단 요즘만의 문제였던 것은 아니다. 이 책에서 비 윌슨은 모든 음식을 수렵채집하거나 직접 농사를 지어 자급자족하지 않는 이상 음식은 어느 시절에든 불신과 의혹의 소지를 안고 있었다고 단언한다. 농축산물을 생산하는 자, 그 재료로 식품을 제조하는 자, 상품화된 식품을 유통 판매하는 자, 식당에서 조리해 파는 자로 이어지는 식품 사슬에서 우리의 식품이 자유로웠던 적은 없었다. 근대 상업과 무역이 발달하여 그 사슬의 길이가 길어지면서 온갖 눈속임으로 이윤을 극대화하려는 식품 사기꾼들이 개입할 여지도 많아졌다. 설상가상으로 근대 산업화 초기의 정부들은 이제 막 몸집을 불려가는 시장경제에 제대로 개입하지 못했고, 조세 수입을 이유로 식품 사기를 방관하기까지 했다. 다행히 식품 관리의 중요성이 점차 인식되기 시작하고 법과 제도가 정비됨에 따라 정부도 제 역할을 하는 듯했다. 하지만 아무리 완벽한 제도가 갖추어지더라도 식품 사기를 근절할 수는 없다. 과학의 발달이 식품 안전을 수호하려는 이들에게 방패를 제공했다면, 식품 사기꾼들에게는 더욱 날카로운 창을 쥐여주었기 때문이다. 결국 식품 사기는 법으로 다스리려는 자와 법을 피하려는 자, 과학으로 밝히려는 자와 과학으로 감추려는 자의 끊임없는 사투의 장이 되어왔다.

그렇다면 이 식품 사기의 현장에서 우리는 누구를 가장 크게 탓할 수 있을까? 누가 이 상황을 바로잡는 데 가장 큰 책임이 있는 것일까? 윌슨이 들려주는 식품 사기의 역사는 적절한 법적 규제와 언론 및 출판 활동, 과학의 발달, 식품에 대한 소비자들의 올바른 인식이 균형을 이룰 때 비로소 안전한 식품을 식탁에 올릴 수 있다고 말한다. 그중 어느 편의 역할이 더 중요한가의 문제는 역사적으로 제각각 전개된 식품 사기의 양상에 따라 달리 해석될 수 있다. 또한 독자들의 개인적 입장과 이해에 따라서도 다르게 읽힐 것으로 생각된다. 이 책은 그만큼 복잡다단한 식품 사기의 면면을 보여주고 있다. 이 책을 읽은 후 식품 포장지에 적힌 문구의 이면을 한번 더 곱씹어보게 된다면, 조금이라도 더 제 모습을 갖춘 식품에 손이 가는 자신을 발견하게 된다면 그나마 식품 사기를 견제하는 여러 고리 중 소비자로서 작은 몫을 하게 되었노라고 자부할 수 있을 것이다.

끝으로, 이 책을 번역하는 과정에 큰 도움을 주신 분들에게 감사를 전하고 싶다. 이 책을 처음 소개해주신 하와이주립대학 인류학과의 알렉스 골럽 Alex Golub 교수님, 겁 없이 이 책을 번역하겠다고 벼른 계획을 실현하도록 도와주신 전북대학 고고문화인류학과의 함한희 교수님, 흔쾌히 출판을 맡아 부족한 번역을 꼼꼼히 손질해주신 일조각 편집부, 늘 아낌없는 사랑과 응원을 보내주는 어머니와 동생, 아이들, 그리고 숙제처럼 안고 있었던 애매한 부분 몇 군데를 이해하는 데 큰 도움을 준 폴Paul에게 감사의 인사를 전한다.

뉴욕에서

김수진

찾아보기

ㄴ

ㄷ

ㄹ

ㅁ

ㅂ

ㅅ

ㅇ

ㅊ

ㅋ

ㅌ

ㅍ

ㅎ

공포의 식탁

식품 사기의 역사

제1판 1쇄 펴낸날 2014년 2월 28일
제1판 2쇄 펴낸날 2014년 3월 24일

지은이 비 윌슨
옮긴이 김수진

펴낸이 김시연
펴낸곳 (주)일조각
등록 1953년 9월 3일 제300-1953-1호(구 : 제1-298호)
주소 110-062 서울시 종로구 경희궁길 39
전화 734-3545 / 733-8811(편집부)
733-5430 / 733-5431(영업부)
팩스 735-9994(편집부) / 738-5857(영업부)
이메일 ilchokak@hanmail.net
홈페이지 www.ilchokak.co.kr
ISBN 978-89-337-0675-6 03900
값 25,000원

* 이 도서의 국립중앙도서관 출판시도서목록(CIP)은 서지정보유통지원시스템 홈페이지 (http://seoji.nl.go.kr)와 국가자료공동목록시스템(http://www.nl.go.kr/kolisnet)에서 이용하실 수 있습니다.
(CIP제어번호: CIP2014004032)